Coleção Tribunais e MPU
Coordenador HENRIQUE CORREIA

ATUALIDADES

PARA OS CONCURSOS PÚBLICOS

CB132307

abdr ASSOCIAÇÃO BRASILEIRA DE DIREITOS REPROGRÁFICOS
Respeite o direito autoral

Coleção Tribunais e MPU
Coordenador HENRIQUE CORREIA

RODOLFO GRACIOLI

ATUALIDADES

PARA OS CONCURSOS PÚBLICOS

3.ª edição
Revista e atualizada

2018

EDITORA *Jus*PODIVM
www.editorajuspodivm.com.br

EDITORA *Jus*PODIVM
www.editorajuspodivm.com.br

Rua Mato Grosso, 164, Ed. Marfina, 1º Andar – Pituba, CEP: 41830-151 – Salvador – Bahia
Tel: (71) 3045.9051
• Contato: https://www.editorajuspodivm.com.br/sac

Copyright: Edições *Jus*PODIVM

Conselho Editorial: Eduardo Viana Portela Neves, Dirley da Cunha Jr., Leonardo Garcia, Fredie Didier Jr., José Henrique Mouta, José Marcelo Vigliar, Marcos Ehrhardt Júnior, Nestor Távora, Robério Nunes Filho, Roberval Rocha Ferreira Filho, Rodolfo Pamplona Filho, Rodrigo Reis Mazzei e Rogério Sanches Cunha.

Capa: Marcelo S. Brandão *(santibrando@gmail.com)*

Diagramação: Maitê Coelho *(maitescoelho@yahoo.com.br)*

ISBN: 978-85-442-2285-0

Todos os direitos desta edição reservados à Edições *Jus*PODIVM.

Copyright: Edições JusPODIVM

É terminantemente proibida a reprodução total ou parcial desta obra, por qualquer meio ou processo, sem a expressa autorização do autor e da Edições *Jus*PODIVM. A violação dos direitos autorais caracteriza crime descrito na legislação em vigor, sem prejuízo das sanções civis cabíveis.

Dedico este livro a todos que projetam no meu trabalho a esperança de dias melhores para suas vidas. Aos alunos e ex-alunos de todos os cursos pelos quais passei e naqueles que me encontro. É uma honra fazer parte dessa preparação tão árdua e intensa.

AGRADECIMENTOS

Agradeço imensamente à Camila, minha esposa, por toda paciência e dedicação nessa caminhada ao meu lado, zelando por nossas filhas e entendendo minha ausência em momentos pontuais.

Agradeço aos meus pais, Antônio e Adalgisa, e meus irmãos, Jéferson e Sofia, pessoas que me ajudaram a construir toda a moralidade e integridade que hoje me fazem enfrentar todos os desafios.

Não posso deixar de lado meus alunos espalhados por todo o Brasil. Sejam alunos de Filosofia, Sociologia, Atualidades ou Temas de Redação. Cada um de vocês que passa pela minha trajetória me modifica de alguma forma. Essa transformação constante é que me torna um ser humano melhor.

Deixo um abraço fraterno e minha gratidão a todos as minhas diretoras, coordenadoras e professores parceiros do dia a dia. Seria injustiça da minha parte citar nomes, já que convivo semanalmente com seres humanos incríveis nas escolas e cursos por onde passo.

Não posso deixar de agradecer à grande professora Duda Nogueira, autora da Juspodivm, quem me "descobriu" nesse meio e depositou tanta confiança, se tornando uma grande amiga. Digo as mesmas palavras ao grande mestre Henrique Correia, pessoa que admiro profissionalmente, pelo respeito alcançado, fruto de todo seu esforço, mas também como ser humano, dotado de uma bondade incomensurável.

Por fim, deixo meu agradecimento a toda a equipe da Editora Juspodivm que trabalha direta ou indiretamente comigo em todas as obras. É uma honra fazer parte de uma equipe tão comprometida. Amplio meus agradecimentos a todos vocês!

Apresentação da Coleção

A coleção *Tribunais e MPU* oferece preparação direcionada para os concursos de Técnico e Analista do TRT, TRE, TRF, TJ, Tribunais Superiores e MPU. Em todos os livros, o candidato encontrará teoria específica para as provas, questões recentes comentadas e questões de concurso com gabarito fundamentado.

A seleção de obras foi feita a partir das reivindicações dos estudantes, que almejavam por material direcionado para o certame, e da análise de inúmeras provas de concursos de diversas bancas. As apostilas específicas mostram-se, na maioria das vezes, insuficientes para o preparo adequado dos candidatos diante do alto grau de exigência das atuais provas, o que ocorre também com as obras clássicas do direito, por abordarem inúmeras matérias não exigidas no concurso.

Nesta coleção, o candidato encontrará desde as cinco matérias básicas exigidas em diversas provas, como Português, Raciocínio Lógico ou Matemática, Informática, Direito Constitucional e Administrativo, até as matérias específicas de outras áreas (Arquivologia e Administração Pública) e todas as matérias dos diferentes ramos do Direito. Portanto, com os livros da série *Tribunais e MPU*, o candidato conseguirá uma preparação direcionada e completa para os concursos de Técnico e Analista do TRT, TRE, TRF, TJ, Tribunais Superiores e MPU.

Além da linguagem clara, estão presentes em todos os livros quadrinhos de resumo, esquemas e gráficos, possibilitando ao leitor a memorização mais rápida da matéria. Temos certeza de que esta coleção irá ajudá-lo a alcançar o tão sonhado cargo público de Técnico ou Analista dos Tribunais e MPU.

Henrique Correia

Site: www.henriquecorreia.com.br

Twitter: @profcorreia

Instagram: Prof_correia

Periscope: @henrique_correia

APRESENTAÇÃO DA OBRA

O cenário contemporâneo demonstra **extremo dinamismo com relação aos fatos noticiados.** O bombardeio de informações produz a sensação de incapacidade em entender os principais acontecimentos. A abordagem dos diferentes veículos de comunicação acaba por ampliar a sensação de vazio de informações, já que o volume noticiado aumenta a cada dia. A todo instante notamos o **ambiente geopolítico se modificando**, as **relações econômicas** se estreitando ou distanciando, as **polêmicas ambientais** tomando conta de debates, **aspectos culturais sendo decisivos**, o **ambiente político definindo o rumo** de um país e tantas outras facetas da vida coletiva em pauta.

O fato é que essa infinidade de fatos e acontecimentos gera uma sensação de frustação pela dificuldade em acompanhar, entender e, principalmente, aplicar uma visão racional para os tais aspectos relevantes da vida. Sendo assim, é importante destacar o **caráter descritivo da informação entendendo os acontecimentos dentro de seu potencial explicativo.** Em seguida, alguns destes fatos absorvem a potencialidade de um viés ou apreciação ideológica (caso do ambiente político), da formulação crítica a partir de uma linha reflexiva autônoma e desprendida de influências que fragmenta.

No contexto de uma sociedade que se mune de "manchetes" e acaba por conhecer a informação dentro da sua superficialidade, o **domínio dos fatos a partir de uma perspectiva mais ampla auxilia a visão holística sobre os desdobramentos dos principais temas em alta.** Isso não quer dizer que é preciso um aprofundamento técnico sobre cada assunto para que o indivíduo seja capaz de compreender a realidade ao seu redor. Pelo contrário, existe um compromisso com o **domínio, pesquisa e aplicação conceitual dos fatos.**

Por isso, o estudo da disciplina de atualidades (para provas objetivas ou a fim de se preparar para uma prova de redação) exige versatilidade, retomada de conceitos, contextualização histórica, capacidade de utilização de exemplos, entendimento do ambiente geográfico em questão, base argumentativa, entendimento de terminologias específicas, dentre outros aspectos.

Muitas vezes, o domínio de um fato narrado pelos principais noticiários do país tem como pré-**requisito o entendimento de conceitos referentes ao tema,** ou então de uma apropriação geográfica. Por exemplo: ao se analisar um atentando terrorista decorrente em alguma área do globo, é importante compreender as orientações religiosas em questão, o campo de atuação, objetivos, causas e consequências.

Nesse sentido que assumi, de maneira didática e objetiva, a **apresentação dos fatos relevantes dos últimos tempos,** estabelecendo uma relação de causalidade quando possível e maximizando a visão do leitor. Não existe a intenção de esgotar as possibilidades temáticas, visto que seria algo irracional dado o volume de informações na contemporaneidade. Entretanto, o compromisso é de **apresentar fatos importantes que mobilizaram** debates nos últimos tempos, inserindo o leitor nas temáticas em alta. Além disso, o aprofundamento teórico é um compromisso parcial, visto que grande parte das provas de atualidades exigem o domínio restrito da informação.

Um dos pontos centrais da obra é a reunião dos principais recortes dos grandes portais de notícia, estabelecendo a devida amarração dos fatos (quando esses demonstram ter alto teor de complexidade). Dessa forma, com o grande contingente informacional, esse filtro promove uma otimização dos seus estudos.

Debruce sobre os apontamentos destacados. Faça seus esquemas, utilize sua metodologia na análise dos fatos. Quando o tema sugerir uma visão pessoal, construa imediatamente a partir da condução dos argumentos elucidados. Esteja munido de informações para enfrentar os desafios atuais impressos em uma prova.

Bons estudos!

Prof. Rodolfo Gracioli

SUMÁRIO

CAPÍTULO I

Como estudar atualidades?

Um dos maiores desafios para qualquer candidato que enfrentará uma prova de atualidades é chegar aos prováveis assuntos que serão cobrados. De fato, grande parte dos editais oferece uma leitura amplificada dos troncos temáticos (saúde, economia, política, tecnologia e suas relações, sociedade, cultura etc.), o que acaba por tornar abrangentes ao extremo os acontecimentos de destaque. Dessa forma, estudar de maneira direcionada tende a otimizar o aproveitamento dos temas e a assimilação dos fatos.

Sendo assim, é relevante para o estudo de atualidades o entendimento das principais discussões a nível nacional e/ou internacional. Provas de cunho estadual e federal tendem a oferecer questões sobre fatos realmente relevantes para o contexto geopolítico ou de impacto nacional. Para as provas municipais, é preciso estar atento às peculiaridades de acontecimentos menos expressivos.

Nesse todo, o livro reúne os recortes da imprensa, se voltando para a questão dos fatos noticiados e, principalmente, para os temas mais complexos, oferecendo uma sistematização mais clara. Para a prova, qualquer visão pessoal, partidária, doutrinária ou dogmática fincada em aspectos religiosos, por exemplo, é pouco importante. Uma prova objetiva de atualidades se preocupa com a descrição dos fatos, com o ceticismo da informação e o teor neutro dos acontecimentos.

Por isso, o estudo da disciplina de atualidades deve ser constante e, para isso, é possível seguir algumas dicas importantes para o melhor rendimento dos estudos em meio ao atual fluxo de informações, que deixa os indivíduos anestesiados para a compreensão do que deve ser aproveitado e o que pode ser descartado. Ressalta-se ainda o peso que os acontecimentos atuais têm alcançado nos **temas de redação** (para saber mais sobre o assunto consulte a obra "Temas de Redação para Tribunais") ou ainda para questões de interpretação de Língua Portuguesa.

DICAS PRÁTICAS:

- É importante que a absorção dos fatos aconteça por pelo menos três diferentes veículos de comunicação (jornal impresso, televisivo, portal de notícias etc.).
- Atualmente, a internet funciona como uma ferramenta para essa leitura direcionada. É possível assistir a telejornais no momento oportuno, consultar textos publicados, reportagens veiculadas etc.
- Na programação televisiva, os jornais atendem a públicos diferenciados. Por isso, o linguajar e o teor informativo tendem a se transformar conforme o horário (se possível, consulte um ou dois jornais distintos, alternando ainda a emissora).
- Selecione um caderno de anotações para deixar disponível 24 horas por dia. Assim, ao encontrar um fato que julgue relevante, topicalize-o de forma que possa retomá-lo em outro momento.
- Lembre-se que para uma prova de atualidades não é preciso o desenho complexo da geopolítica de um acontecimento. A banca examinadora se ocupará de um fato em alta, comentado e debatido pela imprensa. Em alguns casos, o domínio teórico é de extrema valia, mas não é necessário esgotar um tema e ocultar outros durante a preparação para uma prova.

Visto isso, vamos para as dicas de veículos para estudar atualidades:

- Um dos jornais televisivos que cumpre um papel ímpar na preparação de um candidato (ou mesmo na preparação de qualquer ser humano para entender o que acontece ao seu redor) é o "Jornal da Cultura", na TV Cultura. A 2ª edição, que vai ao ar de segunda à sexta-feira, por volta das 21:15h (horário de Brasília), dispõe de comentaristas (professores, especialistas de diferentes áreas – Direito, Medicina, Economia, Política, Arte etc.), que se ocupam de um olhar mais aprofundado sobre o que se noticia. Dessa forma, o espectador tem a possibilidade de reconhecer causas, consequências, exemplos, dados, argumentos sobre aquele assunto. Trata-se de um modelo jornalístico que descreve o fato e garante uma leitura diferenciada.
- Outro programa que se torna útil no estudo das principais temáticas da atualidade é o "JC Debate", da TV Cultura. Com mediação da jornalista Andresa Boni, o programa vai ao ar de segunda à sexta-feira às 12h30min (horário de Brasília). O "JC Debate" conta com convidados para discutir assuntos que estão na pauta do dia. Os prós e os contras, além do ponto de vista do cidadão.
- Com relação a outras fontes de pesquisa para a preparação, é importante buscar inicialmente uma fonte segura, fidedigna. A internet está tomada por conteúdo mal-intencionado que tende a prejudicar aquele que pretende se manter atualizado. É comum a propagação de boatos, por isso estar conectado com os principais portais de notícia é a melhor saída.

▸ SUGESTÕES DE PORTAIS DE NOTÍCIAS	
www.uol.com.br	www.globo.com
www.r7.com	www.bbc.com/portuguese
www.g1.com.br	exame.abril.com.br
www.estadao.com.br	epoca.globo.com
www.folha.uol.com.br	zh.clicrbs.com.br/rs
www.terra.com.br	www.nacoesunidas.org
www.nexojornal.com.br	www.correiobraziliense.com.br/

Lembre-se da importância de estabelecer um planejamento de estudos, sabendo que algumas datas de seu cronograma não serão cumpridas. O estudo de atualidades tende a ser melhor aproveitado se afunilado para um ou dois dias da semana, com a investigação do que de mais relevante aconteceu, ou ainda ao longo de todo o processo, com uma carga reduzida e dissipada.

É isso que faz o estudo da disciplina de atualidades exigir uma construção processual. Contudo, é o domínio dos principais acontecimentos que garantirá um bom desempenho na prova objetiva de atualidades ou ainda na produção de texto. Estou à disposição para auxiliá-los nessa jornada!

Bons estudos!

CAPÍTULO II

TERRORISMO NO MUNDO

1. TERRORISMO ENQUANTO PREOCUPAÇÃO MUNDIAL

Há alguns anos a ascensão de organizações terroristas pelo globo tem espalhado o medo. Um perigo em potencial, o terrorismo tem exigido articulação da diplomacia internacional, o que muitas vezes esbarra em rivalidades históricas, ideológicas, políticas ou religiosas. Entretanto, já há algum tempo, o terrorismo passou a ser elemento prioritário nas discussões que envolvem as principais nações do globo.

Além disso, estudar as organizações terroristas é se voltar para questões econômicas, sociais, territoriais e culturais. A atuação destas frentes que assustam o globo envolve leituras extremistas e radicalizadas de escritos sagrados, o que acaba por confundir religião com prática terrorista, extrapolando outra problemática para o mundo contemporâneo: o preconceito com relação aos indivíduos que pertencem ao mundo islâmico, mas que nada tem a ver com as facções terroristas. Vale destacar, nessa dimensão, a ampliação da representatividade de partidos políticos com medidas considerada xenófobas e que, em suas respectivas justificativas, apontam o medo pelo terrorismo como algo marcante (na Alemanha, em setembro de 2017, o partido da direita nacionalista Alternativa para a Alemanha (AfD), conquistou 12% das cadeiras do Bundestag – parlamento alemão).

Não existe uma definição a nível internacional sobre o que seja considerado terrorismo. Ainda assim, após os ataques em 11 de setembro de 2001, nos Estados Unidos da América, grande parte dos países passaram a discutir legislações específicas para tipificar o crime de terrorismo. O ataque às torres gêmeas do World Trade Center, em Nova Iorque, resultou na morte de quase 3 mil pessoas e "apresentou" ao mundo o tamanho dessa problemática. Naquele instante da história, o olhar se voltara para os responsáveis pelo ataque – grupo terrorista Al Qaeda, liderados por Osama Bin Laden. Atualmente, outros ataques de elevada representatividade também chamam a atenção:

- Em outubro de 2017, a capital da Somália, Mogadíscio, enfrentou um ataque terrorista reivindicado pelo grupo Al Shabab (em árabe, "A juventude"), que resultou na morte de mais de 500 pessoas, se tornando um dos ataques mais letais da história.

- Em novembro de 2017, foi a vez de o Egito assistir a um ataque contra os sufistas - vertente do Islã que se aproxima de Alá por meio da música, dança e poesia. Por esse fato, o grupo é considerado herege por organizações radicais. O ataque deixou mais de 300 pessoas mortas.
- Em janeiro de 2018, um ataque na capital do Afeganistão, na cidade de Cabul, deixou 95 mortos e mais de 150 feridos. O ataque que aconteceu com uma ambulância-bomba, foi reivindicado pelo grupo terrorista Talibã. O ataque aconteceu perto da embaixada dos EUA no país. Em abril de 2018, novo ataque terrorista na cidade deixou mais de 50 mortos (dessa vez, sendo reivindicado pelo grupo terrorista Estado Islâmico).
- Em fevereiro de 2018, Dezenas de estudantes do ensino médio desapareceram na Nigéria após um ataque do grupo jihadista Boko Haram contra uma escola de meninas. Os combatentes do Boko Haram, fortemente armados, atacaram a cidade de Dapchi, no estado de Yobe. As alunas e os professores de um internato feminino, Girls Science Secondary School, fugiram para a selva, temendo a repetição do sequestro das garotas de Chibok em 2014. Em março de 2018, o grupo terrorista acabou libertando cerca de 76 garotas das mais de 110 que mantinham sequestradas.
- Em abril de 2018, foi a vez de um novo ataque do grupo terrorista nigeriano Boko Haram deixar 20 vítimas fatais. O ataque aconteceu em Maiduguri, cidade do estado de Borno, nordeste da Nigéria. As ações dos jihadistas se intensificaram durante o fim de semana de Páscoa. O que chama a atenção na atuação do grupo é o uso de mulheres-bomba.

Um dos aspectos positivos do tronco temático "terrorismo" aconteceu no início de maio de 2018. A organização separatista basca ETA anunciou, em comunicado o "final da sua trajetória e o desmantelamento total do conjunto das suas estruturas", depois de mais de meio século de ações armadas nas quais causou mais de 850 mortes. Já em abril do mesmo ano, o grupo havia feito um pedido de perdão às vítimas de terrorismo. O "ETA desmantelou totalmente o conjunto de suas estruturas. ETA dá por encerrada toda sua atividade política". O pedido de desculpa aconteceu pelos "graves danos" provocados por sua luta armada pela independência do País Basco, na Espanha (esse aspecto de luta pela independência dá margem para variadas questões de atualidades). No texto, publicado pelo jornal basco "Gara", o ETA reconheceu "o dano provocado no decorrer de sua trajetória armada" e afirma o "compromisso com a superação definitiva das consequências do conflito e com a não repetição". Em 2017, o ETA já havia entregado armamento em seus esconderijos localizados na França. O grupo Euskadi Ta Askatasuna (País Basco e Liberdade) foi criado em 1959 durante a ditadura de Francisco Franco, e renunciou à luta armada em 2011. O ETA possui quase 300 membros detidos na Espanha, França e Portugal, entre 85 e 100 foragidos e uma dezena de pessoas expulsas pela França, sem documentos. O grupo deseja a transferência dos detidos para prisões mais próximas do País Basco e espera obter uma alteração da política penitenciária com sua dissolução.

No início de maio de 2018, pelo menos quatro pessoas morreram em um ataque do grupo jihadista Al Shabab a uma mina da cidade de Shimbir Fatuma (extremo nordeste), no Quênia, situada na fronteira com a Somália e Etiópia.

Em maio de 2018, um homem foi morto a tiros pela polícia após atacar pessoas com uma faca em Paris (ele acabou matando uma pessoa e ferindo outras quatro). Logo após o ataque, o grupo terrorista Estado Islâmico reivindicou a autoria. Imediatamente, o presidente da França, Macron, respondeu ao grupo terrorista: "A França está mais uma vez pagando o preço do sangue, mas não cederá uma polegada aos inimigos da liberdade". Macron também agradeceu o trabalho dos policiais que "neutralizaram o terrorista" e prestou solidariedade às vítimas.

Em maio de 2018, a Indonésia também apareceu nos noticiários com relação ao terrorismo, após uma série de ataques terroristas (alguns deles realizados por "famílias-bomba"). Vale destacar que a Indonésia o país de maioria muçulmana mais populoso do mundo. O extremismo no território indonésio tem chamado a atenção por usar mulheres-bomba e crianças para os ataques. O pior ataque terrorista da história do país aconteceu em 2002, em Bali, resultando em 202 vítimas fatais. O crescimento do radicalismo islâmico tem preocupado as autoridades. O JAD é uma rede local de extremistas indonésios que prometeram fidelidade ao Estado Islâmico. O grupo foi formado em 2015, após a fusão de várias facções dirigidas pelo influente clérigo indonésio e terrorista condenado Aman Abdurrahman. O presidente do país chegou a destacar que passará por cima do Parlamento, se necessário, para criar uma legislação antiterrorismo. O JAD defende a criação de um sistema de califado em toda a Indonésia e diz que é "justificado em usar a violência" para fazê-lo. O grupo encoraja ataques à polícia, que considera como "infiéis". A Agência Nacional Contra o Terrorismo da Indonésia disse que o JAD é "atualmente a organização terrorista mais perigosa" no país.

Outro ponto de destaque para a compreensão do tema é o entendimento sobre as formas de recrutamento dos grupos terroristas. Atualmente, as plataformas virtuais se tornaram ambientes de contaminação e disseminação de ideias terroristas – o que tem movido ataques de lobos solitários (maior ataque a tiros da história dos EUA que ocorreu em Las Vegas, quando um atirador matou 59 pessoas durante um festival de música country; ex-aluno de uma escola da Flórida que entrou na escola atirando e deixou 17 mortos. Enfim, esse tipo de ação tem como base o contato que os indivíduos têm com o terrorismo).

▶ QUESTÃO SOBRE O TEMA:

Ainda que não exista uma definição universal sobre o terrorismo, como definir tal prática de modo geral?

Resposta: Entende-se o terrorismo por uso **sistemático da violência para intimidar um governo ou uma população,** de modo a alcançar um **objetivo político, ideológico ou religioso**. Ou seja, o ato terrorista não visa a atingir somente suas vítimas diretas, mas disseminar o medo, o terror, na sociedade a que elas pertencem. O grande problema das ações terroristas reside no seu ponto arbitrário e indiscriminado do uso da força.

No atual estágio da sociedade, forças como Boko Haram, Estado Islâmico, Al Qaeda do Iêmen e Al Shabab demonstram o tamanho da selvageria e barbárie ao decepar reféns, usar crianças e mulheres como escudo humano ou estuprá-las de maneira repetida. Neste sentido, o entendimento do conceito de terrorismo passa pelo distanciamento de uma preocupação com a sociedade civil, já que a força indiscriminada acaba por atingir o contexto como um todo, ferindo e violando direitos humanos. Muitos dos próprios terroristas justificam tais práticas a partir de uma leitura religiosa extremista. Estes consideram-se **guerrilheiros, rebeldes, revolucionários, separatistas**, enfim, qualquer outra palavra que amenize a dimensão de violência utilizada a partir de suas práticas.

▶ **IMPORTANTE!**

A expressão "terror" teve seu **primeiro uso no âmbito da política durante a ditadura** de Robespierre e Saint-Just, na **Revolução Francesa**. Trata-se de uma referência histórica importante para alocação geográfica, visto que muitos tendem a polarizar as práticas terroristas para uma ou outra ideologia. O que a historiografia demonstra é que tanto organizações de direita como de esquerda, revolucionários e nacionalistas, religiosos e governos constituídos utilizaram de tais práticas para impor a força. No momento pós **Revolução Russa (1917)**, no **fascismo italiano ou nazismo alemão** e na própria **ditadura militar brasileira** (especialmente entre os anos de 1968 e 1977), práticas similares ao terrorismo foram instrumentos "legitimados" para manutenção do poder.

DICA!

▶ Um dos destaques importantes para o entendimento da disseminação das ideias terroristas pelo globo se dá a partir da constatação de um **ambiente tecnológico que conecta espaços geográficos que até então eram distantes**. Os mecanismos virtuais são utilizados de maneira ampla pelas organizações terroristas, o que promove uma **propagação dos ideais extremistas e amplificam o discurso de ódio** e perseguição. O Estado Islâmico chegou a destacar que estaria desenvolvendo uma rede social própria que impediria o monitoramento por parte de serviços de segurança que atuam na dimensão virtual. Dentre as estratégias, os terroristas utilizam ainda hashtags e revista digital. Em 2017, o próprio Facebook, em parceria com o Twitter, o Youtube e a Microsoft anunciaram que criariam um grupo específico para tratar a temática.

2. ESTADO ISLÂMICO: MÁQUINA DE FAZER VÍTIMAS

A lista de ataques da organização conhecida por Estado Islâmico cresce a cada dia. Seja na Europa ou no próprio Oriente Médio, o Estado Islâmico tornou-se tema batido nos noticiários internacionais. Inclusive, a própria Agência Brasileira de Inteligência (Abin) chegou a emitir parecer sobre o Brasil enquanto provável alvo do grupo **jihadista sunita** (fato amplificado durante eventos esportivos, mas sempre em pauta por se tratar de um país historicamente com raízes religiosas distintas da leitura do grupo radical islâmico).

O grupo de orientação sunita passou a utilizar o terrorismo a partir de outra perspectiva: a **violência sem fronteiras e o recrutamento de jovens via plataformas virtuais**, o que ampliou a área de alcance e despertou nas autoridades do mundo todo a necessidade de discutir medidas cabíveis para combater tais práticas.

Caso de um brasileiro condenado por integrar o terrorismo na Espanha ganhou destaque nos noticiários. Veja a reportagem do Portal Nexo Jornal, de abril de 2018.

O brasileiro Kayke Luan Ribeiro Guimarães, de 21 anos, foi condenado pela Justiça da Espanha, em abril de 2018, a 8 anos de cadeia pelo crime de formação de organização terrorista. Guimarães foi detido em 2014 na fronteira entre a Bulgária e a Turquia, de onde, segundo a Justiça espanhola, partiria para a Síria, a fim de receber treinamento militar e engajar-se em atentados terroristas. Ele, que à época tinha 18 anos, estava acompanhado de dois cidadãos marroquinos, de 27 e de 24 anos. A polícia espanhola diz que pelo menos 20 jovens da região da Catalunha viajaram a diferentes locais do Oriente Médio – somente entre 2013 e 2014, período que coincide com a captura do brasileiro – para se alistar nas fileiras do Estado Islâmico. Esse movimento de radicalização de jovens na Catalunha foi identificado e acompanhado de perto pela polícia local, que, em colaboração com a Interpol (polícia internacional) e com outros países da região, começou a desbaratar o grupo, identificado como Fraternidade Islâmica – célula local ligada ao Estado Islâmico. O caso vem recebendo enorme atenção da sociedade espanhola, marcada pela memória de ataques terroristas recentes, como o que, em 17 de agosto de 2017, deixou 16 mortos na cidade de Barcelona. Kayke era goiano, mas vivia na cidade de Terrassa, 25 quilômetros a noroeste de Barcelona, perto da fronteira com a França. Aos 18 anos, ele mudou o próprio nome e passou a se apresentar como Hakim.

Link para matéria: https://www.nexojornal.com.br/expresso/2018/04/12/Quem-%C3%A9-o-brasileiro-condenado-por-elo-com-Estado-Isl%C3%A2mico

▶ **QUESTÃO SOBRE O TEMA:**

A França tem sido alvo de organizações terroristas. Quais motivos?

Resposta: Uma das explicações diz respeito à atuação das forças militares francesas na coalizão liderada pelos Estados Unidos para combater o Estado Islâmico (a França integra os combates desde 2014). Os muçulmanos representam entre **7% e 10% da população total da França**, mas são cerca de metade da população carcerária de 68 mil pessoas. Esse número de muçulmanos no país se deve à política flexível de imigração, o que não resultou na absorção no mundo do trabalho, por exemplo. Além disso, alguns franceses islâmicos (mais de 700) foram treinados pelo Estado Islâmico na Síria. Outro ponto relevante diz respeito à **dimensão cultural de Paris,** cosmopolita e libertária, não é aceita pelos terroristas. A ideia de "liberdade", por exemplo, um dos pontos cruciais da Revolução Francesa é mal vista pelos radicais do Estado Islâmico. Um dos pontos de maior debate em 2017 foi a aprovação de uma legislação antiterrorismo na França. A lei sancionada pelo presidente Emmanuel Macron gerou uma onda de protestos entre as organizações de Direitos Humanos que a consideraram arbitrária e desproporcional. Dentre outros aspectos, a lei concede poderes às autoridades policiais para fecharem templos religiosos ou capturarem suspeitos de envolvimento com grupos terroristas.

▸ **IMPORTANTE!**

- O Estado Islâmico chegou a definir Paris, capital da França, como **"capital da prostituição e do vício".**
- O Estado Islâmico **proibiu** o uso de camisetas de time de futebol. Segundo o estabelecido, quem ousar se vestir com a camiseta de algum clube **pode receber até 80 chibatadas.**
- **Ao longo de 2017, grupos pró-Estado Islâmico chegaram a realizar montagens envolvendo jogadores de futebol – Neymar, Lionel Messi e Cristiano Ronaldo – os ameaçando e sugerindo ações durante a realização da Copa do Mundo de Futebol.**

RAIO X DO ESTADO ISLÂMICO

✓ Áreas diretas de atuação: **Síria e Iraque (Oriente Médio)** – países que se tornaram terreno fértil para expansão do grupo por conta de vivenciarem conflitos internos. O território controlado pelo EI é de, aproximadamente, 100 mil quilômetros quadrados (pouco maior que o território de Portugal).

✓ Existe uma crítica por especialistas com relação à denominação do grupo. Para uma parcela de pesquisadores da área, chamá-los de Estado Islâmico implica na legitimação da organização enquanto força política, com poderes de um Estado. Isil, Isis ou **Daesh** (acrônimo árabe para Estado Islâmico) são denominações empregadas como referência ao grupo.

✓ Estado Islâmico é considerado como a organização **terrorista mais poderosa e bem-sucedida da história – ainda que tenha finalizado o ano de 2017 com algumas baixas, como a perda do controle da cidade que era considerada "capital" do califado, Raqqa, na Síria.**

✓ **Trata-se de um braço da Al Qaeda,** tendo sua ascensão diretamente associada à política de "Guerra ao Terror" implementada pelo então presidente George W. Bush (2001-2009).

✓ No ano de 2014, o líder da organização **Abu Bakr al-Baghdadi proclamou-se califa** (trata-se de um líder espiritual instituído de poder político). O califado faz referência aos antigos impérios islâmicos surgidos após a morte do profeta Maomé.

- ✓ As estimativas não são precisas com relação ao número de combatentes que integram a organização terrorista. Há alguns anos, falava-se de **20 mil até 35 mil combatentes** – fora as células espalhadas por todo o mundo. Além disso, falava-se em um total de 80 outros países (fora Síria e Iraque) com integrantes no Estado Islâmico – tudo isso graças à força de sua propaganda virtual. Entretanto, nos últimos anos, o grupo apresentou baixas importantes, o que aponta para um enfraquecimento da organização – já se fala em um total de apenas 3 mil combatentes do Estado Islâmico atuando na Síria e no Iraque.
- ✓ Dentre as atrocidades cometidas pelo grupo estão: **enforcamentos, decapitações e crucificações coletivas.**
- ✓ A ideia de formulação de um califado transcende o âmbito religioso: o grupo pretende **reordenar a geografia do Oriente Médio, se livrando de costumes ocidentais.**
- ✓ Ao dominar as áreas, o grupo terrorista se apropria de bancos, supermercados, bases militares, hidrelétrica, **campos de petróleo,** dentre outros espaços. **O grande destaque se dá com relação às jazidas petrolíferas**, onde o grupo encontra caminho para o financiamento de suas práticas. Na Turquia, o **petróleo "ilegal" é vendido a preços** mais baixos que o do mercado, o que garante uma renda que fica **entre 1 e 3 milhões de dólares por dia.**
- ✓ Além da venda do petróleo, o grupo sobrevive por **doações (de saudistas, principalmente), recompensas por estrangeiros sequestrados, tráficos de objetos arqueológicos (quando estes não são simplesmente destruídos), exploração de recursos minerais, cobrança de taxas e impostos da população sucumbida.**
- ✓ Outro grupo que deflagra extrema violência e prega o ódio (com atuação direta na Nigéria), **o Boko Haram, declarou lealdade ao Estado Islâmico, em 2015.**
- ✓ Em setembro de 2014, os EUA passaram a liderar uma coalizão para combater o Estado Islâmico. Desde então, as forças da coalização auxiliaram na recuperação de cidades que haviam sido tomadas pelo grupo terrorista (como é o caso de Ramadi, no Iraque).
- ✓ Em novembro de 2015, o grupo foi responsável por ataques em Paris, na França. Em março de 2016, foi a vez de Bruxelas, na Bélgica. A Bélgica tem sido um alvo em potencial para os extremistas por conta de alguns motivos, dentre eles, a **maior facilidade de aquisição de armamento** (se comparado a Paris e Londres, por exemplo). Bruxelas está a apenas três horas de carro de Paris. O local é considerado estratégico para ações que tenham por objetivo desestabilizar a Europa.
- ✓ A Alemanha chegou a emitir comunicado destacando os riscos de ataques durante a realização da Copa do Mundo de Futebol na Rússia.

- ✓ No dia 7 de dezembro de 2017, a principal aliada do regime sírio na guerra civil, a Rússia, que lançou uma campanha aérea contra o EI em 2015, declarou que o país de Bashar Al-Assad estaria totalmente livre dos combatentes do grupo. Em 21 de dezembro de 2017, o governo americano indicou que algumas pequenas áreas da Síria ainda estariam sob domínio do grupo e poderiam levar alguns meses para serem liberadas.
- ✓ O governo do Iraque, por sua vez, anunciou em 9 de dezembro de 2017 o fim de qualquer domínio dos jihadistas no país, após uma ofensiva para expulsar os últimos combatentes em áreas desérticas. A ofensiva militar nos dois países contou com o apoio de bombardeios aéreos da coalizão internacional liderada pelos Estados Unidos.

Um dos países que se encontra em situação tensa é a **Turquia**. Desde 2015, o país integra a **coalizão liderada pelos Estados Unidos da América para combater o extremismo islâmico**. Além de fazer bombardeios aéreos em áreas dominadas pelo grupo extremista, o governo turco permite que os aviões americanos usem suas bases aéreas atacar alvos na Síria. A Turquia também é uma das **principais portas de entrada de imigrantes e refugiados** (especialmente sírios) na Europa.

Em junho de 2016 foi a vez **do aeroporto de Istambul, na Turquia, ser alvo de ataques que resultaram em 36 mortes e mais de 140 feridos**. As investigações iniciais indicaram que os responsáveis pelo ataque foram indivíduos ligados ao Estado Islâmico.

Em março de 2018, um homem supostamente ligado ao Estado Islâmico deixou três mortos antes de ser abatido pela polícia, na França. Antes de invadir um supermercado, o terrorista teria gritado "Alá é grande".

▶ IMPORTANTE!

É uma grande **negligência analisar a ascensão do terrorismo** (principalmente do Estado Islâmico), **sem desenhar como plano de fundo a Guerra Civil da Síria**. Segundo a Organização das Nações Unidas (ONU), o conflito é a maior crise humanitária desde século.

- Cerca de **511 mil mortes, segundo Observatório Sírio de Direitos Humanos.** O balanço da ONG indica que 85% dos mortos foram vítimas de ataques do governo ou de forças aliadas, como a Rússia.
- Cerca de **6,5 milhões de pessoas foram obrigadas a mudar-se** para outras regiões do país.
- Cerca de **4,5 milhões de pessoas abandonaram** a Síria.
- Quase **70% dos sírios**, atualmente, vivem **abaixo da linha de pobreza.**

De modo geral, a população síria se vê nas mãos de uma **luta trifracionada:**

Governo Sírio e Aliados	Grupos rebeldes	Curdos
Âmbito interno: Desde 1970 a família Assad comanda o país em um regime de partido único. Ainda que cristãos e xiitas não apoiem o ditador, acabam preferindo sua posição à dos extremistas no comando. **Âmbito externo:** Conta com o apoio do Irã e do grupo libanês Hezbollah – eixo xiita – além disso, a Rússia de Vladimir Putin é uma das grandes forças no ambiente externo.	Grupos sunitas (não extremistas) que lutam contra o regime de Bashar al-Assad são a maioria. O maior, em questão, é o **Exército Livre da Síria (ELS)**. Países Europeus e EUA, além de Turquia e Arábia Saudita são apoiadores do ELS. Por conta do envolvimento de Irã e Arábia Saudita, além do temor pelo terrorismo, existem discrepâncias internas que são confrontadas.	Estes ocupam territórios da Síria, Iraque, Irã, Turquia, Armênia e Azerbaijão e buscam a criação de um Estado próprio – Curdistão.

▶ **QUESTÃO SOBRE O TEMA:**

Quem são xiitas e sunitas? Quais diferenças?

Inicialmente, é preciso distinguir terrorismo de religião islâmica. As frentes radicais representam uma minoria, inclusive criticada por grande parte dos muçulmanos. O preconceito e a opressão com relação aos muçulmanos tornaram-se elemento corriqueiro nessa lógica intolerante que o mundo assiste. Em números, os muçulmanos representam a **segunda maior crença do planeta (1,7 bilhão de seguidores), atrás apenas do cristianismo (2,4 bilhões de fiéis).** Além disso, a taxa de crescimento da religião Islâmica é mais acelerada e, por isso, projeções futuras assinalam uma equiparação numérica dos fiéis. Vale destacar que existem várias divisões do mundo islâmico. Ainda assim, a polarização entre xiitas e sunitas é que delimita uma luta histórica de forças e poderes. De modo geral, os **sunitas são maioria (85%), contra a minoria xiita (15%).** A polarização se deu a partir da **sucessão pelo posto do profeta Maomé,** já que duas diferentes tendências se apontaram após sua partida. Para os xiitas, o sucessor deveria ser da família do profeta – Ali, primo e genro de Maomé, era o líder dessa corrente. Para os sunitas, qualquer muçulmano poderia ser o líder, desde que fosse da tribo de Maomé e aceito pela comunidade.

DICA!

▶ O ano de 2016 marcou a realização das Olimpíadas no Rio de Janeiro. Tal fato apresentou a discussão terrorismo de maneira conjunta, visto que a própria legislação se debruçou sobre o tema por conta da dimensão de uma prática durante tal evento. Em 1972, o grupo terrorista **Setembro Negro matou 11 israelenses** na vila olímpica da cidade de **Munique, na Alemanha**. Os cinco terroristas também morreram no ataque, além de um policial alemão. Vinte e quatro anos depois, na **Olimpíada de Atlanta**, nos EUA, a explosão de uma bomba matou 2 pessoas e deixou 112 feridos. O artefato foi colocado num parque público pelo cidadão americano Eric Robert Rudolph, identificado como um cristão ultraconservador. Em 2018, o que ganhou destaque foi a preparação da Rússia para a realização da Copa do Mundo de Futebol, com serviços estratégicos de segurança e inteligência integrada.

▶ IMPORTANTE!

Em junho de 2016, durante reunião do **Conselho de Segurança da ONU**, o então secretário-geral da época, Ban Ki-moon reforçou alguns pontos emergências de combate ao terrorismo:

- Alertou para o "aspecto perturbador" da prática como "tática de terrorismo", destacando a questão do sequestro de meninas nigerianas em 2014, por parte da organização da Nigéria Boko Haram. Ban defendeu ainda que a violência sexual é **uma ameaça à paz e segurança internacionais, uma grave violação das leis humanitária e de direitos humanos** e um grande impedimento à reconciliação pós-conflito e ao desenvolvimento econômico. Ele destacou ainda diversas resoluções do Conselho de Segurança que confirmam a violência sexual inclusive como "crime de guerra".

Em 2016, mais de 25 mil pessoas morreram e 33 mil ficaram feridas em pelo menos 11 mil ataques terroristas em mais de 100 países; quase três quartos de todas as mortes causadas pelo terrorismo se deram em apenas cinco países: Iraque, Afeganistão, Síria, Nigéria e Somália.

"O terrorismo é fundamentalmente a negação e a destruição dos direitos humanos", disse o secretário-geral das Nações Unidas, António Guterres, durante uma palestra na Universidade de Londres.

Preocupados com a propagação das ideias terroristas pelos ambientes virtuais, a própria **Microsoft afirmou que pode ser feito mais por empresas do setor.** A fala de um representante da empresa se deu frente ao Conselho de Segurança da ONU (fato inédito, concretizado em maio de 2016). Nos 15 minutos que se seguiram aos ataques de Paris de novembro de 2015 **houve 7.500 *tuítes*, e em duas semanas um milhão de views nos vídeos que exaltavam o massacre.**

O Brasil adotou **resolução da ONU sobre combate ao terrorismo** que, dentre outras medidas, determina que os países que aderirem às indicações devem congelar imediatamente os fundos, ativos financeiros e recursos econômicos de pessoas ou grupos ligados a células terroristas. Também determina que as nações signatárias devem **impedir a entrada em seus territórios ou o trânsito de indivíduos ligados ao Estado Islâmico ou à Al-Qaeda.**

O decreto apresenta um **perfil do que seria um terrorista: o terrorista (ou grupo) também é aquele que fornece, vende ou transfere armas e materiais correlatos para serem usados em atentados. Recrutar pessoas para promover esses crimes ou pedir apoio à causa também entram na descrição.**

Esse detalhamento também pode ser visto na **Lei Antiterrorismo brasileira** (Lei 13.260/2016), promulgada em março de 2016, que, em seu artigo 2º, parágrafo 1º, delimita que **são atos de terrorismo:**

> I - usar ou ameaçar usar, transportar, guardar, portar ou trazer consigo explosivos, gases tóxicos, venenos, conteúdos biológicos, químicos, nucleares ou outros meios capazes de causar danos ou promover destruição em massa;
>
> IV - sabotar o funcionamento ou apoderar-se, com violência, grave ameaça a pessoa ou servindo-se de mecanismos cibernéticos, do controle total ou parcial, ainda que de modo temporário, de meio de comunicação ou de transporte, de portos, aeroportos, estações ferroviárias ou rodoviárias, hospitais, casas de saúde, escolas, estádios esportivos, instalações públicas ou locais onde funcionem serviços públicos essenciais, instalações de geração ou transmissão de energia, instalações militares, instalações de exploração, refino e processamento de petróleo e gás e instituições bancárias e sua rede de atendimento;
>
> V - atentar contra a vida ou a integridade física de pessoa.

De certa forma, cabe ressaltar que o terrorismo tornou-se um **tema de caráter global.** As preocupações dos governos se unem às **aflições da sociedade civil** e reforçam o combate dentro de um âmbito preventivo, levando em consideração as realidades específicas. O medo constante e o perigo em potencial tornam todos os indivíduos vulneráveis a tais formas de violência. Por isso, além da evolução das leis para combater aqueles que se munem de visões extremistas para justificar a guerra, é preciso que a sociedade alimente um espírito de tolerância.

Outros fatos noticiados envolvendo o Estado Islâmico nos anos anteriores:

- Em dezembro de 2016, a organização terrorista retomou o controle da cidade de Palmira, na Síria. O Estado Islâmico tinha tomado o controle de Palmira em maio de 2015 e foi expulso pelo regime em março de 2016, com a ajuda da Rússia. Quando assumiu a chamada "pérola" do deserto sírio, o grupo extremista destruiu vários artefatos históricos.
- Em dezembro de 2016, a Europol, Agência Europeia de Polícia, afirmou que o Estado Islâmico estaria arquitetando novos ataques terroristas pelo continente.
- Em novembro de 2016, um homem **atropelou e esfaqueou uma série de pessoas na Universidade Estadual de Ohio.** Segundo o Estado Islâmico, o homem teria se inspirado em vídeos da organização terrorista sobre ataques sem armas de fogo (ataque dos lobos solitários). Abdul Razak Ali Artan, que era estudante da universidade, foi morto a tiros pelo policial Alan Horujko após ferir nove pessoas. Ele nasceu na Somália e chegou aos EUA em 2014, como filho de um refugiado. Antes ele viveu no Paquistão, entre 2007 e 2014.
- Em novembro de 2016, forças de segurança do Iraque anunciaram a descoberta de duas covas coletivas com 250 corpos, na cidade de Mossul, no Iraque.

- A emissora de televisão pública alemã ARD atraiu críticas após convidar para um programa uma **mulher vestindo a burca e que afirmou que os jovens que fazem a jihad "mostram sua coragem cívica".** Para críticos, a mulher acabou realizando uma propaganda da radicalização do Islã.
- Uma grande polêmica tomou conta dos noticiários em 2016. Algumas cidades francesas, dentre ela Nice, no sul da França, proibiram o uso do burkini (traje de banho muçulmano). Entretanto, a justiça francesa suspendeu a proibição do uso de burkini nas praias de Nice, afirmando que a emoção causada pelo atentado de 14 de julho na cidade da Côte d'Azur não justifica a medida. Apesar desta decisão, várias cidades do litoral mediterrâneo, entre elas Nice, Cannes e Fréjus (sudeste), decidiram manter seus decretos promulgados durante o verão para proibir o burkini, considerados provocativos e proselitistas. Mas, por lógica da aplicação da lei, os decretos foram suspensos um atrás do outro. Mais de 30 cidades francesas haviam proibido o uso do traje de banho. Na França **já é proibido o uso do véu islâmico em instituições de ensino e repartições públicas.**
- A França se tornou um alvo corriqueiro do Estado Islâmico e do terrorismo como um todo. Tal fato se deve por vários motivos:
  - O país tem a maior comunidade muçulmana da Europa, estimada em 6 milhões de pessoas, o que corresponde a quase **10% de sua população.**
  - A França participa da coalizão contra o Estado Islâmico na Síria e no Iraque.
  - A população imigrante ou nascida na França de origem estrangeira sofre há décadas problemas de integração e é, em boa parte, desfavorecida socialmente.
  - A França é o país europeu de onde mais saíram jovens para se aliar ao Estado Islâmico na Síria ou no Iraque.
  - Segundo a lei de Laicidade, é proibido usar símbolos religiosos nas escolas públicas desde 2004 e, em 2010, foi proibido o uso do niqab (véu islâmico que deixa apenas os olhos à mostra). Orações em grupo nas ruas foram proibidas em 2011.

Em dezembro de 2016, a chanceler da Alemanha, Angela Merkel, defendeu a **proibição do uso dos véus que cubram o rosto todo** em locais públicos. "O véu completo não é apropriado aqui, deveria ser proibido onde quer que seja legalmente possível. Isso não pertence a nós", disse a chanceler.

Com relação ao véu islâmico, outro país ganhou destaque nos noticiários. Trata-se do Irã. O país acompanhou uma série de protestos de mulheres contra a obrigatoriedade de uso do véu islâmico. O regime teocrático estabelecido no Irã desde a Revolução Islâmica de 1979 é visto como retrógrado por uma parcela considerável da população iraniana. Pesquisa divulgada em 2018 por fontes ligadas ao governo mostrava quase metade da população se posicionando contra a obrigatoriedade.

Algumas mulheres chegaram a ser detidas por conta de protestos que se espalharam pelo país.

A tensão muitas vezes acaba sendo criada por se estabelecer uma real confusão entre o mundo islâmico e as práticas terroristas. No senso comum, existe um olhar que estereotipiza o muçulmano como "terrorista em potencial". Desconsidera-se todo o aspecto dogmático e doutrinário de sua visão religiosa. Dessa forma, algumas ações acabam potencializando o medo social e criando espaços isolacionistas. Em novembro de 2017, o presidente dos EUA, Donald Trump, compartilhou três vídeos antimuçulmanos em seu twitter (os vídeos teriam sido compartilhados inicialmente por um partido britânico da extrema-direita). A própria primeira ministra britânica acabou criticando o comportamento do presidente estadunidense. Por isso, discute-se no contexto político o crescimento de medidas consideradas islamofóbicas e, automaticamente, xenófobas – o que explica de modo concreto a propagação da violência com relação ao aspecto da diversidade religiosa.

Paradoxalmente, em maio de 2018, em comunicado oficial, o presidente dos EUA, Donald Trump, divulgou uma mensagem "enviando seus cumprimentos" e desejando "felicidades" aos muçulmanos, que iniciaram o Ramadã na noite do dia 15 de maio. "O Ramadã nos lembra da riqueza que os muçulmanos acrescentam à tapeçaria religiosa da vida americana. Nos Estados Unidos, todos somos abençoados por viver sob uma Constituição que promove a liberdade religiosa e respeita a prática religiosa", dizia o presidente, na mensagem distribuída pela Casa Branca.

A situação se desenha de modo completamente conflituoso no contexto do Oriente Médio, após os EUA reconhecerem Jerusalém como capital de Israel (o fato chegou a resultar em ações violentas, com o Hamas convocando o que seria a terceira Intifada – levante árabe contra a expansão israelense). A inauguração da embaixada em Jerusalém (cidade sagrada para as três grandes religiões monoteístas), gerou protestos por parte dos palestinos.

Os palestinos reivindicam Jerusalém Oriental como futura capital e veem a medida como sinal de apoio dos EUA à visão de Israel, que considera a cidade como sua capital "eterna e indivisível". A decisão de transferir a embaixada de Tel Aviv para Jerusalém, além de romper como uma neutralidade posta há anos, gerou uma forte reação negativa da comunidade internacional (União Europeia, por exemplo, se manifestou por diversas vezes de modo contrário).

Quais países se demonstram alinhar com o posicionamento de Donald Trump e devem transferir suas respectivas embaixadas?

- Guatemala
- Paraguai
- Honduras

- A posição de Donald Trump acabou surpreendendo a comunidade internacional (ainda que ele tenha tratado do tema durante a campanha presidencial), por conta do próprio presidente já ter adiado uma vez tal decisão. Isso se dá porque em 1995, o Congresso americano adotou uma lei com um apelo para que o governo mudasse a embaixada de Tel Aviv para Jerusalém, "capital do Estado de Israel". A lei é obrigatória para o governo americano, mas uma cláusula permitia aos presidentes adiar sua aplicação por seis meses. Bill Clinton, George W. Bush e Barack Obama acionaram a cláusula, sistematicamente, a cada seis meses. Trump fez isso pela primeira vez em junho de 2017, mas depois resolveu declarar Jerusalém a capital de Israel, anunciando a mudança da embaixada de Tel Aviv para lá.

- O debate sobre o uso do véu islâmico ganhou força depois que vários países europeus passaram a decidir sobre a proibição. A seguir, algumas das decisões recentes:

  - Em março de 2017, a justiça europeia respaldou a proibição do uso do véu islâmico durante o horário de expediente. Para o Tribunal de Justiça da UE, impedir a trabalhadora de usá-lo "não constitui uma discriminação direta por motivos de religião ou convicções". Segundo a sentença, como existia um regulamento interno da empresa proibindo os trabalhadores de usar qualquer tipo de símbolo, não houve discriminação na demissão da recepcionista Samira Achbita, que perdeu o emprego na Bélgica depois de expressar a intenção de usar o véu durante a jornada de trabalho. Foi a primeira decisão nesse sentido, o que tende a criar jurisprudência no continente que conta com 6% de muçulmanos.

  - Também em 2017, a Áustria proibiu a utilização do véu islâmico entre funcionários, para garantir a neutralidade religiosa. Países como Bélgica, França, Holanda e Bulgária já tinham promulgado anos antes leis similares para limitar o uso em espaços públicos.

  - Em abril de 2017, os deputados da Alemanha aprovaram uma lei que proíbe a utilização de véu por funcionárias públicas. O texto obriga os servidores a manter o rosto totalmente descoberto no exercício de suas funções, mas não proíbe o uso do véu integral no espaço público.

  - Caminhando no sentido oposto, a Turquia, um país secular que negociou sua entrada na União Europeia, suspendeu em fevereiro a proibição em torno do uso do véu islâmico por mulheres das Forças Armadas. Um decreto enviado pelo Ministério às forças terrestres, aéreas e marítimas determina que as mulheres militares têm permissão de usar a peça se assim desejarem.

  - Após três anos de discussão, em maio de 2017, a FIBA (Federação Internacional de Basquete) aprovou o uso do véu islâmico por atletas. O uso do véu islâmico era proibido há 20 anos. A regra abrange ainda o uso de turbantes e quipás. Os véus, turbantes ou quipás precisarão ser da cor preta, branca ou da cor dominante do uniforme da equipe. Além disso, os acessórios de todos os jogadores ou jogadoras do time terão de possuir cores iguais.

- Em janeiro de 2017, foi noticiado que o Exército dos EUA passou a permitir o uso de turbante, véu e barba pelos soldados. A legislação estabelece que uma autorização será necessária para todos os soldados que queiram mudar a aparência de sua vestimenta, seja com um véu no caso das mulheres muçulmanas, com uma barba no caso dos homens desta religião ou com um turbante para os da comunidade sikh. Apesar da autorização de usar turbantes, será obrigatório que os militares utilizem capacetes de combate ou qualquer outro equipamento de proteção quando seja necessário.
- Em 2015, a então primeira dama dos EUA, Michelle Obama foi criticada por não utilizar o véu durante visita à Arábia Saudita. O fato se repetiu em 2017 com um presidente dos EUA, durante a primeira viagem internacional de Donald Trump – novo presidente dos EUA. Sua esposa e sua filha não utilizaram o véu em visita à Arábia Saudita. As mulheres na Arábia Saudita são obrigadas a encobrir a cabeça em público. No entanto, líderes ocidentais não se sentem obrigadas a seguir a recomendação. Tanto a premiê britânica, Theresa May, quanto a chanceler alemã, Angela Merkel, não observaram o uso do véu quando visitaram o país. Em fevereiro de 2017, a candidata derrotada na corrida presidencial na França, Marine Le Pen, se recusou a utilizar o véu para encontro com líder do Líbano, o que gerou o cancelamento da reunião.
- Outra tendência que gerou um amplo debate nos últimos tempos diz respeito ao uso de véu islâmico pela indústria da moda. Dolce&Gabbana, H&M e Nike foram algumas marcas a incluírem mulheres usando o hijab, o tradicional véu islâmico que cobre a cabeça, como destaque em suas campanhas publicitárias. A discussão se torna dialógica a partir do momento que o acessório para a indústria da moda se torna banal, ou seja, perde o seu significado (vide discussão anterior sobre apropriação cultural). Assim sendo, o objetivo maior passa a ser a questão do mercado, ou seja, as fundamentações econômicas que o produto pode ganhar. Por outro lado, levar o véu islâmico para as passarelas pode ser um ato de emancipação feminina.

• Organizações terroristas de destaque econômico: Uma das maiores problemáticas dos últimos tempos diz respeito ao ordenamento geopolítico internacional e a atuação de organizações terroristas. Estas, por sua vez, possuem estruturas hierárquicas e sistemáticas tão bem articuladas como qualquer empresa altamente qualificada. Conseguem financiamento por meio de atividades ilícitas, recrutam jovens de diferentes localidades geográficas e aterrorizam o medo com a disseminação do ódio e da violência. A tabela a seguir aborda levantamentos de dados sobre o "provável" patrimônio de algumas destas. Diante o emaranhado de ações oriundas de grupos terroristas e as diferentes concepções acerca da prática delituosa, o primeiro passo para o entendimento completo desta teia de relações é a localização geográfica de atuação de cada uma das organizações. Para isso, atenção ao quadro abaixo que sistematiza as principais articulações do momento.

- Um dos maiores desafios para combater o terrorismo é enfrentar o potencial cibernético. O recrutamento de jovens acontece por meio de redes sociais, o que potencializa o alcance do grupo e ramifica a eventualidade de ações descentralizadas. Grupos de hackers já chegaram a declarar guerra aos integrantes do Estado Islâmico, promovendo ataques aos seus perfis. Entretanto, é difícil de mensurar o real alcance desse grupo. Podemos destacar o efeito global do terrorismo. Certamente esses dados são projeções e mudam constantemente.
- Outro ponto de destaque é a forma como estes grupos terroristas se financiam e alcançar uma rentabilidade que garante potencial bélico por longa data. O Estado Islâmico, por exemplo, ao ocupar uma área, toma para si a região e todos os serviços como hidrelétricas, bancos, bases militares, campos de petróleo etc. Entretanto, uma das principais fontes de financiamento do grupo é a venda de petróleo, além da cobrança de resgate e doações.
- O EI atua, diretamente, no Iraque e Síria. Porém, uma das maiores problemáticas envolvendo o EI a nível internacional está relacionada ao recrutamento de estrangeiros para treinamento terrorista. Jovens, de todas as regiões do mundo mantêm relações com o grupo terrorista, e grande parte desses tentam o ingresso na região de atuação do EI para receber treinamento apropriado. O Estado Islâmico obtém milhões de dólares do contrabando de petróleo, do tráfico de antiguidades e dos resgates por sequestros. Recentemente, os ataques dos chamados "lobos solitários" têm repercutido de modo preocupante em diferentes localidades do globo.
- O EI surgiu a partir do Estado Islâmico no Iraque, o braço iraquiano da Al-Qaeda dirigido por Abu Bakr al-Bagdadi. Em abril de 2013, Bagdadi anunciou que o Estado Islâmico do Iraque e a Frente Al-Nosra, um grupo jihadista presente na Síria, se fundiriam para se converter no Estado Islâmico do Iraque e Levante. Abu Bakr al-Baghdadi é o autoproclamado califa do Estado Islâmico. Nomeado líder do Estado Islâmico do Iraque em 2010, quando este ainda era um braço da Al-Qaeda, foi ele quem rompeu com a organização de Bin Laden, após ampliar sua atuação em território sírio.
- Em outubro de 2017, assinalando uma importante vitória contra a expansão do Estado Islâmico, o exército sírio retomou Raqqa, cidade considerada "capital" do califado. A cidade era controlada pelo grupo jihadista sunita desde 2014, sendo ponto estratégico das operações e ações do grupo pela

Síria e também pelo Iraque. Segundo a ONU, cerca de 80% da cidade síria está destruída ou inabitável. Praticamente não há sinal de vida; os moradores fugiram do local após a intensificação dos combates entre o Estado Islâmico e os militantes das FDS, formadas por curdos e árabes e com apoio dos Estados Unidos. Vale lembrar que em julho de 2017 o Estado Islâmico já havia perdido a cidade de Mossul, no Iraque. Em novembro de 2017, a última cidade de relevância para as tropas do Estado Islâmico foi retomada pelas forças sírias. A cidade de Deir Ezzor, no leste do país, faz fronteira com o Iraque e é marcada por jazidas petrolíferas.

- O grupo jihadista sunita também recruta pessoas em todo o mundo, graças a propaganda na internet (o grupo estuda a criação de uma rede social específica, já que as convencionais têm sido rastreadas por serviços de segurança). Um consórcio militar formado por curdos independentistas, árabes muçulmanos, rebeldes sírios, forças iraquianas, iranianas e turcas, com apoio da aviação militar americana, pôs fim, em outubro, ao domínio de três anos do Estado Islâmico sobre a cidade de Raqqa, localizada no centro-norte da Síria. O grupo terrorista tinha em Raqqa a capital de seu "califado" e, de lá, treinava combatentes e planejava atentados terroristas ao redor do mundo. Também em outubro de 2017, o governo sírio expulsou as forças rebeldes do Estado Islâmico da cidade de Al Qariatain, no deserto sírio (cidade que durante os conflitos se tornou símbolo por unir muçulmanos e cristãos).

Com o término de 2017, qual a força do Estado Islâmico?

O ano de 2017 representou uma baixa para a organização terrorista - fato que não celebra seu desaparecimento total. No dia 7 de dezembro, a principal aliada do regime sírio na guerra civil, a Rússia, que lançou uma campanha aérea contra o EI em 2015, declarou que o país de Bashar Al-Assad está totalmente livre dos combatentes do grupo. Em 21 de dezembro, o governo americano indicou que algumas pequenas áreas da Síria ainda estão sob domínio do grupo e podem levar alguns meses para serem liberadas. O governo do Iraque, por sua vez, anunciou em 9 de dezembro o fim de qualquer domínio dos jihadistas no país, após uma ofensiva para expulsar os últimos combatentes em áreas desérticas. A ofensiva militar nos dois países contou com o apoio de bombardeios aéreos da coalizão internacional liderada pelos Estados Unidos. Em 2017, além de promover ataques no Afeganistão, Paquistão, Irã e Egito, o grupo reivindicou uma série de atentados na Europa e nos EUA.

Em outubro de 2017, um grupo pró Estado Islâmico, Wafa Foundation, divulgou imagens ameaçando jogadores de futebol em possíveis ataques na Copa do Mundo de Futebol de 2018. Entre os jogadores, Lionel Messi e Neymar Jr. apareceram nas montagens do grupo. O fato gerou uma mobilização das nações a fim de ampliar o esquema de segurança durante a Copa do Mundo a ser realizada na Rússia. A Rússia é a principal aliada do governo sírio no combate ao Estado Islâmico e participa de ataques ao grupo no país, atuando em paralelo à coalizão liderada pelos EUA e integrada por outros países.

CAPÍTULO III

ECONOMIA

1. CRISE ECONÔMICA

Crise econômica. Certamente essa expressão foi uma das mais noticiadas, comentadas e citadas pelos veículos de comunicação em massa nos últimos tempos. Desvalorização da moeda, perda do grau de investimento, elevação do desemprego, são pontos importantes para a compreensão do momento que o Brasil enfrenta.

Para entender esse tema considerado "tronco" para o cenário atual, em alguns momentos, a **reflexão conjuntural se faz necessária**. Ou seja, é preciso compreender o cenário político brasileiro para entender o desenvolvimento das políticas econômicas. Ainda assim, reflexão pode ficar restrita se não for levado em consideração a realidade de outros países (o efeito comparativo é sempre relevante para o entendimento).

▶ IMPORTANTE!

Apesar das dificuldades no âmbito político em 2017, o resultado do PIB – Produto Interno Bruto acabou trazendo maiores expectativas para os anos que se seguem. O Produto Interno Bruto (PIB) brasileiro cresceu 1,0% em 2017, na primeira alta após dois anos consecutivos de retração. Em valores correntes, o PIB em 2017 foi de R$ 6,6 trilhões, segundo o Instituto Brasileiro de Geografia e Estatística. Vale destacar que o resultado positivo de 2017 aconteceu por conta do ótimo desempenho da agropecuária (avanço de 13%).

O resultado ganha destaque ainda maior quando comparado aos anos anteriores – em 2015 e 2016, após os valores serem corrigidos, o resultado foi de 3,5% de retração, ou seja, encolhimento do Produto Interno Bruto.

Para efeito de comparação, segundo dados do governo, a China cresce 6,9% em 2017 – trata-se do maior parceiro comercial do Brasil na atualidade, seguido por EUA e Argentina (respectivamente, países para quem o Brasil mais vendeu e de quem o Brasil mais comprou). No primeiro trimestre de 2018, o PIB chinês cresceu 6,8%, superando as projeções iniciais.

Um estudo divulgado pelo Banco Mundial, em maio de 2018, revelou que se houvesse redução da desigualdade salarial entre homens e mulheres, o Produto Interno Bruto (PIB) poderia crescer em 3,3%, o que equivale a R$ 382 bilhões. A partir das variáveis analisadas, o estudo destacou o processo de estagnação visível em determinadas instâncias, por conta de uma condição completamente desigual na dimensão do gênero.

2. AGÊNCIAS DE CLASSIFICAÇÃO DE RISCO

Outro fato que colocou o Brasil nos noticiários de economia nos últimos tempos foi o rebaixamento do grau de investimento do país. Atualmente, três grandes agências de classificação de risco são parâmetros para o tema: **Standard and Poor's, Fitch e Moodys**. A partir da nota que essas agências instituem para cada país, o fluxo econômico por meio de investimentos se intensifica ou reduz.

Com isso, acompanhar o movimento das agências de classificação de risco é importante para compreender a questão da conjuntura econômica de um país. Tais variáveis se tornam referências na análise da solidificação de uma economia. Como é um cenário de intenso dinamismo e flexibilidade de valores, é importante manter-se antenado.

Em janeiro de 2018, a agência de classificação de risco Standard & Poor's rebaixou a nota do Brasil de "BB" para "BB-". Ao anunciar tal medida, a agencia de classificação de risco chegou a destacar de modo positivo algumas ações do governo Temer. Entretanto, destacou que o ritmo com que as reformas aconteceram não foi suficiente, além do fato de a Reforma da Previdência ter sido postergada.

Em fevereiro de 2018, foi a vez de outra agência de classificação de risco, Fitch, rebaixar a nota do Brasil de "BB" para "BB-". "O rebaixamento do Brasil reflete persistentes e grandes déficits fiscais, a alta crescente da dívida pública e o fracasso em reformas legislativas que melhorariam o desempenho estrutural das finanças públicas", destacou a Fitch no comunicado.

Já em abril de 2018, a agência de classificação de risco Moody's melhorou a perspectiva de nota de crédito do Brasil de negativa para estável. A nota do Brasil foi reafirmada em Ba2, em um movimento contrário ao tomado pelas demais agências de classificação de riscos e que surpreendeu os economistas. A agência deu duas razões principais para a mudança na nota:

- Expectativa de que as reformas fiscais serão aprovadas no próximo governo;
- Crescimento econômico do país mais forte que o esperado no curto e médio prazo.

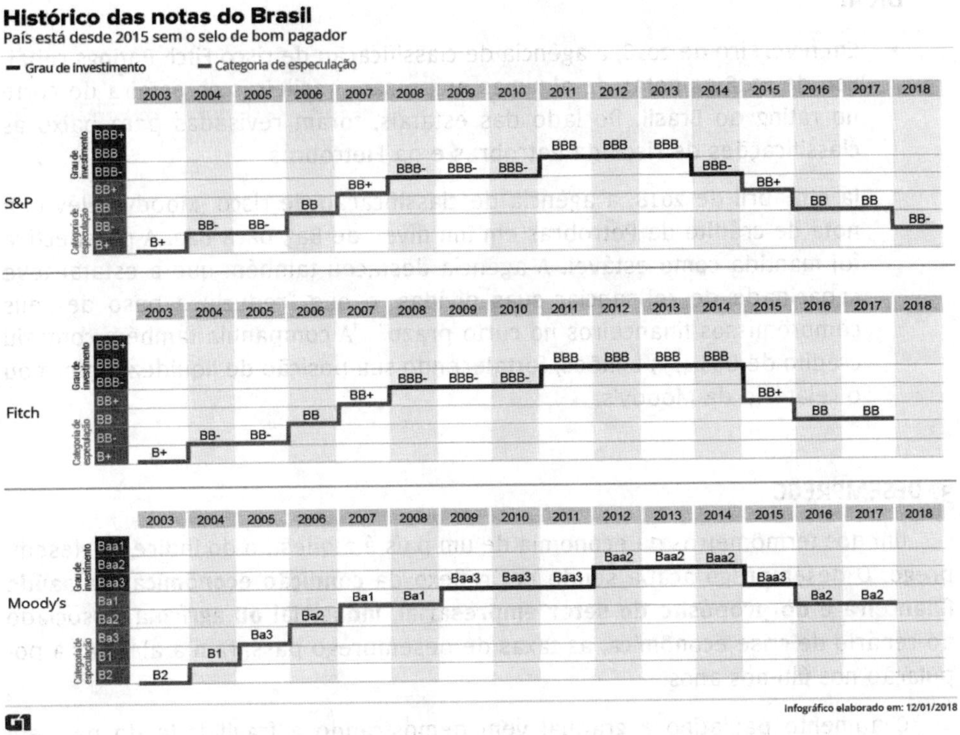

Fonte: G1. https://glo.bo/2LoZQOH

> ▶ **QUESTÃO SOBRE O TEMA:**
>
> **Quais as consequências desses rebaixamentos consecutivos?**
>
> O grau de investimento de um país representa um "selo de qualidade" para o mercado, indicando a confiança em realizar uma aplicação. A partir da nota crédito, os investidores podem avaliar se a possibilidade de ganhos (por exemplo, com juros maiores) compensa o risco de perder o capital investido em um país. Dessa forma, os rebaixamentos em sequência apontam uma fragilização da economia brasileira, **afugentando os investimentos estrangeiros.** Além disso, pode afetar a **cotação do dólar, a dívida do país, o financiamento das empresas.**

O histórico com relação às agências de classificação de risco é recente. O Brasil conquistou o grau de investimento pelas agências internacionais **Fitch Ratings e Standard & Poor's pela primeira vez em 2008. Em 2009, conseguiu a classificação pela Moody's. A recuperação deverá passar por uma reestruturação do país. Em média, os países levam de 5 a 10 anos para recuperar o selo.**

DICA!

- Em fevereiro de 2018, a agência de classificação de risco Fitch Ratings rebaixou de 2018 as notas de algumas empresas brasileiras na esteira do corte no rating do Brasil. Do lado das estatais, foram revisadas para baixo as classificações de risco da Petrobras e da Eletrobrás.
- Já em abril de 2018, a agência de classificação de risco, Moodys elevou a nota de crédito da Petrobras em um nível, de Ba3 para Ba2. A perspectiva foi mantida como estável. A agência destacou também que a estatal teve capacidade de refinanciar suas dívidas, o que "reduziu o peso de seus compromissos financeiros no curto prazo". "A companhia também contraiu crédito de US$ 4,35 bilhões, fortalecendo sua posição de liquidez", informou o relatório da Moody's.

3. DESEMPREGO

Um dos termômetros da economia de um país é a questão do índice de desemprego. O desemprego acaba sendo um reflexo da **condição econômica, da saúde financeira e do propósito do setor empresarial, industrial ou agrícola**. Associado ao cenário de crise econômica, as taxas de desemprego passaram a alarmar a população nos últimos anos.

O aumento paulatino e gradual vem demostrando a fragilidade do país em permanecer como gerador de empregos formais. Os dados explicitam esse cenário:

- Em março de 2018 (dados mais recentes até a data de publicação), o percentual de desempregados era de 13,1% - totalizando mais de 13,7 milhões de brasileiros.
- O contingente de trabalhadores com carteira assinada caiu 1,2% frente ao trimestre anterior, uma redução de 408 mil pessoas, e ficou em 32,9 milhões, o menor de toda a série da pesquisa, iniciada em 2012, segundo o IBGE. A máxima foi registrada em junho de 2014, quando foram registrados 36,8 milhões de empregos formais. Segundo dados da Pesquisa Nacional por Amostra de Domicílios (Pnad), o desemprego é maior entre mulheres, jovens e pessoas com baixa escolaridade. Entre as mulheres, o índice de desemprego fechou o ano de 2017 em 13,4%, contra 10,5% entre os homens. Havia 6,07 milhões de homens desocupados, contra 6,24 milhões de mulheres no fim de 2017.
- Com relação ao contexto geográfico, também houve uma diferença de índices de desemprego em 2017. O estado onde o desemprego foi mais alto foi o Amapá, seguido de Pernambuco e Alagoas. Já Santa Catarina, Mato Grosso e Mato Grosso do Sul tiveram as menores taxas.

Onde o desemprego é maior no Brasil
Veja a taxa de desemprego por estado, em %

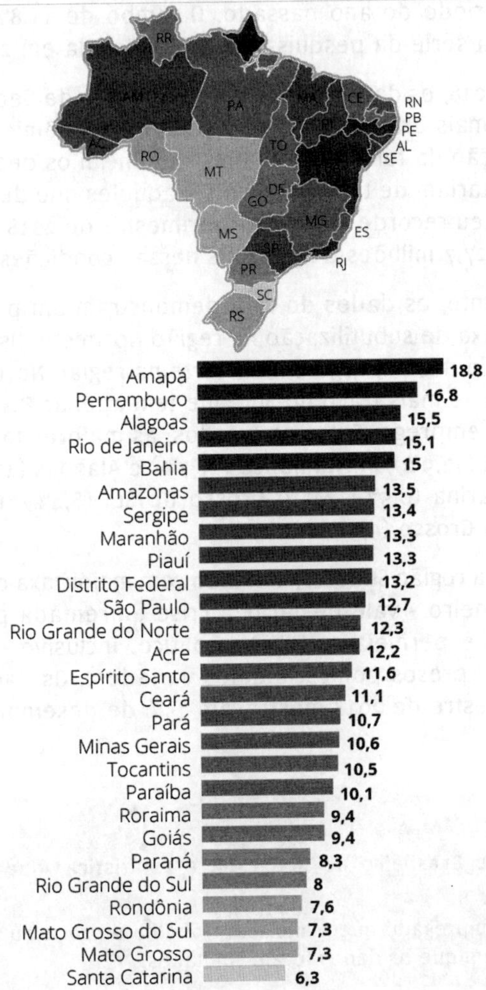

G1 Infográfico atualizado em: 23/02/2018

Fonte: https://glo.bo/2GEazTe

DICA!

- Olhando para outras realidades notamos um caminho inverso. É o caso dos EUA, onde em abril de 2018, a taxa de desemprego caiu para 3,9% - taxa mais baixa dos últimos 17 anos. Vale destacar que o banco central dos Estados Unidos (Federal Reserve), decidiu manter a taxa de juros do país no patamar entre 1,5% e 1,75%

- Um dos **setores que mais preocupa é a indústria.** A indústria fechou 1,56 milhão de vagas no trimestre encerrado em abril de 2016, na comparação com igual período do ano passado. O tombo de 11,8% foi o recuo mais forte em toda série da pesquisa do IBGE, iniciada em 2012.
- Em maio de 2018, os dados do Instituto Brasileiro de Geografia e Estatística foram ainda mais drásticos para a realidade econômica brasileira. A taxa de subutilização da força de trabalho, que inclui os desempregados, pessoas que gostariam de trabalhar mais e aqueles que desistiram de buscar emprego, bateu recorde no primeiro trimestre de 2018, chegando a 24,7% (um total de 27,7 milhões de pessoas nessas condições).
- Geograficamente, os dados do IBGE demonstram um panorama de maior impacto da taxa de subutilização na região Nordeste. Os dados divulgados mostram que o desemprego é mais forte na região Nordeste, onde a taxa chega a 15,9%, e mais fraco no Sul, que tem apenas 8,4% de sua força de trabalho sem emprego. Entre os estados, as maiores taxas são do Amapá (21,5%), Bahia (17,9%), Pernambuco (17,7%) e Alagoas (17,7%). As menores, de Santa Catarina (6,5%), Mato Grosso do Sul (8,4%), Rio Grande do Sul (8,4%) e Mato Grosso (9,3%).
- Olhando para a região Sudeste, o estado com maior taxa de desempregados é o Rio de Janeiro - vale destacar a crise enfrentada por todo o estado (crise essa que permeia o debate político, inclusive - ex-governadores denunciados / presos por escândalos variados). Os dados referentes ao primeiro trimestre de 2018 mostravam 15% de desempregados no Rio de Janeiro.

▸ QUESTÃO SOBRE O TEMA:

Para o IBGE (Instituto Brasileiro de Geografia e Estatística) quem é considerado desempregado?

O IBGE considera desempregado quem **não tem trabalho e procurou algum nos 30 dias** anteriores à semana em que os dados foram coletados.

RAIO X DA ECONOMIA

- ✓ O salário mínimo sofreu um reajuste de R$17,00 (dezessete reais), saltando de R$937,00 em 2017, para R$954,00 em 2018. Segundo projeções anunciadas em abril de 2018, o salário mínimo em 2019 deve chegar ao total de R$1.002,00. Se confirmado (até o fechamento da edição não se tinha essa informação), o aumento será de mais de 5% (diferente do reajuste anterior de 1,81%).
- ✓ As projeções do salário mínimo ideal para o Brasil não são nada confortáveis. Instituído em 1936, no governo de Getúlio Vargas, segundo o Dieese

(Departamento Intersindical de Estatísticas e Estudos Socioeconômicos), em março de 2018, o valor deveria ser de R$3.706,44.

- ✓ Ainda falando do cenário econômico brasileiro, em maio de 2018, o Palácio do Planalto divulgou uma cartilha com balanço das ações dos dois anos do governo do presidente Michel Temer. A cartilha recebeu o título "Avançamos – 2 anos de vitórias na vida de cada brasileiro" e fez um compilado de "ações e resultados" do governo entre 2016 e 2018. O material destacou, na área econômica, a melhoria nos resultados da Petrobras, a redução da inflação e da taxa de juros (Selic). Na área social, citou, por exemplo, os dois reajustes concedidos no benefício pago pelo Bolsa Família. A cartilha não mencionou a alta taxa de desemprego – fato criticado pela oposição. Outro ponto que deu margem para discussões foi a fala, dias antes, do presidente afirmando que o desemprego não cresceu, mas "aumentou o número dos que procuram emprego".

- ✓ A crise no mercado de trabalho fez a renda do brasileiro encolher em 2017. Em média, a população perdeu R$ 12 no rendimento mensal real na comparação com o ano anterior - passou de R$ 2.124 para R$ 2.112, o que representou uma queda de 0,56%. Já o rendimento proveniente do trabalho caiu R$ 31 no mesmo período - de R$ 2.268 de R$ 2.237, uma redução de 1,36%. É o que apontou um levantamento divulgado em abril de 2018, pelo Instituto Brasileiro de Geografia e Estatísticas (IBGE). Ainda segundo dados do IBGE, 10% da população concentrava 43% da renda.

- ✓ Em maio de 2018, o dólar chegou a superar a casa dos R$3,70. No mesmo dia que o dólar chegou a tal valor, o Comitê de Política Monetária do Banco Central resolveu manter a taxa Selic em 6,5% (vale acompanhar o desenrolar da temática, visto que a taxa Selic impacta diretamente na dimensão econômica do país). Com a ação de manter a taxa em 6,5%, o Copom colocou fim ao processo de corte da taxa (foram 12 seguidos desde outubro de 2016).

▶ IMPORTANTE!

O lucro dos maiores bancos do país voltou a crescer em 2017, após ter recuado quase 20% em 2016. Somados, os ganhos das quatro maiores instituições financeiras com ações listadas na Bovespa – Itaú Unibanco, Banco do Brasil, Bradesco e Santander — alcançaram R$ 57,63 bilhões no ano passado ante R$ 50,29 bilhões em 2016, o que corresponde a uma alta de 14,6%.

O maior lucro em 2017 foi do Itaú (R$ 23,96 bilhões), seguido por Bradesco (R$ 14,65 bilhões), Banco do Brasil (R$ 11,01 bilhões) e Santander (R$ 7,99 bilhões).

(Portal G1 – Acesso em maio de 2018)

Uma das discussões que se relacionado com o cenário de fragilização econômica é a busca pela ação empreendedora. No mundo dos negócios, a **terminologia**

específica conota a busca por algo rentável, exclusivo e original. Este termo tem sido apropriado por diferentes indivíduos país a fora que, da crise, criam. Traçam oportunidade para equacionar problemas financeiros. Os exemplos se multiplicam e, em alguns mostram, demonstram a potencialidade criativa da população brasileira

De certa forma, pode-se apontar uma **"obrigação por empreender".** A própria linguagem do mundo moderno planta na cabeça do indivíduo a ideia de que este sobreviverá apenas, caso seja empreendedor e busque adjetivos para isso. Em todo caso, não é preciso uma visão longitudinal do tema para compreender que essa "obrigação" acaba por ceifar a possibilidade de algo espontâneo e criativo que apresente retorno financeiro.

Os dados mostram que as pessoas são "empurradas" a trabalhar por conta própria, como uma das boas saídas para a crise. Segundo o SERASA (Centralização de Serviços dos Bancos), houve um aumento de **10,4% do número de empresas criadas em janeiro de 2016,** se comparado ao mesmo mês de 2015. Se a comparação for com o mês de dezembro de 2015, o valor salta para 48%. Em um ano, o número de **microempreendedores individuais cresceu 14,9% em um ano. Se formos levar em consideração dados divulgados pelo Sebrae em 2017, mais de 11 milhões de empresas foram criadas nos últimos 3,5 anos. O grande destaque se dá para a modalidade do microempreendedor individual (MEI).**

Por outro lado, a forte instabilidade do mercado e o cenário desfavorável de alguns setores, explicam de modo nítido o fechamento de empresas dentro de um prazo curto de tempo. Cinco anos após serem criadas, pouco mais de 60% das empresas já fecharam as portas. A constatação foi da pesquisa Demografia das Empresas, divulgada em outubro de 2017 pelo Instituto Brasileiro de Geografia e Estatística (IBGE). Do total de 733,6 mil empresas que nasceram em 2010, 277,2 mil (37,8% do total) sobreviveram até 2015. O levantamento mostra ainda que, em 2015, após cinco anos da entrada no mercado, as taxas de sobrevivência era maior nas atividades de saúde humana e serviços sociais (54,8%) e atividades imobiliárias (50,8%). Dado o ambiente crítico vivenciado pelo Brasil, as projeções futuras acabam associadas a diferentes parâmetros. Para alguns especialistas, assim que o **caminho político estiver redesenhado de maneira definitiva, é provável que o país volte ao eixo desenvolvimentista e de constância.** Para isso, as eleições de 2018 serão decisivas. Para outros, a real transformação na dimensão econômica passa por instâncias maiores e, inclusive, por uma transformação de comportamento da própria sociedade civil no exercício da cidadania.

4. PIB (PRODUTO INTERNO BRUTO) DO BRASIL - PROJEÇÕES

- Após o Brasil demonstrar sinais de oxigenação na dimensão do Produto Interno Bruto – PIB, as expectativas do início de 2018 apontavam para um crescimento ainda maior no ano. Entretanto, com o desenrolar do ano, a condição da geração de emprego acabou se apontando como um desafio – o que fez algumas agências de classificação de risco retomarem as projeções iniciais.

- No início de 2018, o próprio Ministério da Fazenda havia apontado uma projeção de 3% de crescimento. No mês de maio, o Ministério admitiu poder rever tal crescimento, dado o baixo dinamismo econômico dos primeiros meses do ano (até o fechamento da edição, o novo valor não havia sido divulgado).
- Economistas do Banco Central chegaram a projetar um crescimento de 2,89% da economia no ano de 2018. Em abril, a revisão apresentou o valor de 2,79% de crescimento.
- Caminhando no sentido inverso, o Fundo Monetário Internacional chegou a melhorar a projeção inicial do PIB brasileiro. Segundo o PIB, a projeção inicial era de um crescimento de 2,3% em 2018 e 2,5% em 2019 (números que segundo o próprio FMI tendem a ser elevados).
- Ainda com relação ao PIB, um levantamento da agência de classificação de risco brasileira Austin Rating, comparou o resultado do PIB de 2017 de 45 países. O Brasil apareceu na última colocação do ranking. Na ocasião, em março de 2018, a agencia de classificação de risco usou os dados dos países que haviam divulgado o PIB de 2017. Os 45 países que apareceram no ranking representam 84,9% do PIB mundial (US$ 78,74 trilhões). (Veja imagem - Ranking do PIB dos países em 2017 https://economia.estadao.com.br/noticias/geral,mercado-espera-avanco-do-pib-menor-em-2018-de-2-18,70002336656)

Ranking	País	2017
1º	Romênia	6,9%
2º	China	6,8%
3º	Filipinas	6,7%
4º	Índia	6,4%
5º	Malásia	6,0%
6º	Indonésia	5,1%
7º	Letônia	5,1%
8º	Eslovênia	5,0%
9º	Estônia	4,8%
10º	Polônia	4,5%
11º	República Tcheca	4,5%
12º	Chipre	4,0%
13º	Hungria	3,9%
14º	Hong Kong	3,8%

Ranking	País	2017
15º	Tailândia	3,7%
16º	Bulgária	3,7%
17º	Lituânia	3,5%
18º	Cingapura	3,5%
19º	Eslováquia	3,4%
20º	Finlândia	3,4%
21º	Holanda	3,2%
22º	Espanha	3,1%
23º	Coréia do Sul	3,1%
24º	Israel	3,0%
25º	Áustria	2,9%
26º	Taiwan	2,8%
27º	Canadá	2,7%
28º	Croácia	2,7%
29º	Suécia	2,7%
30º	Portugal	2,6%
31º	Alemanha	2,5%
32º	Peru	2,3%
33º	Estados Unidos	2,3%
34º	Ucrânia	2,2%
35º	México	2,1%
36º	Dinamarca	1,9%
37º	Franga	1,9%
38º	Noruega	1,9%
39º	Bélgica	1,7%
40º	Reino Unido	1,7%
41º	Japão	1,7%
42º	Colômbia	1,6%
43º	Itália	1,5%
44º	Suíça	1,1%
45º	BRASIL (*)	1,0%

CAPÍTULO IV

GEOPOLÍTICA EM PAUTA: REINO UNIDO X UNIÃO EUROPEIA

O mês de junho de 2016 apresentou uma **nova página da história do continente europeu** e, consequentemente, do globo – dado o tamanho impacto de tal decisão, no caso, daqueles que fazem parte do Reino Unido. O referendo sobre o desligamento do Reino Unido da União Europeia fez reascender debates "separatistas" e tende a estimular outros países a tal consulta (o que se faz dicotômico, visto que as opiniões são divergentes sobre benefícios e prejuízos de fazer parte da União Europeia). Além disso, o episódio de 2016 – consulta à população – continua sendo destaque por conta de todos os desdobramentos que o tema permite. Por exemplo: A Irlanda do Norte, parte integrante do Reino Unido, tem se demonstrado um grande impasse para a questão. Isso se dá pelo fato de a maior parte da população da localidade se demonstrar favorável a continuidade da conexão com a União Europeia. O principal negociador da União Europeia para o Brexit, Michel Barnier, chegou a destacar tal complexidade do tema em entrevista em março de 2018.

Em 2016, a opção de **"sair" da União Europeia** venceu com uma **diferença de aproximadamente 1,2 milhão de votos. O "sair" representou cerca de 51,9% do total de votos** (17.410.742 votos a favor da saída).

► **QUESTÃO SOBRE O TEMA:**

O que seria um referendo? E um plebiscito?

Plebiscito e referendo são consultas ao povo para decidir sobre matéria de relevância para a nação em questões de natureza constitucional, legislativa ou administrativa. A principal distinção entre eles é a de que o plebiscito é convocado previamente à criação do ato legislativo ou administrativo que trate do assunto em pauta, e o referendo é convocado posteriormente, cabendo ao povo ratificar ou rejeitar a proposta (Fragmento retirado do site do Tribunal Superior Eleitoral – Brasil).

Antes do aprofundamento sobre as consequências de tal decisão, é importante reforçar algumas diferenças confundidas de maneira ampla. **Qual a diferença entre Inglaterra, Grã-Bretanha e Reino Unido?**

- **Inglaterra é o país que tem como capital a cidade de Londres,** onde se localizam o Parlamento britânico e o Palácio de Buckingham, residência oficial da rainha Elizabeth II.
- **Grã-Bretanha é o nome da maior ilha britânica,** que abriga a Inglaterra, o País de Gales e a Escócia.
- O Reino Unido compreende os **três países da Grã-Bretanha mais a Irlanda do Norte.** O Reino Unido, cujo nome oficial é Reino Unido da Grã-Bretanha e da Irlanda do Norte, foi criado em 1801, quando a Irlanda foi incorporada ao bloco – em 1922, a República da Irlanda sai da união, deixando apenas a parte norte da ilha no Reino Unido. Em setembro de 2014, os **escoceses rejeitaram a independência do país em um plebiscito histórico.**
- A União Europeia é uma integração política e econômica de 27 países (já contabilizando a saída do Reino Unido). As origens remontam à Comunidade Econômica Europeia (CEE), criada em 1957. O **Reino Unido aderiu à CEE em 1973** e, dois anos depois, após renegociar suas condições, realizou um plebiscito sobre a sua permanência. A integração foi aprovada por 67% dos eleitores naquele momento. Na época, o Reino Unido sofria com o declínio industrial, inflação e greves trabalhistas. O projeto europeu era visto como benéfico para a economia. Mas, em 1985, quando foi criada a área de Schengen, que estabelece uma fronteira comum, o **Reino Unido optou por manter-se à margem** continuando a estabelecer a sua própria política de imigração. Apesar de integrar desde 1993 o mercado único e a livre circulação de bens e pessoas, o Reino Unido não adotou o euro e manteve sua própria moeda, a libra esterlina.

O processo de votação por meio de referendo ficou conhecido como **Brexit.** O termo Brexit é a união das palavras **Britain (Grã-Bretanha) e Exit (saída, em inglês). Alguns pontos são destaque para a compreensão do contexto britânico:**

- O Reino Unido faz parte da **Comunidade Europeia desde 1973,** mas sempre manteve algumas posições, como a de **não aderir ao euro – mantendo como moeda nacional a libra** –, e de não aderir ao Acordo Schengen, tratado de livre circulação de pessoas em territórios europeus.

De certa forma, nota-se um olhar mais restrito daqueles que vivem no Reino Unido com relação a alguns temas que atingem a União Europeia como um todo. Dessa forma, os argumentos sobre a saída ou permanência se dividiram.

A favor da saída

O discurso dos defensores da saída esteve pautado, principalmente, no argumento econômico. Eles afirmam que, com o Brexit, o **Reino Unido ficará livre para estabelecer relações comerciais com outros países, por exemplo, a China.** Os favoráveis ao Brexit afirmam que a taxação sobre as exportações para países de fora da UE é extremamente alta.

Soma-se a este aspecto o fato de o **Reino Unido não ter que enviar dinheiro para Bruxelas, o equivalente a 440 milhões de euros semanais** –, para contribuir com o Orçamento europeu. O dinheiro poderia ser usado em pesquisa científica e novas indústrias, impulsionando tais setores.

Um aspecto bastante comentado e que gera polêmica em tal decisão da população do Reino Unido diz respeito à **política de imigração**. Saindo da União Europeia, a região criaria uma política interna para tratar os refugiados. Vale destacar que os países europeus apresentam dificuldade em lidar com o tema dentro de um caráter mais amplo.

Dentre aqueles que se posicionaram de maneira favorável a saída estiveram:

- O partido nacionalista Ukip, que obteve **13% dos votos nas últimas eleições** mas tem representação diminuta no Parlamento devido ao sistema eleitoral britânico.
- O presidente eleito dos EUA, Donald Trump, afirmou que o Reino Unido estaria melhor fora da União Europeia.

Contra a saída

Os argumentos contrários à saída também tomaram o norte econômico. Segundo os que defenderam a permanência, o Reino Unido, enquanto membro do bloco, estaria **livre de pagar tarifas de exportação, o que reduziria a burocracia e possibilitaria que 45% das exportações britânicas se direcionassem para dentro da UE.**

Outro ponto é que a participação na UE propicia a **livre circulação de trabalhadores, de dinheiro e de produtos.**

Com relação ao que se sustenta acerca da política migratória, os que defendiam a permanência sustentavam que sair da UE **não garante a redução do número de deslocados chegando ao país, visto que este é um elemento constatado em outros países que não integram o bloco.**

Um dos defensores da permanência do Reino Unido no bloco, o então primeiro--ministro **David Cameron, realizou "campanha" nos momentos que antecederam o referendo, explicitando as causas benéficas para a população.** Com a derrota, David Cameron acabou renunciando ao posto.

O descontentamento com relação à saída veio de diferentes atores geopolíticos. Os partidos Trabalhista, Liberal Democrata, Nacionalista Escocês (SNP), e o galês Plaid Dymru, se posicionaram contra a saída. O então presidente dos EUA, **Barack Obama**, também discursou em defesa da permanência. **França e Alemanha**, assim como organizações multilaterais – como o Fundo Monetário Internacional **(FMI)** – também preferiam que o Reino Unido permanecesse no bloco.

Um aspecto relevante da temática diz respeito ao número de informações falsas que percorreram as redes sociais durante todo o processo do Brexit. Os boatos, com amplo poder de disseminação no ambiente virtual, são apontados por especialistas da área, como agente potencializador do tema.

A empresa Cambridge Analytica (CA), acusada de usar os dados privados de 50 milhões de usuários do Facebook para fins políticos, desempenhou um "papel crucial" no Brexit segundo Christopher Wylie, ex-diretor de pesquisa da CA.

DICA!

- A saída de um país do bloco passa por um processo burocrático que pode se ampliar cronologicamente (especialistas falam que a concretização da saída de um país do bloco pode levar de 6 meses até 3 anos). No caso do Brexit, a questão não foi diferente.
- **Outro debate revitalizado no ambiente do Reino Unido tem a Escócia no ponto** central. A Escócia, que em 2014 decidiu em um referendo por não se tornar independente do Reino Unido, com o resultado de 2016, avaliou a **possibilidade de fazer uma nova consulta para poder se reintegrar à União Europeia.**
- **O Reino Unido foi o primeiro país a sair da União Europeia.** Vale destacar que a **Grécia, por conta do agravamento de uma crise econômica, teve sua participação no bloco questionada.** Mesmo assim, o diálogo e as imposições fizeram com que o país permanecesse.
- A geografia mostra resultados dissipados pelo território do Reino Unido. Em **Londres, por exemplo, cerca de 60% dos eleitores preferiram que o Reino Unido continuasse fazendo parte do bloco**; as outras regiões britânicas onde a **maioria votou pela permanência foram a Escócia e a Irlanda do Norte.**

Após o resultado, o ativismo virtual ganhou corpo. Várias foram as articulações por meio de redes sociais a fim de **questionar a legitimidade de tal processo. Petições online sugeriam a discussão sobre um novo referendo** (o que se demonstra inviável a partir da leitura de especialistas).

▸ QUESTÃO SOBRE O TEMA:

Quais respostas de setores econômicos sobre o referendo?

O setor automobilístico se posicionou de maneira preocupada com relaçã**o a decisão final. O presidente-executivo da Daimler, dona da Mercedes-Benz,** apontou sua preocupação, assim como a marca alemã BMW, que produz carros na Inglaterra pela marca Rolls Royce, que afirmou que nada muda imediatamente na operação local, mas alertou para um período de incertezas. As ações da indiana Tata Motors, dona do grupo britânico Jaguar-Land Rover, o que mais produz no Reino Unido, caíram cerca de 12% nos momentos que sucederam o resultado. A Opel, braço europeu da General Motors, afirmou que, para a marca Vauxhall, da qual é proprietária e que está baseada no Reino Unido, era importante a permanência na Área Econômica Europeia, para permitir o movimento livre de produtos e de pessoal pela Europa. Outras montadoras também se pronunciaram sobre as incertezas do mercado.

▶ **IMPORTANTE!**

Segundo um parlamentar da União Europeia, o **inglês, a segunda língua mais falada no mundo e o principal idioma de trabalho de instituições da União Europeia, pode não ser mais uma língua oficial da União Europeia** quando o Reino Unido deixar o bloco.

Cada Estado-membro tem o direito de **nomear um idioma para a UE**. Embora o inglês seja a língua mais falada na Europa, e uma língua oficial em três países-membros, **apenas o Reino Unido a escolheu legalmente em Bruxelas. A Irlanda escolheu gaélico e Malta, o maltês.** Assim sendo, a exclusão do inglês reduziria uma provável influência de Londres no bloco.

Muito se falou sobre o resultado do referendo ser **uma vitória do conservadorismo, ou seja, a vitória da direita.** De certa forma, a associação do tema se dá pelo fato de que vários políticos conservadores lideraram a campanha pelo Brexit. Eles consideram que o Reino Unido deve ser mais seletivo com imigrantes, inclusive os da Europa, e ter uma política econômica que não dependa das decisões da União Europeia.

O processo burocrático que edificou a saída do Reino Unido está explicado pelo artigo 50 do Tratado de Lisboa. Segundo ele, a **saída de um membro do bloco deve ser comunicada com dois anos de antecedência,** com possibilidade de prorrogação. Qualquer decisão a esse respeito deve ser tomada com o **apoio unânime dos 27 Estados que fazem parte do bloco.**

Em março de 2018, União Europeia e Governo "concordaram" na maior parte dos pontos estabelecidos para a transição da retirada organizada do Reino Unido do bloco. O período de transição irá de 29 de março de 2019 – quando o Reino Unido se afasta do bloco – até dezembro de 2020, de acordo com a BBC. Sobre os pontos do acordo estabelecido, alguns foram apresentados:

- Serão preservados os direitos dos mais de três milhões de europeus que residem no Reino Unido e do mais de um milhão de britânicos que moram em outros países da UE e que poderão reivindicar o estatuto de residente permanente.
- O Reino Unido aceitou continuar contribuindo com o orçamento da UE até 2020 e honrar todos os compromissos adquiridos, o que equivaleria - segundo seus cálculos - a uma cifra entre 40 e 45 bilhões de euros.
- Um dos pontos de maior impacto diz respeito ao contexto comercial entre as duas áreas do globo que tendem a se afastar.

▶ **QUESTÃO SOBRE O TEMA:**

Existe algum peso "cultural" de tal acontecimento?

Uma das consequências pouco discutidas do resultado do referendo diz respeito ao contexto cultural da região. A ideia de existência da União Europeia, além de todo seu caráter econômico e comercial, tem por objetivo uma integração maior. O projeto de integração tenta consolidar desde o início um caráter de unidade na diversidade, colocando **acima das diferenças particulares a ideia de que existe uma identidade europeia compartilhada** por todos os membros, o que fortaleceria a região como um todo. A partir do resultado do referendo, prevalece a ideia de que as diferenças são mais fortes do que as semelhanças, fortalecendo a visão de que é mais importante ser "britânico" do que ser "europeu".

O fenômeno descrito acima pode ser observado em uma das falas da **chanceler alemã Angela Merkel:**

> "O dia de hoje marca um ponto de inflexão para a Europa. É um ponto de inflexão para o processo de unificação da Europa".

- **O ambiente econômico também acusou o golpe imediatamente.** Após a divulgação do resultado do referendo, a **Libra (moeda inglesa) chegou ao seu menor valor em 31 anos (US$ 1,32), após uma queda de 11% em relação ao dia anterior**. Do total das exportações britânicas, **44% têm a União Europeia como destino**, alimentando uma cadeia produtiva que responde por 3,3 milhões de empregos dentro do Reino Unido. Com a saída do mercado comum, todos esses números se tornam incertos daqui em diante.
- Vale destacar ainda que o Reino Unido é uma das **potências nucleares e tem posto permanente no Conselho de Segurança da ONU.** O país é também um dos **maiores aliados militares dos Estados Unidos no mundo**. Da mesma forma, os britânicos continuam sendo **parte da Otan (Aliança do Tratado do Atlântico Norte)**, que é hoje a maior e mais poderosa aliança militar existente no mundo.
- **Dos 27 países membros da União Europeia, apenas 19 usam o euro como moeda.**
- Dentro da comunidade científica do Reino Unido existe um enorme receio pelo resultado do referendo. Segundo publicação da **revista científica "Nature", 83% dos cientistas eram contrários ao rompimento com o bloco.** O grande medo é que a saída da União Europeia resulte em uma queda no total de volume de investimentos em pesquisa científica para o Reino Unido, já que os países britânicos não teriam mais acesso aos fundos e programas comuns de fomento científico do bloco. Outra preocupação dos cientistas tem a ver com **limitações nas possibilidades de livre trânsito de cientistas britânicos nos países europeus,** que acaba com a saída da UE, além da integração científica entre o Reino Unido e os outros países.

▶ **QUESTÃO SOBRE O TEMA:**

Com a renúncia de David Cameron, quem ocupa o posto?

O desenrolar do referendo atinge a esfera política como um todo. Theresa May, de 59 anos, tornou-se a primeira-ministra do Reino Unido, se convertendo na **segunda mulher no posto em toda a história britânica – a primeira foi Margaret Thatcher (1979-1990),** a mais longeva primeira-ministra inglesa, que se tornou um dos ícones do século 20.

A atual primeira ministra esteve no centro de um debate intenso que envolveu a questão dos Direitos Humanos, quando ainda era Ministra do Interior. Tal fato diz respeito ao **clérigo muçulmano Abu Qatada.** Ele havia sido preso em Londres pela primeira vez em 2002, sob suspeita de colaborar com células terroristas na Europa. A então ministra tentou mantê-lo preso, mas foi contrariada por **sucessivas decisões do Tribunal Europeu dos Direitos Humanos,** numa longa disputa que se estendeu por sete anos. **Abu Qatada acabou deportado para a Jordânia, seu país natal, onde foi julgado e absolvido.**

Em abril de 2016, nova afirmação polêmica de Theresa May ganhou os noticiários. Ela afirmou que o **problema do Reino Unido não seria a União Europeia, mas sim o Tribunal Europeu dos Direitos Humanos, já que este impede os ingleses de aplicarem a própria Justiça.**

Ao assumir o posto de primeira-ministra, May nomeou o ex-prefeito de Londres, Boris Johnson, para o posto de Ministro das Relações Exteriores. O jornal "The Guardian" reuniu em uma publicação as gafes internacionais do atual ministro. Lidera a lista um poema no qual Jhonson descreve a relação sexual do presidente da Turquia, Recep Tayyip Erdogan, com uma cabra. Em segundo lugar, está a declaração de que o presidente americano, Barack Obama, nutre ressentimentos do Reino Unido porque é "queniano em parte". A afirmação é uma associação entre a origem da família paterna de Obama, que é do Quênia, e o fato de os britânicos terem colonizado o país de 1888 a 1962.

Em abril de 2018, a primeira-ministra britânica teve uma baixa quando a Ministra do Interior, Amber Rudd, renunciou ao posto. O fato que a levou à renúncia foi a divulgação de informações falsas sobre a temática migração. A ministra do Interior chegou a destacar que o governo não tinha um plano de deportar imigrantes – fato desmentido pela imprensa com a apresentação de documentos do próprio governo. Chama a atenção a indicação de um filho de paquistaneses, Sajid Javid, para ocupar o posto após a renúncia de Amber Rudd.

Outro ponto de destaque na atuação da primeira-ministra Theresa May diz respeito ao envolvimento de sua nação na Guerra Civil da Síria. May chegou a tratar a situação como esgotada via diplomacia para justificar a ação integrada com EUA e França, após ataque com armas químicas (supostamente por parte do regime de Bashar Al Assad). Os investigadores da Opaq – Organização para Proibição de Armas Químicas (entidade vencedora do prêmio Nobel da Paz de 2013), estiveram em Damasco na região do ataque – a equipe foi coordenada pelo cientista brasileiro Marcelo Kós.

Na dimensão da segurança, a primeira-ministra britânica defendeu uma integração junto a União Europeia – pensando no melhor para a dimensão coletiva.

Um relatório do governo britânico vazado no início de 2018 pela imprensa internacional, aponta um cenário desfavorável para o Reino Unido independente do caminho que escolha para o processo de desligamento da União Europeia.

O documento, divulgado pelo portal de notícias BuzzFeed, afirma que, mesmo que o Reino Unido chegue a um acordo de livre-comércio com a UE após sua saída do bloco, o crescimento econômico nos próximos 15 anos será 5% inferior às estimativas atuais. Se não existir um acordo, e forem aplicados os termos da Organização Mundial de Comércio, a previsão é pior: a renda nacional cairá 8% nos próximos 15 anos. O estudo analisa ainda um terceiro cenário: mesmo que o Reino Unido chegue a um acordo para permanecer no mercado comum europeu, haverá queda na renda de ao menos 2%.

Em abril de 2018, a Câmara dos Lordes britânica adotou uma emenda ao projeto de lei sobre o Brexit, dando ao Parlamento o direito de poder impedir o governo de deixar a União Europeia, na ausência de um acordo com Bruxelas.

O ano de 2016 contou com vários episódios de destaque. Na questão geopolítica, a eleição de Donald Trump e a vitória do Brexit surpreenderam especialistas do mundo todo. É possível aproximar os dois eventos:

- **Discurso anti-imigração:** essa foi uma das marcas para os dois "fenômenos". O discurso de deportar 11 milhões de imigrantes ilegais e construir um muro na fronteira com o México (custeado pelo México) se assemelha ao medo propagado com o livre trânsito de pessoas dentro do território europeu.
- **Questão econômica e as medidas protecionistas no mundo global:** o descontentamento com o desenrolar econômico (tanto por Trump, como pelos europeus pró-Brexit) chamou a atenção como uma das marcas em comum. O sucateamento de uma parcela da população e os gastos excessivos sem retorno amplificado deram voz aos agentes.
- **Teoria das pesquisas:** uma das maiores surpresas se deu quando Trump conquistou a vitória – fato noticiado até a noite anterior como algo improvável. Isso também ocorreu com as pesquisas pelo referendo no Reino Unido – quando algumas pesquisas apontavam a margem de até 88% de o Reino Unido permanecer junto à União Europeia.

▸ **QUESTÃO SOBRE O TEMA:**

O que mais chama a atenção da Escócia no contexto contemporâneo?

Em janeiro de 2018, a Escócia se tornou a primeira região do Reino Unido a aprovar uma lei para garantir pelo menos 50% dos postos diretivos de todas as instituições públicas para mulheres, em meio ao debate sobre igualdade de gênero e brecha salarial.

Em maio de 2018, depois de anos de batalha legal, a Escócia estabeleceu um valor mínimo para bebidas alcoólicas, uma iniciativa destinada a lutar contra os efeitos e os problemas causados pelo alcoolismo. A Escócia estabeleceu um preço mínimo de 50 pence (70 centavos de dólar) por unidade de álcool, uma medida que leva em consideração ao mesmo tempo a quantidade de álcool e o volume do produto. Uma garrafa de 700 ml de uísque não poderá ser vendida por menos de 14 libras esterlinas (mais de R$ 65) e uma de 750 ml de vinho, com graduação de 12,5º, custará pelo menos 4,69 libras (mais de R$ 22).

CAPÍTULO V

CRISE HUMANITÁRIA DE REFUGIADOS

Um tema que já é atual há alguns anos. A crise humanitária de refugiados **aniquila regiões inteiras e demonstra a dificuldade da diplomacia mundial em apresentar medidas preventivas e combativas** para tal problema. Por isso, os desafios se tornam complexos e a ineficiência das políticas voltadas para essa população demonstra o descaso com o principal elemento afetado, o ser humano.

Para a compreensão da maior crise humanitária de refugiados desde a 2ª Guerra Mundial é preciso analisar o contexto da Guerra Civil da Síria – país arrasado por conflitos desde 2011. Os confrontos armados forçaram 5,6 milhões de pessoas a deixar o país em busca de segurança. Outras 500 mil tiveram de abandonar suas casas e vivem como deslocadas forçadas dentro do território sírio. Dados revelam que mais de 400 mil pessoas há morreram por conta do conflito que coloca em xeque a ação de organismos internacionais em defesa da pacificação mundial.

Entretanto, para compreensão da crise é preciso dominar alguns conceitos básicos com relação ao tema.

▶ **QUESTÃO SOBRE O TEMA:**

Quais as diferenças entre os conceitos?

- **Solicitante de asilo:** pessoa que pediu proteção internacional e aguarda a concessão de status de refugiado.
- **Refugiado:** pessoa que muda de região ou país tentando fugir de guerras, conflitos internos, perseguição (política, religiosa, étnica) e violação de direitos humanos.
- **Migrante econômico:** pessoa que muda de região ou país, por vontade própria, para escapar da pobreza e em busca de melhores condições de vida.
- **Migrante:** qualquer indivíduo que muda de região ou país.

Os conceitos acima descritos são de elevada importância por conta da questão legal dos deslocados. Por exemplo: **apenas os refugiados encontram o respaldo na Convenção das Nações Unidas sobre o Estatuto dos Refugiados, de 1951, e nas diretrizes da União Europeia para obtenção de asilo.** Por outro lado, migrantes econômicos, por exemplo, não têm direito algum de requerer asilo. Alguns países europeus utilizam a justificativa de que os deslocados que recebem são migrantes econômicos e não refugiados, o que é criticado pela própria ONU, como simples manobra para o não acolhimento dos indivíduos.

▶ IMPORTANTE!

Segundo dados da ONU, os países com maior número de refugiados são Síria, Afeganistão, Sudão do Sul e Somália, e os países que mais os recebem são Turquia, Paquistão, Líbano, Irã, Uganda, Etiópia e Jordânia, não países desenvolvidos

Países de origem dos refugiados em 2016:

- Síria: 5,6 milhões
- Afeganistão: 2,5 milhões
- Sudão do Sul: 1,4 milhão
- Somália: 1,0 milhão

RAIO X DO TEMA

✓ Dos 65,3 milhões, a maioria de **40,8 milhões é de pessoas forçadas a sair de suas casas e que se deslocaram dentro de seus países**, os chamados deslocados internos.

✓ Outros **21,3 milhões de pessoas fugiram para outros países**, e são chamadas de refugiados.

✓ Cerca de **3,2 milhões são requerentes de asilo em países industrializados**, ou seja, aguardam uma resposta sobre seu pedido de refúgio.

✓ Em 2015 foram registrados **2 milhões de novos pedidos de refúgio** nos países industrializados.

✓ O país que mais **recebeu pedidos de refúgio foi a Alemanha, com 441,9 mil**, o que segundo a agência da ONU, está ligado à sua postura de abertura aos refugiados que chegam à Europa após atravessar o Mar Mediterrâneo. Depois vieram os Estados Unidos, com 172 mil pedidos de refúgio, muitos feitos por pessoas que fogem de conflitos armados na América Central.

✓ Os países que mais recebem refugiados em todo o mundo são a Turquia, seguida do Paquistão e do Líbano.

✓ Os países de onde mais saíram refugiados em 2015 foram a **Síria (4,9 milhões)**, o Afeganistão (2,7 milhões) e a Somália (1,1 milhão).

✓ Os países com maior número de **deslocados internos são Colômbia (6,9 milhões), Síria (6,6 milhões) e Iraque (4,4 milhões).** O Iêmen, em 2015, foi o país que mais ocasionou novos deslocados internos, que corresponderam a 2,5 milhões de pessoas, ou 9% de sua população.

- ✓ Um dos pontos alarmantes da discussão diz respeito ao número de crianças entre os deslocados. As **crianças representam 51% do total de refugiados** em todo o mundo.
- ✓ Cerca de **98,4 mil solicitações de refúgio vieram de crianças desacompanhadas**, o maior número já visto.
- ✓ No **continente americano, houve um aumento de 17% do deslocamento forçado**, que o Acnur atribui à atuação de gangues e outras formas de violência urbana. A maior parte é de refugiados e solicitantes de refúgio de El Salvador, Guatemala e Honduras, que somados chegam a 109,8 mil pessoas, e que em sua maioria vão para o México e os Estados Unidos.
- ✓ O Brasil abrigava **8.707 refugiados em 2015**. Dados mais atuais do Comitê Nacional de Refugiados (Conare), do Ministério da Justiça, indicam que o país **abriga 8.731 refugiados de 79 nacionalidades diferentes, sendo 2.252 sírios.**
- ✓ Os sírios representam um quarto dos refugiados do Brasil. Em seguida, aparecem os angolanos e colombianos.
- ✓ O número de venezuelanos que chegam também é considerável segundo o governo brasileiro. Isso por conta da crise que o país enfrenta.
- ✓ Sobre os haitianos, em 2015, houve uma **queda de 96% no número de haitianos ilegais que chegaram ao Brasil pelo estado.**
- ✓ **Dos 65,3 milhões de refugiados do mundo, o Brasil recebe cerca de 0,013%.** Uma das explicações está no fato do país estar distante geograficamente das principais áreas de deslocamento de indivíduos.
- ✓ **Na disposição jurídica do Brasil existe o "visto humanitário".** O visto humanitário é regido por leis brasileiras, como a Resolução Normativa nº 97, de 2012, (para os haitianos) e a Resolução Normativa nº 17 de 2013 (para os sírios). Além de ser utilizado para aqueles que fogem de alguma região por conta do termo de perseguição ou conflitos armados, o visto humanitário abarca vítimas de **crises econômicas e ambientais.** Em 2015, o Brasil recebeu 28.670 solicitações de refúgio. Esse número representa um **crescimento de 2.868% em relação a 2014.** Desse total, apenas 8.493 refúgios foram concedidos e 4.425 foram indeferidos.

Alguns episódios chamam atenção para o tema. Em julho de 2016, um **refugiado afegão de 17 anos atacou a faca e machado os passageiros de um trem em Würzburg, no sul da Alemanha.** Cinco pessoas ficaram feridas, e o jovem foi morto pela polícia ao tentar fugir. Uma bandeira do "Estado Islâmico" (EI) foi encontrada no quarto dele, e o grupo extremista reivindicou o ataque.

O ataque chocou a Alemanha e reascendeu o debate sobre menores refugiados. Segundo a Associação Federal para Refugiados Menores Desacompanhados da (BumF), no final de janeiro de 2016 viviam na Alemanha mais **de 60 mil crianças e adolescentes que chegaram ao país como refugiados sem um tutor legal. A maioria tem 16 ou 17 anos de idade.**

De acordo com estatísticas do Departamento Federal de Migração e Refugiados, em 2015, foram apresentados cerca de **14.500 pedidos de asilo para menores refugiados não acompanhados na Alemanha.** O número é mais que o triplo do registrado em 2014. Esses menores chegam de países como **Afeganistão, Síria, Eritréia, Iraque e Somália.** Um em cada três desses pedidos de asilo foi encaminhado em nome de um menor do Afeganistão e quase um quarto, para um sírio.

Em abril de 2018, a Alemanha se comprometeu a receber ao longo do ano 10 mil refugiados do Oriente Médio e do norte da África, como parte do programa europeu de realocação de refugiados, informou o comissário para a migração da União Europeia (UE), Dmitris Avramopoulos.

Segundo o Ministério alemão do Interior, cerca de 3 mil refugiados foram realocados para a Alemanha em 2017. Os parceiros da coalizão de governo anunciaram que o país deve manter sua participação no programa. Alguns países do Leste Europeu são contra o programa de realocação e se recusaram a receber sua cota de refugiados. Entre estes estão Croácia, Eslovênia e Romênia.

Os governos da UE negociam um novo sistema de refúgio, introduzindo, entre outras questões, um sistema diferenciado de distribuição dos refugiados entre os Estados-membros. Segundo Avramopoulos, as conclusões sobre um novo programa deverão ser apresentadas em junho de 2018.

Ainda olhando para a Alemanha – país onde o partido da direita nacionalista (Alternativa para Alemanha – AfD) alcançou cadeiras no parlamento (Bundestag) – nota-se um dado curioso com relação ao ano de 2017. O governo alemão deportou 23.966 imigrantes em 2017, dos quais apenas 60 eram considerados "perigosos". Esse dado revelou uma redução de 5,6% com relação ao ano anterior.

> Até o final de 2017, o Brasil reconheceu 10.145 refugiados de diversas nacionalidades. Desses, apenas 5.134 continuam com registro ativo no país. O status pode tornar-se inativo por diversas causas, como aquisição da nacionalidade brasileira, óbito, mudança de país, cessação ou perda declarada pelo Conare nos termos da lei 9474/97.
>
> Do total, 52% moram em São Paulo, 17% no Rio de Janeiro e 8% no Paraná. Os sírios representam 35% da população de refugiados com registro ativo no Brasil. Os dados foram divulgados pelo Ministério da Justiça na 3ª edição do relatório Refúgio em Números.
>
> O ano de 2017 foi o maior em número de pedidos de refúgio, desconsiderando a chegada dos venezuelanos e dos haitianos. Foram 13.639 pedidos no ano de 2017, 6.287 em 2016, 13.383 em 2015 e 11.405 em 2014.

No total, 33.866 pessoas solicitaram o reconhecimento da condição de refugiado no Brasil em 2017. Os venezuelanos representam mais da metade dos pedidos realizados, com 17.865 solicitações. Na sequência estão os cubanos (2.373), os haitianos (2.362) e os angolanos (2.036). Os estados com mais pedidos de refúgio são Roraima (15.955), São Paulo (9.591) e Amazonas (2.864), segundo dados da Polícia Federal.

(Portal Acnur)

DICA!

- Segundo dados divulgados pela Organização Internacional para Migração (OIM), atravessar o Mar Mediterrâneo com destino à Europa é a jornada mais perigosa para migrantes, com ao menos 33.761 mortes ou desaparecimentos registrados entre 2000 e 2017. O maior número de mortes foi registrado em 2016 (5.096), quando a rota menor e relativamente menos perigosa da Turquia para a Grécia foi fechada, após um acordo entre União Europeia e o país euro-asiático.
- Os dados são ainda mais alarmantes: mais de 2,5 milhões de migrantes atravessaram o Mediterrâneo de maneira não autorizada desde 1970.

O olhar mais atento para a crise humanitária dos refugiados reforça o mundo dividido em **dois sentimentos divergentes**: de um lado, o acolhimento, um mundo construído a partir da perspectiva humana de preocupação com o coletivo, um **mundo de "pontes"**. Por outro lado, reina a ideia mais individualista de proteção, um **mundo que edifica muros** e se blinda desses deslocados, já que podem ser nocivos para os países.

Além disso, a garantia do ingresso no país não se demonstra o ponto máximo da resolução dessa problemática de cunho internacional. Muitas vezes, os indivíduos que chegam, **sentem o preconceito de perto ou simplesmente não conseguem uma absorção do mercado de trabalho**. O choque cultural tem sido elemento de tensão em alguns países. Esse "estranhamento" da população local e a não relativização produz desgastes sociais e, em alguns casos, gera a perseguição e a violência. Essa marginalização e exclusão social são novos desafios dos países para a integração dos indivíduos, já que as medidas xenofóbicas tem ganhado cada vez mais espaço na pauta política de partidos da direita ultraconservadora.

▸ QUESTÃO SOBRE O TEMA:

Por que grande parte dos refugiados busca a Alemanha como destino final?

O caso alemão chama a atenção por conta do desenvolvimento do país. A maior economia da Europa acaba fomentando o interesse dos refugiados. Para lidar com a situação, o país **aprovou uma lei sem precedentes para integrar os refugiados, estabelecendo direitos e delimitando seus deveres. Dentre as disposições aparecem:**

- As autoridades vão **determinar o local de residência dos demandantes** de asilo reconhecidos para distribuí-los melhor pelo território e evitar os guetos. Em caso de infração, penas e sanções estão previstas.

- A Alemanha **não concederá permissão de residência permanente aos refugiados que não fizerem esforços suficientes** para se integrar – especialmente aprendendo alemão.
- A lei inclui um trecho dedicado ao **emprego dos refugiados**, com o objetivo de facilitar a contratação. Até agora, os demandantes de asilo poderiam ter acesso a um posto de trabalho apenas se **não existisse um candidato alemão, ou cidadão comunitário**, para a mesma vaga. Essa restrição ficará suspensa durante três anos.
- Os refugiados que buscarem uma **formação terão visto de residência pelo tempo que durar os estudos.**
- Segundo uma pesquisa da Universidade de Bielefeld, divulgada em julho de 2016, a população vê de **maneira mais negativa que em anos anteriores** a situação dos refugiados. A maioria (55%) pensa que os demandantes de asilo deveriam voltar para seus países de origem, quando a situação melhorar, enquanto 36% consideram a chegada maciça de refugiados uma "ameaça" para o futuro da Alemanha.

O Fundo das Nações Unidas para a Infância (UNICEF) lançou uma **série de filmes de animação** para sensibilizar o mundo a respeito dos horrores da crise humanitária de refugiados. Sob o título *Unfairy Tales* **("Contos Desencantados" ou "Contos que não são de fadas", em tradução livre)**, os três desenhos animados contam as **histórias reais de jovens que fogem da guerra.** Um dos filmes – **"Ivine e o travesseiro"** – reproduz a história da adolescente Ivine, de 14 anos, e de seu travesseiro. Depois de uma fuga perigosa da Síria, Ivine instala-se em um campo de refugiados na Alemanha apenas para enfrentar novos desafios. **"Malak e o barco"** conta a viagem de uma menina de sete anos num barco furado. A terceira animação **descreve a história de Mustafa**, de 13 anos, que depois de deixar sua casa, imagina quem restou para ser seu amigo.

- Por alguns instantes, o espírito olímpico fez com que a crise humanitária de refugiados ganhasse espaço nos noticiários. Um atleta sírio (refugiado) **conduziu a tocha olímpica em Atenas, na Grécia**, em abril de 2016 – ainda no início do trajeto da chama que chegou ao Brasil para o evento, na cidade do Rio de Janeiro.
- Em maio de 2016, uma notícia do governo queniano preocupou autoridades do Alto Comissariado da ONU para Refugiados (Acnur). O governo do Quênia anunciou que por **motivos de segurança fechará o campo de refugiados de Dadaab**, no leste do país, **considerado o maior do mundo**, com aproximadamente 328 mil refugiados, a maioria da Somália.
- Em maio de 2016, a Turquia advertiu que o se desvincularia do acordo sobre os migrantes com a União Europeia (UE) **caso o bloco não elimine a obrigação de visto para seus cidadãos.** Em março, **UE aprovou por unanimidade um acordo com a Turquia para conter o fluxo de imigrantes ilegais** que chegam à Europa que prevê enviar de volta à Turquia os imigrantes ilegais que chegarem da costa turca à Grécia. As concessões de vistos para turcos entraram na UE era uma das contrapartidas acordadas.

- Em agosto de 2016, a Organização Internacional para Migrações (OIM) afirmou que **4.027 migrantes e refugiados morreram em todo o mundo em 2016. Trata-se de um aumento de 35% em comparação com os sete primeiros meses de 2015 e o dobro de 2014.**

- Em setembro de 2016, o Reino Unido afirmou a intenção de construir um muro de quatro metros de altura na cidade francesa de Calais para **impedir que imigrantes se escondam em caminhões e entrem sem visto em território britânico.** Segundo autoridades, trata-se de uma rota onde milhares de imigrantes saídos do Oriente Médio e da África e em fuga de guerras e da pobreza esperam cruzar o **Canal da Mancha rumo ao Reino Unido.** Robert Goodwill, ministro da Imigração do Reino Unido, destacou que o muro é parte de um pacote de medidas de segurança de 17 milhões de libras esterlinas (22,75 milhões de dólares) acordado entre o Reino Unido e a França em março de 2016. O muro de 1 quilômetro de comprimento e custo de cerca de 1,9 milhão de libras (R$ 8,1 milhões), começou a ser construído no final de setembro de 2016. A região de Calais abriga o maior campo de refugiados. O local ganhou o apelido de **"Jungle" (selva, em inglês) e abriga mais de 10 mil pessoas.**

- Em outubro de 2016, a BBC divulgou dados de uma investigação que apontava a utilização de refugiados de maneira exploratória em fábricas da Turquia, de marcas conhecidas como Zara, Mango, Marks and Spencer e Asos. Segundo dados da ONU, há mais de **4,8 milhões de sírios fugindo da guerra e a Turquia acolhe 2,7 milhões deles – é o país que mais os recebe no mundo.**

CAPÍTULO VI

GEOPOLÍTICA DA AMÉRICA DO SUL E SUAS ENTRELINHAS

1. CASO DA COLÔMBIA

- Desde novembro de 2012, o governo colombiano e as Forças Armadas Revolucionárias da Colômbia (Farc), iniciaram um acordo de paz mediado pelo então presidente cubano Raúl Castro. A intermediação de Raúl Castro foi central no avanço dos debates. O conflito armado já deixou mais de 220 mil mortos em 52 anos de existência. Além disso, são quase 5 milhões de refugiados internos, denúncias de violação de direitos humanos e 25 mil pessoas desaparecidas.
- Em 2017, o acordo foi finalmente concluído e as Forças Armadas Revolucionárias da Colômbia se tornaram Força Alternativa Revolucionária do Comum – mais novo partido político do país. Inicialmente, o partido indicou o nome de Rodrigo Londono – Timochenko – para a candidatura à presidência. Entretanto, um problema de saúde o obrigou a deixar a disputa eleitoral.
- Apesar da luta armada ter sido oficialmente encerrada em 2016, cerca de 1200 ex-membros das Farc não se desmobilizaram. Além disso, as expectativas oficiais apontam para a reunião desses indivíduos em grupos dissidentes que lutam contra o governo colombiano.
- Mais de 12.200 combatentes e simpatizantes das Farc estão participando de programas de reintegração. O grupo entregou mais de 8 mil armas à Organização das Nações Unidas (ONU) durante desmobilização que culminou na fundação do partido político da FARC (Força Alternativa Revolucionária do Comum).
- Dissidentes das Farc se juntaram a grupos criminosos e a rebeldes do Exército de Libertação Nacional (ELN) na lista das principais ameaças de segurança ao país desde a desmobilização, num momento em que os grupos diferentes lutam entre si e contra forças da segurança para controlar lucrativas rotas de tráfico de drogas e áreas de mineração ilegal.

RAIO X DA NEGOCIAÇÃO DE PAZ

- ✓ Em setembro de 2015, o presidente da Colômbia, Juan Manuel Santos e o líder das Farc, Rodrigo Londoño (conhecido por Timochenko) prometeram que o acordo sairia **até março de 2016, após os mais de 75 itens serem debatidos de maneira aprofundada.**
- ✓ **As Farc foram criadas em 1964,** em um contexto histórico do país que foi denominado "La Violencia".
- ✓ Anteriormente à denominação Farc, o grupo era intitulado **Bloco Sul.**
- ✓ Na década de 1980, **o narcotráfico financiava as atividades da principal guerrilha de esquerda do país.**
- ✓ Após três meses de atraso do acordo inicial, **em junho de 2016, foi oficializado o acordo de cessar fogo entre as Farc e o governo colombiano.**
- ✓ **Dentre os pontos de destaque do acordo aparecem:**
  - **Armas da guerrilha** entregues a ONU e utilizadas em monumentos. Esse era um dos pontos chave para a legitimação do partido político – desarmamento do grupo.
  - **Reforma agrária:** será criado um **fundo de terras para ser distribuído entre campesinos sem terra** e a implementação em grande escala de planos para promover bens e serviços públicos de infraestrutura e estradas, educação, saúde, moradia, entre outros. Também engloba um sistema de alimentação e nutrição para acabar com a fome no campo.
  - **Participação política de guerrilheiros e de pessoas que vivem em áreas de conflito:** o acordo prevê a inclusão de representantes dos territórios afetados pela guerra na câmara dos representantes, a **eliminação de impedimentos para o surgimento de novos partidos políticos, a revisão da organização do regime eleitoral, o fortalecimento de meios** de comunicação comunitários, entre outros pontos.
  - **Drogas ilícitas:** ficou acordado a implementação de **um programa de substituição de cultivos ilegais com foco no desenvolvimento agrário,** a criação de uma estratégia para desarticular as redes de narcotráfico e do crime organizado, o **controle de produção de insumos para o tráfico,** além do **combate à lavagem de dinheiro e à corrupção.** O acordo também prevê que o consumo de drogas ilícitas será tratado pelo foco de saúde pública.
  - **Pacto sobre vítimas do conflito: este, por sua vez, inclui alguns pontos** – uma comissão para o esclarecimento da verdade, uma unidade especial de busca de pessoas dadas como desaparecidas pelo conflito, medidas específicas de indenização, pacote de garantias da não repetição do

conflito e uma jurisdição especial para a paz. Este sistema jurídico vai definir o tratamento que receberão os responsáveis por delitos contra a humanidade e inclui penas alternativas de reclusão. Serão julgados guerrilheiros, militares, paramilitares e inclusive empresários que tenham financiado o conflito.

✓ A Corte Constitucional da Colômbia aprovou, em julho de 2016, o plebiscito como **mecanismo para referendar** os acordos de paz firmados pelo governo colombiano com as Forças Armadas Revolucionárias da Colômbia (Farc) após quase quatro anos de negociações. O plebiscito foi proposto pelo presidente do país, Juan Manuel Santos, e teve **caráter vinculativo** (ou seja, a decisão terá de ser obrigatoriamente respeitada. Na ocasião, a consulta popular apresentou um resultado surpreendente – a população sendo contra o acordo:

- A opção por não ratificar o acordo foi escolhida **por 50,2% dos votos válidos.** A diferença entre o "não" e o "sim" foi de menos de 60 mil votos.
- A campanha pelo "Sim" tinha o apoio do atual presidente do país e de uma série de políticos dentro e fora da Colômbia, incluindo o ex-**-secretário-geral da ONU, Ban Ki-moon**. Os partidários do "Não" eram liderados pelo ex-presidente colombiano Álvaro Uribe.
- A taxa de **abstenção** na consulta foi a mais alta em décadas: **63%.**

✓ Estados Unidos da América e a própria ONU (na figura do então secretário-geral) felicitaram o acordo, estabelecendo uma visão positiva e sustentando que os pontos discutidos devem ser cumpridos rigorosamente.

✓ O acordo foi celebrado pelo presidente Juan Manuel Santos, que apontou um provável crescimento de 1% no PIB – Produto Interno Bruto.

✓ Após a população ter se colocado contra a ratificação em outubro, após referendo, o texto foi renegociado. Dentre as mudanças do novo texto destacaram-se:

- Uma das partes mais polêmicas do pacto inicial – a participação dos líderes das Farc na política nacional –, por exemplo, foi mantida. A nova versão do texto reafirma que **representantes da guerrilha poderão disputar cargos eletivos e terão garantidas cinco cadeiras** no Senado e cinco na Câmara nos dois ciclos legislativos seguintes.
- Outro ponto de discórdia se referia ao suposto **abrandamento das penas dos condenados por violações cometidas pelas Farc.** O novo acordo definiu com mais clareza como vai funcionar a "restrição de liberdade" – pena alternativa à prisão para quem confessar seus crimes imediatamente. De acordo com a revisão, caberá aos magistrados do Juizado Especial de Paz determinar onde a pena deverá ser cumprida, que horários o condenado deverá respeitar e outros detalhes sobre

o período de **cumprimento da sentença, incluindo ações corretivas, mecanismos de monitoramento e autorização de viagens.**

- Foram acrescentadas algumas linhas esclarecendo como será decidido se o narcotráfico poderá ser considerado crime político – e, portanto, passível de anistia. Partidários do "Não" reivindicavam que o tráfico de drogas não deveria ser anistiado. Mas a alteração não atende essa demanda por completo, uma vez que dá a entender que isso só deve ocorrer no caso em que seja constatado enriquecimento pessoal.
- De acordo com o novo documento, não haverá mais magistrados estrangeiros no Juizado Especial de Paz, como previa a versão inicial do tratado – serão 38 juízes colombianos (e até 13 suplentes). O texto prevê agora dez magistrados estrangeiros, mas que vão prestar apenas assistência aos tribunais especiais.
- Uma das mudanças no pacto determina que as Farc devem apresentar um inventário, durante o processo de desarmamento, de todos seus bens e ativos. Os recursos serão usados para reparar financeiramente as vítimas do conflito.
- O novo documento também inclui alterações para contemplar a igualdade de gênero no processo de paz, com destaque para as mulheres que foram vítimas do conflito. De acordo com o texto, serão respeitados os diretos de todas as pessoas, independentemente de gênero, idade, crença religiosa, etnia ou opção sexual.

✓ A oposição não se viu completamente atendida pelo novo texto do acordo, sugerindo que se trata de uma mera maquiagem. Ainda assim, o acordo de paz firmado com a guerrilha das Farc na Colômbia foi ratificado pelo Congresso, após a aprovação por parte da Câmara dos Deputados no último dia de novembro de 2016, um dia depois de ter passado pelo Senado. Por unanimidade, do total de 166 deputados, os presentes votaram com 130 votos a favor e o contra, ratificando um acordo que põe fim a 52 anos de conflito armado.

DICA!

▶ A Colômbia é a terceira economia da América do Sul e estudos apontam que, se não estivesse em guerra, o PIB colombiano poderia ter crescido até 8% em 2014, e não 4.4%. Em 2017, segundo dados do governo colombiano, o resultado do PIB foi de 1,8% - apesar de positivo, foi a pior marca desde o ano de 2009. O grande destaque de 2017 foi a agricultura – apesar da baixa do café, outros cultivos garantiram um resultado de 4,9% de expansão para a agropecuária.

▶ **IMPORTANTE!**

Uma das questões mais corriqueiras em provas de atualidades diz respeito aos prêmios Nobel. No caso de 2016, o destaque foi ainda maior. Em dezembro de 2016, o então presidente da Colômbia, **Juan Manuel Santos, recebeu o prêmio Nobel da Paz.** Para a cerimônia que aconteceu em Oslo, na Noruega, Santos levou dez vítimas do conflito. Além disso, em seu pronunciamento, usou trechos da música de Bob Dylan (vencedor do Nobel de Literatura do mesmo ano). Durante a sua fala, Santos ainda agradeceu o respaldo da comunidade internacional para as negociações de paz, em particular da **Noruega, Cuba, Chile, Venezuela, Estados Unidos e União Europeia** para "acabar com mais de meio século de conflito com a guerrilha das Farc".

Outro ponto importante com relação à Colômbia diz respeito ao processo eleitoral para escolha do novo presidente. Um dos temas de maior destaque nos debates eleitorais é a crise da Venezuela. De longe, essa é a pauta mais desafiadora dos candidatos à presidência – isso porque as estatísticas mostram um grande contingente de venezuelanos adentrando ao território da Colômbia.

Esse grande fluxo de venezuelanos entrando na Colômbia (segundo o governo mais de 750 mil venezuelanos já entraram no país) é algo inédito – isso porque os próprios colombianos é que se deslocavam para outras nações no passado.

> O candidato de direita Iván Duque, 41 anos, foi eleito para presidir a Colômbia até 2022. Apoiado pelo ex-presidente Álvaro Uribe, que governou o país entre 2002 e 2010, ele obteve 54% dos votos e venceu o esquerdista Gustavo Petro no segundo turno das eleições presidenciais do país. Ex-roqueiro, como diz em seu site oficial, o advogado tentará dar uma cara mais jovem ao conservadorismo colombiano, de volta ao poder. O segundo turno da eleição presidencial colombiana teve uma taxa de abstenção de 47,81%, além de 262.073 votos nulos e 795.510 votos em branco.
>
> (https://glo.bo/2MCRPr8)

2. CASO DA VENEZUELA

Sem sombra de dúvidas, a Venezuela é o país de maior destaque para as provas de atualidades no contexto contemporâneo. Isso se dá pela quantidade de fatos marcantes com relação ao país sul americano que se vê arrasado por uma crise de ordem econômico, social e política. Trata-se ainda de uma nação que tem sido acompanhada de perto pelos organismos internacionais. Para entender a atual dimensão venezuelana, é preciso atentar-se para alguns recortes:

- Segundo dados do próprio Parlamento, em 2017, a inflação superou a casa dos 2.700%.
- Em abril de 2018, o Parlamento divulgou uma inflação dos últimos 12 meses de mais de 8.800%.
- Em maio de 2018, após a questionada reeleição de Nicolás Maduro, especialistas apontavam uma inflação podendo atingir a casa dos 13.000% – próprio

FMI (Fundo Monetário Internacional) chegou a estabelecer essa projeção para a inflação da Venezuela em 2018.

- O cenário retratado pelo presidente Nicolás Maduro é totalmente diferente no que apresenta a comunidade internacional. Em janeiro de 2018, Maduro chegou a apontar a manutenção da pobreza extrema em 2017 (4,4%) e a queda da taxa de desemprego no mesmo ano (6%). Ao final de 2015, o Instituto Nacional de Estatísticas (INE) informou que 33,1% dos venezuelanos estavam no patamar de "pobreza geral".
- No final de maio de 2018, o presidente Nicolás Maduro anunciou um reajuste de 95,4% do salário mínimo. Esse foi o 3º reajuste de 2018, colocando o salário mínimo a 2.555.500 bolívares, equivalentes a 37 dólares pela cotação oficial e a 3,2 dólares no mercado paralelo. Além disso, na ocasião, Maduro anunciou um bônus aos funcionários públicos por conta do dia dos trabalhadores (1º de maio) – o bônus aos funcionários públicos foi de 1.500.000 bolívares (21,5 dólares pela taxa oficial e quase 2 dólares no mercado paralelo). Cerca de 13 milhões de trabalhadores recebem salário mínimo ou o chamado "cesta ticket" em uma população economicamente ativa de 19,5 milhões, segundo o governo.
- O grande destaque para as próximas provas de atualidades diz respeito ao processo eleitoral questionado pela comunidade internacional que reelegeu Nicolás Maduro (ficará por mais 6 anos como presidente do país). O presidente foi reeleito com 67,7% dos votos aos 92,6% das urnas apuradas. O chavista obteve mais de 5,8 milhões de votos. A participação foi uma das mais baixas da história venezuelana: 46% do eleitorado e um total de 8,6 milhões de votos. Os outros candidatos, Henri Falcón, que obteve 21% dos votos, e Javier Bertucci, com 11%, disseram que não reconheciam o resultado e pediram novas eleições. Antes da realização das eleições, Estados Unidos, Canadá, União Europeia (UE) e vários países latino-americanos já haviam afirmado que a eleição não é justa, nem transparente, e acusaram Maduro de sufocar a democracia. Os EUA anteciparam há um mês que não reconheceriam o resultado do pleito.

O Brasil acompanhou grande parte da comunidade internacional e não reconheceu como legítima a eleição. O Ministério das Relações Exteriores afirmou por meio de nota oficial que a eleição presidencial na Venezuela não teve "legitimidade" nem "credibilidade". Na nota, o Itamaraty disse que o governo venezuelano não atendeu as reivindicações internacionais para uma eleição "livre e justa". "Nas condições em que ocorreu - com numerosos presos políticos, partidos e lideranças políticas inabilitados, sem observação internacional independente e em contexto de absoluta falta de separação entre os poderes - o pleito do dia 20 de maio careceu de legitimidade e credibilidade", afirmou o Itamaraty.

Pouco antes do anúncio da vitória de Maduro, o presidente chileno Sebastián Piñera tuitou: "As eleições na Venezuela não cumprem com os padrões mínimos de uma verdadeira democracia. Não são eleições limpas e legítimas e não representam a vontade livre e soberana do povo venezuelano. O Chile, como a maioria dos países democráticos, não reconhece estas eleições".

Panamá e Espanha também se colocaram contra o reconhecimento do processo eleitoral venezuelano – pelo fato de não ter respeito as regras mínimas de um pleito.

No caso brasileiro, um desconforto diplomático no ano de 2017 explica o agravamento das tensões entre as duas nações. O regime de Nicolás Maduro entende o processo de impeachment da presidente Dilma Rousseff como "golpe" e, dessa forma, não legitima o poder de Michel Temer. Após críticas do governo brasileiro ao contexto venezuelano, o embaixador brasileiro em Caracas foi declarado "persona non grata" (na diplomacia, significa a expulsão do embaixador do território). O Brasil acabou reagindo de modo recíproco e declarou o embaixador venezuelano como "persona non grata". Episódio similar a Venezuela viveu com outros dois embaixadores – do Canadá (responsável por assuntos comerciais) e da Espanha – os países também agiram de modo recíproco.

O presidente reeleito Nicolás Maduro chegou ao poder em 2013, inicialmente como presidente interino, após a morte de seu padrinho político Hugo Chávez. Na ocasião, Maduro venceu seu opositor Henrique Capriles, liderando a chamada "revolução bolivariana" no país. Hoje, o presidente é visto por opositores como o protagonista do colapso venezuelano, mas diz ser vítima do imperialismo dos Estados Unidos e de guerra econômica da direita.

Para acompanhar o movimento de descontentamento do povo venezuelano com o ambiente político, basta olhar para a abstenção (no país, o voto não é obrigatório) – cerca de 46% do eleitorado participou do pleito (nas eleições de 2013, o número foi de 80%). A participação média nas últimas três eleições presidenciais (2006, 2012 e 2013) foi superior a 79%, segundo dados de Eugenio Martínez, jornalista especialista em processos eleitorais.

Sobre a trajetória de Nicolás Maduro:

- Entre 1999 e 2000 foi membro da Assembleia Constituinte convocada por Chavez e entre 2000 e 2006 foi deputado da Assembleia Nacional.
- Foi chanceler do governo Chávez entre 2006 e 2012, e foi nomeado vice-presidente após a reeleição de Chávez em outubro de 2012.
- Como ministro de Relações Exteriores, ele foi fiel às ideias diplomáticas do chavismo. Era considerado, por diplomatas estrangeiros, uma pessoa afável e de trato fácil.
- Maduro se aproximou de Chávez quando o presidente anunciou, em junho de 2001, o câncer que o acabaria matando.

- É casado com a ex-procuradora Cilia Flores, a quem chama de "primeira combatente" e com quem dança frequentemente nos comícios. É pai de "Nicolasito", membro da Assembleia Constituinte de 27 anos, fruto de um casamento anterior.
- Em janeiro de 2018, Maduro fez sua primeira live pela rede social Facebook. Na experiência, chegou a ser chamado de "assassino e ditador" por internautas que acompanhavam a transmissão.
- Em abril de 2018, o presidente chegou a anunciar um plano para repatriar os venezuelanos que deixaram o país nos últimos anos, por conta da grave crise econômica. A Organização Internacional de Migração (OIM) estimou em 1,6 milhão o tamanho da diáspora venezuelana dos últimos anos e há estudos que falam até de quatro milhões de cidadãos que deixaram seu país desde que se instaurou a chamada revolução bolivariana em 1999. Embora Maduro tenha negado que exista um "êxodo em massa" de venezuelanos, recentemente, disse esperar o retorno dos jovens que emigraram para "melhorar sua vida".

Outro fato relevante para as provas de atualidades diz respeito ao lançamento da primeira moeda virtual estatal do mundo. O documento que descreve as regras da criptmoeda venezuelana estabeleceu em US$ 60 o "preço de venda de referência", equivalente ao preço de um barril de petróleo venezuelano – cujas reservas respaldarão a moeda – em meados de janeiro de 2018. O Petros começou a ser comercializado em março de 2018. Quando a moeda foi anunciada, Maduro afirmou que o Petro seria respaldada pelas reservas venezuelanas de ouro, petróleo, gás e diamante.

A crise econômica, dentre outros fatores, pode ser explicada pela **A queda do preço do petróleo no mercado mundial acabou** intensificando a crise no país do presidente Nicolás Maduro. Isso porque a exploração das jazidas petrolíferas é a impulsão da economia local. O agravamento da situação se dá por conta da polarização política. Maduro é acusado de golpista pela direita do país, por conta da repressão e violência utilizada contra grupos opositores.

DICA!

- O país sul americano vive um clima de tensão desde que Maduro assumiu em 2013. Segundo organismos internacionais, os protestos deixaram durante esse período, mais de 200 mortos. O cenário de apagões, falta de comida, remédios, transporte e água e hiperinflação, com um salário mínimo que permite a compra de um quilo de leite em pó, provocou uma emigração em massa nos últimos quatro anos.

▶ **IMPORTANTE!**

A Venezuela é o país com a **maior reserva comprovada de petróleo no mundo. Petróleo é responsável por 96% da receita do país.** O preço do barril **caiu 60% em quatro anos.** Uma seca severa desabasteceu a Central Hidrelétrica de Guri, responsável por 63% de toda a energia elétrica consumida na Venezuela, e o presidente encurtou em dois dias a semana dos funcionários públicos, para racionar luz, na ocasião. Entretanto, em 2018, a alta do barril do petróleo voltou a agitar o mercado internacional. Em abril, o barril chegou a valer R$261 (U$75) – maior valor dos últimos três anos. A Venezuela está enfrentando a pior crise econômica de sua história e a menor produção de petróleo - apenas 2,5 milhões de barris por dia – em 23 anos.

▶ A expressão "chavismo" se refere à forma de **governar do ex-presidente Hugo Chávez,** militar que chegou democraticamente à presidência pela primeira vez em fevereiro de 1999, e se manteve por 16 anos, vencendo sucessivas eleições, até deixar o cargo, vítima de um câncer fatal, em 2013. Maduro, seu sucessor, levou adianta o modelo de "Socialismo do século XXI", mas a descrença passou a fazer parte da população.

RAIO X DO ATUAL MOMENTO DA VENEZUELA

✓ A situação de crise intensa tem sido noticiada a partir de determinados fatos. Dentre eles, a crise no abastecimento de produtos básicos, remédios, etc. Em julho de 2016, vários venezuelanos cruzaram a fronteira com a Colômbia **para comprar principalmente alimentos – como ovos, farinha e arroz –, além de remédios e de produtos básicos, como papel higiênico.**

✓ Nas vésperas das eleições presidenciais, em maio de 2018, o presidente Nicolás Maduro anunciou o fechamento da fronteira com o Brasil. A medida se repete sempre que acontecem eleições, como forma de proteção do pleito.

✓ A Venezuela vive uma polarização política – de um lado, os que **apoiam o "chavismo"**; do outro, aqueles que **condenam tais mecanismos políticos e apropriação ideológica.**

✓ Além da esquerda demonstrar fragilização, alguns apoiadores de Maduro deixaram de discursar em sua defesa. Sendo assim, aquela blindagem inicial se perdeu. Um dos exemplos é do ex-presidente do Uruguai José Mujica, que chegou a afirmar que Maduro "está louco como uma cabra".

✓ Em março de 2018, a oposição venezuelana chegou a destacar que o país sofreu uma redução de mais de 13% do PIB em 2017. Segundo projeção do FMI (Fundo Monetário Internacional), o PIB (Produto Interno Bruto) deve ter retração de 15%. Em 2016, a perda do Produto Interno Bruto (PIB) foi de 16,5%, seguida por recuo de 14% em 2017, segundo o Fundo, a expectativa do FMI era a de que a Venezuela chegasse ao fim deste ano com retração de 6% do PIB. Para o período entre 2013 e 2018, a estimativa do FMI é que a queda do PIB chegue a quase 50%.

- ✓ Em maio de 2018, a empresa estadunidense de cereais Kellogg anunciou o fim das atividades na Venezuela (país em que atuava há 50 anos). O anúncio surpreendeu até mesmos os 400 funcionários da fábrica. Também em maio de 2018, a companhia aérea Santa Bárbara, uma das maiores do país, anunciou a interrupção de suas operações. A companhia tinha 22 anos e voava para países como Colômbia, Equador, Estados Unidos, Panamá e Portugal. A empresa não explicou os motivos da decisão, embora em novembro de 2017 tenha suspendido temporariamente seus voos devido à falta de aeronaves e à baixa rentabilidade. A Santa Bárbara se soma a uma lista extensa de companhias aéreas que pararam de operar no país desde 2014, alegando que o Estado, que monopoliza desde 2003 o acesso a moedas estrangeiras com controle cambial, deve cerca de US$ 3,8 bilhões a elas.
- ✓ Em maio de 2018, o Canadá anunciou que doará mais de US$ 4 milhões à ONU e à Cruz Vermelha Internacional para ajuda humanitária perante o "agravamento da crise econômica, política e humanitária" na Venezuela. O governo do Canadá responsabiliza o presidente Nicolás Maduro pelo agravamento da crise no país que gera o deslocamento de indivíduos para nações vizinhas.
- ✓ Em maio de 2018, o governo venezuelano anunciou a prisão de 11 executivos do maior banco privado do pais – Banesco – acusados de "ataques" contra a moeda do país. Além disso, o governo decidiu por intervir no banco pelo prazo de 90 dias.
- ✓ O primeiro ato oficial do mais novo presidente de Cuba, Miguel Díaz-Canel, aconteceu no Palácio da Revolução de Havana, ao receber o presidente da Venezuela Nicolás Maduro – em abril de 2018. Vale destacar que a Venezuela é o principal aliado político do regime cubano. Cuba e Venezuela são estreitos aliados políticos e na área econômica. O país sul-americano é o principal fornecedor de petróleo à ilha mediante um convênio a preços preferenciais em troca de serviços profissionais, principalmente de médicos e professores.
- ✓ Em meio ao caos econômico vivenciado pelo regime venezuelano, a União Europeia cogitou a possibilidade de aplicar sanções adicionais ao país. Segundo a União Europeia, as sanções teriam como base a violação do ordenamento democrático que tende a prejudicar a vida da população.
- ✓ A relação entre Brasil e Venezuela ganhou um capítulo de destaque em 2018. O governo de Roraima recorreu ao Supremo Tribunal Federal (STF) para ter o direito de fechar a fronteira com o país vizinho – a AGU (Advocacia Geral da União) destacou como improvável tal medida. A governadora Suely Campos afirmou que não concorda com a atual política da União com relação à entrada de venezuelanos. Ela disse que, por dia, chegam ao estado de 500 a 700 imigrantes da Venezuela. Além do fechamento temporário da fronteira, a governadora disse que Roraima também pediu no STF mais verbas da União para lidar com os imigrantes. Na ação, o governo do estado afirma que a União tem sido "omissa" na sua função de controlar as fronteiras.

- Em abril de 2018, o Supremo Tribunal de Justiça da Venezuela – que teve seu poder destituído pela Assembleia Constituinte Exclusiva, totalmente ligada ao presidente Maduro – solicitou a prisão do presidente venezuelano por envolvimento em escândalos de corrupção com a empreiteira Odebrecht. Os juízes estão exilados na Colômbia, Panamá, Chile e EUA, com a alegação de perseguição política. O Supremo Tribunal de Justiça é reconhecido pelo Parlamento Europeu e a Organização de Estados Americanos (OEA).
- Em abril de 2018, o governo chileno de Sebastián Piñera anunciou que concederá um visto especial de "responsabilidade democrática" aos venezuelanos que fogem do governo de Nicolás Maduro. Por outro lado, informou que introduzirá um visto para restringir a chegada de haitianos, em meio a uma das maiores ondas de migração no país. Ao dar os detalhes sobre uma profunda reforma migratória, Piñera afirmou que chegou a hora de "botar ordem em casa" diante da publicação da taxa de estrangeiros, que hoje alcança um milhão de pessoas. Deste um milhão, um terço vive em situação irregular no país.
- O prêmio de Melhor Foto do Ano pelo prestigioso concurso World Press Photo (WPP), em 2018, foi concedido ao fotógrafo da AFP Ronaldo Schemidt, que imortalizou um momento triste de um dos protestos na Venezuela em 2017. O concurso que contou com a participação de 4500 fotógrafos de 125 países diferentes, escancarou mais uma vez a problemática venezuelana.

O estudante Víctor Salazar corre, em chamas, após a explosão do tanque de gasolina de uma moto durante protesto em Caracas, na Venezuela, no dia 3 de maio de 2017 (Foto: Ronaldo Schemidt/AFP – https://glo.bo/2sziYTn)

- ✓ Em março de 2018, em resposta às críticas do governo francês de Emmanuel Macron, o presidente Nicolás Maduro destacou que Macron seria um "pau-mandado" de Donald Trump.

- ✓ No início de dezembro de 2017, o embaixador da Venezuela na ONU renunciou ao posto. Segundo informações, a ação aconteceu após ordem do presidente Nicolás Maduro. A saída do cargo na ONU representa uma queda notável para Ramírez, que liderou a companhia estatal de petróleo PDVSA e o Ministério do Petróleo por uma década e foi um dos confidentes mais próximos de Chávez. Em 2014, Maduro rebaixou Ramírez e o nomeou para a ONU. A relação entre Rafael Ramírez e o presidente Nicolás Maduro vinha sendo destaque por conta das críticas que Ramírez vinha fazendo com relação à condução da economia do país. Em dezembro de 2017, a Venezuela abriu investigação contra Ramírez.

- ✓ A imprensa livre se viu dilacerada no território venezuelano ao longo do ano de 2017: 69 meios de comunicação fecharam em meio a uma escalada de agressões contra jornalistas. Emissoras de TV e rádio retiradas do ar e os jornais sem papel. Tal ação do governo venezuelano atinge os veículos internacionais: cadeia CNN em Espanhol e as televisões colombianas Caracol TV e RCN foram retiradas da grade de programação das operadoras a cabo por ordem do governo.

- ✓ No mês de dezembro de 2017, a Justiça americana condenou dois sobrinhos do presidente venezuelano Nicolás Maduro a 18 anos de prisão por tráfico de drogas. Efraín Antonio Campo Flores e Franqui Francisco Flores de Freitas estão detidos no país desde 2015. Os dois venezuelanos tinham sido declarados culpados no dia 18 de novembro de 2016 de conspirar para importar e distribuir nos EUA 800 quilos de cocaína.

- ✓ Em dezembro de 2017, a Venezuela declarou que o embaixador do Brasil no país, Ruy Pereira, seria uma "persona non grata". Em tese, tal ação obriga a expulsão da pessoa do país no prazo de 24 a 72 horas (na época, o embaixador já estava no Brasil para festas de final de ano). A justificativa dos venezuelanos tem relação com o governo de Michel Temer que, para eles, não é legítimo – dias antes, o Itamaraty havia emitido nota criticando a postura de Nicolás Maduro. "No âmbito da competência da Assembleia Constituinte, decidimos declarar 'persona non grata' o embaixador do Brasil até que se restitua o fio constitucional que o governo de fato violou nesse país irmão", disse Delcy Rodríguez (presidente da governista Assembleia Nacional Constituinte). Em resposta, o Ministério das Relações Exteriores do Brasil divulgou a seguinte nota: "O governo brasileiro tomou conhecimento de declaração de ex-chanceler venezuelana de que o governo desse país teria decidido declarar o embaixador do Brasil em Caracas "persona non grata". Para o governo brasileiro, a decisão demonstrou, uma vez mais, o caráter autoritário da administração Nicolás Maduro e sua falta de disposição para qualquer tipo de diálogo. O Brasil acabou aplicando as medidas de reciprocidade correspondentes. Dessa forma, o Brasil fez o mesmo com o embaixador da Venezuela no Brasil. O mesmo ocorrido diplomático aconteceu entre Venezuela e Espanha.

- ✓ Também em dezembro de 2017, o encarregado de negócios da embaixada do Canadá na Venezuela foi declarado "persona non grata". No caso, a justificativa foi "por sua intromissão permanente e insistente, grosseira e vulgar nos assuntos internos de Venezuela, apesar de a chancelaria venezuelana, e não é de agora, durante anos tem feito chamados de atenção para que se respeite a convenção sobre relações diplomáticas. Persistentemente, [ele] faz declarações, faz uso do Twitter, para pretender dar ordens à Venezuela". Em resposta, o governo canadense expulsou o diplomata venezuelano do país.
- ✓ Segundo a organização não governamental venezuelana Fórum Penal, cerca de 44 presos políticos foram libertados na Venezuela até dezembro de 2017, seguindo recomendações da Comissão da Verdade. Entre os beneficiados estavam vários agraciados em 2017 com o prêmio Sakharov, concedido pelo Parlamento Europeu aos que considera defensores dos direitos humanos. Em outubro de 2017, Parlamento Europeu decidiu entregar o Prêmio Sakharov à Liberdade de Consciência à oposição venezuelana, representada pela Assembleia Nacional e por seu presidente, Julio Borges, assim como pelos dirigentes opositores Leopoldo López e Antonio Ledezma. A oposição venezuelana venceu a disputa contra outros dois finalistas: Aura Lolita Chávez Ixcaquic, ativista guatemalteca de Direitos Humanos, e o jornalista Dawit Isaak, preso em 2001 na Eritréia. O prêmio, no valor de € 50 mil (quase R$ 200 mil), é concedido anualmente pelo Parlamento Europeu desde 1988 como reconhecimento a personalidades ou coletivos que lutam pelos direitos humanos e as liberdades fundamentais.

2.1. Venezuela e o Mercosul

- A crise em que a Venezuela se vê mergulhada acabou por prejudicar o país no que tange ao posicionamento frente à diplomacia mundial. No início de dezembro de 2016, chanceleres da Argentina, Brasil, Paraguai e Uruguai, países fundadores do Mercosul, comunicaram à **Venezuela sua suspensão do bloco**, segundo um comunicado divulgado pelo Ministério de Relações Exteriores da Argentina.
- A Venezuela completou 5 anos no Mercosul em dezembro de 2017. Esse foi o prazo máximo dado ao país pelos outros membros para que os **venezuelanos cumprissem todas as normas de adesão.** Depois da suspensão temporária do Paraguai, causada pelo **impeachment do ex-presidente paraguaio Fernando Lugo,** Brasil e Argentina convenceram o Uruguai a acelerar a **admissão da Venezuela,** que só dependia da aprovação do Congresso paraguaio. Na época (2012), Brasil e Argentina eram comandados por Dilma Rousseff e

Cristina Kirchner, respectivamente. O país entrou oficialmente no bloco em dezembro de 2012 e, depois de ser readmitido, o Congresso do Paraguai, em uma negociação tocada pelo presidente Horácio Cartes, **concordou em aprovar sua admissão para regularizar a situação.** A Venezuela, no entanto, descumpriu a maior parte dos prazos de adesão ao bloco, especialmente nas questões econômicas.

- A Venezuela rejeitou o anúncio da suspensão e, após assegurar que essa decisão é "ilegal", afirmou que **seguiria no bloco ocupando a presidência rotativa – fato que não se concretizou.**
- Já em setembro de 2016, os países membros do Mercosul chegaram um acordo para impedir que a Venezuela ocupasse o posto de presidente do bloco. Dessa forma, em um primeiro instante, os membros administraram de maneira coletiva o bloco, até que em dezembro, a **Argentina se ocupou da presidência**, passando em seguida para o Brasil e, consecutivamente, para o Paraguai. Segundo o Itamaraty, a Venezuela deixou de cumprir os seguintes acordos:
  - Acordo de Complementação Econômica nº 18 (1991), que convenciona um programa de liberação comercial conjunto;
  - Protocolo de Assunção sobre Compromisso com a Promoção e Proteção dos Direitos Humanos do Mercosul (2005), que estabelece que nos países do bloco deve haver "a plena vigência das instituições democráticas e o respeito dos direitos humanos e das liberdades fundamentais";
  - Acordo sobre Residência para Nacionais dos Estados-partes do Mercosul (2002), que estabelece que os habitantes de um país membro podem obter residência legal em outro país membro do bloco.
- O governo venezuelano assegurou que seu país incorporou 1.479 normas do Mercosul à sua legislação interna, o que equivale a **95% do conjunto de leis** que os Estados devem cumprir para sua adesão ao bloco.
- Vale destacar que a Venezuela deveria ter assumido a presidência do bloco em julho de 2016, sendo que em agosto, chegou a hastear a bandeira junto ao Ministério das Relações Exteriores, desafiando a ordem dos demais países do bloco. A bandeira branca com a logo do **bloco comercial foi hasteada num ato liderado por Delcy Rodríguez,** e um grupo de funcionários diplomáticos. Ao fundo, tocou o hino venezuelano.
- Em dezembro de 2016, durante preparativos para reunião do bloco no Paraguai, o governo paraguaio chegou a afirmar que não receberia a ministra das Relações Exteriores da Venezuela, já que o país se encontra suspenso do bloco.

- Em agosto de 2017, o Mercosul suspendeu os direitos políticos da Venezuela por conta da "ruptura da ordem democrática". A decisão foi baseada na cláusula do Protocolo de Ushuaia, assinado em 1996, que afirma que os países do bloco devem respeitar a democracia. No caso, uma decisão de Maduro que transferiu para a Suprema Corte parte das funções do legislativo, acabou resultando na retaliação do Mercosul.
- Durante a cerimônia que transferiu a presidente do Mercosul do Brasil para o Paraguai, em dezembro de 2017, o presidente Michel Temer destacou o avanço dos acordos comerciais do bloco com outras nações, após a suspensão da Venezuela.

(Placa do Mercosul começará a ser usada no Brasil a partir de 1º de dezembro de 2018 – Foto: Divulgação/Rodrigo Nunes/Ministério das Cidades – https://glo.bo/2lwtoxH)

> ▶ **IMPORTANTE!**
> Placa do Mercosul foi adiada e não será obrigatória em veículos já emplacados. Padrão Mercosul foi anunciado em 2014, mas já teve o prazo adiado três vezes. Agora é a partir de 1º de dezembro de 2018. As placas do Mercosul já são utilizadas na Argentina e no Paraguai. A placa contém chip e qrcode, mecanismos para maior segurança.

- Em abril de 2018, o presidente da Venezuela anunciou o reestabelecimento das relações com o Panamá, após sanções econômicas mútuas aplicadas entre as nações. O desconforto entre as nações teve início quando o governo panamenho pediu aos bancos radicados no país que intensificassem a fiscalização financeira de 55 venezuelanos. O governo da Venezuela respondeu com sanções contra empresas panamenhas.

3. CASO DA ARGENTINA

A troca de presidente no país trouxe uma série de transformações. Para alguns, elemento positivo já que colocou fim aos 12 anos ininterruptos da era Kirchner. Para outros, um atraso para o país que tende a se prejudicar no ambiente econômico internacional. Entretanto, a **eleição de Maurício Macri (Proposta Republicana – PRO), partido de centro-direita, de fato, marcou uma ruptura no modelo econômico e político do país. Por outro lado, toda comemoração inicial se reverteu em dúvidas.**

O ano de 2018 tem sido emblemático para Maurício Macri, que assiste a queda da sua popularidade (menos de 40% segundo dados recentes) e dificuldades econômicas.

▶ **QUESTÃO SOBRE O TEMA:**

Macri ganhou com ampla margem de votos?

O que chamou a atenção para o pleito eleitoral da Argentina foi a distância entre os candidatos. O candidato apoiado pelo governo da época, Daniel Scioli, perdeu a eleição para Macri por uma diferença inferior a 3%. A elevada disputa pelo posto presidencial demonstra a polarização do país com relação ao ambiente político.

A **eleição de Macri pôs fim a era da família Kirchner que teve início em 2003**, quando Néstor Kirchner foi eleito em meio à mais grave crise econômica já vivenciada pelo país. A postura de Néstor esteve ancorada na adoção de políticas de inclusão social para reorganização da economia do país. Na época, com a popularidade em alta, Néstor conseguiu favorecer a eleição de sua mulher, Cristina, que a partir de 2007 assumiu o poder, dando continuidade aos projetos anteriores.

O grande colapso econômico pode ser assistido a partir do segundo mandato de Cristina, em 2011. A economia demonstrou novos sintomas de fragilidades, com uma inflação que preocupava a população. As greves se espalharam pelo país, demonstrando a insatisfação do trabalhador argentino. Desta forma, a conjuntura de Cristina não conseguiu força suficiente para eleger o candidato de sua base.

RAIO X DA POSTURA MACRI PARA O PAÍS

- ✓ Maurício Macri, antes da presidência, já se consolidava como um empresário bem-sucedido no país. Ao assumir o posto de presidente, adotou medidas liberais, como a **quebra de barreiras econômicas protecionistas e a abertura para o mercado internacional.**
- ✓ Com Macri, foi criado o Ministério da modernização. Este, por sua vez, iniciou um corte que tende a **erradicar com 60 mil vagas de emprego** – justificativa é que a máquina pública estaria inchada e sucateada com pessoas admitidas sem concurso.
- ✓ O governo de Macri **aumentou de entre 200% e 700% os preços de eletricidade, gás e água,** com o argumento de que estavam defasados pela administração da ex-presidente Cristina Kirchner (2007-2015). Em julho de 2016, Macri chegou a pedir que a população do país consumisse "o mínimo de energia possível".
- ✓ Depois de quase 15 anos, a Argentina voltou a pedir ajuda financeira ao Fundo Monetário Internacional (FMI). O presidente argentino botou a culpa nos governos anteriores e disse que, de maneira preventiva, tentaria um apoio

financeiro junto ao FMI. Mauricio Macri estabeleceu diálogo a diretora do fundo Christine Lagarde, mas não divulgou valores inicialmente. O FMI fechou um acordo de 50 bilhões de dólares com o governo argentino. A última vez que o país recorreu ao FMI foi em 2003. O acordo foi encerrado em 2006.

✓ Para a compreensão da situação financeira da Argentina é preciso um olhar conjuntural. Com sua moeda despencando, o país subiu a taxa de juros ao maior patamar do mundo, consumiu boa parte de suas reservas em dólares, buscou ajuda do Fundo Monetário Internacional (FMI) e tenta buscar a confiança de investidores para evitar uma nova corrida cambial.

✓ A desvalorização do peso argentino é uma das explicações para a crise aguda. Em maio de 2018 eram necessários quase 25 pesos argentinos para comprar US$ 1, patamar recorde no país. O Banco Central do país elevou a taxa de juros ao patamar de 40% ao ano – maior do mundo.

✓ O FMI define como programa de alto acesso aqueles que implicam financiamento anual acima de 145% da cota do país solicitante no Fundo ou um acumulado acima de 435% de sua cota ao longo do programa completo. Uma cota do FMI é o valor de fatia do país no sistema de financiamento do FMI, ligado ao seu impacto na economia mundial. Pesquisas divulgadas em maio de 2018 mostravam cerca de 75% da população contra o pedido de empréstimo junto ao FMI, fato que mobilizou uma série de protestos em frente à Casa Rosada.

✓ Em maio de 2018, dados do governo mostraram uma inflação de 25% nos últimos 12 meses. Vale destacar que o PIB (Produto Interno Bruto) do país subiu 2,9% em 2017, segundo dados oficiais. O PIB da Argentina tinha registrado em 2016 uma queda de 1,8%, após ter experimentado em 2015 uma alta de 2,6%. Para 2018, a projeção inicial era de uma alta de 3,5%.

✓ Após o presidente da Argentina Maurício Macri solicitar ajuda do FMI, pela conta oficial do twitter, o presidente Michel Temer o parabenizou por tal ação. "A política econômica do Presidente @mauriciomacri é uma política de responsabilidade, de reformas para o crescimento sustentado e o desenvolvimento da Argentina. Temos plena confiança nesse caminho", publicou Temer na rede social.

► SOBRE A EX-PRESIDENTE CRISTINA KIRCHNER

A ex-presidente argentina Cristina Kirchner irá a julgamento oral sob a acusação de acobertar criminosos iranianos envolvidos no atentado contra a Associação Mutual Israelita Argentina (Amia), segundo o jornal "Clarín". O atentado deixou 85 mortos em 1994. O juiz Claudio Bonadio, que encerrou a fase de instrução do processo, também enviou a julgamento Héctor Timerman, Carlos Zannini (secretário Legal e Técnico de Cristina), Oscar Parrilli, Luis D´Elía, Fernando Esteche, Jorge Khalil, Angelina Abona, Martín Mena,

Andrés "Cuervo" Larroque, Alan Bogado e Eduardo Zuaín. Todos irão responder por impedir ato funcional, abuso de autoridade e encobrimento agravado, uma vez que participaram de diferentes formas da elaboração do Memorando de Entendimento com o Irã, assinado em 2013. Cristina Kirchner nega as acusações e diz que o governo de Mauricio Macri usa o Poder Judiciário para perseguir opositores.

(Retirado do portal G1 – março de 2018)

✓ O país tem enfrentado uma crise por conta da aprovação de uma reforma previdenciária. Para uma parcela de especialistas, a reforma tem como objetivo estancar as contas do governo e estabilizar o país economicamente, sendo uma estratégia viável e coerente. Para outra parcela de especialistas, a reforma tende a agravar a situação de aposentados, prejudicando uma parcela considerável da população. Durante a votação no Congresso argentino, protestos violentos foram registrados. O presidente do país, Maurício Macri, destacou que usaria o rigor para punir aqueles que não protestaram "espontaneamente", mas a partir de uma lógica política e ideológica fomentando o ódio.

✓ De modo inédito para o continente sul-americano, o presidente da Argentina assumiu a presidência para o G-20.

▸ **QUESTÃO:**

O que é o G20?

Resposta: O G20 é um grupo de países emergentes – as principais forças econômicas do mundo. O G20 nasceu em 1999 como uma reunião de ministros das Finanças, mas foi ampliado em 2008 para incluir uma cúpula de chefes de Estado. O objetivo era discutir de maneira conjunta decisões para tirar o mundo da crise global que explodiu naquele ano. Desde então, o G20 se tornou um dos mais influentes fóruns de discussão dos principais desafios internacionais.

✓ No dia 15 de novembro de 2017, o submarino argentino ARA San Juan desapareceu. O desaparecimento do submarino no Atlântico gerou um desgaste entre a Marinha argentina e o governo – com troca de acusações de negligência. Por outro lado, os familiares passaram a criticar a ação do governo em reconhecer que os 44 tripulantes estavam mortos, simplesmente para estancar as investigações necessárias para desvendar os mistérios que cercam o desaparecimento (até o fechamento da edição, o submarino não havia sido encontrado). Na ocasião, um relatório dos EUA apontou que os tripulantes morreram no momento exato da explosão detectada pelos instrumentos tecnológicos. Vários países ofereceram ajuda nas buscas, inclusive o Brasil. Na ocasião, a ajuda do Reino Unido foi criticada por uma parcela de parlamentares, revivendo a disputa histórica pelas ilhas Malvinas – atual território britânico que fora objeto de disputa com os argentinos.

✓ **Reforma da Previdência na Argentina:** Os deputados argentinos passaram a madrugada tentando votar o projeto, que recebeu 128 votos a favor, 116 contra e duas abstenções, após 17 horas de sessão, segundo o "Clarín". Em novembro de 2017, o Senado já havia aprovado o projeto, que é crucial para os esforços do presidente Mauricio Macri para reduzir o déficit fiscal e atrair investimentos. A reforma impacta a receita de cerca de 17 milhões de aposentados, pobres e deficientes, entre outros, em uma população de 42 milhões. Parlamentares da oposição e os sindicatos criticam as medidas, que afirma que ela prejudicará os aposentados. Diferentemente da proposta de reforma da Previdência do Brasil, na Argentina a mudança se deu no cálculo de reajuste das aposentadorias e pensões, sem envolver modificações como idade mínima obrigatória ou tempo de contribuição para quem planeja se aposentar. Quando as novas regras passarem a valer, o reajuste periódico será em função da inflação. Hoje, depende de outras taxas. Pela regra nova, o próximo reajuste (em março de 2018) será de 5,7%. Pela regra anterior, ficaria entre 12% e 14%. Quem tiver mais de 30 anos de contribuição à Previdência ganhará um bônus na aposentadoria, como um modo de incentivar os argentinos a seguirem trabalhando por mais tempo e, assim, contribuir mais para o sistema público de aposentadorias. Na Argentina, tirando casos excepcionais (como invalidez, insalubridade ou militares), as mulheres só podem se aposentar a partir dos 60 anos, e os homens, a partir dos 65. Ou seja, diferentemente do Brasil, lá já há uma idade mínima de aposentadoria estabelecida. Ao atingir essa idade, não é obrigatório se aposentar, mas é comum que as empresas pressionem os funcionários a fazê-lo. Na nova lei, os empregadores só serão permitidos a fazer essa intimação quando os funcionários, mulheres ou homens, completarem 70 anos. Também é uma forma de incentivar a contribuição à Previdência por mais tempo. O presidente da Argentina Maurício Macri só conseguiu aprovar a reforma pois, em outubro de 2017, sua coalizão foi a grande vencedora das eleições legislativas, dando força ao projeto de base governista. Na mesma eleição, a ex-presidente do país Cristina Kirchner conseguiu uma vaga no senado.

Além de Colômbia, Venezuela e Argentina, outros recortes com relação a países da América do Latina chamam a atenção:

4. EQUADOR

- Em fevereiro de 2018, por meio de referendo, a população equatoriana decidiu pelo fim da reeleição indefinida. Com a decisão, o político só pode ser reeleito uma vez – o que impede nova candidatura do ex-presidente

Rafael Correa para as próximas eleições, em 2021. O atual presidente Lenín Moreno comemorou o resultado do referendo.

- Ainda com relação ao Equador, para o segundo ano de mandato, o presidente Lenín Moreno prometeu uma reestrutura nos ministérios – fato que já tem ocorrido desde maio de 2017, quando assumiu a presidência. Com relação ao contexto da segurança, o Equador acompanha uma situação de tensão na fronteira com a Colômbia. Em 2018, três jornalistas foram sequestrados e mortos por um grupo dissidente das Farc, o que gerou enorme caos na localidade.

5. PARAGUAI

- O Paraguai é um país destaque para as provas de atualidades. Em maio de 2018, acompanhando EUA e Guatemala, o Paraguai inaugurou sua embaixada em Jerusalém.
- Em abril de 2018, o candidato direitista Mario Abdo Benítez venceu as eleições presidenciais com mais de 46% dos votos. Seu principal oponente, o liberal Efrain Alegre, de uma coalizão de centro-esquerda, recebeu 42,72% da preferência dos eleitores. Marcado por ser de uma família muito próxima do ex-ditador Alfredo Stroessner, o candidato do partido governista à presidência do Paraguai, Mario Abdo Benitez, do partido Colorado, se esforça para provar suas credenciais democráticas e republicanas.
- Em janeiro de 2018, o Ministério de Saúde do Paraguai começou a exigir a apresentação do certificado internacional de vacinação a todas as pessoas que entrem em território paraguaio ou se destinem a regiões brasileiras onde o surto de febre amarela está ativo.
- Em dezembro de 2017, o Congresso do Paraguai aprovou o plantio da maconha para fins medicinais. Peru, Chile, Argentina e Colômbia já legalizaram a maconha para uso medicinal. O Uruguai legalizou totalmente a plantação e a venda de maconha para uso indiscriminado.

6. URUGUAI

Cerca de 21 mil pessoas estão registradas para comprar maconha legal nas farmácias do Uruguai, cultivada sob controle do Estado, de acordo com dados oficiais, um número que quadruplicou em seis meses. Ao todo, 21.076 pessoas estão registradas para comprar a droga em farmácias, de acordo com o Instituto de Regulação e Controle da Cannabis (Ircca). Os consumidores dispõem de quatro variedades do produto, que é cultivado por duas empresas privadas controladas pelo Estado e vendido em farmácias em pacotes de 5 gramas, por aproximadamente US$ 1,40 o grama. Atualmente, 12 farmácias oferecem maconha, cinco delas em Montevidéu.

7. CHILE

▶ **IMPORTANTE!**

Com relação ao **Chile**, quais são os aspectos relevantes para as provas de atualidades?

- Certamente uma das questões mais polêmicas no Chile envolve o âmbito religioso. Em janeiro de 2018, durante visita do líder da Igreja Católica ao país, Papa Francisco, uma série de protestos aconteceram criticando o movimento brando da Igreja com relação aos religiosos envolvidos em escândalos sexuais/pedofilia. Em maio, após reunião com o Papa Francisco, 34 bispos chilenos renunciaram aos postos (até o fechamento da edição, a resposta final do Vaticano não havia sido emitida).
- Com relação a dimensão econômica o destaque é o desempenho em 2018. No primeiro trimestre de 2018 o PIB do país cresceu 4,2% - maior crescimento em 5 anos, graças ao bom desempenho do setor de mineração. O resultado do PIB de 2017 foi uma expansão de 1,5%. A projeção do Banco Central é que o país apresente um crescimento entre 3% e 4% em 2018.
- Em abril de 2018, o tremor de 3,2 de magnitude atingiu o Chile. Epicentro foi registrado a 76 km de profundidade, a 117 km de Coquimbo. Não houve relatos imediatos de danos ou feridos.
- O país tem assistido uma situação trabalhosa com a Bolívia. Isso se dá pelo fato de os bolivianos exigirem uma saída para o mar - Oceano Pacífico - o que passa naturalmente pelo território chileno. A Bolívia perdeu para o Chile 400 km de costa e 120 mil km² de seu território na Guerra do Pacífico, no final do século XIX. Foi uma guerra relâmpago do Chile contra o Peru e Bolívia, que se uniram em uma Confederação na disputa de parte do Deserto do Atacama, rico em recursos minerais, segundo a Rádio France Internacional (RFI). Vitorioso, o Chile assumiu o controle de toda a costa pacífica da Bolívia, repleta de valiosas reservas de cobre e nitrato. Como a Bolívia perdeu sua saída para o mar no acordo de trégua, o Chile concedeu direitos para o uso dos portos em seu país. Mas o governo boliviano garante que esse convênio não foi cumprido. A Bolívia argumenta que o Chile não cumpriu compromissos e obrigações diplomáticas posteriores sob a lei internacional para negociar sobre "acesso soberano" - presumivelmente um corredor de terra e um porto sob controle do país. Nos argumentos iniciais, os advogados bolivianos disseram que o seu país não está pedindo "que a corte determine como o acesso soberano será arranjado, mas simplesmente [que garanta] que o Chile volte à mesa de negociação em boa fé", de acordo com a France Presse. O presidente da Bolívia, Evo Morales, recorreu a Corte Internacional da Justiça das Nações Unidas de Haia para pressionar o Chile.
- Em março de 2018, o conservador Sebastian Piñera deu início ao seu segundo mandato (não consecutivo, afinal ele assume o governo após o mandato de Michele Bachelet). Piñera foi presidente entre 2010 e 2014. Várias lideranças políticas da América do Sul, incluindo o presidente do Brasil, estiveram presentes na posse do presidente chileno.
- A ex-presidente chilena Michele Bachelet chegou a fazer uma homenagem a comunidade trans em seu último dia de mandato. Homenageando a protagonista do filme "Um mulher fantástica" (vencedor do Oscar de melhor filme estrangeiro), Daniela Viegas, Bachelet falou em nome das mulheres que lutam pelas causas de gênero. Após a vitória de Daniela Vega, Bachelet impôs "suma urgência" ao projeto de lei para garantir o reconhecimento jurídico de pessoas trans no país. A normativa estabelece o direito à retificação do nome e do sexo no registro quando estes não coincidem com a identidade de gênero, embora exclua crianças e adolescentes.

CAPÍTULO VII

HOMOFOBIA EM PAUTA E AS QUESTÕES DE GÊNERO

1. CRIMINALIZAÇÃO DAS RELAÇÕES ENTRE PESSOAS DO MESMO SEXO

Um dos maiores debates da atualidade diz respeito à **intolerância em seus mais variados aspectos.** Entretanto, alguns episódios fatídicos elevaram a preocupação em se discutir a questão do gênero, da sexualidade e da legitimação (via ordem jurídica ou social) dos direitos da comunidade LGBT. As múltiplas formas de violência que ganham os noticiários cotidianamente elucidam a marginalização do debate e o preconceito enraizado nos hábitos de grande parte da população, o que dificulta a evolução coerente pelo tema.

Além de tudo, os dados são assustadores. De acordo com o relatório mais recente da Associação Internacional de Gays, Lésbicas, Bissexuais, Transexuais e Intersexuais, "Homofobia de Estado", publicado em maio de 2017 (dados mais recentes até o fechamento da edição), a proteção e o reconhecimento aos homossexuais ocorrem nos países do norte da América e em alguns do sul, na Austrália e na maior parte da Europa. No entanto, a criminalização se estende por grande parte da Europa Oriental, da Ásia, da África - exceto África do Sul, Ilhas Seicheles e Cabo Verde -, em parte da América Central e da América do Sul.

▸ **QUESTÃO SOBRE O TEMA:**

Quais os dados estatísticos sobre o tema?

- Ao todo, a relação entre pessoas adultas do mesmo sexo é legalizada - seja porque foram despenalizadas ou porque nunca foram um crime - em 124 Estados, sendo 122 membros da ONU, mais Taiwan e Kosovo. Contudo, ela é considerada delito em 72 países. Em muitos lugares, ainda que não sejam perseguidos pela lei, os homossexuais são alvo de rejeição social, discriminação e até assédio.
- Entre os países que reconhecem os direitos dos gays, apenas nove contemplam especificamente a não discriminação por razões de orientação sexual na Constituição. Na realidade, a maioria carece de uma normativa que proteja os homossexuais, ainda que nos últimos anos alguns avanços significativos tenham sido registrados.

- Atualmente, há 72 países que já aprovaram leis para garantir a não discriminação em ambientes de trabalho e 43 que contam com leis para combater os crimes de homofobia. Os casais homoafetivos podem se casar em 22 Estados e outros 28 admitem uniões civis – sem intitulá-las de casamento – mas com direitos similares.
- No Brasil, por exemplo, a "celebração de casamento civil ou de conversão de união estável em casamento entre pessoas de mesmo sexo" é permitida desde 14 de maio de 2013, conforme decisão do plenário do Conselho Nacional de Justiça.
- Em 26 países existem leis de adoção conjunta – Áustria, Finlândia e alguns territórios da Austrália incorporaram estes direitos à sua legislação em 2016 - e outros 27 permitem adoção quando o filho é de um dos membros do casal.

(Portal O Estado de São Paulo)

A ONU (Organização das Nações Unidas) tem levado o debate sobre homofobia adiante. Isso se dá pelo fato que o reconhecimento dos direitos dessa população está relacionado aos **direitos humanos e não direitos "especiais".** Certamente, o tema se vê rodeado de polêmicas e excentricidades, visto que outros vieses são analisados na questão (por exemplo, a questão religiosa ou cultural).

▶ OS PAÍSES QUE CRIMINALIZAM		
Afeganistão	Iêmen	Samoa
Angola	Ilhas Salomão	Santa Lúcia
Antígua e Barbuda	Índia	São Cristóvão e Nevis
Arábia Saudita	Irã	São Vicente e Granadinas
Argélia	Iraque	Senegal
Bangladesh	Jamaica	Serra Leoa
Barbados	Kiribati	Síria
Belize	Kuwait	Somália
Botswana	Líbano	Sri Lanka
Brunei	Libéria	Suazilândia
Burundi	Líbia	Sudão
Butão	Malásia	Sudão do Sul
Camarões	Malaui	Tanzânia
Cingapura	Maldivas	Togo
Comores	Marrocos	Tonga
Dominica	Maurício	Trinidad e Tobago
Egito	Mauritânia	Tunísia
Emirados Árabes Unidos	Myanmar	Turcomenistão
Eritréia	Namíbia	Tuvalu

▸ OS PAÍSES QUE CRIMINALIZAM		
Etiópia	Nigéria	Uganda
Gambia	Omã	Uzbequistão
Gana	Papua Nova Guiné	Zâmbia
Granada	Paquistão	Zimbábue
Guiana	Qatar	
Guiné	Quênia	

Fonte: ILGA (International Lesbian, Gay, Bisexual, Trans and Intersex Association)

Infográfico elaborado em: 17/06/2016, G1

2. CRIMINALIZAÇÃO EM PAUTA

A pena de morte para as relações homossexuais vigora em oito países. No Irã, na Arábia Saudita, no Iêmen e no Sudão ela é aplicada em todo o território. Na Somália e na Nigéria, somente em algumas províncias.

Síria e Iraque são dois lugares onde a pena de morte é realizada por atores não estatais. Em ambos os casos o grupo jihadista Estado Islâmico (EI) é o responsável por aplicá-la nas regiões onde há controle.

Em cinco países - Paquistão, Afeganistão, Emirados Árabes Unidos, Catar e Mauritânia – a pena de morte é tecnicamente permitida por uma interpretação da lei islâmica (sharia), ainda que não seja aplicada.

Já em lugares como Uganda, Zâmbia, Tanzânia, Índia, Barbados e Guiana as relações homossexuais são castigadas com penas que vão de 14 anos em regime fechado à prisão perpétua. Em alguns países do norte da África, como Líbia, Argélia e Marrocos, as leis contemplam penas de três a sete anos de reclusão.

O relatório da Associação Internacional de Gays, Lésbicas, Bissexuais, Transexuais e Intersexuais menciona também as informações, publicadas em abril de 2017, sobre a perseguição e o assassinato de homossexuais na República Russa da Chechênia, de maioria muçulmana.

3. E NO BRASIL, COMO O TEMA EVOLUI?

A realidade brasileira é marcada pela violência intensa contra as minorias como um todo. Com relação a diversidade sexual o cenário não é diferente. A propagação do ódio e a violência simbólica ganha espaço no ambiente virtual. Segundo o Grupo Gay da Bahia (GGB) – mais antiga entidade do gênero do Brasil – **318 gays foram mortos em 2015 em todo o Brasil.** Desse total de vítimas, o GGB diz que **52% são gays, 37% travestis, 16% lésbicas, 10% bissexuais.** Uma travesti e um gay brasileiros foram assassinados no exterior: Espanha e Estados Unidos. Foram incluídos também cinco suicídios de homossexuais masculinos. O número é levemente **menor que em 2014** quando, conforme o grupo, foram anotados 326 assassinatos.

Os estados onde ocorreram mais casos em números absolutos foram São Paulo, com 55 assassinatos; e Bahia, 33. No entanto, se for comparada com a população total, Mato Grosso do Sul foi considerado o estado mais homofóbico, pela entidade, com 6,49 homicídios para cada 1 milhão de pessoas, seguido do Amazonas, com 6,45. Só em 2015, o Disque 100 recebeu quase 2 mil denúncias de violência contra gays.

Em termos regionais, dos 318 assassinatos documentados em 2015, o **Nordeste continua liderando a violência em números absolutos com 106 óbitos, seguido do Sudeste com 99**, o Norte com 50, Centro-Oeste 40 e 21 no Sul. Em relação ao perfil das vítimas, a pesquisa mostra que a violência **"atinge todas as cores, idades, classes sociais e profissões"**: a vítima de menor idade foi Michael, 13 anos, parda, de Rio Claro, SP, uma pré-adolescente em construção de sua performance feminina, que gostava de se vestir de menina, encontrada morta na pista com 15 facadas.

Em 2017, 445 lésbicas, gays, bissexuais, travestis e transexuais (LGBTs) foram mortos em crimes motivados por homofobia. O número representa uma vítima a cada 19 horas. O dado foi do levantamento realizado pelo Grupo Gay da Bahia (GGB), que registrou o maior número de casos de morte relacionados à homofobia desde que o monitoramento anual começou a ser elaborado pela entidade, há 38 anos.

Os dados de 2017 representam um aumento de 30% em relação a 2016, quando foram registrados 343 casos. Em 2015 foram 319 LGBTs assassinados, contra 320 em 2014 e 314 em 2013. O saldo de crimes violentos contra essa população em 2017 é três vezes maior do que o observado há 10 anos, quando foram identificados 142 casos.

Em janeiro de 2018, a organização não governamental Human Rights divulgou um relatório a respeito da violação dos direitos humanos no Brasil. O documento destacou que a Ouvidoria Nacional dos Direitos Humanos recebeu 725 denúncias de violência, discriminação e outros abusos contra a população LGBT somente no primeiro semestre de 2017.

▸ **DICA!**

- Das 445 mortes registradas em 2017, 194 eram gays, 191 eram pessoas trans, 43 eram lésbicas e cinco eram bissexuais. Em relação à maneira como eles foram mortos, 136 episódios envolveram o uso de armas de fogo, 111 foram com armas brancas, 58 foram suicídios, 32 ocorreram após espancamento e 22 foram mortos por asfixia. Há ainda registro de violências como o apedrejamento, degolamento e desfiguração do rosto.
- O Brasil amarga alguns títulos infelizes para sua população. O país é **campeão mundial** em assassinatos de travestis e transexuais. O episódio mais recente (até o fechamento da edição) envolveu a estudante Matheusa Passarelli, de 21 anos, que tinha identidade de gênero não binária. Nove dias após seu desaparecimento, a Polícia Civil do Rio de Janeiro concluiu que ela foi assassinada no Morro do 18, em Água Santa, na zona norte da cidade. A principal linha de investigação considera que a vítima tenha sido queimada por integrantes de uma facção criminosa da região.

- O estado com maior registro de crimes de ódio contra a população LGBT foi São Paulo (59), seguido de Minas Gerais (43), Bahia (35), Ceará (30), Rio de Janeiro (29), Pernambuco (27) e Paraná e Alagoas (23). Entre as regiões, a maior média foi identificada no Norte (3,23 por milhão de habitantes), seguido por Centro-Oeste (2,71) e Nordeste (2,58).

ALGUNS PONTOS IMPORTANTES SOMAM-SE AO CENÁRIO:

- Analisar a questão da homofobia é, acima de tudo, compreender o **espaço de diversidade e pluralidade de gêneros.** Sendo assim, é reconhecer que o debate ainda é um grande "tabu" nos espaços coletivos, o que gera resistência e repulsa por parte de alguns indivíduos.
- A homofobia (considerada uma repulsa ou aversão a homossexuais) exige um debate que leve em consideração elementos como: **religião, costumes locais, valores culturais enraizados, cultura machista, visões extremistas,** etc. Por conta do preconceito existente em determinadas localidades do globo, homossexuais são vedados de exercer a cidadania e tem sua liberdade violada.
- Próximo ao contexto brasileiro, a realidade de maior violação dos direitos humanos com relação aos **homossexuais é o caso da Guiana,** onde aqueles que violarem pode pegar de 14 anos de prisão até prisão perpétua.
- De maneira mais específica, a homofobia pode ser definida como **"uma aversão irreprimível, repugnância, medo, ódio, preconceito que algumas pessoas nutrem contra os homossexuais, lésbicas, bissexuais e transexuais".** Os casos de perseguição por conta da orientação sexual podem ser visualizados desde o ambiente escolar (bullying e cyberbullying), até o espaço do trabalho, vida em comunidade, etc.

Olhando para o tema e para os dados relacionados à violência, nota-se uma questão emergencial que carece de pauta nos espaços públicos. Existem articulações da sociedade civil para discutir o tema. Uma das propostas aparece por meio de projeto de lei que visa criminalizar a discriminação por orientação sexual e identidade de gênero, equiparando ao crime de racismo. Em 2006, a deputada do Partido dos Trabalhadores (PT), Iara Bernardi propôs um projeto de lei para criminalizar a homofobia. Entretanto, ele foi arquivado. Estabelecendo o método comparativo, outros países evoluem no tema de maneira mais intensa. Em maio de 2016, o Canadá apresentou um projeto de lei a fim de defender as pessoas transgênero de discriminações e discursos de ódio, assim como ativistas dos direitos.

Em junho de 2017 foi a vez de uma ideia legislativa pelo portal do Senado ter amplo alcance. A proposta de um internauta para criminalizar a homofobia recebeu mais que o dobro dos 20 mil apoios necessários para se tornar uma Sugestão Legislativa em apenas 8 dias. O cidadão Lucas Veiga Couto, do Paraná, propôs no portal e-Cidadania, do Senado Federal, como Ideia Legislativa a punição de pessoas que atacam ou ofendem outras por sua orientação sexual.

Em março de 2018, o Supremo Tribunal Federal decidiu permitir que transexuais e transgêneros possam alterar seu nome no registro civil sem a necessidade de realização de cirurgia de mudança de sexo. A maioria dos ministros decidiu também que não será preciso autorização judicial para que o transexual requisite a alteração no documento, que poderá ser feita em cartório.

Antes da mudança do STF, para conseguir ter o nome e o gênero alterados nos documentos, a pessoa precisava de uma autorização judicial. O processo levava meses, às vezes até anos. Agora, o interessado pode ir até um Cartório de Registro Civil com os documentos necessários e assinar uma declaração. A nova documentação sai em até cinco dias úteis.

Outra decisão de destaque para a comunidade trans diz respeito à decisão do MEC (Ministério da Educação), em janeiro de 2018, autorizando travestis e transexuais a utilizarem o nome social nos registros escolares da educação básica. O nome social é aquele pelo qual as travestis, mulheres trans ou homens trans optam por ser chamados, de acordo com sua identidade de gênero.

Desde 2013, o Ministério da Saúde possibilitou que travestis e transexuais passassem a usar o nome social no Cartão SUS. No Supremo Tribunal Federal (STF), está em debate o direito dessas pessoas usarem o banheiro condizente com a identidade de gênero que elas reivindicam.

Outro fato emblemático nas garantias da comunidade trans diz respeito à possibilidade do uso do nome social no título de eleitor. Cumprindo o prazo estabelecido pela Justiça Eleitoral, a população trans alcançou o direito de usar o nome social. O presidente do TSE, ministro Luiz Fux, afirmou que "é papel da Justiça Eleitoral zelar pelo respeito às diferenças e atuar para que o exercício da cidadania se dê livre de embaraços e preconceitos."

Em maio de 2018, o Tribunal de Justiça do Distrito Federal negou a transferência de 11 mulheres transexuais do Complexo Penitenciário da Papuda para o presídio feminino do DF, a Colmeia. A decisão foi caracterizada como "um retrocesso" pelo Conselho de Direitos Humanos do DF, que recorreu. O pedido de transferência, assinado pelo conselho, fazia referência a uma decisão do ministro do Supremo Tribunal Federal (STF) Luís Roberto Barroso que determinava a transferência de duas travestis em São Paulo. Uma delas dividia a cela com 31 homens e, segundo a defesa, estava "sofrendo todo o tipo de influências psicológicas e corporais".

A questão de gênero acaba confundida pelas terminologias específicas. Observe a imagem.

Por fim, a elucidação do tema a nível legislativo se mistura com as facetas da política de cada país. No caso brasileiro, as discussões sobre gênero e sexualidade apresentam como elemento de difusão a religião. Isso porque os dados demonstram que a chamada "bancada evangélica" (líderes religiosos) tem ampliado sua participação no Congresso.

O **número de evangélicos no Parlamento cresceu, acompanhando o aumento de fiéis.** Segundo os últimos dados do IBGE, que são de 2010, o **número de evangélicos aumentou 61% na década passada (2000-2010).** Por sua vez, a Frente Parlamentar Evangélica (FPE), agrega **mais de 90 parlamentares,** segundo dados atualizados da própria Frente - os números podem variar por causa dos suplentes - o que representa um **crescimento de 30% na última legislatura.**

A relação entre **política e religião é questionada por petições online e demais mobilizações sociais.** Muitos sustentam que é preciso segregar os valores religiosos da atividade legislativa, caso contrário, alguns debates se tornam pouco proveitosos - no caso, aqueles mais polêmicos como aborto, descriminalização das drogas, relacionamento entre pessoas do mesmo sexo etc. Por outro lado, alguns acreditam ser uma segregação utópica, visto que o indivíduo que exerce sua postura política acaba por ser holístico na apropriação de princípios e valores.

DICA!

- Em setembro de 2016, o Colégio Pedro II **aboliu a distinção do uniforme escolar por gênero**. Ou seja, **não há mais especificação do que é um uniforme feminino ou masculino**. A decisão foi divulgada pela Portaria nº 2449/2016, que trata de Normas e Procedimentos Discentes e, segundo a escola, tem por **objetivo manter a identidade e igualdade entre os alunos**. Certamente, um dos grandes entraves para o tema diz respeito a possibilidade ou não de se discutir questões de gênero no ambiente escolar. Vários projetos de lei aprovados a nível municipal são questionados por organismos e por ações na Justiça.

CAPÍTULO VIII

DESAFIOS AMBIENTAIS DO SÉCULO XXI

1. ACIDENTE DA USINA DE CHERNOBYL

O acidente nuclear de Chernobyl é considerado o pior da história. Em 2018, o fatídico **episódio completou 32 anos.** O acidente que mudou a história do país (Ucrânia) **aconteceu na madrugada do dia 25 de abril, quando o reator número 4 explodiu.** As equipes de salvamento, os trabalhadores e jornalistas que fizeram a cobertura, por conta da alta exposição à radiação se tornaram as primeiras vítimas.

A mobilização por parte do governo foi tamanha que nos dias que sucederam o acidente, cerca de 130 mil pessoas precisaram se deslocar do raio tracejado como perigoso. A radioatividade se espalhava e a saúde das pessoas se via debilitada. Com o vento, as nuvens de poeira alcançaram uma região de mil quilômetros. Os ecossistemas locais foram atingidos de maneira drástica, provocando a extinção de espécies.

Os dados com relação às vítimas não são concretos. A **Organização Mundial da Saúde estima** que 9 mil pessoas morreram. Já para o Greenpeace, as vítimas seriam 90 mil pessoas. O Instituto de Radiologia de Kiev admite 31 mortos e 50 mil contaminados, com níveis de radiação **capazes de matar no longo prazo.** Há relatos de que milhares de pessoas contraíram câncer. Nos anos seguintes, índices de radiação foram detectados nos seguintes países: Suécia, Escandinávia, Países Baixos, Bélgica, Reino Unido, Eslováquia, Romênia, Bulgária, Grécia, Turquia e Polônia. A Ucrânia, a Bielorrússia e a Rússia foram os mais atingidos.

A região próxima à usina se tornou uma área fantasma. O acesso é rigidamente controlado, mesmo 30 anos após o desastre. Especialistas apontam que o acidente teve origem em um erro operacional, ou seja, poderia ser evitado. Tal fato levantou a discussão sobre a **segurança dos programas nucleares.** Países como **Itália, Alemanha, Suécia, Finlândia, Suíça, Holanda e Espanha cancelaram programas nucleares** e fecharam usinas. No Brasil, em 1986, o então presidente do país, José Sarney, criou uma comissão para avaliar a segurança das usinas de Angra dos Reis.

A própria tecnologia avançou no sentido de oferecer mais garantias para os projetos nucleares em caso de acidente. A dualidade do discurso é uma realidade: engenheiros apontam que a segurança alcançada nos dias de hoje permite total segurança na execução dos procedimentos. Por outro lado, ativistas ambientais afirmam que essa forma de geração de energia sempre estará respaldada por riscos iminentes e incontroláveis.

▶ **IMPORTANTE!**

- Países como **Japão, Estados Unidos, França, e Alemanha** dependem cada vez mais da energia nuclear. Na França, já se trata de uma realidade consolidada. Cerca de 80% da energia produzida é de origem nuclear. Na média global, a energia nuclear **representa 17% da produção de energia elétrica.** Dados da organização World Nuclear Association mostram que 440 reatores estão em operação no mundo, e mais de 80 estão em construção.
- O fator determinante para a utilização da energia nuclear é que esta é considerada **limpa e bastante eficiente, pois não há a liberação de gases que aceleram o aquecimento global, intensificando o efeito estufa.**
- Em 2011, um acidente na usina japonesa de Fukushima, gerou novas reações adversas. Na ocasião, um tsunami, resultante de um forte tremor de terras, atingiu o sistema de segurança em três reatores e provocou o desligamento do sistema de refrigeração.

Por incrível que pareça, o **turismo para a região ucraniana atingida é crescente.** Uma das agências mais conhecidas que fazem o passeio, a Solo East Travel, afirma haver levado quase **2.000 pessoas até a área de Pripyat em 2015**. E a organização governamental que controla a zona de exclusão calcula que mais de **16 mil viajantes de 84 países** estiveram em Chernobyl e arredores em 2015.

Uma estrutura que recobre o reator, espécie de sarcófago, deverá ficar pronta no final de 2017 com custo total de **US$ 2,4 bilhões**. Essa nova estrutura deverá ter tempo de vida de 100 anos, o que garantirá espaçamento cronológico para que os especialistas pensem em estratégia para enterrar o reator e tornar o ambiente seguro.

DICA!

▶ Nos EUA a energia nuclear corresponde a **19% da geração de energia elétrica**. Entretanto, de 2029 a 2035, três dúzias dos 99 reatores do país, que representam mais de um terço da capacidade geradora da indústria, terão que fechar quando suas licenças de operação expirarem. A saída para tal fato é a prorrogação das licenças, visto que o investimento em novos projetos acontece de maneira tímida.

▶ O Japão, país que ficou abalado com o acidente de Fukushima, em 2011, anunciou a **retomada da produção de energia nuclear, com a recertificação de dois reatores já antigos**, fato extremamente polêmico dentro do país. A vida útil dos reatores foi prorrogada para mais de 40 anos.

2. CRISE DO PETRÓLEO: ALERTA MUNDIAL

A crise do petróleo apontou dificuldades globais para os países que dependem dessa matriz energética para estímulo econômico. De 2011 até 2013, o barril do petróleo se manteve acima dos 110 dólares. Em janeiro de 2016, o **barril chegou a ser cotado abaixo de 28 dólares** – pior marca desde 2003. Em **maio de 2016**, o valor do barril era de, aproximadamente, **50 dólares (foi a 1ª vez em quase 7 meses). Em maio de 2018, os preços do petróleo Brent escalaram acima dos US$ 80 dólares o barril, pela primeira vez desde novembro de 2014, antes de recuarem pela força do dólar e aumento na produção dos Estados Unidos, fechando praticamente estáveis. Dentre as causas para a valorização, aparecem:**

- Rápido declínio no fornecimento de petróleo da Venezuela - a produção venezuelana caiu pela metade desde o início dos anos 2000, para 1,5 milhão de barris por dia, conforme o país sul-americano não conseguiu investir o suficiente em sua indústria de petróleo;
- A preocupação de que as sanções dos EUA atrapalharão as exportações do Irã - O papel do Irã é fundamental na oferta mundial de petróleo porque o país é o terceiro maior produtor da Organização dos Países Exportadores de Petróleo (Opec);
- E a queda dos estoques globais;

De fato, a reunião desses fatores possibilita a expansão em até 20% do valor do barril.

▶ **QUESTÃO SOBRE O TEMA:**

Quais os impactos para o Brasil da alta do preço do petróleo?

A alta a nível internacional demonstra de modo nítido a elevação de combustíveis nos últimos meses (fato que gerou protesto de caminhoneiros em diferentes rodovias do Brasil, em maio de 2018). Nos postos, o preço médio da gasolina no país estava em R$ 4,226, segundo pesquisa divulgada pela Agência Nacional do Petróleo, Gás Natural e Biocombustíveis (ANP), em maio de 2018. O combustível acumula alta de 3,09% desde o início de 2018, e avançou 21,99% desde que a Petrobras iniciou sua nova política de preços, em julho de 2017. Por outro lado, a escalada do preço do petróleo contribui para o aumento da arrecadação da União e governos estaduais e municipais com royalties e participações especiais recolhidos sobre a produção de óleo e gás no Brasil. A arrecadação com royalties cresceu 23,3% nos 4 primeiros meses de 2018, na comparação com o mesmo período de 2017, segundo dados do Centro Brasileiro de Infraestrutura (CBIE). União, estados e municípios receberam este ano R$ 6,4 bilhões ante R$ 5,19 bilhões nos 4 primeiros meses de 2017.

DICA!

▶ Um porto importante para as provas de atualidades diz respeito ao Pré-Sal. A produção média de petróleo no Brasil, em fevereiro de 2018, somou 2,617 milhões de barris por dia (bpd), praticamente estável, com alta de

0,1% na comparação com janeiro, segundo a Agência Nacional do Petróleo, Gás Natural e Biocombustíveis (ANP). Já a produção média de gás natural no Brasil em fevereiro, por sua vez, somou 110 milhões de metros cúbicos/dia, queda de 2,3% ante o mês anterior. A produção do pré-sal em fevereiro totalizou 1,763 milhão de boe/d, um aumento de 2,3% em relação ao mês anterior, e correspondeu a 53,3% do total de petróleo e gás produzido no Brasil. Foram produzidos 1,408 milhão de barris de petróleo por dia e 56 milhões de metros cúbicos diários de gás natural por meio de 83 poços. A produção total no pré-sal superou o recorde anterior, de 1,723 Mboe/d no mês de janeiro. O campo de Lula, na Bacia de Santos, foi o maior produtor de petróleo e gás natural, com média de 850 mil bbl/d de petróleo e 36,2 milhões de m3/d de gás natural. Os campos marítimos produziram 95,5% do petróleo e 83,5% do gás natural. A produção ocorreu em 7.698 poços, sendo 704 marítimos e 6.994 terrestres. Os campos operados pela Petrobras responderam por 93,9% do petróleo e gás natural extraído.

- Em 2014, os **EUA tornaram-se o maior produtor de petróleo do mundo, ultrapassando a Arábia Saudita.** Com as novas formas de exploração, os EUA deixaram de importar o produto em grande quantidade. Além disso, os lapsos resistentes da crise de 2008 apontam para a redução da demanda do petróleo a nível mundial. A estimativa é que estejam sobrando 2 milhões de barris diários nessa relação entra oferta e demanda.

Dentro de uma questão geopolítica, a atuação da OPEP (Organização dos Países Exportadores de Petróleo) também ganha destaque. A organização, que reúne os principais produtores – Irã, Iraque, Líbia e Arábia Saudita – adotou uma postura questionável no cenário de crise. Os países membros da OPEP representam 85% das reservas mundiais e oferecem 40% do petróleo produzido mundialmente.

O entrave envolvendo a OPEP se deu a partir do momento que a organização resolveu manter a produção nos patamares anteriores. Assim sendo, apesar da crise – baixa procura pelo produto – os países não reduziram a produção, o que acabou gerando excedente no mercado. Essa é uma das estratégias, principalmente da Arábia Saudita – grande nome da OPEP. Além de se fortalecer a longo prazo, acaba combatendo outras forças do setor – países como Venezuela, Irá e Rússia tem economias dependentes do ouro negro, sendo assim se tornam vulneráveis neste cenário de crise.

▸ IMPORTANTE!

Uma das discussões que tem como parâmetro a lógica econômica diz respeito a busca pela autossuficiência em petróleo. Em 2006, o Brasil anunciou sua autossuficiência. Entretanto, de lá pra cá, essa relação de equilíbrio não se manteve, visto que a demanda pela gasolina importada cresceu. O Brasil nunca conquistou a autossuficiência em derivados do petróleo. A Petrobrás chegou a destacar que a autossuficiência completa seria obtida em 2020, algo bastante questionável.

3. O MODELO DA MATRIZ ENERGÉTICA MUNDIAL

A energia é elemento central do desenvolvimento de qualquer país. As áreas que movem a economia **(indústria e agricultura, por exemplo) dependem dos recursos energéticos para geração de energia.** Para isso, a sociedade torna-se grande depende das matrizes energéticas (cálculo dos países sobre as fontes disponíveis e utilizadas no território).

Cada uma das matrizes energéticas desponta com seus desafios. Por isso os países precisam se adaptar as condições naturais. No Japão, por exemplo, não existem vastas reservas de petróleo, muitos menos recursos hídricos. Assim sendo, o país importa o petróleo e seus derivados e, por meio de termoelétricas ou usinas térmicas geram a energia necessária.

Nesse ponto é que o tema ganha uma preocupação maior. Dentre as matrizes energéticas existem as que mais **poluem e as que são menos nocivas ao meio ambiente**. A Índia e a China, por exemplo, grandes potências do setor industrial, consomem o carvão mineral de maneira abundante (trata-se da fonte de energia mais encontrada e mais barata do planeta). Entretanto, essa é a fonte que mais polui.

Por isso, outras fontes passaram a ser utilizada (destaque para a energia nuclear amplamente utilizada por EUA, Rússia, França, Alemanha, Coréia do Sul). É por esse motivo que a busca por energia sustentável e, automaticamente, energia limpa, estão nos projetos científicos das grandes potências.

▶ **QUESTÃO SOBRE O TEMA:**

E o Brasil, em que patamar se encontra com relação as fontes renováveis?

Esse é um dos pontos que o Brasil aparece como destaque. O país possui uma das matrizes energéticas mais equilibrada do mundo entre as grandes economias, equacionando recursos renováveis e não renováveis. Os números confirmam esse avanço do Brasil:

- Em 2014, **39,4% da energia consumida veio a partir de fontes renováveis** (a média mundial é de 14%, entre os países desenvolvidos o valor é ainda mais baixo, 10%). Cerca de 59,9% de fontes não renováveis.
- No Brasil, os recursos primários se voltam para a água – para produção da eletricidade e da cana-de-açúcar – produção de etanol e bagaço para combustão. A crise da água fez com que houvesse uma queda preocupante.
- O Brasil ultrapassou o Canadá para se tornar em 2017 o oitavo país do mundo com maior capacidade instalada em usinas eólicas, com cerca de 12,8 gigawatts, em uma trajetória ascendente dos investimentos na fonte renovável que pode levar a um novo avanço no ranking de 2018, disse à Reuters a presidente da Associação Brasileira de Energia Eólica (Abeeólica), Elbia Gannoum.

A líder global em energia eólica é a China, com 188 gigawatts instalados – o que representa mais que a capacidade instalada do Brasil quando consideradas todas as fontes de geração.

▸ PAÍSES COM MAIOR CAPACIDADE INSTALADA EM USINAS EÓLICAS	
1	China
2	Estados Unidos
3	Alemanha
4	Índia
5	Espanha
6	Reino Unido
7	França
8	Brasil
9	Canadá

Outro ponto importante diz respeito à utilização dos biocombustíveis. Observe o recorte retirado do site do Ministério do Meio Ambiente:

> A Lei 13.576/2017, que cria a Política Nacional de Biocombustíveis (RenovaBio), foi sancionada pelo presidente da República, Michel Temer, com vetos, em dezembro de 2017. A iniciativa contribui para o cumprimento das metas brasileiras assumidas no Acordo de Paris sobre mudança do clima. A RenovaBio irá incentivar a produção de biocombustíveis como etanol, biodiesel e biogás, e garantir a redução da emissão de gases do efeito estufa e a eficiência energética. O Brasil é o segundo maior produtor mundial de biocombustíveis. Para o setor, a criação da Política Nacional de Biocombustíveis é considerada um marco histórico. A iniciativa, de acordo com os produtores, pode gerar 3 milhões de empregos no país. A lei teve origem no Projeto de Lei da Câmara, de autoria do deputado Evandro Gussi (PV-SP), que se baseou em proposta elaborada pelo Ministério de Meio Ambiente, em parceria com o Ministério de Minas e Energia, o setor privado e a sociedade civil. Como novidade, a nova norma prevê a utilização de Crédito de Descarbonização de Biocombustíveis (CBIO), concedidos a produtoras de biocombustível de acordo com a proporção de energia limpa por elas produzida. Quanto maior essa proporção, mais créditos a empresa terá. Os créditos serão negociados na bolsa de valores e comprados por setores que precisem deles como contrapartida pela emissão de carbono de suas próprias produções.
>
> **VETOS**
>
> A Lei 13.576/2017 foi sancionada com seis vetos. Um deles estabelecia que as metas anuais de redução de emissões de gases de efeito estufa para a comercialização de combustíveis seriam definidas considerando, além da contribuição dos biocombustíveis para a melhoria da qualidade do ar e da saúde, seus reflexos positivos na infraestrutura logística e de transporte de combustíveis, na balança comercial, na geração de emprego, de renda e de investimentos. Para o governo, "embora louváveis", parâmetros como balança comercial e infraestrutura logística poderiam atrapalhar a formação das metas, desviando a política de seu objetivo original. Outro ponto vetado autorizava a redução da meta individual do distribuidor de combustíveis em contratos de produtores de biocombustíveis instalados nas áreas da Superintendência do Desenvolvimento do Nordeste (Sudene), da Superintendência do Desenvolvimento

da Amazônia (Sudam) e da Superintendência do Desenvolvimento do Centro-Oeste (Sudeco). Segundo o presidente, a possibilidade de redução da meta individual para produtores de áreas específicas é prejudicial à livre concorrência, distorce o mercado e cria barreiras à entrada de produtores de outras regiões. Também foram vetados o trecho que previa a redução da meta individual do distribuidor de combustível que comprasse de produtores instalados no país, em função de sua redução de emissões de gases causadores do efeito estufa, e o que autorizava o acesso à base de dados das notas fiscais eletrônicas e à base de dados eletrônica de comercialização, de importação e de exportação de combustíveis fósseis e biocombustíveis.

***Renováveis:** supremacia da proporção das renováveis na matriz energética do Brasil*

Brasil	OCDE	Mundo	
43,5	9,5	14,2	← 2016%

Figura 1: Oferta Interna de Energia no Brasil – 2016 (%)

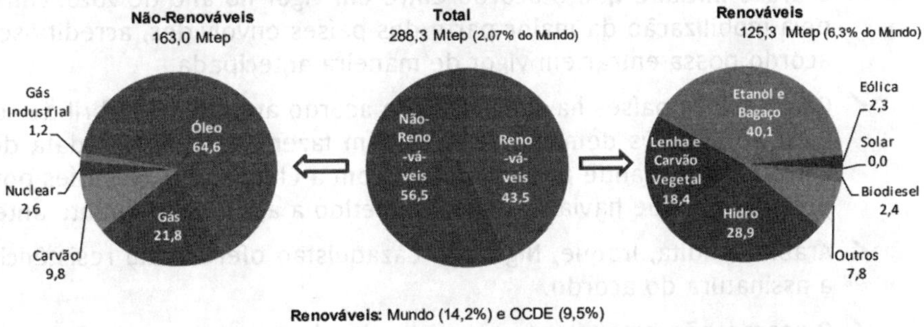

*com informações da Agência Senado

(https://bit.ly/2JPxHTO)

4. RESULTADOS DA COP 21 – CONFERÊNCIA DO CLIMA

Um dos grandes desafios do contexto contemporâneo é a equiparação entre homem e meio ambiente. Muitas vezes, o desenvolvimento econômico foi pensado de maneira isolada, se afastando das necessidades de preservação / conservação ambiental. As consequências pela exploração de diferentes territórios eram entendidas em um caráter mínimo de preocupação, o viés econômico sempre esteve à frente de qualquer aspecto social ou ambiental. Com o passar do tempo, de maneira "impositiva", a sociedade se voltou para o tema por conta do grau de emergência – a devastação tornou-se perigosa e as estratégias para equacionar tal problemática se tornaram urgentes.

Por esse motivo, a questão ambiental tornou-se elemento central das discussões da ONU ao longo dos anos. A própria **ECO 92 – Conferência da Nações Unidas Sobre Meio Ambiente e o Desenvolvimento, realizada no Rio de Janeiro em 1992**, já apontava uma preocupação em investir em fontes renováveis. Não obstante, os acordos pareciam meras formalidades dos países e os interesses individuais simbólicos acabavam prevalecendo.

Por isso, a Conferência do Clima realizada em Paris, em dezembro de 2015 revolucionou esse tipo de acordo. De maneira consensual, os países definiram uma meta maior:

evitar que até **2100 as temperaturas subam mais do que dois graus em comparação ao fim do século 19.** Todos os países devem trabalhar para que a elevação seja de, no máximo, um grau e meio. O ativismo ambiental questionou tal acordo por considerarem que ele, novamente, reflete uma discussão mais teórica do que prática ao deixar aberto as metas, variáveis quantitativas e compromissos evidentes. O que parecia se encaminhar para o sucesso maior, teve um revés em junho de 2017. O presidente dos EUA, Donald Trump, cumprindo uma de suas campanhas eleitorais, retirou os EUA do Acordo de Paris (vale destacar a pauta isolacionista e o movimento negacionista no entendimento de Trump com relação ao peso da ação antrópica para com o meio ambiente).

RAIO X DO ACORDO

- ✓ O prazo inicial é que o acordo entre em vigor no ano de 2020. Entretanto, pela mobilização da maior parte dos países envolvidos, acredita-se que o acordo possa entrar em vigor de maneira antecipada.
- ✓ Cerca de 175 países haviam assinado acordo até o fim de abril de 2016 (do total de 195). Os demais países podem fazer até a mesma data de 2017. Entretanto, a grande preocupação é com a China e EUA (grandes potências poluidoras), que haviam se comprometido a assiná-lo o quanto antes.
- ✓ Arábia Saudita, Iraque, Nigéria e Cazaquistão ofereceram resistência para a assinatura do acordo.
- ✓ O acordo não **estabelece uma meta vinculante** para a redução de dióxido de carbono e outros gases do efeito estufa. A definição fica a cargo de cada país e o **cumprimento não é obrigatório** – ponto exigido pelos EUA e questionado por ativistas. Entretanto, os países devem rever os valores a cada cinco anos, mesmo que não os mudem.
- ✓ Acordo estabelece **piso de US$ 100 bilhões anuais que deverão ser transferidos de países ricos aos mais pobres até 2025**, para custear ações de combate à poluição.

Aumento da emissão em comparação a 1970

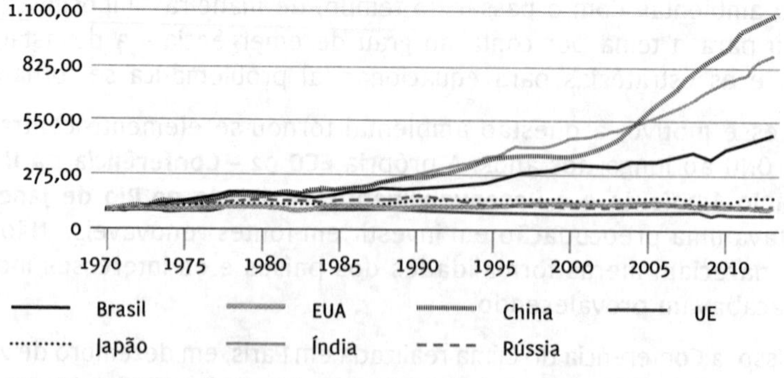

Fonte: Emission Database for Global Atmospheric Research. Adaptado de: NEXO.

✓ O acordo de Paris entrará em vigor 30 dias depois que pelo menos 55 países, que representem juntos mais de 55% das emissões globais, apresentem perante a ONU ratificação.

Por fim, vale destacar que a tentativa dos países em chegar a um parâmetro para o enfrentamento ao problema do **aquecimento global é válida**. Obviamente que muitos pontos precisam ser evoluídos e problematizados de maneira mais intensa e articulada. A ciência tem se demonstrado com um grau de evolução incomensurável. Entretanto, na maior parte das vezes, a aspecto humano/ambiental é deixado de lado. Falar em sustentabilidade, economia verde, reciclar, reutilizar e reduzir tornou-se emergência do atual sistema de demonstra um consumo não covalente com as condições naturais do planeta.

Síria e Nicarágua foram países que inicialmente se posicionaram contra o Acordo de Paris. Entretanto, no segundo semestre de 2017, as duas nações acabaram formalizando sua participação – deixando os EUA como única nação fora do Acordo.

Em outubro de 2017, a ONU Meio Ambiente chegou a destacar que se 100% das propostas do Acordo de Paris fossem cumpridas integralmente, ainda assim, seria feito apenas um terço do necessário para combater as mudanças climáticas agudas.

Em janeiro de 2018, o presidente dos EUA, Donald Trump, chegou a destacar a possibilidade fazer parte do Acordo de Paris novamente, caso alguns ajustes fossem implementados, com o objetivo de favorecer o governo estadunidense.

▶ **QUESTÃO SOBRE O TEMA:**

E o Brasil, quais compromissos ambientais destacou nos últimos tempos?

- **Aumentar para 16% a participação de etanol carburante e das demais biomassas derivadas da cana-de-açúcar no total da matriz energética.**
- **Aumentar em cerca de 10% a eficiência elétrica.**
- **Ampliar a participação de fontes renováveis (eólica, solar e biomassa) na geração de energia elétrica em 23%.**
- **Ampliar para 66% a participação de fonte hídrica na geração de eletricidade.**
- **Garantir 45% de fontes renováveis no total da matriz energética.**
- **Erradicar o desmatamento ilegal.**
- A meta brasileira é **reduzir as emissões de gases do efeito estufa em 37% até 2025, tomando como base os níveis de 2005**, ano em que, de acordo com dados do Seeg (Sistema de Estimativas de Emissões de Gases de Efeito Estufa), foram emitidos 3,3 bilhões de toneladas brutas de gás carbônico equivalente (CO_2e) em território nacional. Para alcançar o marco, o governo pretende adotar medidas em diferentes áreas. Mas ao que tudo indica, nem todas elas mostram-se prováveis de serem, de fato, tomadas.

Em fevereiro de 2018, o Brasil lançou o Sistema Integrado de Alerta de Desmatamento (SIPAMSar), criado para ampliar a capacidade de detectar o desmatamento na

Amazônia e auxiliar na preservação da floresta. O sistema de alerta foi desenvolvido pelo Centro Gestor e Operacional do Sistema de Proteção da Amazônia (Censipam), órgão subordinado ao Ministério da Defesa, e utiliza imagens obtidas por meio de satélites. A criação e aprimoramento do sistema integram um projeto batizado de Amazônia SAR. Segundo o Censipam, o sistema tem capacidade de detectar ainda em fase inicial o desmatamento na Amazônia, mesmo entre outubro e abril, período com maior concentração de nuvens na região. Os dados complementam os obtidos pelo Instituto Nacional de Pesquisas Espaciais (Inpe).

Em abril de 2018, o ministro do Meio Ambiente destacou a queda do desmatamento ilegal na Amazônia. Após dois anos de aumento nas taxas de desmatamento, 2015 e 2016, em 2017 houve redução de 16% e agora, entre agosto de 2017 e janeiro de 2018, os levantamentos indicam uma queda de 20%.

Entre agosto de 2016 e julho de 2017, a taxa estimada pelo Projeto de Monitoramento do Desmatamento na Amazônia Legal por Satélite (Prodes), do Instituto Nacional de Pesquisas Espaciais (Inpe), apontou 6.624 quilômetros quadrados (km2) de corte raso, que é a eliminação de toda vegetação existente sobre a área. O resultado indicou uma diminuição de 16% em relação a agosto/2015-julho/2016, quando foram apurados 7.893 km² de desmatamento ilegal.

DICA!

- Apesar do longo caminho que ainda resta para a aplicação dos pressupostos da COP 21, em novembro de 2016, entrou em vigor o grande consenso global sobre o clima. Destinado a substituir o Protocolo de Kyoto em 2020, o acordo carece de regulamentações específicas (grande crítica de ambientalistas).

▸ IMPORTANTE!

A discussão sobre aquecimento global e a atuação antrópica parece unânime quando volta-se para os argumentos. Entretanto, existe uma corrente crescente dentro da comunica científica que nega a relação do homem com o aquecimento global e, por meio de dados e uma varredura histórica, demonstra que a elevação da temperatura do planeta é gradual e sempre existiu, deixando o ser humano aquém de qualquer interferência direta.

Outro ponto importante com relação ao cenário ambiental diz respeito ao Código Florestal. Alguns artigos foram questionados junto ao Supremo Tribunal Federal, que tomou uma decisão em março de 2018. Depois de cinco meses de discussão, o STF se posicionou sobre alguns artigos então questionados.

Os ministros do Supremo Tribunal Federal analisaram cinco ações que questionavam 22 artigos do Código Florestal, em vigor desde 2012. Entre os pontos mais polêmicos, estava em discussão a anistia aos produtores que desmataram mais do que o permitido até 2008. O placar foi apertado, mas a maioria votou pelo perdão

das multas e a extinção de processos por crimes ambientais - desde que haja a recuperação de terras e rios degradados.

A suprema corte também decidiu que quem desmatou pode fazer a compensação ambiental em áreas de mesmo bioma - até mesmo em outro estado. Mas para isso, os locais precisam ter o mesmo clima, fauna e flora.

Além disso, o Supremo considerou constitucional a redução da reserva legal – de 80% para 50% – em municípios da Amazônia que tenham mais da metade de seu território ocupado por terras indígenas e unidades de conservação. O Instituto Socioambiental avaliou que o Supremo Tribunal Federal fez uma revisão pequena no código, que premia infratores e cria uma atmosfera que convida ao desmatamento futuro.

COP 22, 23 e 24

A Conferência do Clima aconteceu em Marrakesh, no Marrocos sem avanços expressivos, mas tendo **reafirmado a sua determinação em aplicar o Acordo de Paris**, apesar da incerteza criada pela eleição do cético do clima Donald Trump. As Ilhas Fiji, particularmente expostas às mudanças climáticas, anunciaram que seriam **os organizadores da COP 23 no final de 2017.** No entanto, por razões logísticas, a cúpula foi realizada **excepcionalmente em Bonn (Alemanha),** que abriga a sede da Convenção-Quadro das Nações Unidas sobre Mudanças Climáticas (UNFCCC). A COP 24 acontecerá em dezembro de 2018, em Katowice, na Polônia. Uma grande contradição já existe na escolha da Polônia como sede da Conferência Ambiental – mais de 80% da energia produzida no país vem do carvão. Os números comprovam a utilização do carvão como fonte de energia: entre 2013 e 2016, a Polônia gastou cerca de 1,9 bilhões de euros por ano com minas de carvão e setores de energia. Segundo estimativas do Instituto WiseEuropa, grupo independente responsável pela análise da política e economia europeias, a estimativa é chegar, até 2030, em 2,6 bilhões de euros. Com relação a COP 25, o Brasil se esforça para sediar o evento – vale destacar que a Venezuela tem criado obstáculos para a candidatura do Brasil, visto que as nações vivem uma situação desconfortável desde o final de 2017.

5. OUTRAS QUESTÕES AMBIENTAIS RELEVANTES

Acidente em Mariana – MG

Em novembro de 2015, o estado de Minas Gerais e o resto do Brasil pararam para acompanhar o drama das barragens da Samarco, de propriedade da Vale e da anglo-australiana BHP Billiton. O rompimento de uma barragem de rejeitos de minério escancarou uma enorme problemática para a região afetada. A lama **invadiu um distrito de Mariana, cidade histórica de Minas, deixou 19 mortos**, se espalhou pelo rio Doce e, após percorrer 700 km, **desaguou no litoral do Espírito Santo**, causando um desastre ambiental sem precedentes no país.

Elemento sem valor que ficava acumulado nas barragens, segundo estimativas, ao menos 32 milhões de metros cúbicos desses rejeitos misturados com lama foram despejados na natureza. Para se ter ideia da dimensão do problema, **a consultoria americana de gestão de riscos da construção pesada Bowker Associates** afirmou se tratar do maior evento do gênero no último século.

As vítimas não foram apenas os seres humanos que perderam a vida na tragédia. Paisagens inteiras foram devastadas, algumas nascentes secaram, populações ribeirinhas perderam a fonte de renda e, o pior, não existem projeções sobre a revitalização dessas áreas afetadas. Algumas cidades tiveram o **abastecimento** de água interrompido (inclusive, esse ponto mobilizou a população do país como um todo na doação de água).

DICA!

- No total, **mais de 40 cidades de Minas Gerais e do Espírito Santo foram afetadas** direta ou indiretamente. O rio afetado de maneira direta foi o Rio Doce.

QUESTÃO SOBRE O TEMA:

E as punições, como ficaram?

A reportagem divulgada em maio de 2018 pelo portal G1, reúne os principais desdobramentos do acidente em Mariana/MG.

- Há dois anos e meio acontecia o maior desastre ambiental já registrado no Brasil. E após estes 30 meses, o processo criminal da morte de 19 mortos e o processo ambiental que avalia os danos pouco andaram.
- Até hoje, ainda não estão fechados os números de vítimas diretas e indiretas da tragédia. O rompimento afetou a economia da região. A Samarco, dona da barragem, e suas controladoras, Vale e BHP Billiton, sempre se disseram inocentes e dizem que o rompimento é um acidente. A acusação de polícias e de ministérios públicos já diz que as empresas tinham conhecimento do risco de rompimento da barragem, mas a informação foi negligenciada.
- **Em 18 de novembro de 2016, a Samarco, suas controladoras Vale e BHP Billiton e a VogBr, além de 22 pessoas, se tornaram rés em um processo criminal que investiga as 19 mortes como homicídio. Este processo foi suspenso em julho de 2017, após dois dos réus alegarem ilegalidade no período autorizado para a quebra do sigilo telefônico. Em 13 de novembro de 2017, o processo foi retomado após a Justiça determinar que não havia base para anular o processo. Não há prazo para o julgamento. A Samarco afirmou que a denúncia do Ministério Público Federal desconsiderou as defesas e os depoimentos dados logo após o rompimento, que comprovam que a empresa não tinha conhecimento prévio dos riscos à estrutura. A Vale disse que é acionista e não controladora da Samarco e, portanto, nunca teve participação na gestão operacional da barragem de Fundão. A mineradora afirmou ainda que nunca teve conhecimento de qualquer risco na estrutura e que confia que a Justiça vai reconhecer a inocência da empresa e de seus executivos. A BHP Billinton repudiou as acusações contra a empresa e seus executivos. A mineradora disse ter convicção na comprovação da inocência da empresa e de seus funcionários no processo.**

- **Comitê interfederativo** - A Justiça Federal prorrogou para o dia 25 de junho de 2018 o prazo para que as mineradoras Samarco, Vale e BHP Billiton, junto com o Ministério Público Federal (MPF), entreguem um acordo com as ações de reparação de danos socioeconômicos após o desastre. O processo ambiental, que tem valor de R$ 155 bilhões, está suspenso na justiça à espera da conclusão deste diagnóstico de danos. Esta foi a quarta vez que a entrega do acordo foi prorrogada. A Samarco, a Vale e a BHP Billinton disseram por nota que solicitaram a prorrogação do prazo por causa da complexidade do tema, pedido que teve a concordância do Ministério Público Federal.
- **Ação civil pública** - Uma ação civil pública, movida pela União, pelos governos de Minas Gerais e do Espirito Santo e por órgãos ambientais federais e estaduais, determinou um depósito de R$ 1,2 bilhão para recuperar os danos causados. Este valor é a primeira parcela de um total de R$ 20 bilhões. Este depósito também está suspenso até a entrega do acordo com o plano de ações para recuperação dos danos socioeconômicos causados pelo desastre. O prazo final para a entrega, que foi prorrogado, será em 25 de junho de 2018. A Samarco, a Vale e a BHP Billinton disseram por nota que solicitaram a prorrogação do prazo por causa da complexidade do tema, pedido que teve a concordância do Ministério Público Federal.
- **Qualidade da água** - Em março de 2017, a pedido da Samarco, o Tribunal de Justiça de Minas Gerais (TJMG) suspendeu processos contra a mineradora motivados por causa da qualidade da água do Rio Doce. São cerca de 50 mil ações individuais. A decisão vale até que seja julgado no tribunal um Incidente de Resolução de Demanda Repetitiva (IRDR), que vai definir uma tese jurídica para orientar todos os processos. Este IRDR ainda não tem data para ser julgado. Mas, apesar da suspensão dos processos, segundo o TJMG, um grupo do tribunal tem trabalho em Governador Valadares fazendo audiências para buscar acordos individuais. Até março deste ano foram realizadas 15,6 mil audiências. A previsão é realizar, no total, 34,8 mil audiências. O TJMG explicou que muitos dos processos que inicialmente estavam no total de ações individuais já estão em andamento e outros 686 acordos judiciais já foram fechados. Por dia, o tribunal recebe 16 novos processos por falta de água ou questionando a qualidade do recurso. Neste ritmo, o tribunal espera concluir as audiências em novembro. Sobre estas ações, a Samarco disse que não vai comentar. A Vale informou que este posicionamento seria dado pela Samarco. A BHP Billinton disse que está cumprindo os compromissos com as comunidades e o meio ambiente através do apoio à Fundação Renova. A Fundação Renova disse que o Posto Avançado de Autocomposição, gerido pelo TJMG e custeado pela organização, disse que até 19 de abril deste ano foram realizadas mais de 18 mil audiências. Após o desastre, mais de 260 mil pessoas foram indenizadas pelos problemas no abastecimento e na distribuição de água. Somente em Governador Valadares, foram 137 mil pessoas indenizadas. Ainda há previsão de 27 mil audiências de conciliação.
- **Ações indenizatórias - Em agosto de 2016, a Justiça Federal decidiu que a ação civil pública que bloqueou R$ 300 milhões da mineradora Samarco para reparação de danos a atingidos pelo rompimento da barragem iria ficar a cargo da Comarca de Mariana. O objetivo da ação é assegurar recursos para indenizações e reconstrução das comunidades destruídas, isto é, o reassentamento de Bento Rodrigues e Paracatu. De acordo com o promotor Guilherme de Sá Meneghin, da 2ª Promotoria de Justiça de Mariana, o TJMG manteve o bloqueio em 21 de novembro de 2017 e o dinheiro só pode ser liberado com autorização da Justiça. A Samarco disse que foram desbloqueados R$ 16,5 milhões para pagamentos de indenizações e custeio de outras medidas de caráter reparatório ou compensatório. A mineradora disse ainda**

que segue comprometida com a reparação e recuperação dos danos decorrentes do rompimento da barragem e as ações não estão limitadas às correspondentes ao valor desbloqueado. Uma ação vinculada define o uso do dinheiro bloqueado e, por meio desta, os atingidos tiveram garantia de moradia em casas alugadas até que o reassentamento ocorra, além de auxílio-financeiro mensal, indenização pela perda de veículos e antecipações de indenizações nos valores de R$ 10 mil e R$ 20 mil. A última audiência foi realizada no dia 27 de março de 2018, quando houve homologação de diretrizes do reassentamento dos atingidos de Bento Rodrigues. A Samarco reiterou seu compromisso com as comunidades e locais impactados e que têm apoiado o trabalho da Renova. A Samarco e controladoras também foram citadas, em agosto de 2016, para garantir direitos de 105 atingidos que não haviam sido reconhecidos como tal. De acordo com o Ministério Público, em ação de cumprimento de sentença homologatória, 85 atingidos que estavam desamparados foram beneficiados e passaram a receber o auxílio-financeiro e a indenização antecipada. Este processo foi encerrado.

- De acordo com o Ministério Público Federal (MPF), uma outra ação apresentou o pedido de mais 30 pessoas que alegavam ser atingidos pelo rompimento. O promotor Guilherme Meneghin disse que 27 deles foram incluídos entre os atingidos.
- A Samarco informou que firmou o acordo com os impactados no dia 5 de outubro de 2017 e que segue o compromisso com a reparação de danos.
- Números de atendimento e indenizações a atingidos:
  - 303 imóveis alugados
  - 341 cartões de auxílio financeiro a famílias, em Mariana; 9.314, no total
  - 41 famílias com indenização de R$ 10 mil por moradia não-habitual
  - 288 famílias com indenização de R$ 20 mil por moradia habitual
  - 2 escolas construídas
  - 1 posto de saúde construído
  - 1 comissão de atingidos instituída
  - 1 horta comunitária construída
  - 1 centro comunitário construído
- **Ressarcimento a professores** - Um acordo entre o Ministério Público e a Samarco colocou fim a uma ação civil pública para ressarcir professores e servidores da Escola Municipal de Bento Rodrigues, distrito de Mariana. De acordo com a promotoria, 20 pessoas tiveram que ser transferidas para outras unidades escolares após o desastre e, com isso, passaram a arcar com os custos de transporte para o trabalho. A Samarco cumpriu o compromisso de fornecer o transporte ou vale-transporte.
- **Construção de dique e acesso a distrito** - O Ministério Público Estadual ajuizou ação civil pública em setembro de 2016, questionando a construção do dique S4 pela mineradora Samarco, em Bento Rodrigues, e pedindo a avaliação de alternativas que não afetem o direito de acesso ao distrito pelos atingidos.
- Outra ação civil pública foi movida para assegurar o acesso dos atingidos ao local onde moravam e para cobrar medidas de segurança que evitem saques. A 2ª Promotoria de Justiça de Mariana disse que o acesso a Bento Rodrigues ainda é provisório e que ex-moradores denunciaram roubo de telhas e outros itens que restaram após o desastre. De acordo com o promotor, houve um acordo parcial em no início do processo

e continua tramitando. A Samarco informou que o dique S4 já foi construído em Bento Rodrigues e que a obra é fundamental para o sistema de retenção de sedimentos composto pela barragem de Nova Santarém. A obra era emergencial por causa do período chuvoso. A empresa também informou que a parte alagada pelo dique não atingiu a ruína da Capela São Bento e o cemitério.

- **Carros debaixo da lama** - Sessenta e três veículos foram soterrados ou destruídos no rompimento da barragem de Fundão. De acordo com o promotor, um acordo em julho de 2017 determinou que o governo de Minas Gerais dê baixa nos veículos e cancele a cobrança de impostos. Por este acordo, os donos dos veículos têm que preencher uma declaração sobre o desaparecimento. Eles têm até julho de 2018 para fazer esta declaração. A destinação correta das carcaças dos veículos que já foram retirados da lama deve ser feita pela Samarco. A Fundação Renova informou que os carros que já foram retirados dos rejeitos estão em um pátio da Samarco e que terão destinação final ambientalmente adequada.
- **Animais** - Uma ação civil pública questiona os valores propostos pela Samarco para a compra de animais de ex-moradores de áreas atingidas. Após o desastre, cerca de 300 animais, sobretudo gado e cavalos, foram levados para um terreno da mineradora, segundo a 2ª Promotoria de Justiça da Comarca de Mariana. O processo segue em tramitação, aguardando marcação de audiência. De acordo com a Fundação Renova, 276 animais estão sob a tutela da entidade, sendo 205 de grande porte. Uma equipe com veterinários e tratadores cuida dos animais que estão em duas fazendas todos os dias.
- **Pescadores indenizados** - No dia 26 de julho de 2017, um acordo assinado pela Fundação Renova e pela Samarco previu o pagamento de auxílio financeiro emergencial a 28 pescadores de Governador Valadares, no Leste de Minas. O acordo, firmado com intermediação do Ministério Público por meio do Centro de Apoio Operacional às Promotorias de Direitos Humanos, prevê compensação financeira aso pescadores em razão do rompimento da barragem de Mariana, em 2015. O valor a ser recebido por cada pescador não foi informado. A Samarco não quis comentar o assunto. A Fundação Renova informou que dos 28 pescadores apresentados pelo Ministério Público, 27 deles eram elegíveis a serem incluídos no cadastro de Auxílio Financeiro Emergencial e para estes foram feitos pagamento inclusive retroativos. A fundação disse que não divulga valores de indenização ou auxílio para segurança dos próprios beneficiários.
- **Saneamento** – De acordo com a Fundação Renova, 39 das cidades atingidas estão aptas a receber, através de uma linha de crédito do Banco de Desenvolvimento de Minas Gerais (BDMG) e do Banco de Desenvolvimento do Espírito Santo (Bandes) para obras de saneamento. O valor liberado para os municípios soma R$ 500 milhões. O repasse é uma medida compensatória para revitalização do Rio Doce que a Fundação Renova adotou após o desastre. Serão beneficiados os municípios de Mariana, Governador Valadares, Barra Longa, Rio Doce, Santa Cruz do Escalvado, Sem-Peixe, Rio Casca, São Pedro dos Ferros, São Domingos do Prata, São José do Goiabal, Raul Soares, Dionísio, Córrego Novo, Pingo d'Água, Marliéria, Bom Jesus do Galho, Timóteo, Caratinga, Ipatinga, Santana do Paraíso, Ipaba, Belo Oriente, Bugre, Iapu, Naque, Periquito, Sobrália, Fernandes Tourinho, Alpercata, Tumiritinga, Galileia, Conselheiro Pena, Resplendor, Itueta e Aimorés; além dos capixabas Baixo Guandu, Colatina, Marilândia e Linhares.

- **Acordos trabalhistas**
  - **Sem demissão coletiva** - Um acordo firmado entre representantes da Samarco e dos trabalhadores da mineradora, assinado em 18 de novembro de 2016, definiu que não haveria demissão coletiva até 31 de março de 2017. Até a data, a empresa se comprometeu a manter os postos de trabalho de 1,8 mil empregados que não aderiram a programas de demissão voluntária em Minas Gerais e no Espírito Santo. À época, a Samarco disse que "entende-se por dispensa coletiva as reduções superiores a 1% do quadro efetivo por mês". Também foi definido que, antes de efetuar novos desligamentos previstos no prazo acima, haverá reunião com as entidades sindicais para dialogar sobre possíveis soluções para a preservação dos empregos em 2017. Em abril deste ano, a Samarco disse que, desde que foram paralisadas as atividades da mineradora, a empresa recorreu a diversos instrumentos para evitar demissões. A Samarco também informou que já contou com mais de 6 mil empregados diretos e indiretos e que, atualmente, mantém cerca de 1.130 empregados diretos.
  - **Programa de Demissão Voluntária** – O programa, que visou atender a funcionários que gostariam de deixar a empresa voluntariamente, já alcançou 1.670 empregados em Minas Gerais e no Espírito Santo.
  - **Layoffs** – Desde o desastre, a Samarco adotou vários mecanismos trabalhistas legais como licenças remuneradas, férias coletivas e layoffs.
- **Mecanismos legais adotados pela empresa desde novembro de 2015:**
  - Licença remunerada (10/11/2015 a 29/11/15)
  - Férias coletivas (30/11/15 a 29/12/15)
  - 2º período de licença remunerada (4/1/16 a 10/1/16)
  - Layoff (25/1/16 a 25/6/16)
  - Layoff (1/6/17 a 31/10/17)
  - Layoff (1º de novembro de 2017 a 31 de março de 2018)
  - Layoff (1º de abril de 2018 até 31 de agosto de 2018)
  - Volta das atividades da Samarco
- A volta das atividades da Samarco em Mariana está dependendo de um processo na Justiça. Em junho de 2017, o Supremo Tribunal Federal (STF) suspendeu uma decisão judicial que obrigava o município de Santa Bárbara (MG) a se posicionar sobre a atuação da mineradora Samarco na região. Para reiniciar a produção, interrompida desde o desastre de Mariana, a Samarco precisa voltar a captar água no município.
- No mesmo dia da decisão, o prefeito de Santa Bárbara, Leris Felisberto Braga (PHS), disse que a mineradora não apresentou estudo para avaliação, exigência da legislação municipal e que, portanto, ela mesmo era causadora do impasse no processo de licenciamento. Segundo ele, ao invés de apresentar o estudo, a mineradora procurou a Justiça.
- **Santa Bárbara** é a única entre as cidades que abrigam empreendimentos da empresa que ainda não assinou a carta de conformidade, documento que permitiria à empresa receber uma das duas licenças necessárias para a retomada de suas atividades.

- A Samarco alegou que a carta de conformidade "não produz qualquer impacto negativo aos interesses da coletividade, apenas permite que o órgão competente (Secretaria de Estado de Meio Ambiente - Semad-MG) inicie sua análise, avaliando os impactos ambientais, pelo que não há o risco de lesão à ordem e economias públicas alegado pelo município, que justificasse a liminar proferida pelo STF".
- **Uma semana após a suspensão, a mineradora entrou com um recurso no Supremo para que o caso seja analisado por um colegiado de ministros. Segundo o STF, não há data prevista para julgamento do recurso.**

▸ **IMPORTANTE!**

Outro ponto importante com relação a poluição diz respeito ao segundo colocado na emissão de poluentes. Atrás da indústria do petróleo, a indústria da moda aparece como grande poluidora. Malhas de poliéster, a fibra sintética mais usada na indústria têxtil em todo o mundo não apenas requer, segundo especialistas, 70 milhões de barris de petróleo todos os anos, como demora mais de 200 anos para se decompor. A viscose, outra fibra artificial, mas feita de celulose, exige a derrubada de 70 milhões de árvores todos os anos. E, apesar de natural, o algodão é a uma fibra cujo cultivo é o que mais demanda o uso de substâncias tóxicas em seu cultivo no mundo - 24% de todos os inseticidas e 11% de todo os pesticidas, com óbvios impactos na terra e na água. Nem mesmo o algodão orgânico escapa: uma simples camiseta necessitou de mais de 2700 litros de água para ser confeccionada. Além disso, outro aspecto relevante para a compreensão do potencial poluidor da indústria da moda diz respeito ao movimento dinâmico de "comprar e jogar fora", ou seja, a necessidade de se desfazer em um curto espaço de tempo de produtos e adquirir novos.

Um ponto bastante discutido após o acidente no distrito de Bento Rodrigues foi a legislação específica para a questão das barragens. No Brasil, desde 2010, existe uma regulamentação respaldada pelos padrões internacionais. Ainda assim, alguns pontos não foram fechados. A crítica se faz com relação ao processo de fiscalização destas barreiras, deficitário e recheado de problemáticas.

No caso da barragem de Fundão, ela havia sido vistoriada pela última vez no ano de 2012. O porém reside no fato de que ela passou por obras, de elevado impacto, mas nem por isso passou por qualquer tipo de monitoramento posterior – o que sugere negligência e ineficiência do controle. Por essa questão, o Código de Mineração (em debate no Congresso nacional desde 2013) foi revivido. De um lado, parlamentares que defendem os interesses de mineradoras. Do outro, ambientalista querendo enrijecer as punições. Em dezembro de 2017, foi sancionada uma lei criando a Agência Nacional de Mineração. Vinculada ao Ministério de Minas e Energia, a ANM tem, entre suas atribuições, a fiscalização da atividade de mineração e a responsabilidade por vistorias, notificações, autuação de infratores e adoção de medidas como interdição e aplicação de sanções. Pela Constituição, a atividade de mineração é autorizada sob o regime de concessão pública. Como contrapartida, as empresas exploradoras têm de pagar compensação aos entes da União.

Concentração de CO_2 bate recorde

Apesar de todos os esforços para se debater as questões ambientais, alguns dados não são nada favoráveis. Segundo os cálculos divulgados pela Organização das Nações Unidas (ONU), a concentração de CO_2 atingiu pela primeira vez, em 2015, a **marca simbólica de 400 partes por um milhão (ppm) e continua a "disparar em 2016".** O fenômeno do El Niño teria se colocado de forma decisiva para que houvesse uma **aceleração na concentração.** As secas em regiões tropicais acabaram afetando a capacidade dessas regiões de absorver os gases.

Segundo a Organização Meteorológica Mundial (OMM), houve um incremento de 37% do efeito de aquecimento do clima entre 1990 e 2015. Isso foi causado pela longa duração e pela acumulação de gases como o CO_2, o metano (CH_4) e o N_2O gerados por atividades industriais, agricultura e residências.

A concentração de CO_2 na atmosfera bateu um novo recorde histórico em 2018, superando pela primeira vez a marca de 410 partes por milhão (ppm). Esse patamar foi ultrapassado de maneira inédita no último dia 18 de abril de 2018, segundo medição feita pelo Observatório de Mauna Loa, no Havaí (EUA), a mais antiga estação de detecção de dióxido de carbono no planeta.

O ano de 2016 já foi o mais quente desde 1880, ou seja, desde quando há dados disponíveis. Com isso, o mundo caminha para ter um aumento médio de 3°C em sua temperatura, embora o objetivo do Acordo de Paris seja manter o aquecimento abaixo dos 2°C em relação aos níveis pré-industriais, realizando esforços para tentar chegar a um limite de 1,5°C.

▸ **IMPORTANTE!**

O CO_2 é responsável por **65% do aumento do efeito estufa nos últimos dez anos.** Em comparação ao período pré-industrial, ele sofreu aumento de 144%.

Outro alerta da Organização Mundial da Saúde (OMS) chamou a atenção em 2018:

> A Organização Mundial de Saúde (OMS) alertou, em maio de 2018, que a poluição do ar representa atualmente o maior risco ambiental para saúde. De acordo com um novo estudo feito pela entidade, nove em cada dez pessoas no planeta respiram ar com altos níveis de poluentes; isso representa 90% da população mundial. Por causa dessa contaminação, 7 milhões mortes anualmente por doenças relacionadas a esses poluentes, como câncer de pulmão, AVC e asma, segundo dados coletados em mais de 4.300 cidades em 108 países.
>
> O novo levantamento da OMS indica que, no Brasil, a poluição do ar em ambientes externos provoca a morte de mais de 50 mil pessoas por ano. Em 2016, foram 51.820 mortes. Entre as cidades que monitoram os poluentes, Brasília foi a que registrou

o nível mais alto (137 microgramas por metro cúbico), em 2013. Uma das possíveis explicações para esse número é a seca prolongada e as queimadas no Cerrado, problemas que a capital brasileira vem enfrentando nos últimos anos.

Já em 2016, a cidade de Santa Gertrudes (SP), conhecida como polo ceramista, ficou no topo da lista, registrando 80 microgramas por metro cúbico. Diversos municípios brasileiros listados no levantamento estão localizados no Estado de São Paulo, onde fica a região dos grandes canaviais. A boa notícia é que, nos últimos anos, cidades do entorno do município de São Paulo, como São Bernardo, Diadema e Cubatão, apresentaram melhora na qualidade do ar, embora os níveis de poluentes ainda estejam acima dos padrões da OMS. No Estado do Rio de Janeiro, as regiões metropolitanas não apresentam resultados melhores.

▶ **IMPORTANTE!**

Em dezembro de 2017, a China, maior poluidor do planeta, anunciou a elaboração de um mercado nacional de carbono. O país é também o maior investidor em energia renovável do planeta (o total de investimento em 2017 superou a casa dos 130 bilhões de dólares). Segundo a Agência de Energia da China (NEA), em 2017, foram construídas no país usinas fotovoltaicas que geram 53 gigawatts (GW) – mais da metade da capacidade instalada no mundo. A Alemanha, antes na vanguarda da energia fotovoltaica, estima ter instalado cerca de 2 GW em 2017.

Outros países investem em estratégias variadas para reduzir os índices de poluição:

- França quer banir os veículos movidos a combustíveis fósseis (gasolina e diesel) até o ano de 2040. A partir de 2019, a Volvo só lançará modelos elétricos ou híbridos.
- Reino Unido também anunciou a intenção de acabar com os veículos movidos a combustíveis fósseis até o ano de 2040. O governo colocará 200 milhões de libras para políticas de restrição de veículos a diesel em regiões mais poluídas.
- A própria China cogita a possibilidade de seguir Reino Unido e França na proibição de carros movidos a combustíveis fósseis.
- A China, segunda maior economia mundial, fabricou e vendeu em 2016 mais de 28 milhões de veículos, segundo a Organização Internacional de Montadoras de Automóveis. Do total, 500 mil foram carros elétricos, 50% a mais que no ano anterior. Em junho de 2017, o governo aprovou um projeto de lei para obrigar as montadoras a produzir mais veículos elétricos até 2020 com um novo sistema de cotas obrigatórias, mais complexo que o atual. Ao mesmo tempo, as montadoras estrangeiras presentes na China começaram a preparar-se para a transição aos carros elétricos no gigante asiático. A Volvo pretende vender o primeiro carro 100% elétrico na China em 2019. A Ford anunciou seu primeiro veículo híbrido para o início de 2018 e prevê que 70% de seus automóveis na China sejam elétricos, ao menos parcialmente, até 2025.

Elevação da temperatura

Os três últimos anos (2015, 2016 E 2017) foram os mais quentes registrados até hoje, e o ritmo do aquecimento global constatado durante este período foi "excepcional", advertiu a ONU, no início de 2018. Já foi confirmado que os anos 2015, 2016 e 2017, que se inscrevem claramente na tendência do aquecimento a longo prazo provocado pelo aumento das concentrações atmosféricas de gases de efeito estufa, são os três anos mais quentes registrados até agora", anunciou a Organização Meteorológica Mundial (OMM), uma agência especializada da ONU. Sob o efeito de um potente "El Niño" – fenômeno que a cada período de entre três e sete anos afeta as temperaturas, as correntes marinhas e as precipitações –, 2016 se encontra no topo da lista, com 1,2°C mais que na época pré-industrial, enquanto 2017 alcançou o recorde de ano mais quente até a data sem que tivesse incidência do El Niño.

A ONU utiliza o período 1880-1900 como referência para as condições existentes na era pré-industrial. Segundo os últimos dados, a OMM constatou que a temperatura média na superfície do globo em 2017 e 2015 ultrapassou em 1,1°C a da época pré-industrial. Os especialistas indicam que não é possível desempatar estes dois anos, dado que a diferença de temperatura é inferior a um centésimo de grau, ou seja, menor que a margem de erro estatística.

Sustentabilidade: pioneirismo francês

A busca por um espaço realmente sustentável passa por diferentes agentes. Da questão cultural ao efeito da lei. Nesse sentido que a **França marcou época ao proibir a venda de copos, taças, pratos, talheres e outros utensílios descartáveis de plástico.** A nova lei segue uma **proibição total de sacolas plásticas aprovada em julho de 2016 e é parte do projeto** Transição Energética para o Crescimento Verde, um plano para tornar o país um dos líderes mundiais na adoção de práticas de redução de impacto ambiental e das emissões de gases de efeito estufa.

Aprovada em agosto de 2016, a **medida passará a valer integralmente em 2020,** o que dá bastante tempo para os fabricantes e estabelecimentos comerciais, incluindo restaurantes e supermercados, se adequarem às novas regras. Segundo a nova lei, os produtos descartáveis deverão ser 50% constituídos por materiais de origem vegetal e serem biodegradáveis. Esses materiais incluem, em particular, amido de milho, amido de batata, fibras têxteis de celulose ou de bambu. Cinco anos depois, em 2025, o conteúdo vai aumentar para 60%.

Estimativas apontam que **4,7 bilhões de utensílios plásticos** foram descartados na França em 2015 apenas, e cerca de **17 bilhões de sacolas plásticas usadas anualmente em supermercados de todo o país.**

Tráfico de animais selvagens

> Estima-se que entre **20 mil e 30 mil elefantes são abatidos por ano ilegalmente.** Desde 2007, o comércio ilegal de marfim mais do que duplicou. O tráfico de vida selvagem ameaça a biodiversidade do planeta e coloca em perigo de extinção espécies como os elefantes, os rinocerontes e os tigres.
>
> O tráfico de espécies selvagens é, de acordo com a Comissão Europeia, **o quarto negócio ilegal mais lucrativo do mundo,** atrás apenas do tráfico de drogas, de seres

humanos e do comércio de armas. Estima-se que o lucro anual da atividade gire em torno de **8 bilhões a 20 bilhões de euros.**

Não são apenas os animais que sofrem com o tráfico de vida selvagem. Esse crime **põe em risco também a sobrevivência de muitas espécies vegetais, como árvores de madeiras tropicais, corais e orquídeas.** O tráfico ainda gera corrupção, faz vítimas humanas e priva as comunidades mais pobres de receitas que lhes são necessárias.

Dados do Parlamento Europeu mostram que **enquanto em 2007, na África do Sul, foram mortos ilegalmente 13 rinocerontes, em 2015 o número subiu para 1.175 animais abatidos.** A maioria dos 20 mil rinocerontes ainda existentes no mundo está naquele país. Os chifres do animal são usados na medicina asiática para tratamentos diversos, inclusive de câncer. Também são usados em joalheria e decoração.

Há um século, a estimativa é que a população de tigres no mundo chegava a 100 mil. Hoje, se resume a 3.500 animais. Os dentes, os ossos e a pele são utilizados na confecção de artigos de decoração, enquanto os ossos são usados pela medicina tradicional asiática.

Fonte: ‹http://agenciabrasil.ebc.com.br/internacional/noticia/2016-11/trafico-de-animais-selvagens-e-o-quarto-negocio-ilegal-mais-lucrativo›.

CAPÍTULO IX

SAÚDE EM JOGO: DESAFIOS CÍCLICOS

1. SAÚDE EM PAUTA

O tronco temático saúde exige uma flexibilidade de conteúdos e uma constante atualização – ao tratar a proliferação de uma epidemia, é preciso notar que os dados são versáteis. Nesse amplo leque de análise, a Organização das Nações Unidas (ONU), juntamente com suas agências especializadas atua de modo efetivo para combater e prevenir doenças pelo globo. Em 2018, a ONU completou 70 anos. Nesse amplo leque de trabalho, a Organização Mundial da Saúde é o organismo de destaque para analisar os problemas decorrentes da urbanização.

Com 194 Estados-membros em seis regiões, trabalhando em mais de 150 escritórios, a equipe da OMS está unida em um esforço compartilhado para melhorar a saúde de todas as pessoas, em todos os lugares – e alcançar o Objetivo de Desenvolvimento Sustentável (ODS) de garantir "vidas saudáveis e promover o bem-estar para pessoas de todas as idades". O slogan do Dia Mundial da Saúde de 2018 foi "Saúde universal: para todos, em todos os lugares".

A OMS sucedeu a Organização de Saúde da Liga das Nações. Seu estabelecimento foi aprovado pela Conferência da ONU em San Francisco, nos Estados Unidos, em 1945. A Constituição da OMS foi elaborada por um comitê presidido por Brock Chisholm, que se tornou o primeiro diretor-geral da OMS em 1948. A Constituição foi aprovada pelos Estados-membros durante a Conferência Internacional de Saúde em Nova Iorque, nos Estados Unidos.

Para se ter uma ideia da importância da OMS, em maio de 2018, o ebola voltou aos noticiários por conta de matar mais de 20 pessoas na República Democrática do Congo. Dessa forma, imediatamente, a OMS passou a direcionar esforços para amparar a localidade de modo efetivo. Mais de 11.300 pessoas morreram no Oeste da África na última epidemia do Ebola, entre 2014 e 2016.

O Ebola é uma doença infecciosa, que provoca sangramento interno e tem alto índice de mortalidade. Se espalha facilmente pelo contato de fluidos corporais e, como os sintomas se confundem inicialmente com os da gripe, é difícil detectá-la precocemente.

Outros posicionamentos recentes da Organização Mundial da Saúde chamam a atenção:

- A entidade destacou que o mundo é capaz de eliminar as gorduras trans produzidas industrialmente até 2023, revelando um plano que afirma que evitará 500 mil mortes por ano decorrentes de doenças cardiovasculares.
- Um fato triste liga o Brasil à entidade OMS. Documentos oficiais mostram que o Brasil tem a segunda maior dívida com a entidade – cerca de R$44,8 milhões. Pelos dados, o governo de Michel Temer não pagou o total de suas contribuições obrigatórias em 2017, que chegavam a US$ 16 milhões (R$ 59,8 milhões). O valor da dívida brasileira só perde para a dos EUA, que acumulam US$ 110 milhões.
- Outro dado preocupante anunciado pela OMS diz respeito ao porcentual destinado à saúde no Brasil. Segundo a OMS, o Brasil destina 7,7% do seu orçamento. Esse valor é inferior à média mundial, assim como inferior aos países latino americanos. No caso, o valor coloca o Brasil em um patamar de similaridade com países africanos.
  - De acordo com a OMS, apenas cinco países no continente americano têm um porcentual de gastos governamentais inferiores aos do Brasil, entre eles Barbados, Haiti e Venezuela. No outro extremo estão Alemanha, Suíça, EUA e Uruguai, todos com gastos três vezes superiores aos do Brasil em termos porcentuais.
  - Na Europa, apenas quatro países gastam menos de 7,7% de seu orçamento com a saúde: Chipre, Armênia, Tajiquistão e Azerbaijão.
  - O índice mais próximo da realidade vivida pelo Brasil foi a da África, com 6,9% em média de gastos dos orçamentos. Mesmo assim, 17 países africanos destinam um porcentual de seu orçamento acima das taxas brasileiras. Entre eles estão Madagascar (15%), Suazilândia (14,9%) e África do Sul (14,1%).

Em maio de 2018, a Organização Mundial de Saúde publicou, pela 1ª vez, uma lista de 113 diagnósticos as quais todas as pessoas deveriam ter acesso. Tratam-se dos testes mais comuns, como para detecção do HIV e diabetes, até de doenças prioritárias para o combate global: como a malária. Os testes são recomendações e não têm o poder de serem obrigatórios; as decisões da OMS, entretanto, servem para justificar e validar políticas de saúde de governos locais. A lista com os testes chega para complementar uma outra mantida pela OMS -- a de medicamentos essenciais, que existe há mais de quatro décadas.

A entidade emitiu um alerta sobre o sarampo nas Américas, em maio de 2018, e exortou países a reforçarem a vacinação. Ao todo, 1115 casos na região foram registrados até o final de abril de 2018. O número já é superior ao registrado em todo o ano de 2017 (895).

Outro fato noticiado em maio de 2018 diz respeito a possibilidade de o Brasil conquistar novo status sanitário pela entidade internacional. Por causa da eficiência das campanhas de vacinação contra febre aftosa, o Brasil está perto de conquistar novo patamar de reconhecimento internacional. O Brasil não registra nenhum caso de febre aftosa há 12 anos. De lá para cá, todo território nacional se tornou zona livre da doença. Mas só 75% da área tem esse reconhecimento internacional. Faltam ainda os estados de Roraima, Amazonas, Amapá e parte do Pará. A grande aliada é a vacina contra o vírus, que é altamente contagioso. O Brasil tem o maior rebanho do mundo, com quase 220 milhões de animais, entre bois, vacas e búfalos. Vale destacar ainda que a carne bovina brasileira é exportada para 140 países.

Uma das problemáticas de maior destaque dos últimos anos diz respeito ao contexto da fragilização emocional da sociedade contemporânea e a ampliação dos casos de suicídio entre os jovens. Em São Paulo, dois suicídios de alunos do Colégio Bandeirantes – colégio tradicional do país – fizeram emergir novamente o tema tão abordado pela Organização Mundial da Saúde. Os dados coletados pelo G1, revelam a dimensão do problema:

- Números de suicídios no Brasil: 10.575 casos em 2016.
- A nível global, o suicídio já é a 2ª maior causa de morte entre os jovens, atrás apenas dos acidentes de trânsito.
- Adolescentes: faixa etária tem dilemas específicos aos quais os pais devem ficar ligados.
- No Brasil, em 2016, foram registrados 845 suicídios de adolescentes – o número foi 0,7% menor que em 2015 e representa 8% dos casos de suicídio no país, que naquele ano ficaram em 10.575.
- Apesar da elevação dos casos de suicídio entre os jovens, são os idosos as maiores vítimas (para entender, é preciso uma atenção especial ao processo de envelhecimento da população, onde o idoso passa a ser tratado como um "peso social", vive na condição de solidão e isolamento, o que tende a corroborar para tal prática).

• Em fevereiro de 2018, o diretor-adjunto do Programa Conjunto das Nações Unidas sobre HIV/AIDS (Unaids), o brasileiro Luiz Loures, acusado de ter abusado sexualmente de uma colega, anunciou sua renúncia ao cargo. Ele foi absolvido em uma investigação interna da Organização das Nações Unidas (ONU) sobre o assunto. Uma subordinada apresentou uma denúncia formal, alegando que Loures a assediou sexualmente desde seu início da sua atuação na entidade em 2011 e, depois, concretizou o abuso no elevador de um hotel de Bangcoc em 2015, onde a Unaids estava organizando uma conferência. A investigação interna realizada pelo Escritório de Serviços de Supervisão Interna (IOS, na sigla em inglês), da Organização Mundial de Saúde (OMS), concluiu que não havia provas suficientes para apoiar as acusações.

- Desde janeiro de 2018, a Organização Mundial da Saúde passou a considerar distúrbio mental a dependência em games. A partir de agora, a dependência integra o Código de Identificação de Doenças (CID) e passará a ter respaldo da saúde (alguns países já atuam na dimensão clínica da dependência em games).

2. EPIDEMIAS NO BRASIL

Um mosquito se tornou pivô de diferentes notícias no Brasil ao longo dos últimos tempos. O problema ganhou o mundo e, em fevereiro de 2016, a Organização Mundial da Saúde (OMS) declarou o avanço dos casos de microcefalia como **emergência de saúde pública internacional** (a última vez que a OMS havia decretado estado de emergência global foi em 2014, quando o surto de ebola tomou conta da África ocidental e, em seguida, se espalhou para outras regiões. Antes disso ainda, em 2009, a gripe H1N1 foi considerada risco em potencial para a saúde pública mundial).

O vírus acabou se alastrando pelo globo de modo gritante. Entre os anos de 2015 e 2016, cerca de 40 países (grande parte na América) registraram casos **autóctones, ou seja, quando as** pessoas são contaminadas na própria região onde vivem. O caso brasileiro chamou a atenção pois o país foi o mais afetado de todos – segundo estimativas do Ministério da Saúde na época, o total de **infectados pelo zika vírus variava entre 400 mil e 1,3 milhão.**

A microcefalia **(malformação congênita em que o cérebro do feto não se desenvolve da maneira adequada durante a gestação)** passou a ser objeto de estudo de diferentes instituições e laboratórios da área. No caso do vírus zika, chama a atenção o fato de que **80% dos casos são assintomáticos**, ou seja, a pessoa contaminada não apresenta sintomas, o que dificulta o diagnóstico.

DICA!

- Outras doenças neurológicas passaram a ser associadas ao zika vírus pelos pesquisadores. A **Síndrome de Guillain-Barré** foi uma delas. Essa manifestação neurológica rara resulta na fraqueza muscular e até na possibilidade de paralisia parcial ou total dos membros. Em alguns casos, o sistema respiratório pode ser afetado, o que tende a conduzir o indivíduo ao óbito. Segundo a Organização Mundial da Saúde (OMS), **não apenas o Brasil constatou o aumento do número de casos. El Salvador, Colômbia, Suriname, Polinésia Francesa e Venezuela também destacaram esse problema em alta.** Em 2015, no Brasil, foram registrados 1.708 casos, **19% a mais que no ano anterior.**

Outro ponto importante é que a relação do zika vírus com a microcefalia e a própria Síndrome de Guillain-Barré foi algo inédito para a literatura médica, que nunca havia amarrado essas considerações. De certa forma, a falta de informação sobre as doenças acabou gerando a propagação do medo entre a população. Alguns países como Colômbia, El Salvador, Equador e Jamaica, **sugeriram que as mulheres evitassem a gravidez até que maiores informações fossem traçadas.**

Pela tensão acerca da possibilidade de contaminação, a própria Organização Mundial da Saúde (OMS) recomendou que as gestantes evitassem países com alto índice de contaminação. No caso brasileiro, uma força tarefa direcionada pelos militares da Marinha, Exército e Aeronáutica foi utilizada para vistoriar residências visando o combate aos focos do mosquito transmissor.

Em abril de 2018, segundo dados do Ministério da Saúde, foram registradas 19 mortes por dengue, zika ou chikungunya até o período (dezembro de 2017 até fevereiro de 2018). As 19 mortes foram confirmadas laboratorialmente -- outras 68 permanecem em investigação (65 por dengue e 3 por chikungunya).

Outros dados chamam a atenção em 2018:

- No mesmo período de 2017 (até meados de março), o Brasil contava com 42 óbitos por dengue e 32 óbitos por chikungunya. Um óbito por zika foi observado no ano inteiro de 2017, no estado de Rondônia.
- No total, o Brasil teve 19.434 casos confirmados de dengue; 10.030 de chikungunya e 372 por zika em 2018.
- No ano de 2018, também foram observados 313 casos prováveis de zika em gestantes -- 109 deles confirmados laboratorialmente.
- Os dados do Ministério da Saúde mostraram que o centro-oeste apresentou o maior número de casos de dengue, zika e chikungunya em 2018 -- com destaque para Goiás e Mato Grosso.
- Na dengue, a região foi responsável por 38,6% dos casos; seguida pelo Sudeste (33.7%); Nordeste (15,2%); Norte (8,6%) e Sul (3,9%).
- No chikungunya, o Centro-oeste respondeu por 49,5% dos casos; seguido pelo Sudeste (25,3%; Nordeste (13,8%); Norte (10,7%); e Sul (0,8%).
- No zika, a região tem a maior prevalência a cada 100 mil habitantes: 3 a cada 100 mil; seguida pelo Nordeste (1,4) -- a outras regiões não apresentaram dados estatisticamente relevantes.

RAIO-X DO ZIKA VÍRUS

✓ O vírus zika foi **detectado pela primeira vez na Uganda, país africano, em 1947.** O nome se dá pelo fato de ter sido detectado na **Floresta Zika, no país africano**.

- ✓ Nas Américas, o primeiro caso de zika havia sido identificado em 2014, na Ilha de Páscoa, território chileno que fica no Oceano Pacífico.
- ✓ No Brasil, a identificação inicial se deu em 2015, quando foi associado a uma potencialidade mais "branda" transmitida pelo Aedes aegypti – responsável pela transmissão da dengue.
- ✓ Em novembro de 2015, a disseminação do vírus, principalmente pelo **estado de Pernambuco,** fez com que o Ministério da Saúde o associasse aos casos de microcefalia.
- ✓ Sobre a entrada do vírus no território brasileiro, **algumas hipóteses foram levantadas:** ele poderia ter viajado para o Brasil durante a visita do papa Francisco, em 2013, ou ainda durante a realização de uma competição esportiva denominada Campeonato Mundial de Canoa Polinésia, em 2014. O que chama a atenção é o caráter global de uma epidemia. Com o trânsito de pessoas intenso, as formas de disseminação apresentam-se em caráter múltiplo. Para se ter uma ideia, em 2015, mais de **3,5 bilhões de pessoas realizaram viagens de avião** – o que sustenta a facilidade do trânsito dos vírus pelo globo. Por isso, pensar em um controle com total eficiência é algo utópico nos dias de hoje.
- ✓ Existe ainda a possibilidade de o vírus ter sofrido mutações antes de chegar no Brasil, já que os outros países não haviam associado os casos de microcefalia a tal vírus.
- ✓ Os números de caso de microcefalia no Brasil impressionam: foram **8.571 notificações desde o início das investigações, em 22 de outubro de 2015**, até 16 de julho de 2016, com 102 mortes. Segundo o Ministério da Saúde, 3.680 casos foram descartados e outros 3.182 casos ainda estão em investigação.
- ✓ Os pesquisadores investigam a chamada síndrome da zika congênita. Nesse caso, leva-se em consideração não apenas a alteração do tamanho do cérebro, mas a possibilidade de a **criança desenvolver alguma deficiência mental** (em diferentes estágios e níveis), o que pode resultar, em caso extremo, na morte. **Problemas de audição, visão e malformação de membros** (mãos e pés) também são pontos avaliados pelos pesquisadores.
- ✓ Segundo dados do Ministério da Saúde, apenas uma em cada sete (14%) crianças com anomalias por zika recebeu o atendimento completo para a condição no Brasil em 2017. Segundo o boletim do ministério, o Brasil teve 542 casos confirmados de crianças com microcefalia associadas ao zika em 2017. Desses:
  - 14% receberam o cuidado completo;
  - 18,5% tiveram acesso à estimulação precoce;
  - 33,9% tiveram acesso à atenção especializada;

- 37,6% receberam atendimento em puericultura;
- 45,6% receberam algum tipo de cuidado.

✓ Até o dia 30 de dezembro de 2017, o país tinha 490 casos suspeitos de natimortos (nascido morto na hora do parto) e abortos em investigação. Desses, 45,3% permanecem em investigação, 16,3% foram descartados e 12,9% foram confirmados. Não foi possível confirmar a infecção em 1,8% e 6,3% foram classificados como prováveis. Outros 85 casos (17,3%) foram excluídos por não atenderem aos critérios para investigação.

✓ Já em relação aos óbitos, 525 estavam em investigação. Desses, 46,9% ainda permanecem em investigação. Outros 145 (27,6%) foram descartados e 74 (14,1%) foram confirmados. 4% das mortes foram classificadas como prováveis e também outras 4% como inconclusivas. Outros 18 óbitos foram excluídos por não atenderem aos critérios de investigação.

✓ Seguindo orientação da Organização Mundial da Saúde (OMS), o Ministério da Saúde **alterou o critério para definir a microcefalia**. Para meninas, a microcefalia será definida em casos com circunferência craniana menor que 31,5 cm e meninos com medida menor do que 31,9. No início da emergência de microcefalia no Brasil, **todos os bebês com perímetro cefálico menor que 33 cm eram notificados como microcefalia**. No início de dezembro de 2015, o ministério alterou esse parâmetro, que passou a ser de 32 cm.

✓ Outro ponto elucidado pelos pesquisadores da área é que nem todos os casos de microcefalia estão associados ao zika vírus. Doenças como toxoplasmose, rubéola, infeções específicas e o uso abusivo de drogas durante a gestação podem resultar na malformação.

✓ Em novembro de 2016, o Ministério da Saúde informou que vai passar a levar em conta critérios como **perda de visão, audição, comprometimento e deficiência de membros** para avaliar se uma criança tem danos de desenvolvimento provocados pelo vírus da zika. Até agora, o principal critério levado em consideração era o perímetro da cabeça dos bebês.

✓ Em novembro de 2016, a Organização Mundial da Saúde (OMS), em evento em Genebra, na Suíça, anunciou que o **vírus da zika e seus transtornos neurológicos associados não são mais uma emergência sanitária internacional.** No entanto, a comissão disse que deverá continuar com uma "ação endurecida" contra todas as doenças transmitidas pelo mosquito Aedes aegypti. Neste ano, a epidemia **afetou mais de 75 países** e, no Brasil, gerou mais 200 mil casos reportados ao Ministério da Saúde. Mesmo com a mudança no status internacional, o Ministério da Saúde anunciou que o vírus da zika ainda é uma emergência nacional **em saúde pública.**

✓ Traçando um paralelo por conta das notificações de microcefalia, um vírus esquecido tem chamado a atenção. O citomegalovírus (CMV), que era tido como responsável **pela maior parte dos casos de microcefalia** e surdez no mundo, volta a causar alertas da comunidade médica internacional. Não há dados precisos sobre o Brasil, mas só nos Estados Unidos entre **20 mil e 40 mil bebês nascem com CMV a cada ano.** Pelo menos 20% deles, cerca de 8 mil, possuem ou desenvolvem problemas permanentes como microcefalia, surdez e deficiência intelectual. Também faltam números precisos sobre a prevalência do vírus no mundo, mas calcula-se que a incidência da infecção congênita por CMV fique entre **1% e 5% dos nascimentos**, de acordo com um estudo feito em 2013 na Universidade da Cidade do Cabo, na África do Sul. No Brasil, país com mais casos de microcefalia relacionada à zika, não há dados consolidados sobre a prevalência do vírus, já que a doença não é de notificação obrigatória, de acordo com o Ministério da Saúde. Isso significa que os profissionais de saúde não são obrigados a registrar os casos da doença que chegam até eles. O CMV é considerado uma **infecção sexualmente transmissível (IST)** mas sequer aparece no site no Departamento de IST, Aids e hepatites virais do Ministério.

✓ Em abril 2018, o zika apareceu de modo positivo nos noticiários. Isso se deu por conta de um estudo de pesquisadores da USP (Universidade de São Paulo), apresentando a possibilidade do zika vírus combater alguns tipos de câncer. Segundo as pesquisas, o zika vírus reagiu bem ao tratamento de tumor agressivo no sistema nervoso central.

▸ **QUESTÃO SOBRE O TEMA:**

Por que o Aedes aegypti é tão perigoso?

A resposta é simples. O mosquito é responsável por transmitir o zika, dengue e chikungunya. Ele é originário da Ásia e África. O que se sabe é que o **mosquito macho não pica seres humanos. O vetor de transmissão é a fêmea.** Entretanto, uma saída da ciência para enfrentar o problema veio do chamado **"aedes do bem".** Trata-se de um Aedes aegypti geneticamente modificado que foi utilizado em algumas cidades, como é o caso de Piracicaba, interior de São Paulo, resultando na redução dos casos associados aos mosquitos infectados. Antes de chegar à fase adulta, o **inseto morre e, quando liberado, o macho de DNA alterado busca a fêmea para fecundação, mas as larvas não se desenvolvem,** diminuindo a população de mosquitos, incluindo as fêmeas, que são as responsáveis pela transmissão de doenças por meio das picadas em seres humanos. Em Pernambuco, pesquisadores da Fiocruz liberaram uma vasta quantidade de mosquitos modificados geneticamente para combater as doenças ligadas ao Aedes aegypti.

RAIO-X DA DENGUE NO BRASIL

✓ Outro problema mais conhecido da população brasileira é a dengue. Trata-se de uma **infecção viral transmitida pela picada do mosquito *Aedes aegypti*** (e mais raramente, pela picada do *A. albopictus*).

- ✓ Atualmente, são mapeados quatro tipos de vírus da dengue – DEN-1, DEN-2, DEN-3 e DEN-4. Não existe a possibilidade de imunidade às outras quando se adquire uma contaminação. Além de tudo, uma segunda contaminação pode **conduzir a dengue hemorrágica** (maior letalidade), com sangramentos gastrintestinais, na pele, gengivas e pelo nariz.
- ✓ No final da década de 1940, a Opas (Organização Pan-Americana da Saúde) considerou erradicada a doença no país. Entretanto, esta voltaria a ser mapeada em 1960. O que chama a atenção é a **capacidade de variação genética dos mosquitos, assim como a possibilidade de adaptação a novos ambientes e condições.**
- ✓ A reprodução do mosquito também facilita a disseminação das doenças. O ambiente propício de água parada pode ser encontrado em resíduos simples, como uma parte de um saco plástico ou tampinha de garrafa, o suficiente para a propagação.
- ✓ O Ministério da Saúde aponta um dado alarmante: cerca de **dois terços dos criadouros são encontrados em residências.**
- ✓ Falar de epidemia de dengue é discutir uma problemática mundial. Segundo a Organização Mundial da Saúde (OMS), 50 milhões de pessoas são infectadas a cada ano. O ano de 2015 também representou recorde no Brasil, **foram 1,6 milhão de casos** – maior número desde a década de 1990. O estado com maior incidência, quase a metade dos casos, foi São Paulo.

A **taxa de incidência de dengue** no país foi de **703,7 casos a cada 100 mil habitantes (dados divulgados em outubro).** Os estados com maior incidência são Minas Gerais, com 2.509 casos por 100 mil habitantes, Rio Grande do Norte, com 1.662,1 casos por 100 mil, e Goiás, com 1.495,7 casos por 100 mil. Em números absolutos, Minas Gerais também fica em primeiro lugar, com 523.597 casos, seguida de São Paulo, com 202.343 casos e Goiás, com 98.876 casos. Foram confirmadas 563 mortes por dengue e 762 casos de dengue grave ao longo do ano.

Em abril de 2018, quase cinco meses após as novas restrições exigidas pela Agência Nacional de Vigilância Sanitária (Anvisa), a Organização Mundial da Saúde (OMS) confirmou que a vacina da dengue, vendida na rede privada na maior parte do Brasil, não seja tomada por quem nunca teve a doença.

O único estado brasileiro que disponibiliza por conta própria a vacina é o Paraná – no ano de 2017, mesmo após as novas declarações dos órgãos e da Sanofi, o governo estadual decidiu manter a vacina em 30 cidades. Segundo o ministério, a proibição do registro devido a testes e pesquisas fica por conta da Anvisa.

A dengue, transmitida pelo Aedes aegypti, é a doença infecciosa que mais cresce no mundo. Ela causa meio milhão de infecções e mata cerca de 20 mil pessoas, a maioria crianças, todos os anos. No Brasil, em 2017, foram mais de 239 mil casos.

A circulação em 2017 com base em 1453 amostras:

- DENV 1 – 40,1%
- DENV 2 – 54,3%
- DENV 3 – 4,3%
- DENV 4 – 1,3%

> ▶ **QUESTÃO SOBRE O TEMA:**
>
> **Além da dengue e zika vírus, qual outra doença transmitida pelo *Aedes aegypti*?**
>
> Além de vitimizar a população com a transmissão da dengue e do zika, o mosquito Aedes aegypti é responsável por transmitir outra doença infecciosa: o chikungunya. Desde 2014, o chikungunya faz vítimas no Brasil – na época, foram 3,6 mil casos de pessoas contaminadas dentro do próprio território brasileiro. Em 2015, houve um salto no número de casos – 20,6 mil (sendo que o vírus foi problema em 12 estados do país).

Em diferentes momentos da história, as epidemias aparecem com seu efeito bumerangue. No vai e vem da vida em aldeia, a disseminação de doenças torna-se elemento prático e rápido. Por trás de todo esse contexto, **a ciência busca explicações e respostas para o mercado, que acaba por movimentar cifras bilionárias.** Em 2013 e 2014, falava-se principalmente do ebola. Agora, outras epidemias ganham destaque – ainda que o ebola tenha voltado na República Democrática do Congo.

Nesse contexto da saúde pensada a partir de um viés mercadológico que a corrida por vacinas **torna-se objeto de estudo de pesquisadores do mundo todo.** Alguns procedimentos burocráticos tornam a busca pela vacina morosa, já que as exigências são variadas e, na maior parte das vezes, o vírus consegue alteração genética que "atualiza" seu material central.

Parcerias passam a ser bem-vindas no momento de crise global:

- Em fevereiro de 2016, um acordo entre o governo brasileiro e o governo estadunidense, passou a delimitar o desenho do genoma do zika vírus, a fim de encontrar respostas medicinais. Na ocasião, tomaram a frente à **Universidade do Texas e o Instituto Evandro Chagas, do Pará.** Os testes pré-clínicos ficaram agendados para novembro de 2016. A vacina deverá ser administrada em **dose única e utilizará o vírus Zika atenuado.** Inicialmente, o público-alvo da imunização será de **mulheres em idade fértil**. Caso as fases de testes ocorram dentro do esperado, em dois anos a vacina deve estar pronta para produção em escala comercial. Outra linha de pesquisa é desenvolvida pelo **Instituto Butantan**, de São Paulo. As pesquisas tentam encontrar uma **vacina para a dengue** que tornará o indivíduo imune ao zika vírus, consequentemente.

- Para a dengue, a **vacina conhecida por Dengvaxia, produzida pelo laboratório francês Sanofi Pasteur, se tornou realidade.** A Anvisa (Agência Nacional de Vigilância Sanitária) recebeu o registro em dezembro de 2015. Para sua comercialização, **era preciso definição de preço pela Câmara de Regulação do Mercado de Medicamentos (CMED)**, que chegou ao valor de R$ 132,76 até R$ 138,53 (respeitando a alíquota de cada estado). A imunização é **voltada para pessoas de nove a 45 anos de idade**. Ela será aplicada em três doses, com intervalos de 6 meses. Em algumas nações – o Brasil não está incluído nesse grupo –, a vacina é recomendada oficialmente também para adultos mais velhos, até os 60 anos. Vale destacar que a vacina não serve para os casos de zika, mas apenas para os quatro sorotipos da dengue. O primeiro estado a anunciar uma **campanha pública de vacinação utilizando a Dengvaxia foi o Paraná.**

DICA!

▶ Em julho de 2016, pesquisadores da Fundação Oswaldo Cruz (Fiocruz) apresentaram um estudo inédito que mostra que o **mosquito "Culex quinquefasciatus", conhecido como muriçoca ou pernilongo doméstico, é um potencial transmissor do vírus da zika**. Até então, só havia a certeza da transmissão pelo mosquito Aedes aegypti. A pesquisa foi conduzida pela Fiocruz Pernambuco na Região Metropolitana do Recife, onde a população **do Culex é cerca de 20 vezes maior do que a população de Aedes.**

- Outro ponto noticiado a nível internacional foi a **possibilidade de contaminação pelo zika a partir do beijo ou pelo sexo oral.** Segundo o jornal "The New England Journal of Medicine", um caso de transmissão na França possivelmente por fluídos ou sêmen – não há confirmação de como o vírus foi passado – foi relatado no artigo.
- Segundo a Organização Mundial da Saúde, o **vírus da zika já foi detectado em 60 países,** sendo que **46 deles tiveram registro após 2015** e, os outros 14, entre 2007 e 2014. Casos de infecção foram confirmados em 10 países que não possuem o mosquito Aedes Aegypt, transmissor do vírus.

▶ **IMPORTANTE!**

Outra preocupação contemporânea diz respeito ao **vírus Mayaro.** Não é um vírus novo. Foi identificado pela primeira vez em 1954 e existe em regiões silvestres ao redor da região Amazônica. O grande problema é que este vírus possivelmente tenha se adaptado. Antes era transmitido apenas por mosquitos vetores silvestres e agora aparentemente pode ser transmitido por mosquitos vetores urbanos que já estão espalhados pelo mundo: Aedes aegypti, principalmente, e o Aedes albopictus. Se isso se confirmar, há muitas razões para nos preocuparmos, uma vez que o Aedes está fortemente presente em todo o território nacional. Este vírus provoca uma doença semelhante à chikungunya. Chama-se Febre do Mayaro.

Um ponto importante da discussão sobre as grandes epidemias, algo que vem desde a época em que o ebola era a preocupação maior, se dá a partir do

entendimento da facilidade de propagação das doenças transmissíveis. Segundo dados da Organização Mundial da Saúde, em 2015, as doenças transmissíveis foram responsáveis por **16,9% do total de mortes no planeta (57,3 milhões).**

De fato, a medicina e as condições de vida evoluíram consideravelmente. No Brasil, por exemplo, as doenças infecciosas correspondem a 5% do total de mortes. Por atacarem áreas de maior pobreza – regiões tropicais do globo – as doenças ganham pouco espaço dentro da indústria farmacêutica, **visto que o lucro a partir do desenvolvimento de uma vacina depende da clientela.**

> ▶ **IMPORTANTE!**
>
> Dentre as doenças transmissíveis que mais causam mortes (principalmente no continente africano) aparecem:
>
> - **Pneumonia**
> - **Doenças diarreicas**
> - **Aids**

Sem sombra de dúvidas, outra doença ganhou destaque nos noticiários brasileiros: a febre amarela. Entre julho de 2017 e 8 de maio de 2018, o Brasil registrou 409 mortes por febre amarela, segundo boletim epidemiológico divulgado pelo Ministério da Saúde em maio de 2018.

As mortes e os casos no país vêm aumentando desde que o vírus da febre amarela passou a circular em regiões em que não havia circulação do vírus, principalmente no Sudeste – historicamente, a doença ocorre mais frequentemente em áreas da região amazônica. Como no período anterior, o Sudeste registra a maior parte dos casos e óbitos – com apenas um episódio ocorrendo fora da região (no Distrito Federal). São Paulo e Minas Gerais concentram 82% das mortes. Em janeiro de 2018, a própria Organização Mundial da Saúde chegou a emitir recomendações para viajantes com destino a São Paulo e, mais tarde, nas demais localidades do Brasil.

O número de casos resultou no fechamento de parques, zoológicos e bosques da capital paulista. Em algumas localidades, a população passou a matar os macacos, acreditando que assim impediriam a proliferação da doença.

3. AIDS: DESAFIO HISTÓRICO

Conhecida por Aids, a Síndrome da Imunodeficiência adquirida é um dos maiores desafios da saúde. Trata-se de um problema histórico. Ainda não existe cura para a doença que, em 2014, **atingiu 36,9 milhões de pessoas – mais de 68% vivendo na África.**

Enquanto desafio histórico, a verdade é que o tema evolui consideravelmente. O Brasil, por exemplo, é tido como **referência mundial no combate à doença**. O Brasil foi o primeiro país a combinar o uso de medicamentos (coquetel) com o tratamento universal e gratuito. O que tem assustado as autoridades é o progresso da doença nos últimos anos. De acordo com o Ministério da Saúde, o Brasil registra cerca de 40 mil casos novos por ano.

A ONU estima que quase **2 milhões de novos casos são diagnosticados anualmente no mundo e mais de 1 milhão de pessoas morreu em 2015** em decorrência da Aids. Ainda segundo relatório da ONU, enquanto progressos significativos foram alcançados para prevenir novas infecções entre crianças (os casos caíram 70% desde 2001 e permanecem em declínio), o cenário entre adultos é alvo de preocupação.

Existem disparidades visíveis as diferentes localidades do globo com relação aos casos de Aids. De acordo com o relatório divulgado pelo Programa Conjunto das Nações Unidas sobre HIV/Aids, entre 2010 e 2015 a **Europa Oriental e a Ásia Central verificaram aumento de 57% em novas infecções pelo vírus em adultos.** O Caribe, após anos de redução no número de casos, identificou aumento de 9%, enquanto no Oriente Médio e Norte da África o aumento chegou a 4% no mesmo período. **Na América Latina, os números subiram 2%.**

O Ministério da Saúde registrou aumento no número de casos de HIV em 2016. Foram 37.884 casos, contra 36.360 em 2015 -- um aumento de 4%. A tendência, de acordo com as novas notificações enviadas à pasta, é de aumento desde 2014, quando foi registrada alta de 56,2% em relação a 2013. Também me dezembro de 2017, o Ministério da Saúde anunciou que medicamentos para a prevenção do HIV passarão a ser oferecidos gradativamente no SUS.

▶ QUESTÃO SOBRE O TEMA:

Existe uma análise quantitativa sobre aqueles que se contaminam?

Em 2014, populações consideradas chave no contexto da epidemia de aids – incluindo homens gays, homens que fazem sexo com homens, transgêneros, usuários de drogas injetáveis e pessoas privadas de liberdade – representavam 35% dos novos casos de infecção por HIV em todo o mundo. A estimativa do Unaids é que **homens que fazem sexo com homens, por exemplo, têm 24 vezes mais chance de se infectar por HIV** do que a população em geral. O risco é dez vezes maior entre profissionais do sexo, 24 vezes maior entre usuários de drogas injetáveis, 49 vezes maior entre transgêneros e cinco vezes maior entre pessoas privadas de liberdade. Dessa forma, o avanço do tema exige que toda a população, sem qualquer forma de discriminação, tenha acesso aos métodos de prevenção.

DICA!

- Outro dado que preocupa a Organização das Nações Unidas (ONU) diz respeito à população jovem (de 15 a 19 anos). Segundo o Fundo das Nações Unidas para a Infância (UNICEF), a cada hora, **29 adolescentes entre 15 e 19 anos são infectados pelo vírus do HIV e a Aids continua sendo a segunda causa de morte entre jovens** nessa faixa etária. De acordo com a agência da ONU, as **meninas são particularmente mais vulneráveis**, representando cerca de 65% das novas infecções em adolescentes em todo o mundo. Na **África Subsaariana**, onde há aproximadamente **70% das pessoas no mundo vivendo com HIV**, três em cada quatro adolescentes infectados pelo vírus em 2015 eram meninas. Um dos **tabus entre os jovens é a realização dos testes.** Entre os adolescentes, apenas 13% das meninas e 9% dos rapazes foram testados no último ano. Já as novas **infeções entre as crianças**, – em função de parto ou amamentação – **diminuíram 70% desde 2000.** Em 2015, **metade das novas infeções entre crianças com idades entre 0 e 14 anos** ocorreu em seis países: Nigéria, Índia, Quênia, Moçambique, Tanzânia e África do Sul. Entre 2002 e 2012, a **expansão do acesso ao tratamento evitou 4,2 milhões de mortes em todo o mundo** e contribuiu para uma redução de 58% de novas infecções pelo vírus HIV, embora mais de 60% das pessoas que vivem com HIV ainda não tenha acesso a terapia antirretroviral.

> ▶ **IMPORTANTE!**
>
> Em novembro de 2016, a África do Sul anunciou a realização de testes de uma vacina contra a AIDS. Pela **primeira vez desde a identificação do vírus, em 1983**, os cientistas acreditam ter encontrado um estudo promissor. A escolha da **África do Sul** para testar a vacina se deve ao fato de o país ter um dos **índices de prevalência de HIV mais altos do mundo** (19,2% segundo a Unaids), com sete milhões de infectados. No mundo, **dois milhões e meio de pessoas por ano são infectadas pelo vírus**, que causou mais de 30 milhões de mortos desde os anos 1980, segundo um estudo publicado na conferência internacional de Durban (leste da África do Sul) em julho. A vacina "sul-africana", especialmente adaptada para as populações locais, é uma **versão "reforçada" de uma vacina testada em 2009 na Tailândia** em mais de 16.000 voluntários.

4. DOENÇAS NÃO TRANSMISSÍVEIS

Em um mundo que assiste a proliferação de grandes epidemias, as doenças não transmissíveis – congênitas, adquiridas pelo estilo de vida e pelos hábitos, herança genética ou pelo próprio envelhecimento – muitas vezes são negligenciadas no que tange à análise. Entretanto, a letalidade dessas doenças tem preocupado. Cerca de 68% das causas de morte no mundo tem origem em doenças não transmissíveis.

Infarto e o acidente vascular cerebral (AVC) lideram a causa de morte em todas as regiões do globo, exceto na África (região afetada por outras problemáticas na área da saúde). Mais de um **milhão de pessoas morreram na União Europeia em 2013 por ataque cardíaco ou acidente vascular cerebral (AVC)**, o que equivale a uma a cada cinco mortes em todo o bloco comunitário, segundo dados divulgados pelo escritório comunitário de estatística Eurostat.

Os dados do Eurostat indicam que o **risco de morrer por infarto ou AVC aumenta com a idade**, já que menos de 10% das pessoas menores de 40 anos morreram por uma destas causas. A porcentagem se situou entre 10% e 20% para as que tinham entre 40 e 69 anos e superou 20% nas maiores de 69 anos. A **França é o país com menos mortes por infartos**, que só representou 6% dos falecimentos totais, seguida por Portugal (6,5%), Holanda (6,6%), Bélgica (7,6%), Dinamarca (7,9%) e Espanha (8,6%).

Os ataques cardíacos causaram **36,7% de todas as mortes na Lituânia em 2013**, e mais de um quarto dos falecimentos em Letônia (28,9%), Eslováquia (27,9%), República Tcheca (25,7%) e Hungria (25,3%). **Quanto ao AVC**, os países com maior proporção de mortes foram **Bulgária (19,7% de todas as mortes), Romênia (18,7%)** e Letônia (17%), seguidos por Croácia e Lituânia (ambas com 14,3%) e Grécia (13,4%).

> ▶ **IMPORTANTE!**
>
> A maior incidência de doenças não transmissíveis pode ser explicada por fatores como o **envelhecimento da população** (um dos grandes desafios das políticas públicas) ou ainda pela **ampliação dos casos de obesidade e sedentarismo**. O grande paradoxo é que as condições de vida nos países ricos favorecem o crescimento destas problemáticas - isso se dá pela maior **fartura de alimentos, além da combinação com a tecnologia disponível** (o que tende a sustentar um ambiente mais sedentário). Por isso, segundo dados, cerca de 87% das mortes, em países ricos, tem como origem uma doença não transmissível.

RAIO-X DA SAÚDE: OBESIDADE EM PAUTA

- ✓ Um adulto é considerado obeso quando **seu IMC (índice de Massa Corporal) é maior que 30.**
- ✓ A **epidemia crescente de obesidade** nos Estados Unidos já atinge **40% das mulheres, 35% dos homens e 17% das crianças e adolescentes**, segundo pesquisas realizadas pelos Centros para Controle e Prevenção de Doenças (CDC).
- ✓ No **Brasil**, a **obesidade atinge 17,9% dos homens e 18,2% das mulheres**, segundo os dados mais recentes da pesquisa Vigitel (Vigilância de Fatores de Risco e Proteção para Doenças Crônicas por Inquérito Telefônico).
- ✓ O sobrepeso, que atinge um terço dos americanos, é definido por um IMC entre 25 e 29. No **Brasil, 52,5% da população** tem sobrepeso, ainda segundo a pesquisa Vigite. Os números também apontaram o perfil do sobrepeso: os **homens são os que mais sofrem com o problema, a faixa etária mais atingida está entre 35 e 64 anos** e quanto menor a escolaridade, maior o índice.
- ✓ Os hábitos da vida moderna explicam, em partes, o aumento da obesidade e do sedentarismo: alimentação desregrada, falta de atividade física, comodidade oriunda da tecnologia, etc. Outro ponto associado ao sedentarismo diz respeito à pressão vivenciada pela população em áreas de elevada urbanização. Estresse e o desinteresse pelo trabalho podem agravar tal

situação, desencadeando a fragilização emocional e facilitando o nascimento de distúrbios alimentares oriundos da ansiedade.

- ✓ Um estudo publicado pelo "American Journal of Clinical Nutrition" concluiu que **a falta de exercícios físicos aparece relacionada a duas vezes mais mortes do que a obesidade.**
- ✓ A Organização Mundial da Saúde reconheceu o sedentarismo como epidemia global, por **matar mais de 300 mil pessoas por ano no Brasil, 5 milhões no mundo. Ainda segundo a OMS, apenas 30% dos brasileiros praticam atividade física.** A OMS indica que **30 minutos de exercício físico por dia, são suficientes para tirar uma pessoa do sedentarismo. Para isso, a ONU criou o prêmio "Mais Movimento"**, para valorizar **iniciativas que promovam experiências para crianças ou que integrem a atividade física** no dia a dia das pessoas em todas as faixas etárias.
- ✓ Outro ponto importante para a discussão recente diz respeito a confusão entre **qualidade de vida e a busca implacável por traços estéticos impressos pelo aparato midiático.** Muitas vezes as pessoas recorrem a determinados procedimentos (que vão da prática de exercícios sem um acompanhamento até a intervenção cirúrgica), com a intenção de se encaixar em patamares de beleza que são rotulados pelo contexto social. Essa artificialidade dos traços demonstra o aprisionamento dos indivíduos a busca pela formatação corporal ideal. Nesse ponto reside a confusão entre a prática de exercícios em busca de uma qualidade de vida e a exaltação dos traços estéticos como status ou reconhecimento social.
- ✓ As gigantes de bebidas Coca-Cola Brasil, Ambev e PepsiCo Brasil anunciaram, em junho de 2016, em comunicado conjunto, **um acordo para mudar a política de venda de refrigerantes em escolas.** As fabricantes **deixarão de vender refrigerantes diretamente às cantinas de escolas "para crianças de até 12 anos** (ou com maioria de crianças de até essa idade)". Elas passarão a vender "apenas água mineral, suco com 100% de fruta, água de coco e bebidas lácteas que atendam a critérios nutricionais específicos". A Coca-Cola vai comercializar **apenas latas em versão mini dos seus refrigerantes nas escolas (com maiores de 12 anos)**, com 250 ml (100 ml a menos que a lata convencional). A medida será adotada para tentar reduzir o consumo mesmo entre os mais velhos. Com o mercado de refrigerantes em baixa – em 2015, a **produção no país caiu 5,9%** na comparação com o ano anterior.
- ✓ Segundo pesquisa realizada pelo IBOPE, cerca **de 46% das crianças paulistas com até 12 anos estão acima do peso.** Dessas, 13% apresentam caso grave de sobrepeso e 33% podem ser consideradas obesas. O percentual daquelas com peso considerado normal chega a 45% e 9% mostraram-se abaixo do peso.
- ✓ Em abril de 2018, os dados de uma pesquisa chamaram a atenção para o tema. O Brasil terá 29.490 casos de câncer associados a um elevado IMC (Índice de Massa Corporal) em 2025, segundo estudo publicado por

pesquisadores brasileiros, americanos e franceses na "Cancer Epidemiology". O número responderá a 4,6% de todos os casos de novos cânceres diagnosticados. A industrialização (consumo de produtos processados) e o sedentarismo farão com que a população passe a conviver cada vez mais com essas patologias.

✓ Em 2017, dados divulgados pelo Ministério da Saúde davam conta de que a obesidade atinge 1 em cada 5 brasileiros. Em dez anos, a população obesa no país passou de 11,8% em 2006 para 18,9% em 2016. O excesso de peso também cresceu 26,3% no mesmo período. Em 2006, 42,6% dos entrevistados foram considerados com excesso de peso. Outro dado apontado pela pesquisa foi o consumo abusivo de álcool: em 2006, era de 15,7%; dez anos depois, passou para 19,1%. Segundo o ministro, o crescimento se deu principalmente pela alta na ingestão de álcool por parte das mulheres. Nos últimos dez anos, o consumo abusivo de bebida alcoólica pelo público feminino atingia 7,8% da população. Em 2016, o índice foi de 12,1%.

✓ A Organização Mundial da Saúde estima que 1,9 bilhão de adultos tenham sobrepeso, sendo 600 milhões com obesidade. Ainda assim, de acordo com estudos publicados na revista Lancet, nos últimos 30 anos nenhum país conseguiu elaborar estratégias para reverter a epidemia de obesidade de forma consistente.

▶ **IMPORTANTE!**

O diretor-geral da FAO (Organização da ONU para Agricultura e Alimentação), o brasileiro José Graziano, destacou dados preocupantes em maio de 2018. Ele prevê a tendência de aumento do número de pessoas que passam fome - que atualmente se aproxima dos 815 milhões no mundo - ele também afirma que corremos o risco de "perder uma geração" por causa da obesidade, que custa à economia global US$ 2 trilhões a cada ano.

Ele cita dados da FAO e da Organização Pan-Americana de Saúde, apontando que o sobrepeso afeta a 54% da população brasileira. Quase 20% dos homens e 24% das mulheres estão obesas. Entre as crianças menores de cinco anos, 7,3% registram sobrepeso no país. Por outro lado, a fome também preocupa. Segundo o diretor da FAO, em 2016 verificou-se pela primeira vez um aumento da fome em escala mundial após uma sucessão de quedas que durou uma década. O Brasil deve seguir essa mesma tendência internacional. Coordenador inicial do Fome Zero no primeiro mandato de Lula (2003-2007), Graziano tem mandato à frente da FAO até julho de 2019.

5. E O ABORTO, AINDA É POLÊMICO?

O tema se consolida como um dos mais polêmicos enfrentados pela sociedade ao longo da história. Diferentes **agentes externos acabam por influenciar no posicionamento crítico,** além do fato de que **outras experiências de legalização** costumam ser associadas ao caso brasileiro para defesa ou ataque de uma provável regulamentação.

Recentemente, a questão ganhou corpo por conta de projetos debatidos sobre a ampliação dos procedimentos burocráticos para o aborto, no caso do estupro, ou ainda pela discussão sobre os casos de microcefalia e a possibilidade de flexibilização da lei.

Segundo a Organização Mundial da Saúde (OMS), cerca de **19 milhões dos abortos são realizados anualmente de forma insegura, resultando na morte de 70 mil mulheres.** Ainda segundo a ONU (Organização das Nações Unidas), **leis mais restritivas contribuem** para aumentar a mortalidade por abortos inseguros. Por isso, o destaque abaixo se dá a partir **dos dados elucidados sobre o tema,** cabendo ao leitor desenvolver sua **visão autônoma** (favorável ou contrária à prática). Neste momento, o objetivo não é tocar ou esgotar os argumentos, sendo que o tema envolve aspectos de elevada divergência.

Possibilidades de aborto no Brasil: no Brasil, o **aborto é legal em três situações** e pode ser realizado pelo SUS (Sistema Único de Saúde):

- Quando a **gravidez é decorrente de estupro** (sem a necessidade de boletim de ocorrência que comprove tal ação).
- No caso em que há **risco de morte para a mãe.**
- Se o **feto é anencéfalo** – sem cérebro (não é necessária autorização judicial para a interrupção involuntária da gravidez).

Casos recentes: alguns países flexibilizaram suas legislações para permitir a prática do aborto. Este é o caso de Portugal, que desde 2007 permite o aborto até a 10ª semana de gestação. No Uruguai, o procedimento é permitido até a 12ª semana de gestação, sendo este prazo ampliado até a 14ª semana no caso de estupro. Na Espanha, em 1985, o aborto foi legalizado em três casos: risco à saúde física ou psíquica da mulher, estupro e malformação do feto. Desde 2010, o procedimento é permitido por decisão da mulher até a 14ª semana e, em casos especiais, até a 14ª semana e, em casos especiais, até a 22ª semana de gestação. Uma grande mobilização nacional surgiu em 2014 frente à tentativa do governo de reduzir o acesso ao aborto legal no país. Em 2015, o Senado determinou que menores idade precisam da autorização dos pais para a intervenção. Na França, o aborto foi legalizado em 1975 e, desde 2001, é permitido até a 14ª semana de gestação. Neste mesmo ano, houve outras alterações importantes na legislação relativa à interrupção da gravidez, como o fim da obrigatoriedade de autorização dos pais para gestantes menores de idade em todos os casos.

Desde os anos 1970, o número de países que passaram a possibilitar o aborto cresceu consideravelmente (cada país, dentro de suas especificidades). Nas Américas, Estados Unidos, Canadá, Cuba, Uruguai e Cidade do México permitem o aborto. Na Europa, estão entre os países em que é legal a realização do aborto Áustria, Bélgica, Dinamarca, Espanha, França, Finlândia, Holanda, Inglaterra, Itália, Noruega, Portugal e Suécia. A lista inclui países em que é muito forte a influência da Igreja Católica, fato que, por vezes, é mobilizado para explicar o atraso da legislação brasileira. Mesmo na Ásia e na África, onde há, como na América Latina, maiores restrições no direito ao aborto, ele é permitido em países como Japão, China, Singapura, Coreia do Norte e África do Sul.

O amplo número de casos de microcefalia trouxe a discussão sobre o aborto como destaque. No Brasil, como dito, o aborto é considerado crime contra a vida e pode dar pena de três anos para a mulher que o fizer ou permitir que outra pessoa o faça. O tema envolve diferentes exemplos, entendimentos e visões. Uma pesquisa realizada pelo Datafolha, em fevereiro de 2016, demonstrou que a maior parte da população (58%) se coloca contrária a possibilidade de realização do aborto para fetos com microcefalia. Cerca de 32% defendeu a possibilidade e 10% não soube opinar. Ações junto ao Supremo Tribunal Federal foram articuladas e as redes sociais foram abastecidas de argumentos contrários e favoráveis.

A Irlanda, um país com raízes religiosas, realizou um referendo para tratar a questão do aborto. A Suprema Corte da Irlanda foi responsável por liberar o caminho para uma consulta popular sobre a legalização do aborto. O tribunal decidiu que os fetos não têm direitos constitucionais inerentes além do direito à vida, contido na oitava emenda da lei máxima do país. O aborto sempre foi ilegal na Irlanda, mas sua proibição só foi inserida na Constituição em 1983, após ter obtido 67% dos votos em um referendo da época. O "sim" (favorável pela legalização) recebeu cerca de 70% dos votos. Vale destacar que a Irlanda é conhecida como uma das nações de maior influência católica. Apesar da tradição fortemente religiosa, o país tem se demonstrado aberto aos principais temas: o país aprovou, em referendo realizado em 2015, o casamento homossexual; em 2017, Varadkar se tornou o primeiro premiê abertamente gay do país. Segundo informações do governo, o projeto de lei para formalizar a decisão do referendo deve acontecer até o final de 2018.

Veja como funciona a questão do aborto em outros países:

Alemanha	Desde 1976, as mulheres podem interromper a gravidez legalmente, mas sob determinadas condições. O aborto deve ser realizado até a 12ª semana de gestação. É preciso que, ao menos três dias antes do procedimento, a mulher passe por uma consulta num centro de aconselhamento reconhecido pelo Estado ou que apresente um boletim de ocorrência que indique que a gravidez decorreu de um crime sexual. A partir da 12ª semana, o aborto é permitido somente por recomendação médica.
Áustria	O aborto é legal desde 1975 e pode ser feito por decisão da mulher ou motivos médicos. O procedimento é permitido até a 16ª semana, e a gestante precisa ser aconselhada por um médico antes da intervenção. Depois desse período, o aborto só é permitido em casos de risco à saúde física ou psicológica da mulher, se o feto apresentar alguma deficiência grave ou se a gestante for menor de 14 anos.
Holanda	Ainda que a interrupção da gravidez possa ser feita até a 22ª semana de gestação por decisão da mulher, a Holanda é um dos países com menor nível de abortos do mundo. A política de educação sexual e o fácil acesso a métodos contraceptivos são considerados motivos para esse baixo número.

Polônia	O aborto foi legalizado em 1984 em casos de risco à vida da mulher, malformação fetal ou estupro. Em 2007, após um referendo nacional, a interrupção da gravidez por opção da mulher até a 10ª semana de gestação passou a ser permitida. Há pouco mais de um mês foi divulgado um estudo que aponta que Portugal é o país europeu com menos abortos por cada mil nascimentos vivos.
Argentina	O país ainda tem restrição ao aborto voluntário. O artigo 86 do Código Penal declara a interrupção da gravidez como ato não punível se a vida ou a saúde da mulher estão em risco, se é fruto de estupro ou atentado ao pudor cometido contra uma mulher com deficiência intelectual. Em 2012, a Corte Suprema, em uma ação inédita, declarou que o aborto é permitido ante violência contra toda vítima, já que o termo anterior dava margem à interpretação de que somente vítimas com deficiência intelectual tinham direito ao aborto. Além disso, foi também determinado que médicos não necessitam requerer nenhuma autorização judicial para realizar a intervenção nas situações citadas previamente. Ainda que o aborto voluntário seja punível, estima-se que, anualmente, são realizados cerca de 500 mil abortos ilegais em toda Argentina.
México	Cada um dos estados tem uma legislação própria sobre o aborto. Desde 2007, o aborto é permitido na Cidade do México até 12ª semana de gestação, por decisão da mulher.
China	O aborto é totalmente legalizado. Durante a vigência da chamada política do filho único proíbe, entre o fim dos anos 1970 e 2015, foram realizados muitos abortos forçados. Estima-se que foram realizados cerca de 336 milhões de aborto no período. A decisão de acabar com a política do filho único foi motivada pelo envelhecimento da população e pela queda na taxa de natalidade. Os casais podem agora ter no máximo dois filhos.
Rússia	Em 1920, a Rússia se tornou o primeiro país do mundo em permitir o aborto sob qualquer circunstância. Sendo proibido entre 1936 e 1954, a intervenção foi novamente legalizada, tornando-a permitida até a 12ª semana. Na União Soviética, pela falta de métodos anticoncepcionais e de educação sexual, o aborto era tido como a única ferramenta de planejamento familiar. Atualmente, a Rússia é o país com a maior quantidade de interrupções voluntárias da gravidez: calcula-se que, em média, são feitos 1 milhão de abortos voluntários por ano no país.
EUA	Desde 1973, o aborto é legal em todos os estados americanos.
El Salvador, Nicarágua, República Dominicana, Malta e Vaticano	Ainda mantêm a proibição absoluta do aborto.

(Portal Uol)

Com relação ao tema, destaca-se ainda o caso da brasileira Rebeca Silva Mendes Leite, que tentou junto ao Supremo Tribunal Federal o aval para a realização do procedimento abortivo – visto que ela não se encaixava em nenhuma das condições que a lei permite. No caso, o partido que estabeleceu o intermédio entre Poder Judiciário e Rebeca foi o PSOL. Em todo caso, a ministra Rosa Weber acabou negando o pedido. Antes da decisão final, a brasileira se deslocou até a Colômbia, onde realizou o aborto (no país vizinho, é permitido o aborto para salvaguardar a "saúde mental" da mãe).

Outro ponto de destaque no contexto brasileiro diz respeito a uma Proposta de Emenda à Constituição – PEC 181 – que se tornou alvo de protestos em diferentes localidades. Chamada de "PEC do aborto", se aprovada, a proposta acabará criminalizando todas as formas de aborto no Brasil. A proposta analisa a garantia do direito à vida "desde a concepção". Inicialmente, o projeto visava alterar a licença maternidade (modificando o artigo 7º da CF 88, já que ele trata dos direitos do trabalhador). Entretanto, as alterações no texto (modificação do artigo 1º da CF 88) acabaram apresentando um teor polêmico a proposta.

No caso da Argentina, em 2018, uma série de protestos tem acontecido organizados por grupos pró-aborto. Os grupos se articulam em defesa de um projeto de lei que deve ser votado em breve, liberando o aborto até a 11ª semana de gestação. Vale lembrar que o projeto tem como principal opositor o Vaticano, liderado pelo Papa Francisco, que é argentino.

6. BRASIL: CAMPEÃO EM CESÁREAS

Um dos temas mais delicados dentro da área de saúde pública diz respeito aos partos. De antemão, destaca-se que a discussão não tem por objetivo analisar princípios de quem defende o parto normal ou a cesárea. Como toda fonte de conhecimento atual que preze pela qualidade, volta-se para a elucubração dos dados e das discussões pertinentes.

Dessa forma, algumas medidas do Conselho Federal de Medicina geraram reações adversas entre as gestantes e os próprios profissionais da área. No caso, a preocupação se dá por conta dos números com relação às cesáreas. Atualmente, a recomendação da OMS (Organização Mundial da Saúde) é que as **cesáreas representam de 10% a 15% dos partos**. Um ajuste para a realidade brasileira consideraria a possibilidade de um valor entre 25% e 30%. Entretanto, na rede **privada brasileira, esse índice beira os 85%. No SUS (Sistema Único de Saúde), o valor é mais baixo, 40%.**

> ▶ **IMPORTANTE!**
>
> A média nacional de cesáreas fica em **55,6%, ou 1,6 milhão de cesáreas** em 2,9 milhões de partos anuais.

Especialistas da área falam de uma epidemia de cesáreas, com formatações de mercado. O quesito "humanização" da saúde se perde no meio das cifras. Ainda assim, remonta-se a importância de pensar no parto cesariano como a melhor indicação em casos específicos. Porém, quando **realizada de maneira desnecessária, implica em riscos aumentados** para a mãe e para o bebê.

Uma alteração de junho de 2016 trouxe nova medida de combate à epidemia de cesáreas. Até então, a medicina considerava os bebês maduros a partir da 37ª semana de gestação. Com o novo critério de maturidade fetal, adotado em 2013 pelo Colégio Americano de Obstetras e Ginecologistas, o **período de maturidade fetal encontra-se na 39ª semana**. Segundo a comunidade científica, os bebês que nasciam com 37 semanas apresentavam gravidade de **problemas respiratórios.**

A exigência da realização do parto cesariano a partir da 39ª semana de gestação abre discussão sobre a possibilidade de redução do número de casos. Especialistas divergem sobre o tema, visto que a falta de instrução sobre o parto e a própria cultura pela cesárea tem força, tanto na comunidade médica como na própria sociedade. Assim sendo, essa ruptura exigira tempo e uma visão longitudinal.

DICA!

- Os **planos de saúde brasileiros fazem três vezes mais cesarianas** do que a média dos países da Organização para a Cooperação e Desenvolvimento Econômico (OCDE), superando Chile, México e Turquia. Segundo a ANS (Agência Nacional de Saúde Suplementar), o Brasil é o país com maior percentual de partos cirúrgicos.

Ainda que a situação do Brasil seja preocupante com relação ao número de cesáreas, o país não está isolado. **México, República Dominicana, Egito, Turquia, Itália Irã e Estados Unidos** também registram mais nascimentos por cesárea que o recomendado. A realidade estratificada é visualizada ao se comprar os dados com países africanos, por exemplo: **Niger, Etiópia e Burkina Faso,** registram **menos de 2% dos partos realizados por meio de cirurgia**. Isso está relacionado ao **acesso precário a um sistema de saúde** adequado.

Um dos países que aparece **dentro da recomendação da OMS (15%) é a Holanda.** No país, a cultura pelo parto domiciliar tem crescido (cerca de 65% dos partos são domiciliares), o que auxiliou na queda das cesáreas.

A maioria dos partos realizados nos serviços de saúde públicos do Brasil em 2017 aconteceu por via vaginal: foram 58,1% contra 41,9% de cesarianas. No entanto, o Ministério da Saúde quer estudar como pode aumentar esta diferença ainda mais. Por isso, em 2018 foi lançado um sistema de monitoramento online de cesáreas no SUS. O objetivo é aprimorar o serviço prestado treinando profissionais da área e oferecendo condições para a realização dos procedimentos. Para fortalecer a realização do parto normal, a pasta irá implantar o projeto Parto Cuidadoso em 634 maternidades do país. Inspirado no projeto Parto Adequado, da Agência Nacional de Saúde Suplementar (ANS), que conseguiu em três anos evitar que 10 mil cesarianas fossem realizadas desnecessariamente em 35 hospitais. Entre os hospitais que participaram do piloto estão o Hospital Israelita Albert Einstein e o Sophia Feldman (BH) e Agamenon Magalhães (PE).

No setor privado, onde o número de cesáreas é ainda maior, algumas estratégias têm sido positivas. As maternidades brasileiras que participaram da fase 2 do projeto "parto adequado" aumentaram o número de partos normais em 8% no período de um ano.

Estudo publicado em 2017 no "British Medical Journal" com mulheres brasileiras mostrou que cesáreas e partos induzidos nas semanas 37 e 38 geram mais chances de ocorrência de morte neonatal, hipoglicemia, taquipneia transitória e necessidade de fototerapia nas primeiras 72 horas de vida. Dados de 2016 mostram que a cesariana já é a principal via de nascimento do Brasil, chegando a 55% dos partos realizados no geral e a 84,6% na rede privada.

7. OUTROS TÓPICOS RELEVANTES ACERCA DE SAÚDE

Epidemia de sífilis

- O Brasil vive uma nova epidemia de sífilis, uma doença **sexualmente transmissível que parecia existir**, para a maior parte da população, apenas nos livros de história.
- A doença, causada por uma bactéria, pode levar a problemas de fertilidade e até a morte, se não tratada. A maior preocupação é com a transmissão de mulheres grávidas para os fetos.
- Os bebês podem sofrer **malformações no sistema nervoso, perder a visão ou a audição e até mesmo morrer.**
- O Ministério da Saúde divulgou dados recentes mostrando que o **número de pessoas infectadas no Brasil aumentou 32,7%** entre 2014 e 2015.
- "Esse aumento não está acontecendo só no Brasil, é um problema global", afirma Adele Benzaken, diretora do Departamento de DST, Aids e Hepatites Virais do Ministério da Saúde.
- A sífilis, de fato, é uma doença antiga. No século XV, causou uma das primeiras epidemias globais, com **milhares de mortes por toda a Europa.** A penicilina, o antibiótico usado para exterminar a bactéria, não havia sido descoberto à época.
- Eram feitos tratamentos à base de mercúrio. A descoberta da penicilina, em 1928, contribuiu para diminuir a disseminação da doença nas décadas seguintes. Um reforço importante ao combate à doença foram as campanhas para aumentar o uso do preservativo, que ganharam força com a descoberta do vírus da Aids, na década de 1980.
- No Brasil, a sífilis saiu dos holofotes a ponto de **nem ser obrigatório que serviços de saúde avisassem o Ministério da Saúde quando encontrassem um caso.** A notificação só passou a ser obrigatória em 2010.

- As causas para o aumento recente dos casos ainda estão em investigação. Mas algumas mudanças comportamentais ajudam a entender por que a bactéria voltou a assustar.
- Um dos principais motivos é, ironicamente, o fato de a **aids ter deixado de assustar**.
- Com o sucesso dos tratamentos antirretrovirais, que afastaram da doença o rótulo de fatal, as gerações mais jovens relaxaram nos hábitos de prevenção.
- Os jovens de 13 a 15 anos estão **se protegendo menos na hora do sexo**, segundo um levantamento do Instituto Brasileiro de Geografia e Estatística (IBGE). Em 2012, **75% dos entrevistados usaram preservativo em sua última relação sexual**. Em 2015, apenas **66% fizeram uso da camisinha.**

Fonte: ‹http://epoca.globo.com/saude/noticia/2016/11/por-que-o-brasil-vive-uma-epidemia-de-sifilis.html›.

Padrão alimentar – pesquisa do IBOPE

Os adeptos da alimentação vegetariana, aqueles que excluem a carne do cardápio, somam 30 milhões (14% da população brasileira), segundo pesquisa do Ibope encomendada pela Sociedade Vegetariana Brasileira e divulgada em maio de 2018. Já os que se declaram como não vegetarianos chegam a 81%.

Bebê gerado pelo DNA de três pessoas

- Cientistas anunciaram o nascimento do primeiro bebê no mundo com uma nova **técnica de fertilização in vitro com "três pais"**, segundo a revista "New Scientist". O bebê Abrahim Hasan tem 5 meses e nasceu no México. Uma outra técnica de fertilização com o DNA de três pessoas já foi utilizada de forma experimental no passado nos Estados Unidos, mas o método foi abandonado depois de recomendações de órgão regulatório.
- A fertilização in vitro que usa DNA de três pessoas – do pai, da mãe e de uma doadora – foi aprovada **somente no Reino Unido até o momento.** No caso de Abrahim, cujos pais são da Jordânia, o local escolhido para o nascimento foi o México porque, segundo o médico John Zhang, líder da equipe que realizou o procedimento, o país "não tem regras" a respeito desse tipo de técnica.
- Essa técnica de fertilização é usada para prevenir as chamadas doenças mitocondriais, provocadas por defeitos genéticos transmitidos pela mãe. Ela consiste em utilizar o espermatozoide do pai, o óvulo da mãe e a mitocôndria de uma doadora. Por isso a criança é concebida com o DNA de três pessoas.

Fonte: G1

Terapia para prevenção de enxaqueca

Os Estados Unidos aprovaram a primeira terapia de prevenção exclusiva para a enxaqueca. Trata-se de uma injeção mensal, que pode ser combinada com outros tratamentos existentes. O medicamento tem o nome comercial de Aimovig – e é produzido pela Amgen, empresa americana com sede na Califórnia.

Anvisa e os medicamentos à base de maconha

- A Anvisa (Agência Nacional de Vigilância Sanitária) aprovou, em novembro de 2016, critérios para permitir o **registro, a venda e o uso de medicamentos** à base de compostos da maconha no Brasil.
- A medida ocorre diante do pedido feito pela empresa GWPharma para comercializar, no país, um medicamento composto por CBD (canabidiol) e THC (tetrahidrocanabinol), dois princípios ativos da maconha.
- A aprovação dos novos critérios abre espaço para que a Anvisa conceda o registro do medicamento, que deve ser o primeiro à base de maconha a chegar às farmácias do país. O produto é indicado para tratamento de esclerose múltipla. No exterior, o produto é chamado de Sativex. Por aqui, o remédio, composto por 25 mg/ml de canabidiol e de 27 mg/ml de THC, deve chegar ao mercado com o nome de **Mevatyl.**
- A mudança atinge a portaria 344/1998 da Anvisa, que define **quais substâncias são proibidas no país e quais liberadas para uso,** e em quais casos. Medicamentos com canabidiol e THC acima de 30 mg/ml continuam na lista de proscritos, ou seja, de utilização proibida no país.

Transtornos mentais em alta no Brasil

A **mortalidade por suicídio cresceu 30% no estado de** São Paulo de 2001 a 2014, segundo boletim SP Demográfico, da Fundação Seade, divulgado em setembro de 2016. Quando se relaciona o número de mortes com a população, as cidades de Marília **e** Ribeirão Preto **têm as maiores taxas de suicídio do estado, 8,6 e 7,5 por 100 mil habitantes**, respectivamente. Já Santos, São José dos Campos e Registro ficam entre as menores taxas, abaixo de 5,5 por 100 mil habitantes. A maior parte das mortes do estado é **majoritariamente de homens: 80%.** E, destes, 72,3% estavam na faixa etária entre 15 e 64 anos de idade. A morte por sufocação/enforcamento aparece em primeiro lugar tanto para homens (66,3%) quanto para mulheres (43,1%).

Um dos estudos mais completos sobre o tema, feito pelos pesquisadores Daiane Borges Machado e Darci Neves dos Santos, da Universidade Federal da Bahia (UFBA), analisou dados do Sistema de Informações sobre a Mortalidade Brasileira (SIM), Datasus e IBGE entre os anos 2000 e 2012 no Brasil. As pessoas que **mais se suicidaram foram as menos escolarizadas,** indígenas (132% mais casos que na população em geral) e **homens maiores de 59 anos** (29% a mais que as outras faixas etárias). O Mapa da Violência de 2014 (levantamento mais recente) também **aponta uma alta de 15,3%**

entre jovens e adolescentes no Brasil, de 2002 a 2012. O suicídio é predominante no sexo masculino, com **exceção da Índia e China.** Os homens brasileiros têm 3,7 vezes mais chances de se matar que as mulheres, de acordo com o estudo da UFBA.

Mortes associadas ao zika vírus

Desde o início do registro das más-formações associadas ao vírus da zika no Brasil (novembro de 2015), o país teve 351 mortes provocadas por infecção pelo vírus, mostrou um boletim epidemiológico do Ministério da Saúde (que contabilizou dados até 14 de abril de 2018) e foi divulgado em maio de 2018.

Como no início do surto, a maior parte das notificações ocorreu no Nordeste (59,8%); depois, a região Sudeste com (24,4%) e a Centro-Oeste (7,3%).). Consistente com os estados que registraram mais mortes, os cinco estados com maior número de casos notificados foram Pernambuco (16,7%), Bahia (16,1%), São Paulo (9,3%), Paraíba (7,2%) e Rio de Janeiro (7,1%).

Mortes por overdose aumentam nos EUA

Novos dados publicados no "New England Journal of Medicine" confirmaram o que as redes de doadores de órgãos já vinham observando há anos: que há cada vez mais casos de doações de órgãos de pessoas mortas pelo excesso no consumo de drogas. A informação foi divulgada pela agência France Presse. Os mortos por overdose representam atualmente cerca de 14% dos doadores americanos, contra 1% antes do começo da epidemia de drogas opioides, considerada atualmente uma emergência nacional pelo Congresso e pelo governo do presidente Donald Trump (em outubro de 2017, o presidente dos EUA, Donald Trump, declarou o abuso de opioides emergência de saúde pública nos EUA).

Identificação do sexo do bebê

Uma pesquisa brasileira publicada em maio de 2018 no "Prenatal Diagnostics" mostrou que um teste simples com sangue de vasos capilares – semelhante ao feito para monitorar a diabetes – poderá identificar o sexo do bebê no primeiro trimestre de gravidez. Hoje, exames de sangue mais complexos podem ser feitos nesse período para identificação do sexo do feto. Geralmente, contudo, famílias só vão saber se o bebê é menino ou menina após os primeiros três meses, quando a observação pelo ultrassom é possível.

Drogas mais ofensivas ao corpo humano

Álcool e o cigarro aparecem como grandes vilões com relação à saúde da população. Os pesquisadores reuniram a informação global disponível sobre a utilização de substâncias lícitas e ilícitas e sua associação a mortes e doenças. Em 2015, o uso abusivo do álcool alcançava 18.3% dos adultos (pelo menos um episódio de bebedeira pesada nos últimos 30 dias). Um em cada sete adultos fumava diariamente.

Para as demais drogas, os percentuais eram bem mais baixos: 3.8% para maconha; 0.77% para anfetaminas; 0.37% para opioides; 0.35% para cocaína. Os Estados Unidos e o Canadá apresentaram as maiores taxas de dependência de maconha, cocaína e opiáceos, ao passo que Austrália e Nova Zelândia tinham índices mais altos de consumo de anfetaminas.

Quando se pensa no curso de toda uma vida, o excesso de bebida altera a pressão sanguínea, afeta o músculo cardíaco e aumenta o risco de desenvolver diabetes. Também enfraquece o sistema de defesa e, consequentemente, a capacidade de combater infecções, sem falar nos danos causados ao cérebro.

Sobre o cigarro, basta dizer que se trata da principal causa de morte evitável no mundo – é responsável por uma em cada dez mortes ocorridas no planeta. O Brasil tem prejuízo anual de R$ 56,9 bilhões com o tabagismo. Desse total, R$ 39,4 bi são gastos com despesas médicas e R$ 17,5 bi com custos indiretos ligados à perda de produtividade, causada por incapacitação de trabalhadores ou morte prematura. Em 2015, morreram no país 256.216 pessoas por causas relacionadas ao tabaco, 12,6% dos óbitos acima dos 35 anos.

Oxigênio em outra galáxia

Segundo estudo publicado na revista "Nature", em maio de 2018, cientistas de um programa internacional encontraram oxigênio em galáxia localizada a 13.28 bilhões de anos-luz de distância da Terra. O registro foi feito pelo supertelescópio ALMA (Atacama Large Milimeter Array) e é o ponto mais distante do Universo em que o gás foi registrado. O ano-luz é uma medida de distância utilizada em astronomia e indica o caminho percorrido pela luz no vácuo no período de um ano. Para se ter uma ideia da distância do ponto de oxigênio encontrado, o Sol está a 8 minutos-luz do nosso planeta. O feito foi alcançado por uma equipe internacional de astrônomos, coordenada por Takuya Hashimoto, pesquisador no Observatório Astronômico Nacional do Japão. A galáxia tem o nome de MACS1149-JD1 e, para identificar o gás, os cientistas primeiro verificaram a presença de uma luz infravermelha emitida pelo oxigênio.

Suicídio assistido em pauta

O cientista australiano David Goodall, de 104 anos, morreu no início de maio de 2018, na Suíça, após sair de seu país para uma clínica de suicídio assistido. Goodall não sofria de nenhuma doença terminal, mas afirmava que sua qualidade de vida havia piorado muito com o passar do tempo. O pesquisador fez desse momento da vida uma bandeira para lutar em favor de práticas de suicídio assistido. Ele divulgou amplamente a sua vontade para a imprensa. O suicídio assistido, ou eutanásia, é ilegal na maioria dos países do mundo. Era totalmente proibido na Austrália, mas em 2017 foi legalizado no estado de Victoria, segundo a agência France Presse.

Em março de 2018, o Supremo Tribunal da Índia provou os testamentos vitais e a escolha por uma eutanásia passiva – retirada dos equipamentos ou da medicação necessária de um paciente terminal. A versão ativa do procedimento, que consiste na aplicação de remédios letais para acabar com a vida, não foi aprovada.

O Havaí tornou-se o sétimo estado americano a aprovar lei que garante a doentes terminais a assistência de um médico para morrer. Em 1997, Oregon foi o primeiro a legislar sobre o tema, sendo seguido por Califórnia, Washington, Vermont, Colorado e Washington DC. Em todos, o procedimento se assemelha: inclui dois médicos atestando que o paciente com no máximo mais seis meses de vida, e em pleno gozo de suas faculdades mentais, pode receber a medicação letal. Outros 24 estados consideram votar lei semelhante ainda em 2018, embora em 27 a proposta não tenha ido adiante em 2017.

Raio-X dos leitos no SUS

Nos últimos oito anos, o Brasil perdeu 34 mil leitos hospitalares em unidades do Sistema Único de Saúde (SUS), de acordo com dados do Cadastro Nacional de Estabelecimentos de Saúde do Ministério da Saúde. Os dados se referem ao período entre 2010 e 2018, quando a redução atingiu principalmente a psiquiatria, a pediatria clínica, a obstetrícia e a cirurgia geral. Em março de 2010 o Brasil tinha 336.842 leitos de internação para uso exclusivo do SUS. Em março deste ano, esse número reduziu para 302.524 leitos, uma queda de 10%.

Em termos percentuais, o estado do Rio de Janeiro foi o que mais perdeu leitos: foram 9 mil leitos no período, uma queda de 28%. Depois do Rio, Sergipe foi o estado que mais perdeu, com 500 leitos a menos, o que significou diminuição de 19%. Cinco estados aumentaram o total de leitos de internação: Rondônia (25%), Roraima (12%), Amapá (11%), Tocantins (10%) e Mato Grosso (8%).

Aumento dos casos de malária no Brasil

De modo geral, o número de casos de malária sofreu uma elevação no país. O destaque maior fica para a cidade de Bagre, no Pará. De um ano para outro, o número de casos no município subiu impressionantes 5160% - de 129, em 2016, para 6789, em 2017. Bagre é um dos casos mais agudos de um fenômeno que atinge todo o Brasil, particularmente a Amazônia. Em 2017, o número de casos de malária subiu 50% no país, chegando a 194 mil ocorrências. O crescimento ocorreu depois de seis anos de queda - em 2016, o Brasil registrou o menor número de casos em 37 anos, o que foi visto como um grande sucesso no combate à malária.

A malária é uma doença febril, transmitida pela picada de um mosquito infectado pelo Plasmodium, um parasita. No Brasil, a principal forma da doença é a vivax, mais branda, que oferece pouco risco de morte, ao contrário da forma mais comum nos países africanos. Por aqui, 99% dos casos são registrados na Amazônia. Os maiores aumentos ocorreram no Pará (153%), Amazonas (65%) e Roraima (56%). Embora grande parte do território desses Estados apresente casos de malária, a situação é grave mesmo em um número muito pequeno de cidades. Apenas 25 municípios concentram 9 de cada 10 casos extras da doença registrados no ano passado. Bagre está no topo da lista, com 6,6 mil casos a mais.

Pesquisadora brasileira vence prêmio da Unesco

A pesquisadora mineira Rafaela Ferreira, professora adjunta do Departamento de Bioquímica e Imunologia da Universidade Federal de Minas Gerais (UFMG), ganhou um prêmio da Organização das Nações Unidas para a Educação, a Ciência e Cultura (Unesco), que reconhece o trabalho de mulheres cientistas que mais se destacaram no mundo em 2017. Única representante da América Latina entre as 15 vencedoras do International Rising Talents (talentos internacionais em ascensão, numa tradução livre), Rafaela recebeu uma premiação de 15 mil euros para dar continuidade a uma pesquisa que busca desenvolver medicamentos para o tratamento do vírus da Zika e da doença de Chagas.

Pesquisadores brasileiros descobrem o "maior vírus do mundo"

O maior vírus do mundo foi descoberto por pesquisadores da Universidade Federal de Minas Gerais (UFMG). Chamado de tupanvirus, ele não faz mal a seres humanos e pode, no futuro, ajudar a diagnosticar várias doenças. Amostras de sedimentos da Bacia de Campos, no Rio de Janeiro e de lagoas salinas no Pantanal, em Mato Grosso do Sul, foram analisadas em laboratório.

Congelamento da abertura de novos cursos de Medicina no Brasil

Novas autorizações para abertura de cursos de medicina não serão concedidas ao menos pelos próximos cinco anos, de acordo com o Ministério da Educação (MEC). Duas portarias que regulamentam a "moratória" foram assinadas em abril de 2018, durante reunião entre o presidente Michel Temer e o ministro da Educação, Mendonça Filho.

Revalida em pauta

Desde 2011, o Exame Nacional de Revalidação de Diplomas Médicos Expedidos por Instituições de Educação Superior Estrangeira, conhecido como Revalida, recebeu a participação de 7.821 médicos. Porém, 47,4% deles foram reprovados em pelo menos uma edição do exame. Sem a aprovação no Revalida, os formados no exterior não podem atuar na medicina brasileira.

Novo órgão do corpo humano

A ciência parece não parar de evoluir. Um grupo de especialistas classifica como um novo órgão do corpo humano, "uma nova expansão e especificação do conceito de interstício humano". Trata-se de um espaço repleto de cavidades preenchidas por líquido, presente entre os tecidos o nosso corpo – por isso, chamado de intersticial (entre tecidos).

20 anos da revolução do Viagra

Há 20 anos o Viagra passou a ser prescrito para pacientes do mundo todo. Cerca de 65 milhões de prescrições de Viagra, fabricado pelo laboratório americano Pfizer, foram emitidas em todo o mundo. O medicamento foi aprovado pela Food and Drug Administration (FDA) americana em 27 de março de 1998, tornando-se o primeiro comprimido a ajudar os homens a ter uma ereção.

Queda do número de aborto no mundo

Em 20 anos, entre 1990/1994 e 2010/2014, a taxa anual de aborto nas regiões desenvolvidas caiu significativamente, principalmente em países ricos onde a prática é legalizada - passou de 46 para 27 abortos para cada mil mulheres em idade reprodutiva. Isso não ocorreu em países em desenvolvimento: a taxa global se manteve quase estável, passando de 39 para 36 a cada mil mulheres. Os dados são de relatório publicado nesta semana pelo Instituto Guttmacher, organização dos Estados Unidos parceira da Universidade Columbia e da Federação Internacional de Planejamento Familiar (IPPF).

Outros dados do relatório chamam atenção:

- Abortos ocorrem com a mesma frequência em duas categorias de países: onde o aborto é proibido ou quando é permitido apenas para salvar a vida da mulher - de 37 a 34 casos por mil mulheres, respectivamente.
- Mulheres com idades entre 20 e 24 anos são as que mais abortam.
- A maior parte (93%) dos países onde o aborto é proibido ou tem leis restritas à prática estão em desenvolvimento.
- O contrário também é observado: os países onde o aborto é liberado são desenvolvidos.
- No entanto, países com a prática legalizada estão impondo cada vez mais restrições de acesso à prática, como Estados Unidos e países da Europa Oriental.
- Desde 2000, 28 países mudaram suas legislações - quase todos se tornaram mais liberais ao aborto.
- De todos os abortos feitos no mundo, 55% são considerados seguros; 31% são menos seguros (atendem a pelo menos um critério); 14% são inseguros (não atendem a nenhum critério médico).
- Em 14 países em desenvolvimento onde o aborto inseguro é prevalente, 40% das mulheres que escolheram tirar o bebê apresentaram complicações que necessitaram de cuidados médicos.

- Entre 2000 e 2014, o instituto estimou que 55,9 milhões de abortos foram feitos por ano em todo o mundo. Destes, 49,3 milhões ocorreram em regiões em desenvolvimento e 6,6 milhões em países já desenvolvidos.
- Os países com os menores índices de aborto são Suíça (5 a cada mil mulheres), Cingapura (7 a cada mil mulheres) e Eslováquia (8 a cada mil mulheres). Na outra ponta, com as maiores taxas, está o Paquistão (50 a cada mil mulheres), Quênia (48 a cada mil mulheres) e Índia (47 a cada mil mulheres).

Restrição do uso de agrotóxico

Em março de 2018, o agrotóxico Paraquate passou a ter sua utilização proibida nas lavouras de milho e soja. A decisão veio após pesquisas da Anvisa (Agencia Nacional de Vigilância Sanitária) e do Instituto Fiocruz, associando a substancia a doença de Parkinson em trabalhadores que tiveram contato direto. O paraquate é utilizado na agricultura no Brasil para o combate de ervas daninhas em culturas como a do milho, algodão, soja, feijão e cana-de-açúcar.

"Uber dos médicos"

Em fevereiro de 2018, o Conselho Federal de Medicina regulamentou e declarou ser ético o uso do chamado "uber da medicina", serviço em que o paciente pode chamar um médico por meio de um aplicativo. O atendimento é feito em casa. Disponível no Brasil desde 2016, serviços ainda não contavam com regulamentação específica para funcionarem. Entre as resoluções, o conselho exige que todos os profissionais inscritos devem ter Registro de Qualificação de Especialidade (RQE) para a área que vão atender.

Há pelo menos três aplicativos em funcionamento: o "Docway", o "Dr. Já" e o "Doctorengage". O CFM estabeleceu que esses aplicativos devem ter um diretor técnico e um registro no conselho do estado onde atuam. O preço das consultas não pode ser divulgado em anúncios promocionais e o médico cadastrado, como todos os atuantes no mercado, devem ter um registro profissional (o CRM). Segundo o Conselho Federal de Medicina, as especialidades mais chamadas são pediatria, clínica médica, medicina da família e ginecologia.

CAPÍTULO X

INSTITUIÇÕES SOCIAIS EM DEBATE: ESCOLA, FAMÍLIA E ESTADO

1. ESCOLA E IDEOLOGIA: CAMINHO DIVERGENTE OU CONVERGENTE?

A escola é uma das instituições sociais que comporta grandes desafios para cumprir seu papel de formar cidadãos críticos, aptos ao **entendimento de temas relacionados ao mundo e capazes de apresentar soluções reais e cabíveis para cada situação.** Além disso, a escola tem se demonstrado inoperante na condução moral dos indivíduos, com enorme dificuldade de socializá-los de maneira adequada, correta, sensata e com envolto harmônico. Óbvio que a visão neste caso é ampla, e bons exemplos podem ser constatados (de maneira inferiorizada na questão quantitativa).

Com isso, além de todos os desafios enfrentados pela escola, uma nova discussão ganhou espaço e traz à tona o **papel do professor e sua legitimidade no espaço escolar.** O professor, figura idolatrada em um passado não tão distante, carece de condições de trabalho, infraestrutura, preparo adequado para lidar com sua clientela, prestígio, reconhecimento financeiro e, principalmente, autonomia de trabalho. O tema é polêmico, envolve **posicionamentos divergentes** e, nesse caso, a produção textual deve sistematizar a sustentação crítica, argumentativa, conceitual e teórica para a defesa ou ataque a determinado ponto de vista.

Sendo assim, a discussão que se amplifica a cada dia recorta o seguinte significado: **o professor deve se posicionar sobre temas relacionados à política, sexualidade ou religião? É possível ser neutro? Existe uma potencialidade e intencionalidade de doutrinação? Quais os limites entre ensinar um conteúdo, transmitir um conhecimento, construir um conceito ou doutrinar e dogmatizar um aluno?**

São questionamentos como estes que delimitam a atual discussão sobre a questão da ideologia dentro das escolas. Não bastassem os desafios já discutidos: baixa qualidade de ensino, posicionamento do Brasil nos rankings de educação, máfia da merenda (em processo de investigação), greve nas universidades públicas, Plano Nacional de Educação (PNE) estagnado, os **duelos simbólicos tomaram as redes sociais onde pessoas defendem ou atacam o tema,** muitas vezes, sem o alicerce teórico ou processo crítico contundente.

Vale destacar que o tema tem sido discutido na esfera do **Congresso Nacional, em assembleias legislativas e Câmaras municipais.**

Abaixo, serão elucidados os pontos destacados de cada um dos posicionamentos:

Defensores do "Escola Sem Partido":

- Inicialmente, vale destacar que as **proposições estão dispersas pela rede.** Entretanto, alguns canais se notabilizaram por suplantar pontos comuns na defesa de projetos.
- Segundo os articuladores dos movimentos que defendem a causa**, a doutrinação política e ideológica em sala de aula ofende a liberdade de consciência do estudante**; afronta o princípio da neutralidade política e ideológica do Estado; e ameaça o próprio regime democrático, na medida em que instrumentaliza o sistema de ensino com o objetivo de desequilibrar o jogo político em favor de um dos competidores. Por outro lado, a exposição, em disciplina obrigatória, de conteúdos que possam estar em conflito com as convicções morais dos estudantes ou de seus pais, viola o art. 12 da Convenção Americana sobre Direitos Humanos, segundo o qual **"os pais têm direito a que seus filhos recebam a educação religiosa e moral que esteja de acordo com suas próprias convicções."** Essas práticas, todavia, apesar de sua manifesta inconstitucionalidade e ilegalidade, tomaram conta do sistema de ensino. A pretexto de "construir uma sociedade mais justa" ou de "combater o preconceito", professores de todos os níveis vêm utilizando o tempo precioso de suas aulas para "fazer a cabeça" dos alunos sobre questões de natureza político-partidária, ideológica e moral (Trecho retirado de: *‹http://www.programaescolasempartido.org/saiba-mais›*. – Acesso em junho de 2016).
- Para os defensores, **para impedir a doutrinação ideológica realizada por professores a proposta da Escola Sem Partido precisa ser levada adiante.** Autor do Projeto de Lei 867/2015, o deputado Izalci Lucas (PSDB-DF) defende a "neutralidade política, ideológica e religiosa do Estado, como reconhecimento da vulnerabilidade do educando como parte mais fraca na relação de aprendizado". "Não é mordaça, nada disso do que estão falando, muito pelo contrário. O que estamos propondo já está na Constituição, só reforçamos a ideia de pluralismo no ensino brasileiro". O pluralismo passa longe das salas de aula, segundo ele. Segundo o deputado Izalci, o projeto não pretende fiscalizar nem punir ninguém. Seria um alerta para o professor reconhecer os limites.
- O anteprojeto **prevê cartazes nas salas de aula "reforçando" alguns pontos como:**
  - O professor **apresentará de forma justa as principais versões** ao tratar questões políticas, socioculturais e econômicas;

- **Não favorecerá nem prejudicará** os alunos em razão de suas convicções políticas, morais ou religiosas;
- **Não fará propaganda político-partidária** em sala de aula nem incitará os alunos a participarem de manifestações;
- Respeitará o **direito dos pais de educarem os filhos** de acordo com suas próprias convicções.

▶ **Alagoas foi o primeiro estado a adotar tal política. O projeto foi aprovado por unanimidade dos deputados alagoanos.** O governador Renan Filho (PMDB) vetou o projeto, entretanto, o veto foi derrubado em abril de 2016, quando a lei entrou em vigor.

▶ Dentro das realidades extremistas da discussão está o **PL 1.411/2015, do deputado federal Rogério Marinho (PSDB-RN)**, que prevê até **pena de prisão para o professor acusado de "assédio ideológico".** Ou seja, tipifica esse tipo de assédio como crime.

▶ A **primeira iniciativa para instituir a Escola sem Partido** partiu do Legislativo fluminense, com um **projeto de lei do deputado estadual Flávio Bolsonaro,** filho do deputado federal Jair Bolsonaro (PP-RJ). O texto do PL 2.974/2014 proíbe a ideologização partidária na grade curricular e em materiais didáticos.

Opositores do "Escola Sem Partido":

▶ Para aqueles que se posicionam de maneira contrária ao projeto "Escola Sem Partido", os argumentos são variados. De maneira geral, o **projeto atinge a liberdade e autonomia do professor, além de estabelecer pontos já tratados por outros documentos legais.**

▶ O senador Cristovam Buarque afirmou que o projeto é uma **tentativa de censurar o professor.** Para o senador, o doutrinamento é um problema evidente dentro das escolas, o que deve ser condenável. Entretanto, uma lei nesse sentido seria desproporcional, visto que a maioria dos professores não tem partido. Além disso, os alunos não são a parte mais "fraca" do sistema segundo o senador.

▶ A questão da doutrinação **não se configura como uma tendência.** O site "oficial" do Escola Sem Partido aponta para uma série de casos. Entretanto, cita um total de 33 (pensando na realidade escolar como abarcando cerca de **45 milhões de estudantes, o número seria irrisório).**

▶ Outro ponto questionado por aqueles que se posicionam contrários é o fato da doutrinação de esquerda fracassar. Isso porque **uma pesquisa Datafolha de 2014 e o próprio mapa eleitoral** das últimas eleições registram **um avanço da direita e um recuo da esquerda.**

- A questão do movimento "Escola Sem Partido" levanta ainda a discussão sobre o item "Sem Partido" do movimento. O levantamento dos projetos de lei inspirados nas ideias do movimento mostra um claro **predomínio dos partidos de direita e de centro.** O campeão é o PSC, com cinco proponentes. Outro aspecto que destaca a falta da neutralidade é o âmbito religioso: 11 dos 19 proponentes de projetos inspirados pelo ESP são **ligados a alguma igreja.**

- A questão da sexualidade e as discussões de gênero poderão sofrer um retrocesso caso o projeto ganhe corpo. Essa interdição do debate não é assistida em países desenvolvidos. **Estados Unidos**: alguns estados oferecem educação sexual desde o século 19. **Nova Zelândia, Suécia e Finlândia, França e Ontário, no Canadá**: têm currículo que discute relacionamento homoafetivo e identidade de gênero (*‹http://blogdosakamoto.blogosfera.uol.com.br/2016/06/24/escola-sem-partido-doutrinacao-comunista-coelho-da-pascoa-e-papai-noel/›*).

- Os argumentos de defesa são frágeis e insustentáveis. Seria uma grande cortina de fumaça que esvazia ainda mais o ambiente educacional e empobrece nosso cenário.

- O movimento "Escola Sem Partido" atribui aos escritos de Paulo Freire a grande doutrinação no meio escolar. Segundo o próprio movimento[1], Paulo Freire "não passava de um doutrinador ideológico dogmático e autoritário (mas de fala mansa)". Para os críticos do projeto, **Paulo Freire é uma das referências de maior importância para as Ciências Humanas** como um todo. "Pedagogia do Oprimido" (1968), **principal obra do pedagogo pernambucano Paulo Freire,** é a **terceira mais citada em trabalhos da área de humanas**, segundo um levantamento feito no Google Scholar – ferramenta de pesquisa dedicada à literatura acadêmica. O professor associado da London School of Economics, Elliott Green, analisou as obras mais citadas em trabalhos disponíveis na ferramenta, criada em 2004, que é desde então uma referência crescente para pesquisas, graças a sua acessibilidade. Freire é citado 72.359 vezes, atrás do filósofo americano Thomas Kuhn (81.311) e do sociólogo, também americano, Everett Rogers (72.780). Ele é mais referido do que pensadores como Michel Foucault (60.700) e Karl Marx (40.237).

- Com relação ao projeto aprovado em Alagoas, o Ministério da Educação enviou à Advocacia-Geral da União (AGU) **argumentos contrários à lei que instituiu o programa Escola Livre em Alagoas.** Segundo o MEC, **trata-se de uma lei inconstitucional. O Ministério da Educação destaca ainda que o professor acaba tendo sua liberdade afetada, além de sofrer censura – a discussão, iniciada em 2016, deve ser decidida pelo Supremo Tribunal Federal em 2018.**

1. Trecho retirado do site ‹http://escolasempartido.org/artigos/382-paulo-freire-e-a-educacao-bancaria--ideologizada›. Acesso em junho de 2016.

Olhando para as possibilidades argumentativas, nota-se um leque amplo de análise, o que deve partir da **concepção de cada autor da produção textual**. O que não se pode perder de vista é a **necessidade de alicerçar a base crítica em fundamentos que estejam encadeados e bem estruturados**, a fim de produzir um efeito persuasivo e nítido da concepção em análise.

A Procuradoria Federal dos Direitos do Cidadão, do MPF (Ministério Público Federal), encaminhou, em julho de 2016, ao Congresso Nacional uma **nota técnica em que aponta a inconstitucionalidade do projeto de lei 867/2015, que inclui o programa Escola sem Partido** entre as diretrizes e bases da educação nacional.

Por fim, o que é denominador comum para ambos posicionamentos, é a questão da necessidade de emergência dos embates referentes à educação. Se este projeto é ou não o mais importante, certamente cada texto que dirá. Mas a **realidade educacional brasileira como um todo enfrenta problemas**, o que exige um olhar atento e compromisso do Poder Público, esferas competentes e da sociedade civil. A educação pode não ser a reposta de todos os problemas, mas o primeiro passo para o desenvolvimento econômico e social pautado na humanização das relações.

> **▸ IMPORTANTE!**
>
> O projeto de lei que tenta instituir a chamada "Escola sem Partido" foi debatido no início de maio de 2018, em uma comissão especial da Câmara dos Deputados. No parecer lido pelo deputado Flavinho (PSC-SP), há a proposta de que as escolas não possam ofertar disciplinas com o conteúdo de "gênero" ou "orientação sexual".
>
> O texto altera a Lei de Diretrizes e Bases da Educação (LDB) para evitar que professores manifestem algum posicionamento político, ideológico ou partidário. Também reforça que a educação sexual, moral e religiosa deve ficar a cargo da família, não das instituições de ensino.
>
> O deputado Flavinho criticou, em seu parecer, o que ele chama de "ideologia de gênero". "Procura-se impor às crianças e adolescentes uma educação sexual que visa descontruir a heteronormatividade e o conceito de família tradicional em prol do pluralismo e diversidade de gênero", disse.
>
> Com a proposta, o parlamentar quer que cartazes sejam afixados nas salas de aula para lembrar os docentes de que eles não devem estimular que os alunos vão a manifestações políticas. "Eles não devem apresentar o assunto de forma unilateral, parcial ou tendenciosa. Podem, inclusive, argumentar em favor, ou contra, determinada teoria, mas nunca antes de apresentar, de forma justa e séria, as concepções alternativas", explicou o relator.
>
> Durante o debate, deputados contrários ao tema, como Glauber Braga (Psol-RJ), afirmam que o projeto de lei pode criar uma cultura do medo e diminuir a reflexão crítica na sala de aula. A discussão gerou polêmica nos últimos anos - professores chegaram a se referir ao projeto como "Lei da Mordaça".

2. LEI DA PALMADA: ESTADO X FAMÍLIA

Um dos pontos mais polêmicos que na atualidade é o que diz respeito à **"Lei da Palmada"**. O tema é extremamente binário no aspecto crítico, visto que muitos defendem a justificativa proposta na lei a considerando como um avanço, enquanto tantos outros discordam da intervenção que a família sobre por parte do Estado. Também conhecida como **lei 'menino Bernardo'**, em homenagem ao menino Bernardo Boldrini, assassinado no Brasil, a **lei busca coibir maus tratos e violência contra menores.**

A lei alterou um trecho do **Estatuto da Criança e do Adolescente (ECA)**: 'Crianças e adolescentes **não podem ser educados com castigos físicos, tratamento cruel ou humilhações** por pais, responsáveis, família e profissionais como médicos ou professores'. A lei determina que os pais que agredirem os filhos recebam **orientação, tratamento psicológico ou psiquiátrico, além de advertência.** Além dos pais, podem ser enquadrados **parentes, servidores que cumprem medidas socioeducativas ou por qualquer outra pessoa encarregada** de "cuidar deles, tratá-los, educá-los ou protegê-los". Ficou definido que cabe ao Conselho Tutelar receber denúncias.

- **Castigo físico:** ação punitiva ou disciplinar aplicada com emprego de força física que resulte em sofrimento físico ou lesão.
- **Tratamento cruel ou degradante:** aquele que humilhe, ameace gravemente ou ridicularize a criança ou o adolescente.

Os pontos de debate do tema:

- A grande resistência com relação a lei se dá por conta da **intervenção que o Estado acaba alcançando no espaço familiar**. De certa forma, enquanto instituições sociais "isoladas", ou seja, cumprindo funções específicas para a construção de espaços harmônicos, a família teria o seu papel na condução na índole dos indivíduos, bem como na orientação e regramento. Dessa forma, a **família acaba perdendo a autonomia na condução da construção moral do indivíduo,** visto que uma palmada ou uma conversa mais ríspida poderia ser interpretada de maneira inequívoca. Outro ponto relevante para o debate é a questão de que já existe na Constituição brasileira e demais mecanismos jurídicos a proibição da violência, crueldade e opressão contra as crianças e adolescentes. O próprio Estatuto da Criança e do Adolescente aborda a questão das situações em que esse público for submetido a situações de humilhação. Assim sendo, a lei pela lei não tem validade. É preciso monitorar e fazer acontecer aquelas que já existem. Uma nova lei cria uma **falsa impressão de combate mais efetivo** ao tema. Outro ponto crítico do tema diz respeito ao cientificismo aplicado para entender a questão das palmadas. Os estudos acabam considerando, como objeto de análise, agressões mais intensas no processo de educação, se afastando da possibilidade de "leves palmadas". Esse fato acaba por gerar uma inconsistência nos resultados finais. Na **Nova Zelândia**, que baniu a palmada em 2007, **87,6%**

das pessoas votaram pela extinção da lei que proíbe punições físicas, em referendo. Na **França, 82% da população é contra a legislação que acaba com a palmadinha educativa**, segundo uma pesquisa do Instituto TNS Sofres (Conselho Europeu criticou a legislação francesa por esta não apresentar algo específico que proíba os castigos físicos). Vale destacar que os críticos da lei acabam se ancorando em pontos percebidos nos dias de hoje: crianças e adolescentes que **desconhecem limites**, atuam dentro de uma construção comportamental avulsa, se distanciam de regras, respiram um imediatismo profundo e não sabem lidar com a frustração. Dessa forma, a proibição pela palmada agravaria tal cenário caótico visualizado por especialistas da área que trabalham diretamente com o tema, mas também pela própria sociedade como um todo.

- Por outro lado, os defensores da lei acreditam que esta seria uma **forma de delimitar as ações de uso da força e situações humilhantes e vexatórias** que pais e responsáveis acabam recorrendo para a "educação" de uma criança. Via de regra, seria mais um dispositivo que protege a criança de formas abusivas, garantindo o seu **desenvolvimento de maneira global,** sem qualquer prejuízo para a vida coletiva e/ou socialização. Para estes, uma **palmada pode ser o início de uma agressão que tende a ser maximizada em situações recorrentes**. Além disso, os castigos físicos não apresentam **formatação pedagógica**, visto que fosse uma regra assistida não existiriam problemas com aqueles que sofreram no passado. As palmadas podem reproduzir desgastes emocionais nos indivíduos, gerando traumas irreversíveis. Por isso, é difícil pensar no efeito pedagógico de uma palmada. Como defesa da lei, sustenta-se que é preciso algo específico além dos dispositivos já previstos na Constituição. Testes da Universidade de Toronto, no Canadá, identificaram **dificuldade de aprendizado em crianças de 3 anos que apanharam até os 2.** Outro estudo, americano, constatou que a inteligência de crianças que receberam palmadas frequentes até os 4 anos era menor do que a de crianças que não apanharam. Proibir os castigos físicos e palmadas já é uma realidade marcante em países europeus, por exemplo. Outro ponto relevante que a lei combate é o "abuso silencioso". Para muitos, a justificativa de que a palmada educa, acaba corroborando com práticas desgastantes para as vítimas. Com a lei, essa **violência velada perde espaço** e deixa de ser legitimada ou justificada socialmente. Dessa forma, a palmada é vista como mera expressão da violência, distante de qualquer função pedagógica. Muitas vezes, a visão de que o adulto detém maior força por conta da estrutura física avantajada se comparada a da criança, acaba por construir terreno fértil para a violência. A apresentadora **Xuxa foi uma das personalidades que defendeu** de maneira aberta a lei em questão.

▸ **QUESTÃO SOBRE O TEMA:**

E o castigo físico, sempre existiu?

A aplicação de castigo físico é elemento conhecido da história do país. Importante destacar que as **instituições sociais de destaque já se utilizaram desse mecanismo** e, aos poucos, limitaram tal prática. Por exemplo: a **escola tradicional** se apropriava de métodos robustos e violentos como parte integrante de sua metodologia. O **Estado (não democrático)** já se ocupou da força para realizar imposições. A **religião** (voltando o olhar para o de maior representatividade numérica no Brasil – Católica Apostólica Romana), já usou da força para punir os que eram considerados hereges. Nos três exemplos, uma leitura contemporânea mostra a superação da violência e uso da força. Entretanto, a família ainda não havia sido questionada até o mecanismo da lei aparecer. Segundo o mapeamento histórico, o **castigo físico incorporado nas estruturas educacionais** surgiu com os **jesuítas** (responsáveis por conduzir a educação por mais de duzentos anos). O hábito do castigo era cultuado nos espaços escolares, assim como na família.

De longe o tema sustenta um debate acalorado sobre a aplicação pedagógica ou não da palmada no processo de educação de crianças e adolescentes. Independentemente de seu posicionamento, ressalta-se a importância de citar pontos de solidificação do conteúdo, como a importância do ECA – **Estatuto da Criança e do Adolescente** – no que diz respeito à proteção da criança. Além disso, é importante abordar a questão dos Direitos Humanos, a transformação da sociedade e o papel da família na condução moral dos indivíduos.

Atualmente, a **família tem sido questionada** de diferentes formas. A desestruturação familiar pode explicar muitos dos problemas existentes na sociedade. Repensar os valores, resgatar o diálogo e promover o debate de alguns aspectos da vida coletiva é de total importância para a evolução social e humana. A criança e adolescente dos dias de hoje tem anseios e expectativas diferentes daqueles do passado. O ritmo de vida é outro. Ser criança/adolescente é um grande desafio.

▸ **Ranking do PISA – Programa Internacional de Avaliação de Estudantes (sigla em inglês)**

- Os resultados divulgados em dezembro de 2016 mostraram uma **queda de pontuação nas três áreas avaliadas: ciências, leitura e matemática.**
- A queda de pontuação também refletiu uma queda do Brasil no ranking mundial: o país ficou na **63ª posição em ciências, na 59ª em leitura e na 66ª colocação em matemática.**
- A prova é coordenada pela **Organização para Cooperação e Desenvolvimento Econômico (OCDE) e foi aplicada no ano de 2015** em 70 países e economias, entre 35 membros da OCDE e 35 parceiros, incluindo o Brasil.

▶ TOP 5 DO PISA		
CIÊNCIAS	1. Cingapura	556 pontos
	2. Japão	538 pontos
	3. Estônia	534 pontos
	4. Taipei chinesa	532 pontos
	5. Finlândia	531 pontos
LEITURA	1. Cingapura	535 pontos
	2. Hong Kong (China)	527 pontos
	3. Canadá	527 pontos
	4. Finlândia	526 pontos
	5. Irlanda	521 pontos
MATEMÁTICA	1. Cingapura	564 pontos
	2. Hong Kong (China)	548 pontos
	3. Macau (China)	544 pontos
	4. Taipei chinesa	542 pontos
	5. Japão	532 pontos

- Em cada edição, o Pisa dá ênfase a uma das três áreas. Na última edição, o **foco foi ciências.** Em 2015, a nota do país em ciências caiu de 405, na edição anterior, de 2012, para 401; em leitura, o desempenho do Brasil caiu de 410 para 407; já em matemática, a pontuação dos alunos brasileiros caiu de 391 para 377.

CAPÍTULO XI

VIOLÊNCIA ESCOLAR E A PROBLEMÁTICA DO BULLYING

Antes que se discorra sobre o tema de maneira específica, é necessária uma atenção para o que vem a ser o *bullying*, e a intensidade com que vem ocorrendo em todas as escolas do Brasil e do mundo. Trata-se de um ato que perpassa da agressão física até a agressão psicológica, podendo gerar traumas "irreversíveis". O termo *bullying* compreende todas as **formas de agressão, intencionais e repetitivas**, que ocorrem sem motivo evidente, e são tomadas por um ou mais estudantes com outro, causando traumas físicos e/ou psicológicos, sendo executadas dentro de uma relação desigual de poder. Essa denominação *bullying*, nasce do termo "bully", que em inglês significa **brigão, valentão.**

- **Desenho crítico do tema:** ressalta-se ainda que o *bullying* é um problema mundial, que acontece em toda e qualquer escola, sendo que o tema ganhou espaço de debate nos últimos anos, devido a casos extremos que extrapolaram o caráter social/escolar, **transgredindo os limites aceitos em um ambiente** e tornando a harmonia do espaço escola pouco saudável e extremamente conflituoso. Trata-se ainda de um problema que **afeta toda uma estrutura e não somente partes componentes do processo,** haja vista que muitas vezes os próprios familiares não conseguem identificar o bullying nas crianças ou adolescentes.
- **Terreno da violência e seus reflexos:** nesse âmbito, é importante observar a questão da prática de bullying, e como esta interfere na vida adulta de quem é agressor, de quem é vítima ou de quem simplesmente convive com o problema. Trata-se de uma análise não somente educacional, mas sim de uma preocupação com o aluno enquanto ser humano, enquanto participante de uma sociedade que se desmorona a cada dia com mais e mais problemáticas. De fato, a escola pode ser considerada como uma instituição que solidifica o ser enquanto cidadão ou enquanto indivíduo de ordem racional capaz de refletir sobre temas sociais. Com isso, a vida adulta surge de um desenvolvimento do ser enquanto criança, **desde sua convivência familiar, até sua convivência escolar**. Por isso, indivíduos que praticam o bullying, podem acabar se tornando indivíduos **antissociais e violentos,** capazes de cometer atitudes delituosas e delinquentes. Enquanto que aqueles que

sofrem o bullying, podem tornar-se indivíduos com **autoestima frágil, com dificuldades em se relacionar socialmente, freando o próprio desenvolvimento enquanto seres humanos.** Além do que, em casos extremos, o bullying pode gerar a fobia escolar, ou até mesmo a fobia social.

- **Raízes históricas do debate:** historicamente falando, o tema ganha espaço de debate quando nos Estados Unidos da América, o **índice de suicídio de alunos aumentou consideravelmente.** O aumento deste índice colocou para os pesquisadores questões que até então eram trabalhadas como "normais". **Retrata-se assim a questão de entender atitudes de bullying não como brincadeiras, "zoeira" (fuga do senso comum dentro de uma produção textual),** como os adolescentes mesmo dizem, mas sim como um ato cruel, que gera problemas e causa traumas. O bullying não deve ser explicado como insegurança da adolescência. Ele pode interferir na **concentração, motivação, rendimento escolar, causando até os males chamados de psicossomáticos** como diarreia, febre, vômito, dor de estômago e etc., gerando perda da vontade de frequentar a escola (evasão escolar).

- **Dados que se cruzam:** O olhar deste estudo atenta-se ainda para os índices divulgados pelo Cemeobes (Centro Multidisciplinar de Estudos e Orientação sobre Bullying Escolar), que conclui que **45% dos estudantes brasileiros já se incluem na prática do bullying.** Índice este acima da média mundial, que varia entre 6% e 40%. Outra estatística importante, é **que 80% dos que cometem o bullying sofreram algum tipo de violência em casa ou na própria escola, fazendo uma reprodução desta violência.** Sem contar que a mídia influência de maneira negativa neste processo, sendo com filmes violentos que colocam a hegemonia do aluno sendo alcançada pelo uso da força, ou jogos virtuais e de vídeo games que cada vez mais tornam nossas crianças agressivas (ainda que não existam constatações científicas – essa é uma análise comportamental de especialistas da área). Um exemplo de jogo que foi retirado do mercado é o "bully", da Rockstar, onde você pode brigar com o inspetor da escola, bater em alunos, beijar garotas ou até mesmo garotos (outra polêmica do jogo), sem contar na destruição que o aluno pode realizar no ambiente físico da escola. Ainda segundo pesquisa da Unifesp, as meninas são as maiores vítimas de bullying. **O bullying afeta 13% das crianças e adolescentes no ambiente escolar, sendo as meninas as que mais sofrem com o problema. Entre elas, 13,8% relatam já ter sido alvos da prática. Já entre os meninos, essa parcela é de 12,1%. As informações fazem parte do II Levantamento Nacional de Álcool e Drogas (Lenad), pesquisa feita pela Unifesp, divulgada em 2014.**

- **Proposta de soluções para a prática:** neste ponto, pausa uma preocupação que deve ser trabalhada de maneira a se buscar soluções. Se estas ações podem atrapalhar no desenvolvimento social e moral do indivíduo, o olhar deve ser atento, pois estamos relatando um problema que **não atinge única**

e exclusivamente um indivíduo, mas também a sociedade. Os reflexos do bullying ultrapassam a escola e deixam de atrapalhar apenas aquele que sofre ou pratica. O papel da escola torna-se corrompido, e a sociedade sofre com a **caracterização de indivíduos problemáticos e errôneos, que podem cometer falhas ou desestruturar espaços sociais.** Por isso, a análise da prática do bullying, bem como seus reflexos na sociedade, deve perpassar o todo, ou seja, o contexto social e a realidade na qual tais personagens e elementos estão inseridos.

- O tema ganha grande debate já que não se diz dialogável apenas com educadores, mas ressalva-se a questão da saúde do aluno, o seu bem-estar enquanto **parte integrante do processo escolar (lembrem-se que as bancas examinadoras gostar de estabelecer esta ampla relação entre indivíduo-sociedade),** sendo uma problemática a ser debatida com médicos, psicólogos, sociólogos etc. O diagnóstico do bullying pode auxiliar no entendimento de determinados problemas que o aluno venha a demonstrar ao longo de sua trajetória escolar e, consequentemente, sua vida adulta. Leva-se em consideração na análise, a realidade social assistida para que a observação perpasse **aspectos econômicos, sociais, culturais, identificando raízes múltiplas de desvios funcionais da própria vida do aluno.** O aparato reflexivo é bastante amplo e deve ser levado em consideração quando o assunto se refere ao processo e **desenvolvimento de aprendizagem de cada aluno.**
- **Cyberbullying nas redes sociais:** cada vez mais, **as redes sociais são utilizadas para os jovens.** Assim sendo, com relação às práticas de violência e agressão, estes espaços têm sido propícios para o **desenvolvimento de ações transgressoras de perseguição.** Estas perseguições, em alguns casos, acabam resultando em **ações irreversíveis que prejudicam a sociedade como um todo.** A falsa ideia de que existe **o anonimato dentro do ambiente virtual é o que garante a propagação destas formas de violência.** Outro ponto importante é a relação que os jovens alimentam com a internet na atualidade. **Muitas vezes, a rotina do jovem se faz atrelada aos espaços de convívio virtual.** Desta forma, a vida real acaba se confundindo com a virtual. É natural que a internet tenha trazido novos hábitos para os indivíduos, refletindo nas formas de interação. Esse elemento que "aprisiona" alguns e liberta outros, explica a **disseminação e o potencial de "viralização"** de determinados fatos, acontecimentos e situações. Os nativos digitais se veem reféns de todo esse processo e a propagação do ódio se torna simples e facilitada por esses mecanismos. Além disso, o cyberbullying acaba apresentando **um leque maior, chegando a diferentes espaços com velocidade e dinamismo,** o que pode perpetuar a prática da violência (são comuns os casos de intimidações e exposição da privacidade de jovens de maneira maldosa). O compromisso com a atuação virtual, o discernimento sobre os papeis exercidos nestes espaços e, principalmente, o respeito às diferenças são pontos relevantes para superar o problema da violência.

CYBERBULLYING EM NOVE FORMAS MAIS COMUNS

O cyberbullying pode assumir muitas formas. No entanto, existem nove formas que são as mais comuns:

- ✓ **Injúria:** enviar repetidamente e-mail, scrap ou mensagem para uma pessoa dizendo que ela é "imbecil, asquerosa, nojenta".
- ✓ **Difamação:** enviar repetidamente e-mail, scrap ou mensagem para várias pessoas dizendo que "fulano é burro porque foi mal na prova".
- ✓ **Ofensa**: enviar mensagens eletrônicas repetidamente com linguagem vulgar.
- ✓ **Falsa identidade:** fazer-se passar por outra pessoa para obter vantagem ou por ato ilícito.
- ✓ **Calúnia**: publicar uma mensagem na comunidade virtual da escola dizendo "fulano roubou minha carteira".
- ✓ **Ameaça:** enviar repetidamente mensagens que incluem ameaças de danos físicos, fazendo a vítima temer por sua segurança.
- ✓ **Racismo:** preconceito ou discriminação em relação a indivíduos considerados de outra raça.
- ✓ **Constrangimento ilegal:** perseguição; pudor que sente quem foi desrespeitado ou exposto a algo indesejável.
- ✓ **Incitação ao suicídio**: instigar, impelir, suscitar alguém a dar a morte a si mesmo.

Importante ressaltar os compromissos das partes que integram a sociedade no enfrentamento ao problema. Desde fevereiro de 2016 está em vigor no Brasil uma lei que **obriga escolas e clubes a adotarem medidas de prevenção e combate ao bullying**. Observe o texto na íntegra:

Íntegra da lei

"LEI Nº 13.185, DE 6 DE NOVEMBRO DE 2015.

Institui o Programa de Combate à Intimidação Sistemática (Bullying)

A PRESIDENTA DA REPÚBLICA Faço saber que o Congresso Nacional decreta e eu sanciono a seguinte Lei:

Art. 1º Fica instituído o Programa de Combate à Intimidação Sistemática (Bullying) em todo o território nacional.

§ 1º No contexto e para os fins desta Lei, considera-se intimidação sistemática (bullying) todo ato de violência física ou psicológica, intencional e repetitivo que ocorre sem motivação evidente, praticado por indivíduo ou grupo, contra uma ou mais pessoas, com o objetivo de intimidá-la ou agredi-la, causando dor e angústia à vítima, em uma relação de desequilíbrio de poder entre as partes envolvidas.

§ 2º O Programa instituído no caput poderá fundamentar as ações do Ministério da Educação e das Secretarias Estaduais e Municipais de Educação, bem como de outros órgãos, aos quais a matéria diz respeito.

Art. 2º Caracteriza-se a intimidação sistemática (bullying) quando há violência física ou psicológica em atos de intimidação, humilhação ou discriminação e, ainda:

I - ataques físicos;

II - insultos pessoais;

III - comentários sistemáticos e apelidos pejorativos;

IV - ameaças por quaisquer meios;

V - grafites depreciativos;

VI - expressões preconceituosas;

VII - isolamento social consciente e premeditado;

VIII - pilhérias.

Parágrafo único. Há intimidação sistemática na rede mundial de computadores (cyberbullying), quando se usarem os instrumentos que lhe são próprios para depreciar, incitar a violência, adulterar fotos e dados pessoais com o intuito de criar meios de constrangimento psicossocial.

Art. 3º A intimidação sistemática (bullying) pode ser classificada, conforme as ações praticadas, como:

I - verbal: insultar, xingar e apelidar pejorativamente;

II - moral: difamar, caluniar, disseminar rumores;

III - sexual: assediar, induzir e/ou abusar;

IV - social: ignorar, isolar e excluir;

V - psicológica: perseguir, amedrontar, aterrorizar, intimidar, dominar, manipular, chantagear e infernizar;

VI - físico: socar, chutar, bater;

VII - material: furtar, roubar, destruir pertences de outrem;

VIII - virtual: depreciar, enviar mensagens intrusivas da intimidade, enviar ou adulterar fotos e dados pessoais que resultem em sofrimento ou com o intuito de criar meios de constrangimento psicológico e social.

Art. 4º Constituem objetivos do Programa referido no caput do art. 1º:

I - prevenir e combater a prática da intimidação sistemática (bullying) em toda a sociedade;

II - capacitar docentes e equipes pedagógicas para a implementação das ações de discussão, prevenção, orientação e solução do problema;

III - implementar e disseminar campanhas de educação, conscientização e informação;

IV - instituir práticas de conduta e orientação de pais, familiares e responsáveis diante da identificação de vítimas e agressores;

V - dar assistência psicológica, social e jurídica às vítimas e aos agressores;

VI - integrar os meios de comunicação de massa com as escolas e a sociedade, como forma de identificação e conscientização do problema e forma de preveni-lo e combatê-lo;

VII - promover a cidadania, a capacidade empática e o respeito a terceiros, nos marcos de uma cultura de paz e tolerância mútua;

VIII - evitar, tanto quanto possível, a punição dos agressores, privilegiando mecanismos e instrumentos alternativos que promovam a efetiva responsabilização e a mudança de comportamento hostil;

IX - promover medidas de conscientização, prevenção e combate a todos os tipos de violência, com ênfase nas práticas recorrentes de intimidação sistemática (bullying), ou constrangimento físico e psicológico, cometidas por alunos, professores e outros profissionais integrantes de escola e de comunidade escolar.

Art. 5º É dever do estabelecimento de ensino, dos clubes e das agremiações recreativas assegurar medidas de conscientização, prevenção, diagnose e combate à violência e à intimidação sistemática (bullying).

Art. 6º Serão produzidos e publicados relatórios bimestrais das ocorrências de intimidação sistemática (bullying) nos Estados e Municípios para planejamento das ações.

Art. 7º Os entes federados poderão firmar convênios e estabelecer parcerias para a implementação e a correta execução dos objetivos e diretrizes do Programa instituído por esta Lei.

Art. 8º Esta Lei entra em vigor após decorridos 90 (noventa) dias da data de sua publicação oficial.

Brasília, 6 de novembro de 2015;
194º da Independência e 127º da República.

DILMA ROUSSEFF
Luiz Cláudio Costa
Nilma Lino Gomes"

O "Programa de Combate à Intimidação Sistemática" tem por objetivo prioritário evitar instrumentos punitivos e promover um processo de conscientização sobre o tema. De certa forma, a falta de conhecimento sobre o assunto pode resultar na prática, propagação ou aceitação de tais formas de violência. Para tal, a revisão maior se dá na esfera comportamental e atitudinal dos alunos, oportunizando-os para a análise da realidade em que vivem e o debate crítico.

Neste processo a lei abarca a comunidade como um todo. A instrução dos profissionais da educação é elemento de destaque, assim como a integração da família para auxiliar no diagnóstico, prevenção e enfrentamento.

Vale destacar que o ordenamento jurídico brasileiro já prevê penas para esses tipos de violência e perseguição. Insultos verbais, apelidos pejorativos, ofensa moral, com teor sexual, exclusão social, chantagem ou tentativa de manipulação psicológica, ataque físico ou material (destruir pertences) estão previstos na lei, e são passíveis de pena, valendo inclusive para o meio virtual, incluindo quaisquer atitudes com o intuito de criar constrangimento psicológico ou social que resultem em sofrimento ou ofensa.

Algumas campanhas internacionais visam debater o tema de maneira mais concreta. O grande problema é demonstrar aos agressores que a perseguição e violência simbólica contra as vítimas pode trazer traumas tão problemáticos quanto a própria violência física. Alguns famosos e ídolos de jovens e adolescentes relataram ter sofrido bullying, revelando o peso para a vida de uma criança e ou adolescente.

Dentre os astros que sofreram com essa violência estão: Tom Cruise (que sofria dislexia e era rechaçado pelos colegas), Megan Fox (que relatou que tinha a impressão de que o Ensino Médio nunca acabaria); Demi Lovato (desenvolveu distúrbios alimentares); Madonna (que era chamada de "monstro cabeludo"); Jessica Alba (por não usar as roupas da moda, pode usar aparelhos e ser de família mestiça); Cauã Reymond recebia apelidos por conta de sua boca grande; Luan Santana era chamado de frango, por ser magro.

Uma brasileira famosa também relatou sofrer bullying na época de sua infância. Gisele Bündchen, de 35 anos, é a modelo mais famosa e bem paga do mundo hoje. Mas antes de alcançar o sucesso, passou por situações desagradáveis. Ao jornal "The New York Times", a top de 1,80 contou que sofria bullying na infância por ser alta e magra.

Algumas campanhas já são realizadas há algum tempo. A Secretaria da Educação do Estado de São Paulo, em parceria com o canal de desenhos Cartoon Network, atua na prevenção do bullying nas mais de cinco mil escolas da rede estadual com o lema "Chega de Bullying: Não Fique Calado" (projeto desenvolvido desde 2011).

▸ IMPORTANTE!

Outros países já lidam com o bullying de maneira mais específica, buscando alternativas que possam apresentar resultados satisfatórios. Esse é o caso da Finlândia. O bullying se tornou uma grande preocupação na sociedade finlandesa no início da década de 1990, após um estudante de 14 anos atirar em colegas na escola secundária na cidade de Rauma, em janeiro de 1989. Mudanças foram feitas na legislação para tentar evitar novos casos. O país lançou o programa KiVa, implementado em 90% das escolas do país. O nome do programa vem de Kiusaamista Vastaan, que significa "contra o abuso escolar". Trata-se de um método que busca criar respeito e empatia entre crianças em idade escolar. A grande diferença em relação a outras iniciativas é que, para evitar que o bullying aconteça, o KiVa tem como foco os espectadores, ou seja, os potenciais observadores das agressões. Para isso, o projeto utiliza-se de três etapas: prevenção, intervenção e monitoramento. São escolhidos três funcionários para serem agentes KiVa: adultos que serão referência quando um problema acontecer e precisar ser discutido. Todas as escolas que aplicam o KiVa precisam oferecer, mensalmente, pelo menos duas aulas de 45 minutos sobre assuntos relacionados ao programa. Os pais são partes importantes do processo e recebem instrução para lidar com a situação. O KiVa já foi adaptado para Holanda, Reino Unido, Espanha, Estônia, Suécia e Itália.

Vários são os exemplos de casos recentes em que jovens atentaram contra a própria vida por conta de serem vitimizados pela prática dessa perseguição constante. Não é à toa que os dados de organismos internacionais mostram uma **preocupação com relação aos casos de suicídio entre jovens.** Além de todas as causas que explicitam a questão do suicídio, este pode ocorrer por motivações diversificadas, o bullying/cyberbullying tem chamado a atenção.

Segundo estatísticas da Organização Mundial da Saúde (OMS), tirar a própria vida já é a segunda principal causa da morte (atrás dos acidentes de trânsito) em todo mundo para pessoas de 15 a 29 anos de idade - ainda que, estatisticamente, pessoas com mais de 70 anos sejam mais propensas a cometer suicídio. No Brasil, o índice de suicídios na faixa dos 15 a 29 anos é de 6,9 casos para cada 100 mil habitantes, uma taxa relativamente baixa se comparada aos países que lideram o ranking - Índia, Zimbábue e Cazaquistão, por exemplo, têm mais de 30 casos. O país é o 12º na lista de países latino-americanos com mais mortes neste segmento.

De acordo com a OMS, **800 mil pessoas cometem suicídio todos os anos.** E para cada caso fatal há pelo menos outras 20 tentativas fracassadas. Grupos envolvidos com a questão também argumentam que o suicídio deveria se tornar uma questão de saúde pública. No entanto, apenas 28 países têm estratégias nacionais de prevenção. A Organização Mundial da Saúde (OMS) diz que para **evitar o bullying é fundamental que as escolas tenham programas baseados na prevenção de violência** assim como intervenções terapêuticas para ajudar crianças e adolescentes a controlar a raiva e outros problemas de comportamento.

Para o professor Yves de La Taille, titular do Instituto Psicologia da USP (Universidade de São Paulo), o ensino e a discussão de valores morais e da ética na escola tende a ser uma alternativa concreta. A sustentação crítica do professor tem relação com os modelos sociais que são aplicados: atualmente, a sociedade incentiva os vencedores, o sucesso, o consumo, o empreender, o que desfigura a ética e moral.

CURIOSIDADE

- Ponto importante no debate sobre a infância diz respeito ao "Marco Legal da Primeira Infância", um conjunto de regras direcionadas para crianças de 0 a 6 anos (em vigor desde início de 2016). Dentre as medidas encontra-se a ampliação da licença paternidade (casos específicos), divisão de responsabilidades entre pai e mãe, criação de centros de atendimento à família e uma melhor assistência para mães que estão presas. A lei padroniza aspectos educacionais dos profissionais que atendem crianças e também a infraestrutura das instituições que atendam esse público. Essa preocupação com as crianças durante os primeiros anos de vida pode auxiliar no combate às formas de violência, como é o caso do bullying dentro das escolas (espaço que as crianças irão dividir com outras após o convívio inicial com a família).

- Os casos registrados de bullying registrados em escolas estaduais de São Paulo aumentaram 8% em 2017, em relação ao ano anterior. Os números foram fornecidos pela Secretaria de Educação do estado. Em 2017, o órgão recebeu a denúncia de 564 casos, 80 a mais do que em 2016. O número de vítimas de bullying pode ser maior, porém, pois, muitas vezes, as crianças e adolescentes não denunciam a prática.

▸ IMPORTANTE!

Em maio de 2018, o presidente Michel Temer sancionou uma lei no mesmo caminho da lei sancionada pela então presidente Dilma Rousseff. Pela lei sancionada pelo presidente Temer, as escolas deverão adotar medidas de conscientização, prevenção e combate a todos os tipos de violência, especialmente a "intimidação sistemática (bullying)".

O texto acrescenta à Lei de Diretrizes e Bases da Educação Nacional (LDB) dois artigos segundo os quais:

- Caberá às instituições de ensino "promover medidas de conscientização, de prevenção e de combate a todos os tipos de violência, especialmente a intimidação sistemática (bullying), no âmbito das escolas";
- As instituições deverão adotar "ações destinadas a promover a cultura de paz nas escolas".

CAPÍTULO XII

ELEIÇÃO NOS EUA E A ERA TRUMP

Certamente, um dos temas que mais se repetiu nos últimos meses em provas de atualidades foi a corrida eleitoral nos EUA, assim como as medidas de Donald Trump já no comando da Casa Branca. O que chama a atenção é a quantidade de acontecimentos que circundam o presidente dos EUA (da saída da Unesco à retirada do acordo nuclear com o Irã; dos escândalos das eleições com suspeita de fraudes, ao atrito com jogadores da NBA e NFL).

O fato exige um olhar atento para singularidades importantes. Desta forma, destacam-se:

- Trump se tornou o 45º presidente dos EUA;
- Contrariando pesquisas e previsões, ele derrotou a democrata Hillary Clinton – apoiada por Barack Obama;
- Trump, que não tinha experiência política anterior, é conhecido pelo posicionamento explosivo e polêmico (ao menos durante a corrida eleitoral e ao longo do primeiro ano de mandato);
- Um dos objetivos de Donald Trump é ampliar o poderio militar dos EUA;
- Ele chegou a defender a adoção de táticas de tortura e disse que poderia aprovar técnicas ainda mais duras do que o "waterboarding", um tipo de afogamento proibido atualmente.
- Ele defende que os EUA precisam ser "imprevisíveis" e se disse aberto ao uso de armas nucleares, inclusive como reação a ataques terroristas como os ocorridos em Bruxelas, na Bélgica, no início de 2016. O candidato disse que pretende modernizar o arsenal nuclear, e prometeu buscar uma convivência pacífica com países como China e Rússia, mas garantiu que irá traçar um limite e responder duramente quando alguém o ultrapassar;
- Prometeu impedir o avanço do islamismo radical trabalhando de perto com aliados no mundo muçulmano, mas cobrando respeito e gratidão dos países que forem ajudados pelos EUA;
- Ao longo da campanha, Trump afirmou a pretensão de aumentar impostos para quem não empregar preferencialmente americanos e chegou a

afirmar que quer "obrigar" a Apple a fabricar seus produtos nos Estados Unidos. No final de 2017, uma grande vitória da Era Trump foi assinalada - uma reforma tributária que concedeu redução da alíquota para empresários.

- Com relação à educação, Trump destacou que essa deve ficar a cargo dos estados, sem a interferência do governo federal. Trump também quer que escolas deixem de ser "zonas livres de armas", e que pessoas possam portar armas dentro e ao redor delas. Segundo ele, escolas sem armas são "iscas" para ataques de pessoas com problemas mentais. Não é à toa que, após ataques em escolas, Trump voltou a defender que os professores portem armas como medida de proteção.
- Um dos pontos mais conhecidos do programa de Trump é a promessa de construir um muro na fronteira com o México, obrigando este país a pagar pela obra com ameaças de sanções, cobranças de dívidas e cortes de acordos comerciais. Ele chegou a afirmar que "uma nação sem fronteiras não é uma nação" e promete ainda expulsar todos os imigrantes ilegais que já estão nos EUA, cerca de 11 milhões de pessoas, afirmando que aqueles que comprovarem ser "boas pessoas" serão aceitos de volta de forma legal. Trump também considera aumentar os custos de taxas de entrada no país e de vistos temporários e diz que irá acabar com o H-1B, um visto para não imigrantes que permite que empregados especializados sejam contratados temporariamente para determinados cargos por empresas americanas.
- Em relação aos refugiados, Donald Trump acredita que os EUA não devem receber sírios, iraquianos e outros que venham de países de maioria muçulmana. Ele propôs, inclusive, vetos migratórios com o objetivo de barrar a entrada desses indivíduos.
- Sobre o aborto, o republicano já mudou de ideia mais de uma vez em relação ao direito ao aborto, com o qual concordava há alguns anos. Ele diz ter revisto sua posição e agora afirma que aceita o procedimento apenas em casos de risco de vida para a mãe, incesto ou estupro.
- Trump é contra novas restrições ao porte de armas. Ele afirma que é preciso endurecer as leis para lidar com criminosos violentos e expandir tratamentos de saúde mental, embora não especifique como faria isso. Mas diz que os donos de armas que querem se defender devem ter seus poderes ampliados porque a polícia não consegue estar em todos os lugares o tempo todo.
- O republicano se diz "muito a favor" da energia nuclear e diz que irá trazer de volta a indústria do carvão "100%". Ele afirmou ainda que políticas de energia limpa e para reduzir as emissões de carbono iriam colocar em perigo empregos e as classes média e baixa.

Fonte: G1

CURIOSIDADES SOBRE A ELEIÇÃO DE 2016 NOS EUA

Assim que foi anunciada a vitória do republicano Donald Trump, protestos passaram a ocorrer em diferentes cidades dos EUA. A ex-primeira dama Hillary Clinton viu as intenções de voto abaladas após informações sobre as investigações do FBI no uso de e-mails. Durante o período em que fora secretária de Estado (2009-2013), Hillary havia dispensado o e-mail oficial, utilizando o pessoal (o que daria margem para vazamento de informações). Na época, duas pessoas que trabalhavam junto com Hillary também criaram. Segundo a própria Hillary, o objetivo era otimizar o trabalho, o que gerou desconfiança entre especialistas da área de segurança.

Uma das marcas da vitória de Donald Trump foi vencer em áreas "neutras", ou ainda de domínio democrata. Ele conquistou, por exemplo, os **três estados onde as pesquisas mostravam maior indefinição** e cinco dos "swing states", aqueles sem tradição histórica de pender para nenhum dos partidos. A Flórida foi um dos estados onde Trump venceu – vitória estratégica, já que a Flórida conta com 29 delegados. Trump teve um total de 288 delegados (vencendo em 27 estados) conquistados, contra 215 de sua adversária (que venceu em 19 estados). Na Georgia, Iowa (esses dois, zonas abertas de disputa durante a corrida eleitoral) e Ohio também foi constatada a vitória de Trump.

Outro aspecto importante para entender a dinâmica eleitoral dos EUA é a compreensão do sistema de voto indireto. Veja o esquema abaixo:

1. **O que é o Colégio Eleitoral?**

   Nas eleições presidenciais dos EUA, o **presidente e vice-presidente não são eleitos diretamente pelo voto** dos cidadãos. Na verdade, os eleitores (cerca de 218 milhões estão habilitados a votar, embora não seja obrigatório) escolhem o Colégio Eleitoral. Este órgão é composto por um total de 538 delegados provenientes de todos os Estados, incluindo Washington DC.

2. **Como se decide quem e quantos são os delegados?**

   Os partidos políticos são responsáveis por definir quem vai desempenhar esse papel em cada Estado, por meio da **elaboração de uma lista de potenciais delegados**. O número de delegados correspondente a cada Estado é calculado proporcionalmente à sua população e ao número de parlamentares que os representam (tanto na Câmara dos Representantes e como no Senado). **Califórnia, o Estado mais populoso do país, tem 55 delegados.** Washington D. C. e alguns Estados pequenos têm apenas três. Os residentes em territórios dos EUA como Porto Rico e Guam não votam nas eleições presidenciais e, portanto, não possuem representação no Colégio Eleitoral.

3. **Como o voto dos cidadãos influi na definição do Colégio Eleitoral?**

   Depois que os cidadãos votam no seu candidato presidencial, no dia da eleição, os votos são contabilizados em nível estadual. Em 48 estados e em Washington DC, rege o sistema de "o vencedor leva tudo", em referência aos votos do Colégio Eleitoral de cada Estado. Ou seja, o **candidato que obtiver a maioria dos votos populares em**

um Estado fica com todos os delegados atribuídos a esse território. Isso significa que **apenas os delegados** de seu partido representarão o Estado no Colégio Eleitoral.

4. **Existem exceções ao regime de "o vencedor leva tudo" nos Estados?**

Sim, os Estados de **Maine e Nebraska.** Em ambos os casos, os delegados são atribuídos a um ou outro candidato presidencial usando um sistema proporcional chamado Congressional District Method. Neles, os **votos são divididos.** No Maine, duas das cadeiras no colégio eleitoral vão para o vencedor no Estado, e as outras duas vão para o vencedor em cada um dos distritos do Estado (cada distrito tem direito a uma cadeira). Isto significa que se um candidato presidencial não ganha na contagem total do Estado, ele pode obter delegados que o apoiem se conseguir vencer em um ou mais distritos.

5. **Os delegados podem mudar seu voto?**

De acordo com a Constituição dos Estados Unidos, os **delegados não são obrigados a votar de acordo com a vontade dos cidadãos.** Em alguns Estados, eles são livres para apoiar o candidato que quiserem, enquanto em outros são obrigados a votar no candidato que prometeram apoiar. No entanto, na prática – e por tradição –, os **eleitores tendem a respeitar a decisão do povo e do seu partido.** Na maioria dos casos, os integrantes do Colégio Eleitoral votam de acordo com a maioria de seus estados. Na história dos EUA **houve apenas nove casos em que os delegados votaram contra a vontade do seu Estado.** Esses são chamados "delegados dissidentes", que potencialmente poderiam causar uma verdadeira dor de cabeça no caso de uma eleição apertada. No entanto, de acordo com o Serviço de Investigação do Congresso dos Estados Unidos, até agora os delegados que mudam de lado não conseguiram complicar o resultado de qualquer eleição presidencial. Até hoje só houve uma abstenção: um delegado do distrito de Columbia, em 2000.

6. **Quantos votos o candidato precisa no Colégio Eleitoral para se tornar presidente?**

Dos 538 votos, um **candidato precisa de 270 para ganhar a Presidência (metade mais um).** Esse é o "número mágico".

7. **O que acontece se nenhum candidato atingir o "número mágico"?**

No caso improvável de **que nenhum dos candidatos obtenha 270 votos no Colégio Eleitoral,** o encarregado de decidir o vencedor é a Câmara de Representantes, que deve escolher o novo presidente a partir dos três candidatos com mais apoio. O Senado, por sua vez, deve realizar um processo similar para eleger um vice-presidente entre os dois candidatos mais votados. A única vez que isso aconteceu foi nas eleições de 1824, quando John Quincy Adams foi escolhido pela Câmara dos Representantes depois que nenhum candidato presidencial obteve a maioria dos votos no Colégio Eleitoral. E um empate é improvável. Mais uma vez, isso só aconteceu uma vez. Foi em 1800, quando Thomas Jefferson e Aaron Burr tiveram o mesmo número de votos. A Câmara dos Representantes teve de intervir e elegeu Jefferson como presidente.

8. **Quando e onde o Colégio Eleitoral se reúne?**

A votação do Colégio Eleitoral tem lugar na capital de cada Estado entre meados de novembro e meados de dezembro. O resultado é formalmente declarado pelo Senado em 6 de janeiro e o **novo presidente toma posse em 20 de janeiro**. No entanto, na maioria dos casos, o novo presidente é anunciado no mesmo dia das eleições, durante a noite, após a apuração dos votos populares. Isso porque, na prática, os delegados seguem a decisão da maioria em seus Estados, e após a contagem de votos, já é possível saber o resultado.

9. É possível que um candidato presidencial ganhe o voto popular, mas perca no Colégio Eleitoral?

Em 2000, Gore ganhou o voto popular, mas Bush ganhou no Colégio Eleitoral, o que levantou um **debate sobre uma reforma eleitoral.** Embora seja raro, é possível: aconteceu cinco vezes nos Estados Unidos. A última vez foi exatamente nas eleições que colocaram Trump como presidente. Apesar de ganhar no Colégio Eleitoral, o presidente eleito americano, Donald Trump, perdeu no voto popular — e por uma margem bastante significativa. Os números do voto popular mostram que o republicano ficou atrás da rival democrata Hillary Clinton em 2,8 milhões de votos – maior diferença do que qualquer outro presidente na História dos EUA. Isso é mais de cinco vezes maior do que a margem pela qual George W. Bush perdeu para Al Gore em 2000, que fica com a segunda posição na diferença histórica de voto popular para um candidato que ainda assim tornou-se presidente. Trump chegou a destacar que sua derrota no voto popular teria se dado por fraudes na votação.

10. Como surgiu a ideia de votação indireta pelo Colégio Eleitoral nos EUA?

A ideia de definir a Presidência por meio de um corpo de delegados surgiu no século 18 e é atribuída aos chamados "pais fundadores" dos EUA. Naquele momento, realizar uma campanha eleitoral em todo o país era quase impossível devido ao tamanho do país e às dificuldades de comunicação. Simultaneamente, os EUA não tinham uma identidade nacional formada. Os Estados ficaram temerosos por seus direitos e o voto popular era temido por sua imprevisibilidade. Foi por isso que os criadores da Constituição 1787 rejeitaram a ideia de que o presidente fosse eleito pelo Congresso ou pelo voto popular. Eles argumentaram que, em ambos os casos, os cidadãos escolheriam seu candidato local e os grandes Estados acabariam por dominar a política dos EUA. "O sistema eleitoral americano é um grande compromisso", explica Leeper a BBC. "Ele foi projetado para alcançar um equilíbrio difícil entre os interesses dos Estados e as instituições centrais, incluindo a vontade nacional e a local."

Fonte: G1

Sistematizando a Era Trump com as principais ações:

- Plano de Segurança Nacional dos EUA: Em dezembro de 2017, o governo estadunidense anunciou o Plano de Segurança Nacional. Com o lema "EUA em primeiro lugar", o plano chama a atenção na abordagem feita a algumas nações. No documento, China e Rússia são tratadas como rivais políticas, militares e econômicas (tratados no documento como "poderes revisionistas"). Além disso, o plano retirou o aquecimento global da lista de ameaças, além de fortalecer o ataque à imigração ilegal. O plano é pautado em quatro pilares: proteger a pátria, promover a prosperidade americana, demonstrar a paz através da força e promover a influência dos EUA em um mundo cada vez mais competitivo. A Coreia do Norte é tratada como um país "desonesto".

- Em outubro de 2017, os EUA anunciaram a saída da Unesco (Organização das Nações Unidas para a Educação, a Ciência e a Cultura (Unesco). Os EUA reduziram substancialmente suas contribuições em dinheiro para a Unesco em 2011, em protesto contra a decisão de permitir o ingresso pleno dos palestinos na entidade. Na época, o financiamento norte-americano equivalia a pouco mais de 20% das verbas totais da Unesco, a primeira agência da ONU em que os palestinos buscaram integração como membro total. EUA, Canadá e Alemanha votaram contra o ingresso dos palestinos. Brasil, Rússia, China, Índia, África do Sul e França, entre outros, votaram a favor. O Reino Unido se absteve. Israel classificou a saída dos EUA como o "início de uma nova era" (Portal G1).

- Veto migratório e as acusações de xenofobia: Um dos pontos mais comentados desde a corrida presidencial travada entre Donald Trump e Hillary Clinton, foi a questão migratória. A política migratória de Trump trouxe desafios diplomáticos e gerou a necessidade de explicações mais agudas sobre a real intencionalidade. Em dezembro de 2017, a Suprema Corte dos EUA garantiu uma vitória ao presidente Donald Trump, ao permitir que entrasse plenamente em vigor seu veto migratório a pessoas de seis países de maioria muçulmana enquanto as disputas legais continuam em andamento em cortes inferiores.

  O ato significou que foram proibidas de entrar nos EUA pessoas vindas do Irã, Líbia, Síria, Iêmen, Somália e Chade. Cortes inferiores tinham antes delimitado que o veto era válido somente para pessoas sem parentes morando nos Estados Unidos ou outras conexões já estabelecidas com o país. O veto de Trump também incluiu pessoas da Coreia do Norte e alguns funcionários do governo da Venezuela, mas as cortes inferiores já tinham autorizado essas determinações a entrar em vigor. Trump emitiu seu primeiro veto migratório tendo como alvo diversos países de maioria muçulmana em janeiro de 2017, depois lançou uma versão revisada em março, quando o primeiro foi bloqueado por cortes federais. O segundo expirou em setembro de 2017, após uma longa batalha judicial e foi substituído pela versão atual (Portal G1).

- Também em dezembro de 2017, os Estados Unidos anunciaram sua retirada de um Pacto Mundial da ONU sobre proteção de migrantes e refugiados, por considerá-lo "incompatível" com a política migratória americana. Em setembro de 2016, os 193 membros da Assembleia Geral da ONU haviam adotado por unanimidade a Declaração de Nova York para os refugiados e os migrantes, que prevê a melhoria do gerenciamento internacional das crises migratórias, com apoio, recebimento e ajuda para o retorno de migrantes e refugiados.

- QUESTÃO: Qual a grande vitória de Donald Trump no primeiro ano de mandato? RESPOSTA: a grande vitória se deu no âmbito da Reforma Tributária. Em dezembro de 2017, assinalando a maior vitória de Donald Trump junto ao legislativo, a Reforma Tributária foi aprovada. Sancionada em pelo presidente estadunidense, a reforma foi considerada uma importante vitória da banca republicana. O texto destina-se principalmente a reduzir impostos sobre as empresas, diminuindo suas contribuições para o Tesouro de 35% para 21%, e as grandes rendas, com a criação de sete novos tipos de pagamento de impostos para indivíduos. De acordo com o cálculo elaborado pelo Escritório independente de Orçamento do Congresso (CBO), a reforma promovida pelos republicanos somará US$ 1,45 trilhões ao déficit nacional dos Estados Unidos na próxima década. Outro destaque é a redução de imposto sobre herança: a reforma dobra o atual número livre de impostos sobre as heranças, que passa de US$ 5,5 para US$ 11 milhões para os indivíduos e de US$ 11 a US$ 22 milhões para os casamentos. A reforma foi a de maior impacto dos últimos 30 anos nos EUA. Além da redução de impostos, os republicanos incluíram aspectos ainda mais controversos dentro da sua reforma tributária. Por um lado, revoga a obrigação de todos os cidadãos de ter um seguro de saúde que esteja incluído na legislação de saúde atual, conhecida como Obamacare; por outro, autoriza pela primeira vez as prospecções de gás e petróleo numa parte do Refúgio Nacional de Vida Selvagem do Ártico.
- Donald Trump e os atletas americanos: Em setembro de 2017, o presidente Donald Trump comprou briga com jogadores de dois dos esportes mais populares dos Unidos. A guerra de Donald Trump contra estrelas do futebol americano - o esporte mais assistido do país deu pontapé a mais uma polêmica envolvendo Trump. Num discurso, Trump criticou jogadores que, antes de cada partida, se ajoelham durante o hino nacional. É um protesto contra a desigualdade racial e contra a violência da polícia em comunidades negras. O presidente afirmou que o gesto é um desrespeito à bandeira americana. Xingou a mãe dos jogadores e disse que eles deveriam ser demitidos. A reação foi imediata. Em estádios de todo o país, mais de 200 atletas e donos de times protestaram. Muitos se ajoelharam. Outros, de pé, deram os braços, como o astro Tom Brady. Três times nem saíram do vestiário durante o hino nacional. Trump também comprou briga com jogadores de basquete. Ele cancelou o convite para que o time campeão da NBA visitasse a Casa Branca, como é tradição, porque ficou irritado com Stephen Curry, o astro dos Golden State Warriors, que havia dito que não queria participar do evento. Isso levou um outro grande nome do basquete, LeBron James, a chamar Trump de "vagabundo" numa rede social, completando: "costumava ser uma honra ir à Casa Branca, até você aparecer". (Portal G1).
- Em agosto de 2017, movimentos neonazistas organizaram protestos contra a retirada de estátuas em homenagem a heróis da Guerra de Secessão, que, entre 1861 e 1865, opôs estados do norte e do sul em torno, principalmente,

da questão escravagista. Donald Trump foi criticado por opositores e setores do seu próprio partido, o Republicano, por demorar a condenar o episódio. Quando o fez, o presidente criticou a violência "dos dois lados". Grande parte dos manifestantes supremacistas brancos declaravam apoio ao presidente. Naquele momento, LeBron James e outro jogador de basquete, Kevin Durant, também campeão com o Golden State Warriors e eleito o melhor jogador das finais da NBA, já criticavam o presidente.

- "O presidente americano, Donald Trump, mobilizou seus advogados para impedir a publicação de um livro sobre o seu primeiro ano na Casa Branca, e que motivou o dramático rompimento público com o ex-estrategista-chefe da Casa Branca, Steve Bannon, em meio a um escândalo. Em nome de Trump, um escritório de advocacia enviou uma carta de 11 páginas ao autor e ao editor do livro "Fire and Fury: Inside the Trump White House" ('Fogo e Fúria: Dentro da Casa Branca de Trump', numa tradução livre), solicitando a suspensão da publicação e distribuição do volume. A obra deveria chegar ao mercado na primeira quinzena de janeiro de 2018, mas por conta deste escândalo se tornou o livro com maior volume de compra antecipada no site da Amazon. O livro, que já teve trechos divulgados, se baseia em cerca de 200 entrevistas com funcionários oficiais e mostra uma Casa Branca imersa em uma caótica e permanente guerra interna ao longo de 2017. Na carta, os advogados do presidente afirmam que "o senhor Trump exige que seja interrompida e evitem qualquer publicação, divulgação, ou distribuição do livro" e, além disso, pede que os responsáveis publiquem "uma retratação plena e completa, bem como um pedido de desculpas". (Portal G1).
- De fato, em 2018 a aproximação entre as Coreias tem como grande agente intermediador o governo de Donald Trump (inicialmente, um encontro entre o líder norte coreano e o presidente dos EUA até havia sido planejado. Porém, alguns entraves impossibilitaram a realização na data projetada inicialmente). Outro ponto relevante para o ano de 2018 é o reconhecimento de Jerusalém como capital de Israel, o que resultou em uma série de conflitos na região. E por fim, a retirada dos EUA do Acordo Nuclear com o Irã. Nota-se uma linha de retrocesso na integração com algumas nações, colocando em xeque a ideia de globalização e estabelecendo um patamar de "desglobalização", retrocesso da integração entre as nações.

CAPÍTULO XIII

RECORTES DO CENÁRIO ATUAL: DOSSIÊ DE ATUALIDADES

A variedade de discussões no âmbito atual demonstra uma densidade e um volume de informações incomensurável. Alguns fatos noticiados exigem maior debruçar para o entendimento e desmembramento dos detalhes, assim como outros partem de pressupostos simplistas e reducionistas, o que tende a facilitar o entendimento. Realmente, esgotar os acontecimentos é algo improvável e utópico, ainda mais na atual dimensão de ampla disseminação de conteúdos. A velocidade no trânsito das informações permite que uma série de acontecimentos seja absorvida em caráter simultâneo. Entretanto, é possível fixar alguns fatos de modo isolado, buscando a compreensão essencial. Veja alguns tópicos reunidos abaixo:

1. RELIGIÃO EM PAUTA

- O Papa Francisco e o Patriarca da Igreja Ortodoxa Russa, Kirill, se reuniram em Havana, Cuba, em fevereiro de 2016. O histórico encontro aconteceu após a cisão entre a **Igreja Católica Apostólica Romana e a Igreja Católica Apostólica Ortodoxa** (fato ocorrido em 1054 com o Grande Cisma do Oriente). De acordo com especialistas, o encontro sugere uma reunião de forças para edificar a **luta contra o crescimento de visões extremistas** e, consequentemente, o ataque aos símbolos católicos.
- As igrejas Católica Apostólica Romana e Católica Ortodoxa Russa se separaram no século 11, quando o **líder cristão em Constantinopla** (antiga capital do Império Romano do Oriente, hoje Istambul, na Turquia) e o **líder da igreja em Roma**, o atual papa da Igreja Católica, se **excomungaram mutuamente**. A disputa se deu por diferenças teológicas e dogmáticas.
- O medo da extinção dos católicos em regiões marcadas por conflito – Oriente Médio e África – e a queda do número de fiéis, possibilitou uma **articulação entre as duas posições dogmáticas**. Um dos exemplos que incomoda ambos líderes é a série de ataques aos monumentos cristão, principalmente na Síria.
- Outro fato que chama a atenção é que **Cuba tem apresentado papel estratégico na diplomacia internacional e na equação de diferenças históricas.**

Além do encontro dos líderes das duas igrejas, foi em **Cuba que o acordo das FARC com o governo colombiano** avançou, assim como, pela primeira vez em 88 anos, um presidente estadunidense pisou em solo cubano fortalecendo o descongelamento das relações diplomáticas entre os países.

- Em junho de 2016, o papa Francisco foi notícia internacional por conta de um posicionamento a respeito dos homossexuais. O pontífice disse que os **cristãos e a Igreja Católica Romana devem procurar o perdão de homossexuais** pela forma como eles foram tratados. O papa disse ainda que a Igreja deve **pedir perdão pela forma como tratou as mulheres, por fazer vista grossa ao trabalho infantil e pela "benção a tantas armas"** no passado.
- Segundo reportagem divulgada por jornal italiano em maio de 2018, o papa Francisco teria supostamente orientado os bispos a examinarem cuidadosamente admissões ao sacerdócio e rejeitar todos aqueles em que pese a suspeita de serem gays. O Vaticano não se posicionou sobre o fato. Em documento publicado em 2005, à época do Papa Bento XVI, o Vaticano declarou que a Igreja poderia autorizar o sacerdócio no caso de seminaristas que claramente haviam superado suas tendências homossexuais por no mínimo três anos. Mas a admissão de homossexuais e seminaristas com tendências enraizadas nesse sentido, e daqueles que apoiavam a cultura gay deveria ser barrada. Em 2005 o Papa Bento XVI escreveu que a homossexualidade era "uma tendência forte na direção de um comportamento intrínseco ruim do ponto de vista moral".
- Em maio de 2018, os noticiários divulgaram sobre o julgamento por abuso sexual que um cardeal, ex conselheiro do papa irá responder na Austrália. George Pell conseguiu um feito inédito, já que nunca na história da Igreja um cardeal havia sido julgado por esse crime. George chegou a ocupar a secretaria de Economia do Papa Francisco. Os crimes teriam sido cometidos nas décadas de 70 e 80, se repetindo pelos anos de 1990.
- Em maio de 2018, o líder máximo da Igreja Católica, papa Francisco, demonstrou preocupação com a escalada da violência na Nicarágua. Até o início de maio, mais de 60 pessoas já haviam morrido em confrontos. Uma reforma da Previdência que elevava a contribuição de empregados e patrões e reduzia o valor dos benefícios deflagrou a onda de protestos, no dia 18 de abril de 2018, liderada por estudantes universitários. O governo suspendeu a reforma no dia 22 de abril e apelou ao diálogo para se chegar a um novo projeto, convidando a Igreja católica e setores privados, que solicitaram a inclusão dos estudantes nas negociações.
- Outra área do globo que tem aparecido nos discursos do papa Francisco é a Síria. Não seria diferente dessa vez. O papa Francisco disse se sentir "profundamente preocupado" com "a incapacidade" de se chegar a uma ação comum destinada à paz na Síria. A fala do papa Francisco aconteceu após a ofensiva coordenada por Estados Unidos, França e Reino Unido contra alvos

militares na Síria em represália ao suposto ataque com armas químicas em Duma por parte do regime de Bashar al Assad.

- Desde 2013 no comando da Igreja Católica, o papa Francisco é uma figura adotada por líderes de religiões das mais variadas do globo. O argentino Jorge Bergoglio tornou-se então o 266º pontífice da Igreja Católica. Assumindo em um cenário de intensas polemicas, a maior dificuldade do líder católico é ligar com escândalos sexuais que envolvem personagens religiosos ligados à Igreja.
- Em fevereiro de 2018, a Conferência Nacional dos Bispos fez o lançamento da Campanha da Fraternidade. Para 2018, o tema escolhido trata a questão da violência – uma das maiores problemáticas do contexto brasileiro e que acaba por influenciar diferentes espaços da vida social. "Fraternidade e superação da violência" foi o tema escolhido da campanha. A ministra do Supremo Tribunal Federal, destacou a importância do Judiciário no enfrentamento da violência.
- Em fevereiro de 2018, o Papa Francisco reconheceu um milagre atribuído à intercessão da madre Clélia Merloni (1861-1930) na cura de um médico em Ribeirão Preto, interior de São Paulo, em 1951. A notícia foi divulgada pelo site oficial de notícias do Vaticano. O decreto deve ajudar no processo de beatificação da madre, italiana fundadora do Instituto das Apóstolas do Sagrado Coração de Jesus, com representações no Brasil. A causa foi aberta pela Santa Sé em 1988.
- Sempre engajado nas principais discussões contemporâneas, o papa Francisco alertou sobre o atual medo que os jovens têm de não ser aceitos pelo que são e que muitos estão se tornando obsessivos em receber "curtidas" nas redes sociais. Outra temática atual abordada pelo papa Francisco foi a disseminação de notícias falsas ("fake news"). "Notícias falsas são um sinal de atitudes intolerantes e hipersensíveis e levam apenas a difusão de arrogância e ódio. Esse é o resultado final da mentira", disse Francisco no documento "A verdade irá libertá-lo --notícias falsas e jornalismo para a paz", que foi o 1º elaborado pelo papa sobre o assunto.
- Durante viagem ao Peru, em janeiro de 2018, o pontífice chegou a tratar a corrupção como "vírus social". O fato curioso é que assistia a fala do papa Francisco o então presidente do país Pedro Pablo Kucinski que havia se livrado de um processo de impeachment no final de 2017, acusado de receber propina (PPK, como era chamado, acabou renunciando ao posto em abril de 2018).

2. ACORDO TRANSPACÍFICO

- Inicialmente, o Acordo Transpacífico reunia **12 países**, cerca de **40% do PIB – Produto Interno Bruto – mundial**. O Tratado Transpacífico (TPP, na sigla em inglês), integrava as economias: **Estados Unidos, Japão, Austrália, Brunei, Canadá, Chile, Peru, Malásia, México, Nova Zelândia, Cingapura e Vietnã.**

- Entretanto, em uma de suas primeiras ações como presidente dos EUA, em 2017, o presidente dos EUA, Donald Trump, retirou sua nação do acordo. O grande objetivo do acordo é a redução de tarifas entre as nações, estimulando o comércio. Dentro da linha protecionista da Era Trump, o acordo traria mais prejuízos do que benefícios para o país.
- Em março de 2018, o Tratado Integral e Progressista de Associação Transpacífico (TPP, na sigla em inglês), um dos maiores acordos comerciais do mundo que abrange 498 milhões de pessoas e 13% da economia global, foi assinado em Santiago do Chile por 11 países da bacia do Oceano Pacífico. Após a saída dos EUA do acordo, o tratado ficou conhecido como TPP11.

3. ÍNDICE DE DESENVOLVIMENTO HUMANO E A QUALIDADE DE VIDA

- O IDH – Índice de Desenvolvimento Humano – é um dos parâmetros utilizados para **entender a qualidade de vida de um país**. Ainda que seja pautado em critérios que estabelecem "médias" (por exemplo a questão da renda), o ranking dos países direciona o entendimento sobre as realidades mais diversificadas.
- Os dados são divulgados anualmente pelo Programa das Nações Unidas para o Desenvolvimento (Pnud). Os dados mais recentes (até o fechamento desta edição- maio de 2018) são de 2015 e apontam variáveis que preocupam (apesar de que alguns aspectos demonstram avanço nos últimos anos). O Brasil se manteve no 79º lugar no ranking que abrange 188 países, do mais ao menos desenvolvido.
- Nos últimos dois anos (2014 e 2015), o Brasil manteve o índice de 0,754. Na América do Sul, alguns países vizinhos ao Brasil apresentaram índices de desenvolvimento humano melhores. O Chile, por exemplo, ficou em 38º lugar, com IDH 0,847; a Argentina, em 45º lugar (IDH 0,827); o Uruguai, em 54º lugar (IDH 0,795); e a Venezuela, em 71º lugar (IDH 0,767). No Mercosul, o único abaixo do Brasil no ranking é o Paraguai, no 110º lugar (IDH 0,693). O país se enquadra naqueles com desenvolvimento humano "médio", segundo a ONU. Outros países vizinhos, como Equador (IDH 0,739) e Colômbia (IDH 0,727), ficaram nas posições 89 e 95, respectivamente.
- Na América Central, também há países melhores classificados do que o Brasil. Cuba, por exemplo, está no 68º lugar (IDH 0,775); Trinidad e Tobago, no 65º lugar (IDH 0,780); e Barbados, na 54ª posição (IDH 0,795).
- Entre os Brics, grupo formado por Brasil, Rússia, Índia, China e África do Sul, o país está atrás somente da Rússia, no 49º lugar (IDH 0,804). Na sequência, entre os países do grupo, aparecem China, no 90º lugar (IDH 0,738, excluída Hong Kong); África do Sul, na 119ª posição (IDH 0,666); e Índia, no 131º lugar (IDH 0,624).

4. MISSÃO DA PAZ NO HAITI E A IMPORTÂNCIA DA ONU

- Em setembro de 2017 o Brasil anunciou o encerramento da missão de paz no país que foi arrasado por um terremoto em 2010. Depois de mais de uma década no país, o Brasil deve ser substituído pelo Canadá – país que demonstrou interesse junto a ONU (Organização das Nações Unidas). A própria Organização das Nações Unidas reconheceu que a transição democrática garantiu a sustentação para que as tropas brasileiras deixassem o país.
- Em abril de 2018, o Brasil anunciou desistir de participar da missão de paz na República Centro-Africana. Foram solicitados cerca de 750 militares, mas a alegação do Brasil é a falta de fundos para a participação. A ONU contava com a presença de tropas brasileiras e chegou a avisar que não tinha plano B, ou seja, não cogitava ocupar a região com tropas de outro país. Agora, terá que procurar outro parceiro. Em novembro de 2017, Jean-Pierre Lacroix, chefe das operações de manutenção de paz da ONU, declarou publicamente que a experiência do Brasil no Haiti seria importante para a missão na África. A guerra civil na República Centro-Africana fez com que meio milhão de pessoas se refugiassem em países vizinhos, segundo a Agência da ONU para Refugiados (ACNUR). Em janeiro de 2018, o Comitê Internacional da Cruz Vermelha (CICR) afirmou que metade da população necessitava de ajuda humanitária.
- Ainda em se tratando da Organização das Nações Unidas, em março de 2018, o Brasil antecipou sua candidatura ao posto de membro rotativo do Conselho de Segurança da ONU. Tradicionalmente, as regiões chegam a um consenso sobre um candidato para um período de dois anos no Conselho. O governo hondurenho iria se candidatar à vaga destinada a países da América Latina e do Caribe para o biênio 2022-2023, mas abriu mão para o Brasil, que antes se candidataria para o período entre 2033-2034. O Conselho de Segurança da ONU, composto por 15 membros, tem 5 integrantes permanentes e com poder de veto sobre as decisões do colegiado -- Estados Unidos, Reino Unido, França, Rússia e China. Os 10 membros restantes são rotativos e as vagas são divididas entre as regiões do globo. A última vez em que o Brasil ocupou um assento no órgão foi entre 2010 e 2011. Vale destacar que há alguns anos, o Brasil cogitava a possibilidade de conquistar uma vaga como membro permanente (fato que já era questionado por especialistas da área de segurança, já que os atuais membros permanentes apresentam grande evolução no setor).

5. SITUAÇÃO CARCERÁRIA NO BRASIL

- O sistema penitenciário brasileiro suscita várias discussões. A capacidade de ressocialização, as condições estruturais, a possibilidade de aplicar penas alternativas, a periculosidades dos indivíduos, dentre outros aspectos são avaliados por estudiosos da segurança pública há anos. Para tal entendimento descritivo, os dados são importantes.

- Segundo o Levantamento Nacional de Informações Penitenciárias, realizado pelo Departamento Penitenciário Nacional (Depen) e divulgado em dezembro de 2017, o Brasil conta com mais de 726 mil presos (em junho de 2016) – o que nos coloca como a 3ª maior população carcerária do planeta (atrás apenas de EUA e China). Com a análise dos dados atualizados, nota-se uma elevação considerável da população carcerária brasileira (o Brasil dobrou o número de presos em onze anos).
- Cerca de 40% são presos provisórios, ou seja, ainda não possuem condenação judicial. Mais da metade dessa população é de jovens de 18 a 29 anos e 64% são negros. De acordo com o relatório, 89% da população prisional estão em unidades superlotadas. São 78% dos estabelecimentos penais com mais presos que o número de vagas. Comparando-se os dados de dezembro de 2014 com os de junho de 2016, o déficit de vagas passou de 250.318 para 358.663.
- Ainda que a questão seja um problema de ordem nacional, algumas localidades apresentam situações realmente emergenciais (o que pode ser explicado por rebeliões recentes – tanto no início de 2017 como no início de 2018, rebeliões aconteceram em diferentes estados brasileiros). A taxa de ocupação nacional é de 197,4%. Já a maior taxa de ocupação é registrada no Amazonas: 484%.
- Os crimes relacionados ao tráfico de drogas são os que mais levam pessoas às prisões, com 28% da população carcerária total. Somados, roubos e furtos chegam a 37%. Homicídios representam 11% dos crimes que causaram a prisão.
- O Infopen indicou que 4.804 pessoas estão presas por violência doméstica e outras 1.556 por sequestro e cárcere privado. Crimes contra a dignidade sexual levaram 25.821 pessoas às prisões. Desse total, 11.539 respondem por estupro e outras 6.062 por estupro de vulnerável.
- As maiores taxas de presos jovens, com menos de 25 anos, são registradas no Acre (45%), Amazonas (40%) e Tocantins (39%). Levando em conta a cor da pele, o levantamento mostra que 64% da população prisional são compostos por pessoas negras. O maior percentual de negros entre a população presa é verificado no Acre (95%), Amapá (91%) e Bahia (89%). Quanto à escolaridade, 75% da população prisional brasileira não chegaram ao ensino médio. Menos de 1% dos presos tem graduação.
- A população penitenciária feminina também tem se demonstrado uma temática de relevância nos últimos anos. No total, há 45.989 mulheres presas no Brasil, cerca de 5%, de acordo com o Infopen. Dessas prisões, 62% estão relacionadas ao tráfico de drogas.
- Em maio de 2018, o Departamento Penitenciária Nacional (Depen) criticou o Estado de Pernambuco pela "baixa disponibilidade de informações" sobre o sistema carcerário. O último Levantamento Nacional de Informações

Penitenciárias, divulgado em 2017, revelou que o Estado só detalhou a escolaridade de 14% de sua população carcerária, o menor percentual do Brasil. Pernambuco também não informou o total de presos custodiados em carceragens de delegacias, o que pode subnotificar o número total de detentos. O caso se repete no Acre, Espírito Santo, Piauí, Rondônia e Tocantins.

Perfil dos presos em Pernambuco

Faixa etária	Raça, cor ou etnia	Escolaridade
18 a 24 anos: 36%	Brancos: 13%	Analfabetos: 19%
25 a 29 anos: 25%	Negros: 83%	Alfabetizados (sem curso regular): 26%
30 a 34 anos: 15%	Amarelos: 1%	Ensino fundamental incompleto: 34%
35 a 45 anos: 13%	Indígenas: 0%	Ensino fundamental completo: 5%
46 a 60 anos: 8%	Outras: 3%	Ensino médio incompleto: 9%
61 a 70 anos: 2%		Ensino médio completo: 5%
Mais de 70 anos: 0%		Ensino superior incompleto: 1%
		Ensino superior completo: 0%

Fonte: Fonte: Depen/Ministério da Justiça

(https://glo.bo/2GA9Odd)

- Em fevereiro de 2018, o Monitor da Violência do Portal G1, demostrou uma ligeira queda no número de presos provisórios (se comparada aos valores oficiais do Infopen, de dezembro de 2017). Segundo os dados, 34,4% dos presos no Brasil eram provisórios em fevereiro de 2018; em 2017, eram 37,6%. Ainda assim, o déficit de vagas no sistema penitenciário chegava a 279 mil.
- Outro dado relevante diz respeito ao capital humano que lida com a população carcerária. Segundo dados do Monitor da Violência, o Brasil conta com 1 agente penitenciário para cada 7 presos. O Conselho Nacional de Política Criminal e Penitenciária recomenda que haja um agente para cada cinco presos nas unidades prisionais. Em 5 anos, pelo menos 594 agentes ficaram feridos nas prisões; 9 morreram. Pernambuco concentra um total de 20 presos por agente penitenciário (a pior média do país segundo os dados).
- São Paulo, que tem a maior população carcerária do país, com 225,9 mil presos, tem também o maior contingente de agentes, 30,8 mil. Apesar disso, a proporção de presos por agente está acima do recomendado: 7,3.
- Em janeiro de 2018, um motim em um presídio de Goiás resultou na morte de 9 presos. Segundo as investigações, as mortes aconteceram de forma

cruel. A rebelião que deixou 9 mortos e 14 feridos aconteceu por conta de uma briga entre facções criminosas: PCC e Comando Vermelho. No Rio Grande do Norte, o início de 2018 foi marcado pela paralisação da polícia militar e dos bombeiros (fato que teve início em 19 de dezembro de 2017). Os servidores querem o pagamento dos salários de novembro e dezembro e o 13º de 2017 e que o governo não reconheça o movimento como greve, de modo que não haja procedimentos disciplinares contra os militares. Sem policiamento, o estado enfrentou aumento da violência. Foram registradas 101 mortes no período (até início de janeiro). O para atuarem na segurança da região metropolitana de Natal e de Mossoró, segunda maior cidade do RN.

(https://glo.bo/2EMWodK)

6. VIOLÊNCIA ENDÊMICA

- A violência pode ser assistida nos mais variados contextos sociais. Se antes as formas de tipificações criminais aconteciam apenas em grandes centros urbanos, hoje já não é mais assim. A violência tornou-se um fenômeno social de desdobramentos nefastos para a população que, em determinados momentos, acaba por alterar seus hábitos por conta da condição de medo constante.
- Os dados estatísticos ratificam toda a dimensão da violência, assim como os nuances da temática. Segundo dados do Monitor da Violência do Portal G1 (resultado de uma parceria com o Núcleo de Estudos de Violência da USP e o Fórum Brasileiro de Segurança Pública), em 2017, foram mais de 59 mil homicídios – cerca de 1 a cada 9 minutos. Houve um aumento de 2,7% em relação a 2016, quando foram registradas 57.549 vítimas no país (até o fechamento da edição, alguns dados poderiam ser alterados com a revisão de variáveis de alguns estados).

O levantamento revelou que:

- O Brasil teve 59.103 pessoas assassinadas em 2017 (um aumento de 2,7% em relação ao ano anterior)
- A taxa de mortes a cada 100 mil habitantes subiu e está em 28,5
- O número de homicídios e de lesões corporais seguidas de morte cresceu, mas o de latrocínio (o roubo seguido de morte) caiu
- O Ceará é o estado que teve o maior crescimento de mortes tanto em número absoluto (1.677 mortes a mais em um ano) como percentualmente (48,5%)
- O Rio Grande do Norte é o que tem a maior taxa de mortes: 64 a cada 100 mil

Outros dados do G1 mostram a dimensão da violência na contemporaneidade:

- Em média, 12 mulheres são assassinadas diariamente no Brasil.
- Em 2017 foram 4.473 homicídios dolosos, sendo 946 feminicídios, ou seja, casos de mulheres mortas em crimes de ódio motivados pela condição de gênero – o dado revelou um aumento de 6,5% em relação ao ano anterior.
- Rio Grande do Norte foi o que apresentou o maior índice de homicídios contra mulheres: 8,4 a cada 100 mil mulheres
- Mato Grosso foi o estado com a maior taxa de feminicídio: 4,6 a cada 100 mil

Em março de 2018, o portal G1 chegou a divulgar dados sobre o número de homicídios em fevereiro do mesmo ano. Sem contabilizar os dados de 6 estados que não haviam disponibilizados, fevereiro contava com mais de 3 mil homicídios.

No Rio de Janeiro, que assiste uma intervenção federal da Segurança Pública, o cotidiano também tem sido marcado pela violência. Segundo dados do ISP (Instituto de Segurança Pública do Rio de Janeiro), em 2018, a média é de 19 homicídios dolosos por dia. Outros dados com relação ao Rio de Janeiro chamam a atenção:

- Os roubos de celulares aumentaram 80,6% em um ano. Em janeiro de 2018 foram 2.053 aparelhos levados por criminosos. No mesmo mês de 2017 foram 1.137 casos. São 66 casos por dia. Em 2018, foram mais de 8,5 mil celulares roubados apenas entre janeiro e abril, média de 70 por dia. A cada hora, pelo menos dois celulares são roubados – sem contar os que não são notificados à polícia.
- Os números de roubos a lojas também aumentaram. No primeiro mês de 2017 foram 334. Em 2018 foram registradas 596 ocorrências. Um crescimento de 78,4%, com cerca de 19 estabelecimentos comerciais roubados por criminosos diariamente.
- A polícia também conseguiu apreender mais armas. Foram apreendidas 790 armas em janeiro de 2018, contra 748 armas no mesmo mês de 2017. Um aumento de 5,6%, com média de 25 armas apreendidas por dia.
- Uma das grandes preocupações dos últimos anos diz respeito aos roubos de carga (um problema não específico do Rio de Janeiro, mas presente em outras localidades do país). No Rio, a Avenida Brasil é a via com maior número de roubo de cargas do Estado. Nos três primeiros meses de 2018, foram 203 roubos: média de mais de dois por dia. A Via Dutra é segunda rodovia mais procurados pelos criminosos; em terceiro lugar, vem a BR-101.
- Em janeiro e fevereiro de 2018, o Rio de Janeiro registrou mais de 1.700 casos de roubo de cargas. Grande parte desses roubos ocorreu na Zona Norte do Rio e na Baixada Fluminense.
- Outra pauta que tem aparecido com frequência nos noticiários diz respeito ao número de policiais mortos no Rio de Janeiro. Em 2018, um policial foi morto a cada três dias no estado – em menos de 5 meses, foram 50 policiais assassinados. Na maioria dos casos registrados, os PMs estavam fora do horário de serviço, são 32 PMs mortos em dias de folga. Em 2017, 134 policiais militares morreram no Rio: 42% foram vítimas de latrocínio, que são os roubos seguido de morte; e 33% executados. Do total, cerca de 25% dos crimes não foram esclarecidos.
- Por outro lado, a morte por policiais também aparece nos noticiários. Ao menos 154 pessoas foram mortas pelas polícias no Estado do Rio de Janeiro em janeiro de 2018, segundo dados do ISP (Instituto de Segurança Pública) divulgados em fevereiro. O número foi o maior registrado para o período de um mês, nos últimos 15 anos. As mortes provocadas pela polícia fluminense representam cerca de 24% do total das 649 mortes violentas registradas no Estado no mesmo período. Vale destacar a condição de crise do Rio de Janeiro que, desde julho de 2016, decretou estado de calamidade pública.
- Outro ponto problemático com relação ao Rio de Janeiro é o baixo investimento em informação e inteligência policial. Se comparado aos outros estados que disponibilizam dados, em valores, o Rio de Janeiro ocupa a última posição. Em 2017, ano em que foi registrado o maior número de mortes

violentas em oito anos no Rio, foram gastos R$ 2.469,50 na área. Em 2016, o orçamento fluminense previa R$ 10 mil para inteligência e informação, mas nenhuma verba foi utilizada. Em 2015, dado mais recente do anuário do Fórum Brasileiro de Segurança Pública, o Rio destacou R$ 23,5 mil para a área. Trata-se de 55% a menos que o penúltimo colocado, o Tocantins, que gastou R$ 52,5 mil -Distrito Federal, Maranhão, Mato Grosso do Sul, Piauí, Rio Grande do Norte, Rondônia, Sergipe e Santa Catarina não informaram gastos ao Fórum. No mesmo período, São Paulo e Minas Gerais, 1º e 2º colocados no ranking, investiram R$ 366,6 mil e R$ 128,5 mil, respectivamente, em ações de informação e inteligência.

- Em maio de 2018, a Justiça do Rio de Janeiro renovou por mais um ano a permanência do traficante Fernandinho Beira-Mar em presídio federal. Em 2015, Fernandinho Beira-Mar foi condenado a 120 anos de prisão por liderar uma guerra de facções, em 2002, dentro do presídio de segurança máxima Bangu I, no Complexo Penitenciário de Gericinó, na Zona Oeste do Rio. Na ocasião, quatro rivais foram assassinados. Acumuladas, as penas de Beira-Mar chegam a 317 anos de prisão. No site do TJ-RJ, a informação é de que o traficante está presto em Porto Velho – fato não confirmado pela Justiça de Rondônia. Segundo fontes ligadas ao governo do Rio Grande do Norte, Beira-Mar estaria preso no presídio federal de Mossoró – para onde foi transferido em 2017.

Em maio de 2018, o Banco Nacional de Desenvolvimento Econômico e Social (BNDES) aprovou a criação de um programa para investimento em segurança pública disponível a todos os estados brasileiros. Em 2018, o banco prevê a cessão de R$ 5 bilhões. Do total anunciado, R$ 4 bilhões ficarão disponíveis para a compra de equipamentos como viaturas, armas e coletes balísticos. O 1 bilhão restante poderá ser requisitado para ser utilizado em projetos chamados pelo banco de "estruturantes".

O Rio de Janeiro, por exemplo, está inadimplente com o BNDES e só pode solicitar dinheiro para a compra de equipamentos, na linha em que há R$ 4 bilhões. Em abril de 2018, os governos de Pernambuco, Espírito Santo e Santa Catarina, além das prefeituras de Porto Alegre (RS) e Campo Grande (MS), já haviam solicitado recursos para projetos de reaparelhamento das polícias, modernização de delegacias, melhorias em sistemas de monitoramento e inteligência e aumento de vagas do sistema prisional.

Outro episódio que ganhou os noticiários aconteceu em Suzano/SP, em maio de 2018. No dia de uma festa em comemoração ao dia das mães, a cabo da PM Kátia da Silva Sastre, reagiu a um assalto na porta da escola de sua filha e acabou matando o assaltando (registros da câmera do local ganharam as redes sociais e inflaram o debate). A cabo recebeu homenagem do governador do estado de São Paulo, Márcio França. O deputado federal Major Olimpio, presidente do PSL em São Paulo, chegou a fazer um convite à "mãe Policial Militar", cabo Katia da Silva Sastre, de 42 anos, para ser candidata a deputada pelo partido.

Em maio de 2018, a operação da Polícia Federal, Carga Torta II, prendeu integrantes de uma quadrilha especializada em roubos de carga em Goiás e Tocantins.

O Ceará tem acompanhado índices altos da criminalidade. Dessa forma, visando amparar a população de modo efetivo, em maio de 2018, foi sancionada uma lei que cria Superintendência de Pesquisa e Estratégia de Segurança Pública do Estado do Ceará (Supesp), órgão que vai estudar dados de ações criminosas e propor ações de combate à violência no estado – a oposição chegou a criticar a lei pois seria um "cabide de emprego".

A questão das explosões de caixas eletrônicos também se tornou rotineira pelos noticiários brasileiros. A ousadia das quadrilhas já não surpreende: a luz do dia ou ao lado de delegacias, os episódios passaram a receber atenção especial. Dessa forma, em abril de 2018, o presidente Michel Temer sancionou uma lei que aumenta a pena para modalidades de roubo e furtos com o uso de explosivos. A lei também prevê que os bancos devem instalar dispositivos que inutilizem as cédulas dos caixas eletrônicos em caso de explosão.

Em março de 2018, a vereadora do Rio de Janeiro Marielle Franco foi executada na região central da cidade quando voltava de um evento. Além da vereadora, o motorista do veículo, Anderson Pedro Gomes, também foi baleado e morreu. Segundo as investigações da polícia, a vereadora e o motorista teriam sido executados por uma submetralhadora 9mm.

Uma testemunha do caso chegou a afirmar junto à polícia que um vereador e um miliciano estaria associados à morte de Marielle e, consequentemente, do motorista Anderson Pedro Gomes. Segundo a testemunha, o vereador Marcello Siciliano (PHS) e o ex-policial militar Orlando Oliveira de Araújo queriam a morte da vereadora Marielle Franco (PSOL). O vereador Marcello Siciliano afirmou se tratar de uma mentira, um "factoide".

Em maio de 2018, a Câmara de Vereadores do Rio aprovou, em sessão extraordinária, cinco projetos de lei da vereadora Marielle Franco, assassinada no dia 14 de março. Abaixo, os projetos aprovados:

- **Espaço Coruja (PL 17/2017)** – Institui o Espaço Coruja, programa de acolhimento às crianças no período da noite, enquanto seus responsáveis trabalham ou estudam. É também essencial para conquistar igualdade entre homens e mulheres, permitindo que mães com dupla jornada continuem seus estudos ou permaneçam em seus empregos.
- **Dia de Thereza de Benguela no Dia da Mulher Negra (PL 103/2017)** – Inclui no calendário oficial da cidade o Dia de Thereza de Benguela como celebração adicional ao Dia da Mulher Negra, em homenagem à líder quilombola Thereza de Benguela, símbolo de força e resistência.
- **Assédio não é passageiro (PL 417/2017)** – Cria a Campanha Permanente de Conscientização e Enfrentamento ao Assédio e Violência Sexual no município do Rio de Janeiro, nos equipamentos, espaços públicos e transportes coletivos.
- **Efetivação das Medidas Socioeducativas em Meio Aberto (PL 515/2017)** – Prevê que o Município se responsabilize por suas obrigações legais, garantindo

que as medidas socioeducativas do Judiciário sejam cumpridas pelos adolescentes em meio aberto e, eventualmente, dando-lhes oportunidades de ingresso no mercado de trabalho.

- **Dossiê Mulher Carioca (PL 555/2017)** – Cria o Dossiê Mulher Carioca, para auxiliar a formulação de políticas públicas voltadas para mulheres através da compilação de dados da Saúde, Assistência Social e Direitos Humanos do Município do Rio de Janeiro.

Também foi aprovado um projeto de resolução que dá o nome de Marielle Franco à tribuna onde os vereadores discursam. A morte da vereadora gerou forte reação junto à comunidade internacional. Organismos de Direitos Humanos exigem uma busca rápida na identificação dos responsáveis.

O Senado Federal criou o Diploma de Direitos Humanos Marielle Franco. O Diploma Marielle Franco será conferido a quatro personalidades que tenham prestado contribuição relevante à defesa dos Direitos Humanos. A homenagem será realizada anualmente durante as atividades do Dia Internacional dos Direitos Humanos, celebrado em 10 de dezembro. O senador Randolfe Rodrigues sugere que pelo menos uma mulher, um negro ou pardo e uma pessoa jurídica sejam agraciadas em cada edição. A indicação dos diplomados será feita por senador ou por recomendação de mais de 20 mil pessoas. As sugestões serão analisadas por um conselho composto por um integrante de cada partido com assento no Senado, além de quinze representantes de entidades de promoção dos Direitos Humanos.

7. MULHER: DESIGUALDADE, VIOLÊNCIA E A LUTA HISTÓRICA

- Uma das tipificações de violência que mais assusta a população brasileira é a voltada contra a mulher. O país já conta com um aparato jurídico que tenta defender a mulher (Lei Maria da Penha e Lei do Feminicídio). Entretanto, o tema ainda é um grande desafio. Vale destacar que a Lei Maria da Penha completou 10 anos em agosto de 2016. Ainda que essas tipificações criminais tenham evoluído no debate da temática "violência contra a mulher", os números assustam: nos três primeiros meses de 2016, foram cerca de 200 denúncias por dia no país (segundo o Disque Denúncia). A necessidade de adaptação da lei explica os mais de 60 projetos que tramitam no Congresso Nacional, com intuito de promover alterações na lei – ampliando a proteção à mulher brasileira.
- Vale destacar que a Lei Maria da Penha recebeu esse nome por conta da farmacêutica brasileira que lutou para que o ex-marido fosse punido após agressões sequenciais que a deixaram paraplégica.
- A cada dois segundos uma mulher é vítima de violência física ou verbal no Brasil. A cada 1.4 segundo uma mulher é vítima de assédio. Os dados são do Instituto Maria da Penha e usam como base a pesquisa Datafolha encomendada pelo Fórum Brasileiro de Segurança Pública realizada em fevereiro de 2017, em 130 municípios.

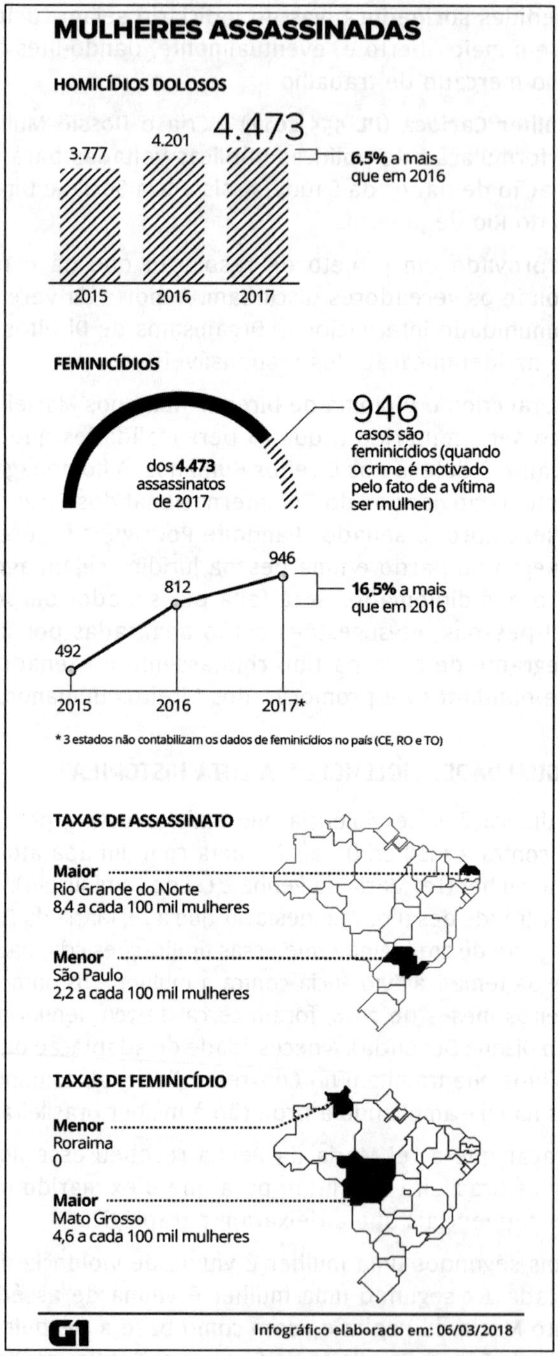

(https://glo.bo/2FnBCBW)

- Na véspera do Dia Internacional da Mulher, dia 7 de março de 2018, o Senado aprovou um projeto de lei que altera a Lei Maria da Penha a fim de criminalizar o descumprimento de medidas protetivas de urgência previstas na legislação. Pela proposta, a pessoa que descumprir uma medida estará sujeita à pena de detenção de três meses a dois anos.
- Entre as medidas protetivas previstas hoje pela Lei Maria da Penha, estão:
  - Afastamento do agressor do lar ou do local de convivência com a vítima;
  - Proibição ao agressor de se aproximar ou entrar em contato com a vítima, seus familiares e testemunhas por qualquer meio de comunicação;
  - Proibição ao agressor de frequentar determinados lugares a fim de preservar a integridade física e psicológica da vítima.
- Atualmente, a Lei Maria da Penha prevê que a autoridade policial poderá adotar as providências legais previstas em caso de descumprimento das medidas. O projeto também prevê que o crime de descumprimento de medida protetiva estará configurado independentemente da competência civil ou criminal do juiz que estabeleceu a medida. Além disso, a conduta configurará crime independentemente de outras sanções que possam ser aplicadas ao agressor.
- Em abril de 2018, o presidente Michel Temer sancionou uma lei que garantiu novas atribuições à Policia Federal – investigar crimes contra mulheres na internet. A lei dá atribuição para a PF de investigar crimes associados à divulgação de mensagens de conteúdo misógino (que propagam ódio ou aversão às mulheres) pela internet. Atualmente, a PF pode atuar em crimes como sequestro, formação de cartel e violação dos direitos humanos quando houver repercussão interestadual ou internacional.
- Em maio de 2018, uma decisão da Justiça do DF concedeu a mulheres transexuais vítimas de ameaça e lesões corporais um direito importante: o de terem os casos julgados na Vara de Violência Doméstica e Familiar contra a Mulher. A decisão autoriza, ainda, a aplicação de medidas protetivas decorrentes da Lei Maria da Penha.
- Outros dados divulgados pelo Conselho Nacional de Justiça (CNJ), chamam a atenção para a temática violência contra a mulher. Uma em cada cem mulheres procurou a Justiça no Brasil para denunciar casos de violência, nos últimos anos (o Brasil tinha 1.273.398 processos abertos até o final de 2017, e apenas 5% deles tiveram algum andamento). Entretanto, apenas 5% dessas denúncias tiveram andamento. A Justiça registrou 388.263 novos processos de violência doméstica em 2017, 16% a mais que em 2016. Por um lado, o resultado se demostra positivo – as mulheres têm recorrido de modo mais intenso à Justiça para combater a violência doméstica. Por outro

lado, é preciso analisar o baixo andamento dos processos, as respectivas justificativas e consequências.

- Uma das consequências da violência doméstica foi retratada por uma pesquisa recente. De acordo com dados de 2016 da Pesquisa de Condições Socioeconômicas e Violência Doméstica e Familiar contra a Mulher (PCSVDF Mulher), cada mulher morta por violência deixa, em média, três órfãos. Desses, cerca de 20% acabam tendo de viver com a família do agressor.
- A nível internacional, o tema também tem destaque. Enquanto a Inglaterra considera violência doméstica violação de um espaço de confiança, na Rússia, homens são autorizados a bater na mulher. Na Rússia, deputados aprovaram uma lei sobre a agressão mútua: namorado ou marido pode bater na mulher uma vez ao ano, e só vai para a cadeia se quebrar os ossos da vítima. A descriminalização da violência doméstica foi aprovada por 385 votos a favor, um contra e uma abstenção.
- Na dimensão econômica, nota-se uma enorme disparidade entre homens e mulheres. Segundo dados divulgados em abril de 2018 pelo IBGE (Instituto Brasileiro de Geografia e Estatística), o salário médio pago às mulheres foi apenas 77,5% do rendimento pago aos homens no Brasil.
    - Apesar de terem os rendimentos médios mais baixos do país, as regiões Norte e Nordeste registram a menor desigualdade salarial entre homens e mulheres no país. No Norte, o salário médio da mulher correspondia a 87,9% do salário do homem em 2017. No Nordeste, a proporção era é 84,5%.
    - Por outro lado, é no Sudeste que a disparidade dos salários é mais acentuada: as mulheres receberam 73,1% do que foi pago aos homens.
    - Segundo documento produzido pela OGN Oxfam, será preciso 217 anos para que mulheres em todo o mundo tenham as mesmas oportunidades de trabalho e salários do que os homens. A estimativa da ONG tem como base um relatório do Fórum Econômico Mundial. Não à toa, 9 a cada 10 bilionários são do sexo masculino. Atualmente, há 2.043 bilionários no planeta.
- A busca pela igualdade entre homens e mulheres é um dos pontos mais debatidos nos últimos tempos. As discrepâncias podem ser observadas em diferentes contextos. Ainda que a população feminina seja maioria no total, o país tem uma proporção menor de mulheres no legislativo federal do que a Arábia Saudita, país onde existe segregação entre os sexos em muitos locais públicos. O problema é ainda maior, países como Jordânia, Síria, Iraque e Emirados Árabes também apresentam uma representação legislativa feminina maior que a do Brasil. Para muitos, avançar nas condições de igualdade é garantir uma representatividade maior das mulheres na dimensão política.
- Em um ranking de 190 países, o Brasil ocupa a 152ª posição em relação ao percentual de parlamentares homens e mulheres na Câmara dos Deputados.

O dado, que consta em uma pesquisa divulgada em março de 2018 pelo Instituto Brasileiro de Geografia e Estatística (IBGE), é monitorado pela Inter-Parliamentary Union – IPU. A organização, com sede na Suíça, tem o objetivo de mediar os contatos multilaterais dos parlamentares dos países.

- Quando levado em consideração apenas o Poder Executivo, a posição no ranking é ainda pior. O Brasil ocupa a 161ª posição no Ranking de Presença Feminina no Poder Executivo, dentre os 186 países analisados pelo Projeto Mulheres Inspiradoras (PMI) – 2018. O ranking é baseado em um índice que sintetiza dados que medem a representatividade feminina nas chefias de governo; a representatividade nas chefias de Estado; o número e a proporção de habitantes governados por mulheres e a proporção de cargos em ministérios ocupados por lideranças femininas. Segundo o ranking atual, os dez primeiros países com presença política de lideranças femininas no Executivo são: Nova Zelândia, Chile, Reino Unido, Suíça, Ilhas Marshall, Myanmar, Islândia, Noruega, Peru e Alemanha. Todos eles tinham mulheres como chefes de Governo, sendo que cinco dessas nações também contam com mulheres chefes de Estado. Mas, mesmo nesses dez países mais bem colocados, a média de mulheres em ministérios é de 28,5%, o que está longe de representar o percentual de mulheres na população mundial, que é de pouco menos da metade do total. De acordo com as Nações Unidas, existem no mundo 101,8 homens para cada 100 mulheres.

- Um dos instrumentos que tentou atrair maior **participação feminina foi a lei 9.504** de 1997, que determinou que "cada partido ou coligação preencherá o mínimo de 30% e o máximo de 70% para candidaturas de cada sexo". Entretanto, ainda que tenha mobilizado mais mulheres para o pleito, não garantiu a eleição de um número maior.

- Em 2015, a **lei 13.165 criou mecanismos para incentivar mulheres no cenário político**, ao determinar que 5% dos recursos do Fundo Partidário devem ser investidos na criação e manutenção de programas de promoção e difusão da participação política das mulheres.

- Em maio de 2018, o Tribunal Superior Eleitoral decidiu que os partidos deverão repassar 30% dos recursos do Fundo Especial de Financiamento de Campanha (FEFC) para candidaturas de mulheres (o Fundo contará com o total de 1,7 bilhão de reais). Vale destacar que, em março de 2018, Supremo Tribunal Federal (STF), por maioria, o limite estabelecido pelo Congresso Nacional em 2015 para a distribuição de recursos do fundo partidário para campanhas de mulheres. Com a decisão, o teto de 15% passará para ao menos 30%, mesma proporção de candidatas que cada partido deve ter.

- De modo geral, o ativismo em defesa da igualdade de gênero tem crescido nos últimos tempos. Em 2015, a Marcha das Margaridas e das Mulheres Negras mobilizou milhares de pessoas em defesa de condições igualitárias. Cerca de 189 países assinaram, há 20 anos, um acordo para discutir e revogar leis que se baseassem em gênero. A plataforma das Nações Unidas chamada Beijing Platform for Action, demonstrou uma tímida evolução.

- No **Sudão**, por exemplo, o casamento acontece apenas se o "guardião legal" permitir. Depois de casada, a mulher transfere sua "guarda" para o marido, devendo satisfazê-la – inclusive, mantendo relações sexuais quando o marido quiser, ainda que não seja de comum acordo. O marido é quem decide ainda qual a profissão será exercida pela mulher. Ainda no Sudão, as mulheres muçulmanas podem receber **chibatas se usarem calça.**
- Outras realidades são tão problemáticas quanto a do Sudão. Na **Nigéria,** o **marido pode bater na esposa para "corrigi-la".** No **Afeganistão,** as mulheres só **saem de casa se o marido permitir. Na República do Congo,** elas só podem assinar contratos, seja para contratar um serviço telefônico ou alugar uma casa, se o **marido estiver presente.** Isso também acontece na **Nicarágua, em Guiné e em Mali.**
- Em **Israel,** apenas os **homens têm o direito ao divórcio.** Outros países definem quais profissões as mulheres podem exercer – é o caso da **China, onde elas não podem trabalhar na mineração.** Na Rússia, a restrição atinge 465 áreas que envolvem esforço físico. Em Madagascar, as mulheres não podem trabalhar à noite, só em "estabelecimentos familiares".
- Nas **Bahamas, um homem pode ter relações sexuais sem consentimento** com sua esposa, se ela for maior de 14 anos. No Líbano, a lei **ignora o crime de estupro quando o agressor pede a mulher em casamento,** mesmo em casos em que o estupro vem combinado com sequestro. Em **Malta, assim como na Palestina,** a **pena do estuprador é diminuída se ele tiver a intenção de se casar** com a vítima, e anulada se o casamento for realizado.

▶ No mês de julho de 2016, a Justiça de São Paulo aceitou a denúncia do Ministério Público de São Paulo (MP-SP) contra o empresário Lírio Parisotto, ex-marido da atriz Luiza Brunet, acusado de agredi-la. Os episódios de violência teriam acontecido em dezembro de 2015, no Brasil, e em maio de 2016, em viagem aos Estados Unidos da América.

▶ Ao longo dos últimos anos, uma série de protestos tomaram conta da indústria do entretenimento, envolvendo escândalos de assédio sexual por parte de diretores, atores, etc. O movimento das mulheres que denunciaram o assédio sexual, conhecido como #MeToo, foi escolhido "personalidade do ano 2017" pela revista norte-americana "Time". "The Silence Breakers" reúne um vasto grupo de pessoas, em sua maioria mulheres, que denunciou as agressões sexuais cometidas pelo megaprodutor hollywoodiano Harvey Weinstein. Outras pessoas seguiram o exemplo compartilhando histórias de abuso com a hashtag #MeToo. O objetivo do grupo é aumentar a conscientização sobre o assédio sexual e o estupro.

- Em janeiro de 2018, o Grammy contou com uma ampla mobilização contra os casos de assédio – artistas utilizaram uma rosa branca para denunciar os escândalos sexuais. Durante o Globo de Ouro, os protestos vieram com o uso de vestidos pretos. Enfim, a mobilização tem sido extremamente ampla e marcante.
- Em maio de 2018, o ator americano Morgan Freeman, de 80 anos, foi acusado por oito mulheres de assédio sexual, que comentaram os episódios em entrevista à CNN.

8. ANIMAIS NO CENTRO DO DEBATE

A discussão com relação à proteção dos animais, seja no âmbito legislativo ou social, sempre se desenha polêmica. Alguns consideram uma negligência tratar dos animais enquanto se esquece de seres humanos em situação de vulnerabilidade, outros sustentam que os problemas não podem ser confundidos. Por isso, alguns acontecimentos recentes propiciaram um debate acerca dos animais.

Em 2015, a morte do **leão Cecil, símbolo do Zimbábue colocou o tema no epicentro.** Na ocasião, o caçador dos EUA, Walter Palmer, acabou matando o animal. De imediato, algumas medidas foram tomadas como reflexo da comoção que o caso gerou. **Empresas aéreas dos EUA proibiram o transporte de troféus de caça.**

Outro caso, dessa vez nos EUA, em 2016, também virou notícia. **Um gorila de um zoológico foi morto após uma criança de 4 anos cair em sua jaula.** Segundo informações, o gorila agarrou a criança (para alguns, como forma de protegê-la, para outros, poderia machucar a criança). Depois de 10 minutos de contato com o gorila de 17 anos, os tratadores tomaram a decisão de matá-lo. Diante de toda a polêmica que o tema envolve, os movimentos de **ativistas tomaram as redes sociais** com petições on-line.

Falando em zoológico, a prefeitura de Buenos Aires, na Argentina, anunciou o **fechamento do Zoológico da cidade**, fundado em 1875. O debate sobre a funcionalidade dos zoológicos nos dias de hoje é real. Os 1,5 mil animais serão retirados do local que se tornará um parque.

Em junho de 2016, também nos EUA, outro acontecimento se tornou notícia. A **morte de um menino de dois anos** no "Grand Floridian Resort and Spa", dentro do grande **complexo da Disney**. Foi o primeiro **ataque mortal de um aligátor** (jacaré americano) nos 45 anos do parque Walt Disney World, no estado da Flórida (EUA).

Em junho de 2016, no Brasil, durante cerimônia de passagem da tocha olímpica na cidade de Manaus, a onça Juma foi abatida, gerando revolta de ativistas Brasil afora. A onça foi morta com um **tiro de pistola após escapar durante transição de**

jaula. Apesar do uso de dardos tranquilizantes, o animal ainda avançou sobre um dos veterinários e acabou sendo abatido, de acordo com o Exército. O Instituto de Proteção Ambiental do Amazonas (Ipaam) aplicou uma **multa de R$ 40 mil ao Exército,** como falha nos procedimentos que levaram à morte da onça-pintada Juma. O dinheiro da multa será destinado ao Fundo Estadual de Meio Ambiente que utiliza os recursos para promover diversas ações ambientais no Amazonas, como compra de equipamentos, recuperação de áreas, degradadas e projetos de fiscalização.

Em julho de 2016, a morte de um toureiro espanhol repercutiu internacionalmente. Víctor Barrio, de 29 anos, mor**reu após ser chifrado no peito por um touro durante uma competição na cidade de Teruel,** em Aragão, na Espanha. O toureiro que atuava desde 2008, foi abatido por um touro de 529 quilos. O fato foi transmitido ao vivo pela televisão espanhola. O último caso de morte de um toureiro no país havia sido o de **José Cubero, o Yiyo, em 1985.** Cerca de **2 mil touradas são realizadas anualmente na Espanha,** mas os números estão diminuindo - após as Ilhas Canárias, a **Catalunha se tornou a segunda região do país a banir a tradição.** A tourada divide opiniões: para alguns, se trata de atos cruéis e bárbaros contra os animais. Para outros, já pode ser considerado um elemento cultural do país.

Em outros momentos da história, os animais estiveram no centro de debate por conta da realização de testes e procedimentos empíricos. Nesse sentido, a lembrança da ovelha Dolly ganha destaque. Em julho de 2018, **a clonagem da ovelha Dolly completará 20 anos.** Quando a clonagem aconteceu, cogitava-se a possibilidade da evolução para os seres humanos. No entanto, 20 anos depois, pouco se avançou nesse quesito. Além disso, o tema envolve a bioética, ponto sempre polêmico. A ovelha Dolly foi o **primeiro mamífero clonado** por meio de uma técnica denominada Transferência Nuclear de Células Somáticas (TNCS).

Em maio de 2018, um projeto de lei sancionado pelo governo do Distrito Federal prevê punições mais duras para quem for flagrado em situações de maus-tratos a animais domésticos e silvestres. A medida altera uma lei de 2007, e entrará em vigor a partir da publicação no Diário Oficial. Com a nova legislação, o fiscal pode aplicar multas de até 40 salários mínimos aos infratores, ou o correspondente a mais de R$ 38 mil. O novo texto também define com mais clareza os critérios para identificar uma situação de crueldade aos bichos. Antes, somente eram autuados casos em que animais estivessem com danos físicos – como cortes ou feridas abertas. Agora, são tipificados como maus-tratos os atos que "atentem contra a liberdade psicológica, comportamental, fisiológica, sanitária e ambiental".

Em Campinas, uma lei de 2018 também chama a atenção. O Estatuto dos Animais foi regulamentado nesta terça-feira (17) em Campinas (SP). Com a regulamentação, as equipes da Prefeitura passam a ter poder de fiscalização e de multa sobre crimes de maus-tratos. As autuações vão de R$ 240 a R$ 1,7 mil. Em caso de reincidência, o valor pode chegar a R$ 27 mil. No primeiro momento, a pessoa é notificada e orientada sobre o crime. A multa é aplicada caso a pessoa descumpra o que foi orientado pelas autoridades.

9. CPI DA MERENDA (SÃO PAULO)

- Viver no Brasil é estar acostumado com um escândalo novo a cada dia. Os abusos não têm limite. A intrusão parece infinita. Contudo, **o caso que aconteceu no estado de São Paulo**, envolvendo um amplo esquema de corruptores, acabou assustando a todos.
- Times de futebol questionando por meio de faixas que eram exibidas durante os jogos, alunos ocupando o prédio de escolas pelo estado, petições online e a divulgação midiática – as reações foram adversas, mas o choque era o mesmo.
- A **Operação Alba Branca desmantelou um esquema de fraude na merenda escolar**. As dúvidas cercaram as licitações estaduais e acerca da relação entre prefeituras, políticos e lobistas com a **Cooperativa Orgânica Agrícola Familiar de Cotia (COAF)**.
- Os números apontaram algo ilegal: entre 2014 e 2015, o volume de recursos pagos pelo governo estadual à COAF **saltou de R$ 238 mil para mais de R$ 11 milhões.**
- A ocupação de um **prédio do Centro Paula Souza**, por parte de estudantes, resultou em conflitos judiciais. Um pedido de reintegração de posse fez com que a Força Tática invadisse o local. Entretanto, por decisão judicial, os policiais tiveram que deixar o local por falta de legitimação jurídica do ato. Outras escolas passaram a ser ocupadas.
- Entre os supostos beneficiários do esquema estaria o atual presidente da Assembleia de São Paulo, o deputado Fernando Capez (PSDB). Em fevereiro de 2016, o desembargador Sérgio Rui da Fonseca, do Tribunal de Justiça de São Paulo, decretou a quebra de sigilo bancário e fiscal de Capez. Capez negou participação no esquema que segue em processo de investigação.
- Em maio de 2018, o TJ-SP aceitou a denúncia do Ministério Público contra o ex-presidente da Assembleia Legislativa (Alesp) Fernando Capez (PSDB) por corrupção passiva e lavagem de dinheiro na chamada "máfia da merenda". Com isso, Capez virou réu no caso.

10. TECNOLOGIA

Um dos principais troncos de notícias e acontecimentos é o setor tecnológico. O dinamismo dos acontecimentos e a praticidade dos fatos elevam a necessidade de se atentar para apontamentos específicos.

- A Netflix ultrapassou a Disney e virou a companhia de mídia com maior valor de mercado do mundo.

- A Arábia Saudita vai punir quem espionar o telefone do cônjuge com pena de até um ano de prisão e multa elevada, segundo o Ministério da Informação. A notícia foi divulgada em abril de 2018, estabelecendo um amplo debate no ambiente das redes sociais. De acordo com a rede de TV Al Arabiya, a pena máxima de um ano de prisão e a multa será aplicada se o marido ou a mulher enviar informações obtidas na invasão. Mas se o celular for acessado sem que as informações sejam usadas ou compartilhadas, a penalidade pode ser uma advertência de um juiz.
- Em março de 2018, um veículo autônomo da empresa Uber, no Arizona, atropelou e matou uma mulher. A investigação tenta desvendar se houve falha no sistema de identificação do veículo.
- Em maio de 2018, uma juíza federal de Nova Iorque destacou que o presidente dos EUA, Donald Trump, viola a Constituição a bloquear usuários do Twitter. No caso, a juíza destacou que há uma violação da liberdade de expressão, um princípio constitucional.
- Em maio de 2018, o Facebook criou um portal destinado ao público jovem, repleto de orientações sobre como usar melhor os seus serviços. O grande objetivo é educar os jovens para que os espaços virtuais se tornem extremamente seguros. Outra curiosidade de destaque é que a palavra "youthquake" foi eleita palavra do ano pelo dicionário de Oxford, em 2017. Na tradução literal seria o "terremoto jovem", entretanto, a palavra destaca o impacto das transformações sociais, políticas e culturais oriundas das ações dos jovens.
- Em maio de 2018, depois de ser sabatinado por 10 horas pelos deputados e senadores norte-americanos, Mark Zuckerberg, o presidente-executivo do Facebook, esteve no Parlamento Europeu para esclarecer como a rede social trata os dados de seus usuários e qual é o impacto de seu funcionamento sobre o processo eleitoral entre os 28 países da União Europeia. A maior rede social do mundo passa por um forte escrutínio em relação à forma como lida com dados pessoais desde que foi revelado como a consultoria britânica Cambridge Analytica acessou indevidamente os dados de 87 milhões de usuários. Com essas informações em mãos, a firma, que trabalhava para a campanha de Donald Trump à presidência dos Estados Unidos em 2016, criou mecanismos para rastrear o posicionamento político dessas pessoas e conseguir mudá-lo.
- O Facebook removeu 21 milhões de conteúdos que exibiam nudez ou pornografia, além de deletar 583 milhões de contas falsas, no 1º trimestre de 2018. As informações constam no Relatório de Transparência dos Padrões de Comunidade.
- Em maio de 2018, o governo francês proibiu as visitas escolares a lojas da Apple, uma prática promovida pela empresa de tecnologia que suscitou a indignação de pais e profissionais do setor, informou o Ministério de Educação

da França. Segundo fontes do ministério, o motivo desta proibição é que o interesse pedagógico deve "predominar amplamente sobre o interesse comercial". Alguns pais e pedagogos tinham acusado a empresa de utilizar as visitas escolares como uma estratégia de publicidade disfarçada.

- O ano de 2018 representa um grande desafio no que diz respeito ao combate as "Fake News". Um dos espaços de maior proliferação de notícias falsas é o Facebook (assim como o Whatsapp – pesquisa da USP mostra que os grupos de familiares são os grandes propagadores de notícias falsas). Para combater a disseminação de conteúdos falsos, o Facebook anunciou um serviço de verificação de notícias no Brasil. O programa é uma parceria da rede social com as agências de checagem Aos Fatos e Lupa. Segundo o Facebook, a ferramenta de checagem reduziu em até 80% a propagação de notícias consideradas falsas nos Estados Unidos.
- No início de maio de 2018, a rede social Twitter pediu aos seus usuários para alterar suas senhas preventivamente, após ter encontrado uma falha em seu próprio serviço.
- Em abril de 2018, a Rússia anunciou o bloqueio do aplicativo Telegram. A justificativa é o fato do aplicativo se recusar em conceder a chave de criptografia de segurança. Segundo dados de empresas do setor, o Telegram conta com mais de 9,5 milhões de usuários na Rússia. Uma série de manifestações tomou conta das ruas de Moscou contra a ampla vigilância da internet. Vale destacar que não foi apenas a Rússia que bloqueou o aplicativo. O poder Judiciário do Irã estabeleceu um pedido de bloqueio alegando que o aplicativo ameaçava a segurança do país – com isso, o aplicativo com mais de 25 milhões de usuários amplamente utilizado durante protestos no início do ano, acabou sendo banido do país.
- Em abril de 2018, o aplicativo Whatsapp anunciou o aumento da idade mínima para utilização na União Europeia (de 13 para 16 anos).
- Em 2014, o Facebook anunciou a compra do aplicativo WhatsApp por US$ 22 bilhões. Em fevereiro de 2016, o aplicativo contabilizou um total de 1 bilhão de usuários (fato comemorado pelo próprio Mark Zuckerberg, presidente-executivo e cofundador do Facebook).
- Ainda que tenha toda sua praticidade acompanhada por grande parte da população, o WhatsApp foi pivô de alguns enfrentamentos judiciais no Brasil. No mês de julho de 2016, a juíza Daniela Barbosa, da 2ª Vara Criminal de Duque de Caxias, ordenou que **todas operadoras bloqueassem o app no Brasil** – na ocasião, a ação foi a terceira que obrigava a suspensão por mecanismo judicial. Novamente, a acusação é que o aplicativo se recusava a fornecer informações solicitadas para uma investigação criminal. De fato, a vida virtual se vê cada vez mais presente na vida do cidadão. Para isso, é preciso cautela e responsabilidade na conduta com relação ao mundo

virtual. Em janeiro de 2018, o Tribunal de Justiça de Minas Gerais (TJMG) determinou que uma mulher pagasse R$ 2 mil a um homem por tê-lo chamado de "advogado de porta de cadeia" e "advogado de meia tigela" em um grupo de WhatsApp.

- A justificativa do aplicativo se construiu, mais uma vez, a partir da demonstração de sua tecnologia. O WhatsApp afirmou não ter os conteúdos das mensagens trocadas - o aplicativo usa a **criptografia "end-to-end"**, na qual só as pessoas que participam do bate-papo podem ler o que é escrito nele. Especialistas apontam que esse modelo de aplicativo acaba criando um terreno fértil para práticas criminosas, visto que garante a impunidade e facilita as operações ilegais. Por outro lado, a justificativa é que qualquer outra facilidade do conteúdo das mensagens soaria como violação de privacidade.
- A discussão com relação ao aplicativo não é exclusiva do Brasil. Em países como **Arábia Saudita, Irã, Reino Unido e Bangladesh**, a discussão já aconteceu e, em alguns, o aplicativo foi suspenso. **Na Síria,** por exemplo, desde 2012 **o aplicativo está suspenso.**
- Em junho de 2017, o Conselho Nacional de Justiça liberou a utilização do aplicativo Whatsapp para intimação judicial. O uso do aplicativo é facultativo às partes que voluntariamente aderirem aos termos de uso. Segundo o CNJ, a norma também prevê a utilização da ferramenta apenas para a realização de intimações e exige a confirmação do recebimento da mensagem no mesmo dia do envio; caso contrário, a intimação da parte deve ocorrer pela via convencional.
- Em dezembro de 2017, o Ministério da Educação da França anunciou que a partir do próximo ano letivo (setembro de 2018), fica totalmente proibido o uso de smartphones para alunos do ensino fundamental (1º ao 9º ano). Além disso, o governo também prepara um projeto de lei que irá proibir a abertura de contas nas redes sociais aos menores de 16 anos sem a autorização expressa dos pais. De fato, trata-se de uma decisão polêmica de ampla repercussão pelo território francês.
- Em janeiro de 2018, o governo equatoriano anunciou ter concedido nacionalidade ao australiano Julian Assange – fundador do site Wikileaks. Assange responde na Suécia por crimes sexuais. Assange usou o WikiLeaks para publicar, a partir de 2009, centenas de milhares de documentos do Departamento de Estado e das Forças Armadas americanas sobre violações cometidas nas guerras do Iraque e do Afeganistão e sobre instrumentos de espionagem em grande escala contra autoridades e cidadãos ao redor do mundo. Vivendo na embaixada do Equador em Londres, em março de 2018, Assange teve o acesso aos meios de comunicação cortados por violar acordo – ele acabou opinando sobre assunto de outros países.

- A internet é uma realidade cada vez maior no Brasil e no mundo. Ainda assim, algumas áreas carecem de maior acesso e / ou estrutura para tal. O ano de 2015 contabilizou a marca de **20 anos da internet no Brasil**. Foi no dia **1º de maio de 1995 que a Embratel passou a oferecer o serviço de modo geral** (visto que antes era restrito a universidades e órgãos públicos).
- Segundo dados do IBGE (Instituto Brasileiro de Geografia e Estatística), o Brasil fechou 2016 com 116 milhões de pessoas conectadas à internet, o equivalente a 64,7% da população com idade acima de 10 anos. As informações são da Pesquisa Nacional por Amostra de Domicílios Contínua (Pnad C). O celular continua a ser o principal aparelho para acessar a internet no Brasil. Em 2016, o eletrônico era usado por 94,6% dos internautas, à frente de computadores (63,7%), tablets (16,4%) e televisões (11,3%).
- Ainda que 64,7% da população brasileira tenha declarado acessar a internet, há 63,3 milhões de pessoas que se mantêm off-line. Três a cada quatro dessas pessoas disseram que o que as afasta é não saber usar ferramentas online ou não ter interesse nisso. O serviço ser caro era a justificativa dada por 14,3% dos desconectados.

11. POLÍTICA NACIONAL E SEUS DESDOBRAMENTOS

O tronco temático "política" é bastante envolvente e dinâmico. De certa forma, várias são as amarrações da política com o cenário da justiça no Brasil (infelizmente, notamos a pauta inserida mais vezes como "crimes a serem investigados" do que qualquer outra coisa). Por isso, abaixo alguns dos principais acontecimentos:

- Um pedido de impeachment contra o governador de Minas Gerais Fernando Pimentel se encontra suspenso temporariamente (até o fechamento da edição, existia um rito para o pedido, mas esse se encontrava suspenso). O pedido de impeachment tem como origem um provável crime de responsabilidade: o texto que será discutido diz que o governador cometeu crimes ao não repassar R$ 300 milhões ao orçamento do Legislativo. Além disso, Pimentel é acusado de dever R$ 20 milhões a advogados do estado. A denúncia também afirma que o governo vem atrasando salários do funcionalismo público, o que violaria a Constituição Federal.
- Em maio de 2018, em meio a tantos escândalos políticos que escandalizaram a população brasileira, a ministra do Supremo Tribunal Federal disse que a corrupção é um crime que mata. "A corrupção é crime. É um crime não apenas contra uma pessoa, mas contra toda sociedade. É um crime com consequências danosas e que mata. O dinheiro que foi para a corrupção não vai para a saúde. O dinheiro que foi para a corrupção de maneira criminosa não vai para a educação. Sem educação, nós não temos a transformação da sociedade. Não há política legítima convivendo com a corrupção. Na política,

nós temos que combater primeiro a corrupção, que às vezes é sistêmica em determinados sistemas. E que torna ilegítimo e que torna, portanto, antidemocrática tanto a estrutura de poder quando a dinâmica do poder", disse a presidente do STF.

- Em maio de 2018, de modo unânime, o deputado do Progressistas, Paulo Maluf foi condenado por falsidade ideológica. Ele foi condenado a dois anos e nove meses de prisão domiciliar. Maluf é acusado de omitir dados na prestação de contas da campanha de 2010. Maluf está em prisão domiciliar, condenado a sete anos e nove meses por lavagem de dinheiro quando era prefeito de São Paulo. Ele chegou a ficar preso em Brasília, mas em março conseguiu benefício por questões de saúde. Por causa desse mesmo crime, Maluf responde a um processo de cassação do mandato no Conselho de Ética da Câmara.
- A pulverização ideológica com relação aos partidos políticos pode ser explicada pela **quantidade de partidos**. Para alguns, essa possibilidade amplia o caráter democrático de encaixe da população. Para outros, o fato simplesmente dificulta o progresso real dos debates políticos. O Brasil conta com **35 partidos políticos aptos a concorrer ao pleito eleitoral de 2018** (até a data de fechamento da edição). A realidade partidária varia de país para país: na **Argentina, são 37 partidos representados em 257 cadeiras**; na França, são 14 partidos e 577 cadeiras; Reino Unido são 13 partidos e 649 cadeiras; Chile são 9 partidos e 120 cadeiras; México são 9 partidos e 500 cadeiras; Rússia são 4 partidos e 450 cadeiras; **EUA são 2 partidos e 434 cadeiras**; Cuba, apenas 1 partido e 612 cadeiras. Fontes: Honorable Cámara de Diputados de la Nación (Argentina), Câmara dos Deputados (Brasil), U.S. House of Representatives (EUA), Camara de Diputados de Chile (Chile),Asamblea Nacional del Poder Popular (Cuba), Assemblée Nationale (França), Cámara de Diputados (México), UK Parliament (Reino Unido), The Levada Center of Moscow (Rússia) e TSE (Tribunal Superior Eleitoral) – Portal "Nexo Jornal".
- No Brasil, entre 2012 e 2015, conseguiram registro junto ao Tribunal Superior Eleitoral os seguintes partidos: Partido Novo, Rede Sustentabilidade, PMB (Partido da Mulher Brasileira), Solidariedade, Partido Republicano da Ordem Social (PROS) e Partido Ecológico Nacional (PEN). Segundo dados divulgados pelo Tribunal Superior Eleitoral, em janeiro de 2018, 73 partidos estariam em processo de formação. Em março de 2018, o Partido Muda Brasil teve o registro negado pelo TSE por não cumprir os dispositivos burocráticos. Depois de adquirida a personalidade jurídica, o partido em formação deve conseguir o apoio mínimo de eleitores não filiados a outros partidos políticos, o que deverá ser comprovado no prazo de dois anos, entre outras regras. De acordo com o parágrafo 2º do artigo 7º da Resolução TSE nº 23.465, o apoio mínimo deve corresponder a, pelo menos, 0,5% dos votos dados na última eleição geral para a Câmara dos Deputados (aproximadamente 500 mil), não

computados os votos em branco e os nulos, distribuídos por um terço, ou mais, dos estados, com um mínimo de 0,1% do eleitorado que haja votado em cada um deles. O apoio mínimo deve ser obtido mediante assinaturas de eleitores – não filiados a partidos políticos – em listas ou formulários de acordo com os modelos disponibilizados pela Justiça Eleitoral.

- Um dos personagens mais polêmicos do cenário político brasileiro, Jair Bolsonaro, se tornou réu por suposta prática de apologia ao crime e por injúria – essa foi a decisão do Supremo Tribunal Federal (STF) ao abrir duas ações penais contra o deputado Jair Bolsonaro (PSC-RJ). Em 2014, Bolsonaro afirmou, na Câmara e em entrevista a um jornal, que a deputada Maria do Rosário (PT-RS) não merecia ser estuprada porque ele a considera "muito feia" e porque ela "não faz" seu "tipo". Primeira Turma da Corte entendeu, por quatro votos a um, que além de incitar a prática do estupro, Bolsonaro ofendeu a honra da colega. Somente o ministro Marco Aurélio Mello foi contra a abertura das ações penais. Os ministros Luiz Fux, Edson Fachin, Rosa Weber e Luiz Roberto Barroso votaram favor de que Bolsonaro se torne réu. Reforça-se que qualquer divergência ideológica, aproximando ou se distanciando da visão do deputado, não se faz hábil para a descrição da informação. Dessa forma, o recorte se preocupa com o que foi notícia, e não com posicionamentos individuais. Em junho de 2016, o Conselho de Ética da Câmara instaurou processo disciplinar sobre o deputado federal Jair Bolsonaro (PSC-RJ) para apurar se ele quebrou o decoro parlamentar ao reverenciar o coronel reformado Carlos Alberto Brilhante Ustra, reconhecido como torturador pela Justiça, durante a votação do processo de impeachment de Dilma Rousseff. Reconhecido pela Justiça brasileira como torturador no período da ditadura militar (1964-1985), Ustra, que morreu aos 83 anos em 2015, foi apontado como algoz por dezenas de perseguidos políticos. Em abril de 2018, a Procuradoria Geral da República apresentou uma denúncia pelo crime de racismo contra o deputado federal. A acusação contra Jair Bolsonaro é referente a supostas ofensas proferidas por ele contra a população negra e indivíduos pertencentes às comunidades quilombolas, durante palestra no Clube Hebraica, no Rio de Janeiro, em abril de 2017. O crime de racismo é inafiançável e imprescritível, sujeito à pena de reclusão de 1 a 3 anos mais multa. Na denúncia, Dodge pede que Bolsonaro pague R$ 400 mil por danos morais coletivos.

- Em maio de 2016, a Câmara Municipal de Campinas tornou o deputado federal Jair Bolsonaro (PSC-RJ) **"persona non grata" em sua cidade natal**. Em entrevista ao jornal "Correio Popular", o parlamentar chamou os vereadores da cidade de "otários" e "desocupados". Bolsonaro fez sua carreira política no **Rio**, mas nasceu e estudou parte de sua vida em Campinas, no interior de **São Paulo**.

- A prisão de um profissional da Polícia Federal ganhou as redes sociais e viralizou na versão de "memes". O japonês da federal, Newton Ishii, condenado por **facilitação do contrabando, ficou conhecido por sua atuação na Operação Lava Jato.** Inicialmente, Newton Ishii cumpre a pena de quatro anos e dois meses de prisão, em regime domiciliar – **com tornozeleira eletrônica, com uma série de restrições impostas. Em fevereiro de 2018, foi publicada a aposentadoria de Newton Ishii.**
- Desde 2010, o uso das tornozeleiras eletrônicas é permitido – após legislação específica. Nos últimos seis anos, cerca de 19 mil pessoas passaram a carregar o objeto de cerca de 200 gramas em volta de um dos tornozelos. São quatro as empresas que atuam no mercado e estabelecem concorrência, mas a de maior destaque, a Spacecom, que abarca 90% das licitações, cresceu 296% entre 2011 e o fim de 2015. Em dezembro de 2017, foi sancionada uma lei no Paraná obrigando os presos a pagarem pelas tornozeleiras eletrônicas após a utilização. De acordo com o projeto, os presos que receberem o benefício da soltura com a tornozeleira deverão pagar os custos do equipamento e da manutenção antes que ele seja instalado. A lei ainda garante que quem for beneficiado com a lei da assistência judiciária ficará livre do pagamento.

O trecho retirado do portal "O Globo" – G1, faz um panorama bem parametrizado sobre o cenário político nacional:

> Desde que começou há mais de quatro anos, a Operação Lava Jato já investigou mais de cem políticos de 14 partidos; dez políticos já viraram réus no Supremo, ou seja, foram denunciados pelo Ministério Público Federal e as denúncias foram aceitas pelo STF.
>
> Cinco são deputados federais: José Otávio Germano, Luiz Fernando Faria e Nelson Meurer, do Progressistas; Vander Loubet, do PT; e Aníbal Gomes, do MDB; e cinco senadores: Romero Jucá e Valdir Raupp, do MDB; Gleisi Hoffmann, presidente do PT; Agripino Maia, do Democratas; e Fernando Collor de Mello, do PTC.
>
> Também há outras denúncias apresentadas pela Procuradoria-Geral da República contra 20 políticos. Esses políticos denunciados aguardam decisão do Supremo, que pode arquivar ou transformá-los em réus: os deputados Aguinaldo Ribeiro, Arthur Lira, Eduardo da Fonte, José Otávio Germano, Luiz Fernando Faria e Nelson Meurer, do Progressistas; Vander Loubet e José Mentor, do PT; Lucio Vieira de Lima, do MDB; e os senadores Edison Lobão, Fernando Bezerra Coelho, Garibaldi Alves, Jader Barbalho, Renan Calheiros, Romero Jucá e Valdir Raupp, do MDB; Benedito de Lira e Ciro Nogueira, do Progressistas; Gleisi Hoffmann, do PT; e Aécio Neves, do PSDB.
>
> Até hoje, três anos depois de os primeiros pedidos de investigação da Lava Jato chegarem ao Supremo, nenhum político foi condenado. Mas dois processos estão se aproximando do fim: um contra a senadora Gleisi Hoffmann, do PT, e outro contra o deputado Nelson Meurer, do Progressistas. O Supremo vai decidir se condena ou absolve esses dois parlamentares nos próximos meses.
>
> Mas há outros casos de políticos no Supremo que não fazem parte da Operação Lava Jato, como o do senador Renan Calheiros, que responde por peculato. O

processo envolveu o pagamento de despesas pessoais de uma filha dele que teriam sido cobertas por uma empreiteira.

O deputado Paulo Maluf, do Progressistas, foi condenado pelo Supremo recentemente por desvio de verbas de uma obra feita em São Paulo durante a gestão dele como prefeito da cidade nos anos 1990. Ele chegou a ficar preso e agora está em prisão domiciliar.

Em outro caso, o deputado Celso Jacob, do MDB, está preso cumprindo pena de sete anos de prisão.

E outro político, o ex-senador Luiz Estevão, só está preso hoje porque o ministro dias Toffoli determinou o cumprimento imediato da pena. Foi uma decisão que ele tomou apenas a três horas do momento em que o crime seria prescrito, ou seja, não fosse isso Luiz Estevão estaria livre sem possibilidade de ser punido.

No Superior Tribunal de Justiça, há nove governadores investigados e três denunciados.

O governador de Minas Gerais, Fernando Pimentel, do PT, é réu por corrupção na Operação Acrônimo. O ex-governador de Santa Catarina Raimundo Colombo, do PSD, foi denunciado por caixa dois na Lava Jato.

O ex-governador de Goiás Marconi Perillo, do PSDB, foi denunciado por corrupção passiva numa operação que investiga contratos do governo estadual.

O governador do Rio Grande do Norte, Robinson Faria, do PSD, é alvo de investigação em um desdobramento da Operação Anteros, pelos crimes de usura, peculato, organização criminosa e lavagem de dinheiro.

Geraldo Alckmin, do PSDB, que renunciou ao cargo de governador de São Paulo para se candidatar, é alvo de um inquérito por suspeita de caixa dois.

E há pedidos para investigar outros governadores.

Além disso, o ex-ministro das Cidades Mário Negromonte, do Progressistas, afastado do Tribunal de Contas da Bahia, é réu no STJ por suposto recebimento propina, numa acusação da Lava Jato.

O presidente Michel Temer também é alvo de investigações, inquéritos e denúncias. Ele está sendo investigado no Supremo em dois inquéritos: um que apura a suspeita de que um decreto assinado por ele beneficiou empresas que atuam no porto de Santos e outro que tenta apurar o repasse de dinheiro da Odebrecht para integrantes do PMDB.

Além disso, as duas denúncias que estão paradas por decisão da Câmara voltam a andar no dia 1º de janeiro, ao fim do mandato de Temer.

Quando o político perde o foro privilegiado, o processo vai para a Justiça de primeira instância. Em Brasília, vários políticos como Eduardo Cunha e Geddel Vieira Lima, os dois do MDB, tiveram seus casos transferidos para a 10ª Vara Federal. Geddel foi preso depois que a PF descobriu mais de R$ 50 milhões em um apartamento em Salvador.

Na Justiça Federal de Brasília correm também outros processos contra o ex-presidente Luiz Inácio Lula da Silva, como o que investiga a compra de caças da

Força Aérea e a suspeita de fazer tráfico de influência para ajudar a Odebrecht a conseguir uma obra em Angola.

Em outros estados, a Lava Jato alcançou políticos sem foro privilegiado. É o caso do Paraná.

No Paraná

Onze políticos foram investigados no Paraná, todos já são réus na Lava Jato. Um dos políticos investigados na Lava Jato em Curitiba virou delator: Pedro Corrêa, ex-deputado feral pelo PP, está em prisão domiciliar.

Seis políticos cumprem prisão preventiva. Quatro de deles foram condenados em segunda instância, mas ainda têm recursos pendentes: André Vargas, ex-deputado federal que era do PT; Luiz Argolo, ex-deputado federal que foi do PP e do Solidariedade; Gim Argello, ex-senador que foi do PTB; Eduardo Cunha, ex-deputado federal do MDB e ex-presidente da Câmara.

Antonio Palocci, ex-deputado federal e ex-ministro que era do PT, foi condenado em primeira instância.

Aguardam julgamento em liberdade: José Dirceu, ex-deputado federal e ex--ministro do PT, que espera o julgamento de recursos na segunda instância - ele chegou a ser preso preventivamente, mas conseguiu um habeas corpus no Supremo Tribunal Federal; e Solange Almeida, ex-deputada federal pelo MDB - o processo dela está em andamento na primeira instância e, nesse processo, o ex-deputado Eduardo Cunha também é réu.

Os processos contra políticos na Lava Jato do Paraná levaram em média seis meses e nove dias meses da denúncia até a condenação pelo juiz Sérgio Moro.

Os casos do Rio

As investigações sobre corrupção no Rio chegaram aos principais palácios do poder e aos homens que, nas últimas duas décadas, comandaram o Executivo e o Legislativo do estado. Todos políticos do MDB.

Sérgio Cabral, o ex-governador do Rio por dois mandatos, é considerado o chefe de uma organização criminosa pelo Mistério Público Federal. Cabral é réu em 22 processos da Lava Jato na Justiça Federal.

Foi condenado em cinco na primeira instância, por crimes como corrupção, lavagem de dinheiro e evasão de divisas. As penas somadas chegam a cem anos de cadeia.

Ele está preso há um ano e meio. Em janeiro foi transferido para Curitiba por causa de denúncias de regalias no presídio do Rio.

Um dos maiores aliados dele também é réu na Lava Jato. Jorge Picciani, do MDB, foi seis vezes presidente da Assembleia Legislativa.

Jorge Picciani, Paulo Melo e Edson Albertassi são acusados de corrupção, lavagem de dinheiro e organização criminosa. Como todos são deputados estaduais, o processo está no Tribunal Regional Federal da 2ª Região.

Picciani foi preso em novembro de 2017, mas saiu da cadeia em março, depois que conseguiu um habeas corpus no Supremo Tribunal Federal (STF). Ele está em prisão domiciliar. Os outros dois deputados, Paulo Melo e Edson Albertassi, estão presos na cadeia de Benfica, na Zona Norte do Rio.

O Ministério Público Federal diz que os três deputados são parte da mesma organização criminosa de Sérgio Cabral, que desviou centenas de milhões de reais dos cofres do Rio de Janeiro.

(http://g1.globo.com/jornal-nacional/noticia/2018/04/fila-de-politicos-que-tem-contas-para-acertar-com-policia-ou-justica-e-longa.html) – Acesso em maio de 2018.

- Em maio de 2018, o ex-governador de Minas Gerais, Eduardo Azeredo (PSDB) se entregou em uma delegacia de Belo Horizonte. Eduardo Azeredo (PSDB) foi condenado a 20 anos de prisão pelos crimes de peculato e lavagem de dinheiro no mensalão tucano; prisão foi determinada após último recurso na segunda instância ser rejeitado no TJMG. A condenação em primeira instância havia acontecido em 2015.
- Outro ex-governador preso é o do estado do Amazonas. José Melo (Pros), preso desde o final de 2017 é suspeito de se beneficiar de um esquema que teria desviado mais de R$ 110 milhões dos cofres do estado e cassado por compra de votos com dinheiro público. A Operação que resultou na prisão do ex-governador foi denominada pela Polícia Federal de Operação Custo Político. Em abril de 2018, o portal UOL noticiou que mesmo preso, o ex-governador recebe uma pensão especial de R$15 mil mensais.
- Outro estado que assiste um ambiente de caos na dimensão política é o Rio de Janeiro. Com personagens políticos recentes detidos ou respondendo a processos, o Estado assiste uma escalada da violência que acabou resultando na intervenção federal na área da Segurança Pública. O ex-governador Sérgio Cabral, preso há mais de 1 ano, foi transferido de presídio no Paraná para Bangu, no Rio de Janeiro – com a determinação do juiz Sérgio Moro, não foram utilizadas algemas na transferência. A transferência para o presídio do Paraná aconteceu por conta de denúncias de regalias do ex-governador no presídio de Benfica, no Rio de Janeiro.
- Após ter o último recurso negado, ex-ministro José Dirceu se entregou à polícia para cumprir pena de 30 anos e 9 meses, fruto da Operação Lava Jato. Os crimes atribuídos ao ex-ministro são corrupção passiva, organização criminosa e lavagem de dinheiro. Em outro processo da Operação Lava Jato, José Dirceu ficou preso no Paraná entre agosto de 2015 e maio de 2017. À época, ele conseguiu no Supremo Tribunal Federal (STF) um habeas corpus para responder ao processo em liberdade, mas com monitoramento por tornozeleira eletrônica. A pena de Dirceu é a segunda maior da Lava Jato até o momento – Renato Duque (ex-diretor de Serviços da Petrobras) foi condenado a 43 anos de prisão.

- Em abril de 2018, o senador Aécio Neves prestou depoimento em Brasília à Polícia Federal. O senador do PSDB foi ouvido em inquérito que apura se ele recebeu dinheiro de construtoras para beneficiar empresas na obra de usina hidrelétrica em Rondônia. Também em abril, o senador Aécio Neves se tornou réu no Supremo por supostos crimes de corrupção passiva e obstrução de justiça. Por unanimidade, os cinco ministros da turma (Marco Aurélio Mello, Luís Roberto Barroso, Luiz Fux, Rosa Weber e Alexandre de Moraes) admitiram a abertura de processo por corrupção e, por 4 votos a 1, por obstrução de Justiça – neste caso, o único voto contrário foi o de Alexandre de Moraes.
- O então PMDB mudou de nome em uma tentativa de oxigenar a imagem política frente a tantos pormenores do contexto brasileiro. A ação foi concretizada em dezembro de 2017, quando a letra "p" de partido desapareceu, deixando o partido com o nome: MDB – Movimento Democrático Brasileiro. Em maio de 2018, o partido anunciou seu pré-candidato à presidência da República, o ex-ministro da Fazenda Henrique Meirelles.
- Um dos pontos que será histórico para as provas de atualidades é o processo de impeachment da então presidente Dilma Rousseff. A votação do impeachment na Câmara dos Deputados representou um grande espetáculo para muitos, enquanto outros consideraram o processo e os motivos elementos coerentes. Segundo dados levantados pelo portal de notícias G1 na época, foram 58 menções a Deus nas falas de 50 deputados federais (quase 10% da Casa). A palavra 'família' também foi bastante proferida assim que teve início a votação (mais de 110 vezes). Os filhos foram utilizados como justificativa para o voto por 72 parlamentares, que também fizeram homenagens a pais, esposas e netos. O termo 'golpe' foi utilizado 96 vezes. O ex-presidente Lula foi citado por 14 deputados (seis favoráveis ao impeachment e oito contrários ao procedimento). A palavra "democracia" foi proferida 110 vezes. Trabalhadores (do campo, da indústria, da cultura, sem-terra e desempregados) foram lembrados pelo menos 30 vezes. Povo (248), respeito (108), corrupção (65) e esperança (57) também marcaram parte dos discursos durante a votação.
- Segundo informação publicada em abril de 2018 pelo jornal Folha de S. Paulo, a ex-presidente Dilma Rousseff (PT) tentará uma vaga no Senado Federal pelo estado de Minas Gerais (no caso, tende a enfrentar o senador Aécio Neves – caso não exista nenhuma interrupção da justiça).
- O documentário de Maria Augusta Ramo sobre o processo de impeachment da então presidente Dilma Rousseff – "O processo" - entrou no top 3 de melhor documentário escolhido pelo público do Festival de Berlim. O filme ficou em terceiro lugar na mostra Panorama, a segunda mais importante do evento. Em Portugal, o documentário também chegou a ter destaque.

- Em outubro de 2017, a operação da Lava Jato chamada de Unfair Play levou à cadeia Carlos Arthur Nuzman, presidente do Comitê Olímpico Brasileiro (COB) e do Comitê Rio 2016. Detido por 15 dias, conseguiu a liberdade após decisão de Justiça. Em fevereiro de 2018, a justiça manteve as medidas cautelares de Nuzman, o que garante a liberdade mas impede a saída do país. Nuzman é suspeito de comprar votos no Comitê Olímpico Internacional para que o Rio de Janeiro fosse escolhido sede da Olimpíada de 2016 – a defesa dele nega e diz que os fatos são "injustamente" imputados ao cliente. Uma semana depois da prisão ele renunciou ao comando do COB. Ao substituir a prisão do ex-presidente do COB, o STJ determinou as seguintes medidas cautelares:
  - Entrega do passaporte;
  - Proibição de deixar o Brasil;
  - Proibição de deixar o Rio de Janeiro (a não ser com autorização judicial);
  - Proibição de contato com outros investigados.
- Além disso, Nuzman foi proibido de acessar sedes ou filiais de entidades esportivas e de exercer qualquer atividade no Comitê Rio 2016 e no COB. Também foi determinado o comparecimento de Nuzman mensalmente perante à Justiça.
- A série "O mecanismo", idealizada pela Netflix, dirigida por José Padilha e estreada por Selton Mello, ganhou destaque entre o público brasileiro. Narrando as investigações da operação Lava Jato, a série chegou a ser aclamada por críticos, mas também criticada.
- Um dos episódios de maior repercussão no cenário internacional foi a prisão do ex-presidente Lula. Um ponto importante para abordar a temática é que, em uma prova de atualidades, o examinador nunca cobrará o viés ideológico / partidário do tema. Por isso, é importante considerar os aspectos descritivos:
  - O ex-presidente Luiz Inácio Lula da Silva (PT) se entregou à Polícia Federal (PF) e foi preso após ficar dois dias na sede do Sindicato dos Metalúrgicos do ABC, em São Bernardo do Campo. Ele estava no edifício no Centro da cidade do ABC quando o juiz Sérgio Moro expediu mandado de prisão.
  - Com a prisão, Lula se tornou o primeiro ex-presidente da história preso por crime comum. Outras prisões envolvendo ex-presidentes já haviam ocorrido, mas por motivação política.
  - Lula foi condenado em duas instâncias da Justiça no caso do triplex em Guarujá (SP), na praia das Astúrias, no Edifício Solaris. A pena definida pela 8ª Turma do Tribunal Regional Federal da 4ª Região (TRF-4) foi de 12 anos e 1 mês de prisão, com início em regime fechado, por corrupção passiva e lavagem de dinheiro – na ocasião, os três desembargadores

votaram de modo unânime (inclusive, aumento a pena que anteriormente era de 9 anos e 6 meses).

- O juiz Sério Moro vetou o uso das algemas.
- Um dos entraves para o ano de 2018 diz respeito à possível candidatura de Luiz Inácio Lula da Silva à presidência da república. O tema deve voltar a ser debatido pelas instâncias responsáveis por conduzir o pleito eleitoral (TSE).
- A defesa do ex-presidente tentou novos pedidos de liberdade junto às instâncias – fato não atendido (no caso do STJ, houve negação do pedido de liberdade).
- Segundo decisão, Lula não tem a obrigatoriedade de usar uniforme e nem teve que raspar a cabeça – isso se dá pelo fato do ex-presidente não estar em um uma unidade prisional, mas sim na superintendência da Polícia Federal.
- Em maio de 2018, o Comitê de Direitos Humanos da ONU rejeitou a solicitação da defesa do ex-presidente Luiz Inácio Lula da Silva para que este órgão ditasse uma medida cautelar a seu favor para evitar que fique preso até o exaurimento de todos os recursos jurídicos.
- O ex-senador Eduardo Suplicy, atual vereador de São Paulo, teve a visita ao ex-presidente Lula barrada. Leonardo Boff, filósofo e teólogo, também encontrou dificuldades em uma primeira tentativa, mas conseguiu a visita posteriormente.
- Em maio de 2018, o ministro Edson Fachin, do Supremo Tribunal Federal (STF), autorizou a inspeção de uma comissão de deputados federais à carceragem da Superintendência da Polícia Federal em Curitiba.
- Em maio de 2018, o Partido dos Trabalhadores chegou a anunciar a pré-candidatura do ex-presidente Lula à presidência do país. Apesar de Lula estar inabilitado para disputar a presidência, o PT anunciou que no dia 15 de agosto oficializará a candidatura do ex-governante e disse que tentará reverter essa situação com recursos perante o Tribunal Superior Eleitoral.
- Em maio de 2018, atendendo a um pedido do MBL – Movimento Brasil Livre – a Justiça retirou do ex-presidente seguranças, motoristas e assessores pagos pela União. Por ser ex-presidente, Lula tinha à disposição um total de seis servidores públicos –quatro seguranças e dois assessores pessoais –, além dos dois motoristas. Entretanto, ainda me maio de 2018, a Justiça reverteu tal decisão "devolvendo" os benefícios para o ex-presidente.

- O então prefeito de São Paulo, João Doria, garantiu proteção policial a ex-prefeitos, até um ano após o fim do mandato, por meio de um decreto publicado no Diário Oficial em março de 2018. O benefício se estende também a cônjuge e filhos do ex-mandatário, pelo mesmo período. João Dória Jr é pré-candidato ao governo do estado de São Paulo.
    - Em janeiro de 2018, foi sancionada uma lei pelo então prefeito de São Paulo, João Dória, proibindo os alimentos embutidos na merenda escola de São Paulo. Lei proíbe alimentos embutidos, salsichas, salames, linguiças, mortadelas e chouriços no cardápio das crianças e adolescentes das escolas públicas de São Paulo.
    - Também em janeiro de 2018, a Prefeitura de São Paulo sancionou lei que prevê sinalização especial em portões eletrônicos de casas, condomínios e comércios da cidade. A ideia é deixar a entrada e saída de carros dos prédios e casas mais previsível para quem está andando na calçada e evitar atropelamentos. De acordo com a regulamentação, os portões não poderão ultrapassar o alinhamento do prédio, invadindo a área da calçada. Os condomínios e proprietários de imóveis têm seis meses para fazer as mudanças. Após tal prazo, se for flagrado ainda irregular, o dono receberá uma intimação para fazer as adaptações. Caso siga sem fazer, a multa será de R$ 250. A gestão municipal ainda não definiu quem vai fiscalizar os portões da capital.
    - Em fevereiro de 2018, o então prefeito de São Paulo tornou lei o projeto do vereador Fernando Holiday (Democratas) que pune com multa de R$ 1.500 o flanelinha que coagir ou ameaçar motorista na cidade de São Paulo.
- Em abril de 2018, Dória renunciou ao cargo de prefeito de São Paulo e Bruno Covas assumiu o comando, tornando-se o prefeito mais jovem da cidade desde a redemocratização. Bruno Covas é advogado formado pela Faculdade de Direito do Largo São Francisco (USP) e economista formado pela PUC.
- Em maio de 2018, prefeito Bruno Covas (PSDB) sancionou o projeto de lei que proíbe soltar fogos de artifício barulhentos dentro do município de São Paulo. Também ficou proibida a fabricação e uso de quaisquer artefatos pirotécnicos com efeito sonoro ruidoso. Em caso de descumprimento, a multa prevista é de R$ 2 mil. O valor da multa será dobrado na primeira reincidência e quadruplicado a partir da segunda nas infrações cometidas dentro de um período inferior a 30 dias.
- Em dezembro de 2017, o ministro do Supremo Tribunal Federal, Gilmar Mendes, concedeu habeas corpus para libertar Anthony Garotinho – ex governador do Rio de Janeiro. Na ocasião, o ministro Gilmar Mendes também mandou soltar Antônio Carlos Rodrigues, presidente do PR, que tinha sido

alvo da mesma operação. Outras decisões polêmicas do ministro Gilmar Mendes ganharam os noticiários:

- Adriana Anselmo, mulher do ex-governador do Rio de Janeiro Sério Cabral, foi beneficiada com a prisão domiciliar após decisão do ministro Gilmar Mendes. Na ocasião, o ministro disse levar em consideração que Adriana Anselmo é mãe de dois filhos, com 11 e 14 anos.
- O ministro Gilmar Mendes, do Supremo Tribunal Federal (STF), proferiu decisão liminar (provisória) proibindo, em todo o país, a realização de conduções coercitivas para interrogar investigados. O ministro considerou que esse procedimento é inconstitucional. A condução coercitiva, frequentemente utilizada nas operações como a Lava Jato, é prevista no Código de Processo Penal, em vigor desde 1941. Determina que se um acusado não atender à intimação para o interrogatório ou qualquer outro ato, o juiz poderá mandar a polícia conduzi-lo à sua presença. Em geral, o investigado é liberado após o depoimento.
- Gilmar Mendes também suspendeu nesta segunda o inquérito que tramita no STJ (Superior Tribunal de Justiça) contra o governador do Paraná, Beto Richa (PSDB). Richa responde por corrupção passiva, lavagem de dinheiro e falsidade ideológica eleitora (a decisão tem caráter provisório – vale acompanhar tal discussão).
- Junto com Dias Toffoli, o ministro Gilmar Mendes protagonizou uma decisão das mais polêmicas em 2017. Ambos ministros votaram pela revogação da prisão preventiva do empresário Marco Antônio de Luca, detido desde junho por suspeita de pagar propina ao ex-governador do Rio de Janeiro Sérgio Cabral (PMDB) em troca de contratos com o Estado. Ele foi preso na Operação Ratatouille, desdobramento da Lava Jato no Rio de Janeiro.
- Em novembro de 2017, a Assembleia Legislativa do Rio de Janeiro (Alerj) ganhou os noticiários após votação que determinou a soltura dos deputados Jorge Picciani, presidente da Casa, Paulo Melo e Edson Albertassi. A votação foi acompanhada do lado de fora por protestos. Os parlamentares da Alerj foram presos preventivamente no dia 16 de novembro de 2017, por determinação da Justiça Federal, sob a suspeita de terem recebido propina de empresas de ônibus. Os fatos são investigados na Operação Cadeia Velha, da Polícia Federal. Entretanto, uma nova decisão dos desembargadores do TRF 2ª região, levou os deputados à prisão no final de novembro de 2017. Os deputados estaduais da Assembleia Legislativa do Rio de Janeiro aprovaram em dezembro de 2017, em primeira discussão, a proposta de emenda à Constituição Estadual que determina repasse de duodécimos às universidades, a PEC 47. Foram 56 votos sim e nenhum contrário. A discussão será retomada.

- Em outubro de 2017, pela segunda vez, a Câmara de Deputados conseguiu rejeitar denúncia da Procuradoria Geral da República contra o presidente Michel Temer. Na segunda ocasião, a denúncia era de obstrução de justiça e organização criminosa. Em agosto, a vitória do presidente Michel Temer havia sido mais ampla (12 votos a mais que na segunda denúncia), sendo que o arquivamento se deu em denúncia sobre corrupção passiva. Com a segunda vitória no Congresso, além de Temer, os ministros Eliseu Padilha e Moreira Franco, ambos do PMDB e citados na denúncia da PGR, também ficaram livres de investigação do STF (Supremo Tribunal Federal) – a investigação só pode acontecer na justiça comum quando eles deixarem seus cargos.
- Em setembro de 2017, o Supremo Tribunal Federal decidiu por 6 votos a 5, que o ensino religioso nas escolas públicas pode ter natureza confessional, isto é, que as aulas podem seguir os ensinamentos de uma religião específica. O julgamento ficou empatado até o último momento, sendo decidido pelo voto da presidente do STF, ministra Cármen Lúcia, para quem "pode-se ter conteúdo confessional em matérias não obrigatórias nas escolas [públicas]". Ela considerou não haver na autorização conflito com a laicidade do Estado, conforme preconiza a Constituição, uma vez que a disciplina deve ser ofertada em caráter estritamente facultativo. (Portal EBC Brasil).
- Em novembro de 2017, a então ministra dos Direitos Humanos se envolveu em uma grande polêmica. Luislinda Valois fez um pedido para incorporar seu atual salário com o de desembargadora aposentada, o que lhe garantiria vencimento bruto de R$ 61,4 mil. Em 207 páginas, ela reclamou que, por causa do teto constitucional, só poderia ficar com R$ 33,7 mil do total das rendas. A ministra diz que essa situação, "sem sombra de dúvidas, se assemelha ao trabalho escravo, o que também é rejeitado, peremptoriamente, pela legislação brasileira desde os idos de 1888 com a Lei da Abolição da Escravatura". Após a polêmica, a ministra desistiu da tentativa de acúmulo de salários. Em uma aparição junto ao presidente Michel Temer, a então ministra chegou a afirmar ser "preta, pobre e da periferia". Em dezembro de 2017, a ministra pediu sua desfiliação do PSDB e, em fevereiro de 2018, acabou entregando o cargo de Ministra dos Direitos Humanos.
- Em 2017, o Brasil registrou uma denúncia de violação de direitos humanos contra criança ou adolescente a cada 6 minutos. Ao todo, foram 84.049 casos relatados ao Disque 100, do Ministério dos Direitos Humanos. Na comparação com 2016, a quantidade de denúncias cresceu 7,2%. O número dos casos relacionados a crianças e adolescentes corresponde a 58,91% de todas as 142,6 mil denúncias recebidas pela pasta no EM 2017. O segundo "grupo" mais atingido pelas violações de direitos humanos, de acordo com as estatísticas, são os idosos. Mesmo assim, para cada 2 denúncias com vítimas idosas, há 5 casos relacionados a crianças e adolescentes no Disque 100. Segundo o Ministério dos Direitos Humanos, em 2016, o orçamento era de R$

3,7 milhões. Em 2017 subiu para R$ 4,5 milhões. Para 2018, estavam previstos R$ 6,8 milhões, mas houve um incremento de mais R$ 5 milhões, chegando a um total previsto de R$ 11,8 milhões.

- Em maio de 2018, o Supremo Tribunal Federal (STF) uma regra do Tribunal Superior Eleitoral (TSE) que proíbe o uso de telemarketing para fazer propaganda eleitoral. Fixada em 2014 pelo TSE, a proibição foi contestada no STF pelo Avante. O partido alegou que a norma fere a liberdade de expressão dos candidatos. O julgamento foi iniciado em abril e, na ocasião, o relator, ministro Edson Fachin, votou em favor da proibição, sob o argumento de que não há qualquer censura na medida.
- Segundo reportagem do dia 20 de abril de 2018, o Tribunal Superior Eleitoral (TSE) informou que, durante o mês de abril, 1.465 travestis e transexuais solicitaram inclusão de seu nome social no título de eleitor e no caderno de votação das Eleições 2018. Além disso, segundo o TSE, 791 eleitores pediram a alteração de sua identidade de gênero no Cadastro Eleitoral. O "nome social" é aquele que designa o nome pelo qual o transexual ou travesti é socialmente reconhecido. Já a identidade de gênero estabelece com que gênero – masculino ou feminino – a pessoa se identifica. De acordo com o tribunal, o município com o maior número de solicitações para inclusão do nome social no título de eleitor é São Paulo, com 129 requerimentos (68 de eleitores do gênero feminino e 61 do masculino). A capital paulista também foi a cidade com o maior número de pedidos para alteração do gênero e inserção do nome social no Cadastro Eleitoral: 73. Desse número, 19 requerimentos foram apresentados por homens e 54 por mulheres.
- Segundo dados do Tribunal Superior Eleitoral (TSE), o Amapá apresentou em 2014 a maior taxa proporcional do país de idosos que compareceram às eleições. Naquele pleito, que elegeu presidente, senador e governador, por exemplo, o comparecimento de votantes acima dos 70 anos foi de 69% no estado, apesar de o voto não ser obrigatório nessa faixa.

Questões relacionadas ao trânsito brasileiro

- Já disponível em algumas localidades do Brasil – como é o caso do Goiás, Rio Grande do Sul e do Distrito Federal – a versão digital da Carteira Nacional de Habilitação aparece como uma inovação. A CNH digital é acessada via aplicativo – disponível para Android e IOS. Quem tem habilitação, mas não está com o documento ao dirigir, comete infração leve, com multa no valor de R$ 88,38, mais 3 pontos na carteira. O veículo fica retido até a apresentação do documento. (Portal G1 – adaptado).
- A Carteira Nacional de Habilitação (CNH) vai mudar novamente e se tornará um cartão de plástico com microchip, que reunirá informações do motorista. A nova carteira deve entrar em vigor até 1º de janeiro de 2019 em todos os

estados e Distrito Federal. O formato de cartão "inteligente" se assemelhará a um cartão de débito/crédito convencional, com chip e gravação a laser dos dados do motorista. (Portal G1).

- Foi publicada em dezembro de 2017, a Lei 13.546 que aumenta pena para motorista que cometer homicídio ou causar lesão grave ou gravíssima ao dirigir alcoolizado ou sob o efeito de qualquer outra substância psicoativa. O condutor terá como pena a reclusão de dois a cinco anos, além de outras possíveis sanções. A nova regra entra em vigor em 120 dias. Antes, a legislação previa que, por praticar lesão corporal culposa na direção de veículo automotor, a pena seria de detenção, de seis meses a dois anos e suspensão ou proibição de se obter a permissão ou a habilitação para dirigir. No caso de ocorrer homicídio culposo, fixava o aumento de um terço da pena. A nova lei altera dispositivos da Lei 9.503, de 23 de setembro de 1997. A diferença entre detenção e reclusão é um reforço punitivo contido no projeto sancionado pelo presidente Michel Temer. No caso da detenção, as medidas são, em geral, cumpridas no regime aberto ou semiaberto. Já a reclusão é a mais severa entre as penas privativas de liberdade, pois é destinada a crimes dolosos – quando há intenção de matar. (Portal EBC Brasil).
- No final de abril de 2018, começará a valer a regulamentação das multas a pedestres e ciclistas que andarem fora das áreas determinadas. Se flagrado, o pedestre poderá pagar multa de R$ 44,19, enquanto o ciclista deverá arcar com R$ 130,16.
- O sistema mais prático de instalar cadeirinhas nos carros deverá ser item básico em modelos inéditos lançados a partir de 2018. Só a partir de 2020 é que todos os carros zero terão de oferecer o recurso. As montadoras se prepararam para isso desde de 2015, quando os prazos foram anunciados. O Isofix tem um encaixe próprio para a cadeirinha, no banco traseiro, que dispensa o cinto de segurança no processo de instalação. Mas esse encaixe tem que vir de fábrica: não é possível usar um dispositivo feito para o Isofix em carros que não tenham ancoragem apropriada.
- O Certificado de Registro de Licenciamento (CRLV) em papel também está com os dias contados. A versão digital, chamada de CRLVe, deve ser implementada em todo o país até 31 de dezembro de 2018. O modelo ainda está em desenvolvimento, mas deve ser apresentado ainda no 1º semestre do ano.
- A vistoria será obrigatória no país inteiro até o final de 2019, mas os estados que quiserem podem se antecipar. Ela será feita a cada 2 anos e sem a inspeção não será possível fazer o licenciamento. Cada Detran deverá apresentar até 1º de julho de 2018 um cronograma para começar a implantar a inspeção. Só então os proprietários devem saber as datas por tipo de veículo e final da placa.

- A resolução que permite o pagamento de multas com cartões de débito ou crédito entrou em vigor em outubro de 2017, mas a prática deve crescer mesmo só em 2018, já que cada órgão de trânsito precisa habilitar as operadoras para oferecer o serviço. O valor pode até ser parcelado, mas a cobrança de juros poderá acontecer.

(https://g1.globo.com/carros/noticia/multa-para-pedestre-e-documentos-digitais-veja-o-que-muda-na-lei-de-transito-em-2018.ghtml) - Acesso em janeiro de 2018.

12. OPERAÇÕES DA POLÍCIA FEDERAL EM 2018 (ATÉ MAIO)

- **Operação Zona Cinzenta:** segunda fase da Operação Equipos, A Operação Zona Cinzenta busca identificar organização criminosa que usa a aduana de Dionísio Cerqueira para contrabando, fraudando a importação de produtos médicos.
- **Operação Pausare:** deflagrada em fevereiro, a operação investiga fraudes no Postalis, fundo de pensão dos Correios.
- **Operação Endemia:** a operação buscou reprimir saques irregulares do Fundo de Garantia por Tempo de Serviço (FGTS). Segundo a investigação, uma quadrilha fornecia documentos falsos de HIV e câncer para usuários sacarem o benefício.
- **Operação Jabuti**, desdobramento da Operação Lava Jato: a operação prendeu preventivamente Orlando Diniz, presidente afastado da Federação do Comércio do Estado do Rio de Janeiro (Fecomércio-RJ), por suspeita de desvio de dinheiro do Sesc e Senac-RJ, ambas entidades do chamado Sistema "S". A relação entre Diniz e o esquema de corrupção foi desvendada pela Operação Calicute com a ajuda do ex-governador do Rio Sérgio Cabral.
- **Operação Elemento 79:** A operação tem como objetivo desarticular organização criminosa suspeita de diversos crimes na comercialização de ouro, ativos financeiros e mercadorias. As investigações tiveram início com o cruzamento de dados em que foram identificados fortes indícios de crimes de sonegação fiscal, de contrabando e de descaminho na comercialização de ouro. Com a obtenção da autorização judicial para atuação conjunta com a Polícia Federal, as práticas de crimes contra o meio ambiente, de lavagem de dinheiro, de falsidade ideológica e de organização criminosa também começaram a ser apuradas.
- **Operação Descarte**, desdobramento da Operação Lava Jato: objetivo de desarticular esquema de lavagem de dinheiro que desviou mais de R$ 100 milhões por meio de uma rede formada por diversas empresas de fachada, cujos proprietários eram "laranjas", segundo as investigações.

- **Operação Trapaça**, fase 3, batizada da Operação Carne Fraca: investiga quatro unidades da BRF em Goiás e Santa Catarina. A polícia e o Ministério da Agricultura, Pecuária e Abastecimento (Mapa) afirmam que essas fábricas fraudavam laudos relacionados à presença de salmonela em alimentos para exportação a 12 países que exigem requisitos sanitários específicos de controle da bactéria do tipo salmonela spp.
- **Operação Pontes de Papel:** A operação 'Pontes de Papel' investiga o processo de "dolarização" e os prejuízos com o superfaturamento na construção de pontes no Tocantins (valor superou a casa dos 450 milhões de reais).
- **Operação Terra Prometida:** investiga um esquema de fraude de aposentadorias de trabalhadores rurais.
- **Operação Voto Livre, operação de combate à fake news:** operação de combate à disseminação de notícias falsas, as chamadas 'fake news', relacionadas às eleições de 2018.
- **Operação Pão Nosso:** investiga irregularidades na compra de alimentos servidos à população carcerária do estado do Rio de Janeiro.
- **Operação Tristitia:** objetivo é reunir provas de desvio de recursos públicos e lavagem de dinheiro, entre outros delitos, ocorridos no município de Baraúna, na região Oeste potiguar. Os crimes teriam acontecido entre os anos de 2014 e 2016. Tristitia é palavra do Latim e significa tristeza, gravidade, severidade, substantivos que remetem à ação gravosa dos investigados em desfavor da educação no município.
- **Operação Philoteus:** operação contra o tráfico de pessoas para os Estados Unidos, México e Brasil. Operação Philoteus da PF conta com cooperação policial internacional e ações controladas em parceria com autoridades dos Estados Unidos (ICE) e do México (INM).
- **Operação Tira Teima:** investiga pagamentos de vantagens indevidas por um grupo empresarial a políticos. A campanha do presidente do Senado Eunício de Oliveira, em 2014, teria recebido dinheiro ilícito.
- **Operação Garabulha:** contra fraudes no programa Bolsa Família, em Alagoas. Operação Garabulha é uma alusão à "má-escrita", e identificou uma série de fraudes nos saques de parcelas do programa. Segundo a polícia, cada beneficiário cadastrado irregularmente recebia cerca de R$ 8 mil por ano.
- **Operação Encilhamento**, segunda fase da Operação Papel Fantasma: apura fraudes envolvendo a aplicação de recursos de institutos de previdências municipais.
- **Operação Rizoma**, desdobramento da Operação Lava Jato no Rio de Janeiro: investiga os crimes de lavagem de dinheiro, evasão de divisas e corrupção que causaram prejuízos com investimentos malsucedidos nos fundos de pensão dos Correios (Postalis) e do Serpro (Serpos).

- **Operação Apate**, contra fraudes na Lei Rouanet: investiga fraudes na aplicação de recursos públicos da Lei Rouanet, em Cuiabá. Operação ganhou o nome de Apate: na mitologia grega era um espírito que personificava a fraude, o dolo e o engano.
- **Operação Prato Feito:** investiga cinco grupos suspeitos de desviar recursos da União que eram destinados à educação.
- **Operação Luz na Infância 2:** a maior operação de combate à pornografia infantil na história do País. A Operação Luz na Infância 2, coordenada pelo Ministério Extraordinário da Segurança Pública, ocorreu em 24 estados e no Distrito Federal. A pena para quem armazena - seja em computadores ou em celulares - vai até quatro anos de prisão; quem compartilha pode pegar até seis anos de reclusão. Em 2017, a 1ª etapa da operação prendeu 112 pessoas. O foco da operação foi o compartilhamento de fotos pela internet. Entre o material apreendido havia vídeos de bebês sendo molestados e uma cartilha com orientações de como segurar crianças.

A pedofilia está entre as doenças classificadas pela Organização Mundial de Saúde (OMS) entre os transtornos da preferência sexual. Pedófilos são pessoas adultas (homens e mulheres) que têm preferência sexual por crianças – meninas ou meninos - do mesmo sexo ou de sexo diferente, geralmente pré-púberes (que ainda não atingiram a puberdade) ou no início da puberdade, de acordo com a OMS. O Código Penal considera crime a relação sexual ou ato libidinoso (todo ato de satisfação do desejo, ou apetite sexual da pessoa) praticado por adulto com criança ou adolescente menor de 14 anos. Conforme o artigo 241-B do ECA é considerado crime, inclusive, o ato de "adquirir, possuir ou armazenar, por qualquer meio, fotografia, vídeo ou outra forma de registro que contenha cena de sexo explícito ou pornográfica envolvendo criança ou adolescente".

- **Operação Aquiles:** investigada por fraudes previdenciárias. Operação Aquiles cumpriu mandados judiciais em Sorocaba, Campinas (SP) e Camboriú (SC). Suspeita é de rombo de mais de R$ 3 milhões aos cofres da Previdência. O nome da Operação Aquiles decorre do fato de que os fraudadores se utilizavam do ponto frágil dos sistemas informatizados do órgão previdenciário para as fraudes.
- **Operação Anzol Sem Ponta:** apura fraudes na concessão do Seguro-Desemprego do Pescador Profissional Artesanal (SDPA), conhecido como "Seguro-Defeso". A corporação apontou que o esquema gerou prejuízo de mais de R$ 700 mil aos cofres públicos.
- **Operação Câmbio, Desligo:** A operação conta com o apoio de autoridades uruguaias e visa a desarticular um esquema de lavagem de dinheiro, evasão de divisas e organização criminosa.
- **Operação Skala:** investiga se o presidente Michel Temer editou um decreto a fim de favorecer empresas portuárias em troca de propina.

13. DEBATE SOBRE INCLUSÃO NO BRASIL

- O tema inclusão social é, por natureza, complexo e envolve um emaranhado de situações. Isso porque a realidade **brasileira se demonstra afastada dos processos inclusivos**, sendo estes essenciais para uma sociedade que busca a igualdade e a justiça social. Estruturalmente ou operacionalmente, a sociedade brasileira apresenta elevados e intensos déficits com relação aos aspectos da inclusão.
- Ainda assim, analisando a realidade brasileira nos últimos anos é possível notar um avanço no que diz respeito às políticas públicas e programas destinados a pessoas com deficiência. No Hemisfério Sul, a própria ONU reconheceu o Brasil como sendo ícone das políticas públicas que amparam a população de deficientes. Ainda assim, a própria ONU (Organização das Nações Unidas) reconheceu que as políticas brasileiras **são mais assistencialistas e menos voltadas para a perspectiva dos direitos humanos.**
- Uma das críticas mais intensas para o tema parte da própria sociedade civil que assiste o descaso com essa parcela da população no que diz respeito ao atendimento em escolas, estabelecimentos comerciais, na esfera trabalhista etc. Esse fato pode ser facilmente notado quando se compara o acesso de uma pessoa com algum tipo de deficiência a determinados serviços e os demais integrantes da sociedade.

Abordagens importantes para a discussão:

- De fato, a legislação apresentou evolução importante nos últimos anos. Entretanto, algumas brechas ainda existem. Por exemplo: desde 2010, **todas as empresas de transporte público deveriam estar completamente adaptadas para atender portadores de deficiência.** Entretanto, na realidade, grande parte das empresas está distante dessa adequação.
- Na questão da construção civil o desafio também é gigantesco. **Os edifícios públicos deveriam ter sido adaptados até o ano de 2009.** Entretanto, não é isso que acontece. Atualmente, alguns prédios têm sido construídos sem as exigências legais para circulação de cadeirantes, por exemplo.
- Os desafios para os deficientes se reproduzem na educação e saúde. Segundo dados entregues à ONU por entidades que atuam na causa, de 241 unidades de saúde analisadas em 7 estados, **60% não estavam adequadas para receber deficientes.** Nas escolas, a falta de assistência especializada é um dos maiores desafios. Em 2008, 93 mil estudantes com deficiência foram matriculados na rede pública. Em 2014, o número caiu para 61 mil.
- Segundo dados do IBGE (Instituto Brasileiro de Geografia e Estatística), do Censo Demográfico de 2010, o Brasil conta com **45,6 milhões de pessoas com algum tipo de deficiência (representando 23,91% do total da população).**

- Segundo dados da ONU (Organização das Nações Unidas), cerca de **10% da população mundial apresenta algum tipo de deficiência.** Destes, cerca de 80% vive em países em desenvolvimento. Ainda pelos dados da ONU, cerca de 30% dos meninos ou meninas de rua têm algum tipo de deficiência e, em países em desenvolvimento, 90% das crianças com deficiência não frequentam a escola. (UNIC, 2013). Hipossuficientes, mulheres e meninas com deficiência são particularmente mais sujeitas a abusos e têm muitas vezes o seu acesso à justiça ou cuidados preventivos consideravelmente reduzidos.
- Um dos pontos de destaque para a discussão da inclusão a nível global foi a **Convenção da ONU sobre os Direitos das Pessoas com Deficiência (2006).**
- Um dos pontos importantes para ser abordado é a **Lei Brasileira de Inclusão da Pessoa com Deficiência (Estatuto da Pessoa com Deficiência – Lei 13.146/15).** A lei entrou em vigor no mês de janeiro de 2016, trazendo avanços e apontando desafios.

▶ QUESTÕES SOBRE O TEMA:

No geral, o que pretende o Estatuto da Pessoa com Deficiência?

A legislação trouxe **regras e orientações que visam a ampliação dos direitos e da liberdade** das pessoas com deficiência. Entretanto, ainda passa por regulamentações e problematizações em alguns pontos.

Como o Estatuto define a pessoa com deficiência?

Define da seguinte forma: "aquela que tem impedimento de longo prazo de natureza física, mental, intelectual ou sensorial, o qual, em interação com uma ou mais barreiras, pode obstruir sua participação plena e efetiva na sociedade em igualdade de condições com as demais pessoas".

Por si só, a lei suprime / erradica os problemas enfrentados pelos deficientes?

Absolutamente não. Além da regulamentação que precisa ser pensada, discutida e legitimada, o debate sobre inclusão demanda o rompimento de estruturas e obstáculos que estão enraizados na cultura do país. Desta forma, criar **uma cultura pela inclusão é elemento central da discussão,** priorizando alguns segmentos da sociedade e levando o debate de maneira maximizada. Neste sentido, a punição pela discriminação prevista em lei, por exemplo, tende a apresentar um efeito pedagógico de se debater o tema.

Quais os principais pontos apontados pela nova lei?

A lei se ocupa de variados aspectos da vida dos deficientes. Áreas como saúde, educação, trabalho, assistência social, esporte, previdência e transporte foram topicalizadas no texto da lei. Observe alguns dos pontos importantes:

- **Capacidade civil:** Garantiu às pessoas com deficiência o direito de casar ou constituir união estável e exercer direitos sexuais e reprodutivos em igualdade de condições com as demais pessoas. Também lhes foi aberta a possibilidade de aderir ao processo de tomada de decisão apoiada (auxílio de pessoas de sua confiança em decisões sobre atos da vida civil), restringindo-se a designação de um curador a atos relacionados a direitos de ordem patrimonial ou negocial.

- **Inclusão escolar:** Assegurou a oferta de sistema educacional inclusivo em todos os níveis e modalidades de ensino. Estabeleceu ainda a adoção de um projeto pedagógico que institucionalize o atendimento educacional especializado, com fornecimento de profissionais de apoio. **Proíbe as escolas particulares de cobrarem valores adicionais** por esses serviços. Em junho de 2016, o plenário do STF (Supremo Tribunal Federal), **julgou constitucionais as normas do Estatuto da Pessoa com Deficiência (Lei 13.146/2015)** que estabelecem a obrigatoriedade de as escolas privadas promoverem a inserção de pessoas com deficiência no ensino regular e prover as medidas de adaptação necessárias sem que ônus financeiro seja repassado às mensalidades, anuidades e matrículas. A decisão majoritária foi tomada no julgamento da Ação Direta de Inconstitucionalidade (ADI) 5357 e seguiu o voto do relator, ministro Edson Fachin. Na ocasião, o único ministro que divergiu do relator foi o ministro Marco Aurélio, que acabou votando pelo acolhimento da ADI. "O Estado não pode cumprimentar com o chapéu alheio, não pode compelir a iniciativa privada a fazer o que ele não faz porque a obrigação principal é dele [Estado] quanto à educação. Em se tratando de mercado, a intervenção estatal deve ser minimalista. A educação é dever de todos, mas é dever precípuo do Estado", afirmou o ministro. A esfera educacional é uma das mais afetadas pelos elementos que discutem inclusão. A considerada "Escola para Todos" vem sofrendo com a ausência de seu potencial socializar e aglutinador. O que se assiste é uma marginalização e exclusão de parcelas sociais, o que automaticamente reflete na vida adulta pulverizada de moralidade, aceitação, justiça e igualdade. Muitas vezes, a **invisibilidade social acaba produzindo efeitos irreversíveis** para estes indivíduos que são excluídos da participação na vida coletiva.
- **Auxílio inclusão:** Criou benefício assistencial para a pessoa com deficiência moderada ou grave que ingresse no mercado de trabalho em atividade que a enquadre como segurada obrigatória do Regime Geral de Previdência Social.
- **Discriminação, abandono e exclusão:** Estabeleceu pena de um a três anos de reclusão mais multa para quem prejudicar, impedir ou anular o reconhecimento ou exercício de direitos e liberdades fundamentais da pessoa com deficiência.
- **Atendimento prioritário:** Garantiu prioridade na restituição do Imposto de Renda aos contribuintes com deficiência ou com dependentes nesta condição e no atendimento por serviços de proteção e socorro.
- **Administração pública:** incluiu o desrespeito às normas de acessibilidade como causa de improbidade administrativa e criou o Cadastro Nacional de Inclusão da Pessoa com Deficiência (Cadastro-Inclusão), registro público eletrônico que irá reunir dados de identificação e socioeconômicos da pessoa com deficiência.
- **Esporte:** Aumentou o percentual de arrecadação das loterias federais destinado ao esporte. Com isso, os recursos para financiar o esporte paraolímpico deverão ser ampliados em mais de três vezes.

Segundo relatório divulgado em maio de 2018 pela Human Rights Watch, o tratamento de deficientes em instituições no Brasil é degradante. O país tem uma legislação considerada avançada para garantir direitos das pessoas com deficiência. Mas a realidade é bem diferente da teoria.

O documento alerta também para a ausência de apoio público e de fiscalização nas instituições que se propõem a cuidar e a abrigar estas pessoas. Em praticamente todos os locais visitados e que deveriam acolher e ajudar os portadores de deficiência a se desenvolverem, pesquisadores encontraram condições degradantes, como adultos e crianças amarrados a camas e que passam o dia sem nenhum estímulo que os permita buscar uma vida com independência.

Usando como referência informações da Secretaria Nacional de Assistência Social, vinculada ao Ministério do Desenvolvimento Social, até 2016, no início da pesquisa, havia 5.078 crianças com deficiência vivendo em abrigos ou outras instituições de acolhimento. A entidade considera que este número não representa a realidade, pois os dados são obtidos por meio de um questionário obtido pelas próprias instituições, sem uma checagem posterior ou uma supervisão por parte dos órgãos públicos. De acordo com a mesma fonte, no mesmo período 5.037 adultos também viviam em clínicas ou outros locais destinados ao cuidado de deficientes.

> ▶ **IMPORTANTE**
>
> Todas as universidades federais vão ter cota para pessoas com deficiência física a partir de 2018. Algumas já passam por processo de adaptação. Toda Universidade Federal já reserva 50% das vagas para cotas raciais e sociais. Parte dessas vagas, a partir de agora, vai para os deficientes.

14. DOAÇÃO DE SANGUE POR HOMOSSEXUAIS

- Um dos pontos que o Brasil precisa evoluir diz respeito à doação de sangue. Entretanto, algumas barreiras restritivas dificultam a doação por uma parcela da sociedade, algo questionado recentemente pela instância jurídica maior, o Supremo Tribunal Federal (STF). No Brasil, existem restrições expressas na portaria 158/2016, do Ministério da Saúde, e na Resolução 43/2014, da Anvisa (Agência Nacional de Vigilância Sanitária), as quais incluem na lista de 12 meses sem poder doar tanto os "homens que tiveram relações sexuais com outros homens", como as "parceiras sexuais" desses.
- Entretanto, a legislação restritiva não é realidade no Brasil, algo semelhante acontece nos EUA. A regra de **abstinência sexual de um ano para os homossexuais interessados em doar sangue é recente nos EUA.** Ela vale desde 2015, quando o FDA (Agência Federal de Drogas e Alimentos), órgão que equivale à Anvisa brasileira, derrubou a norma que bania homens gays de doar sangue por toda a vida e publicou as novas determinações similares às brasileiras. Para os brasileiros, por sua vez, a **regra já vale desde 2004.**
- A normatização brasileira está ancorada em diretrizes da Organização Mundial da Saúde (OMS). O órgão, no entanto, destaca que a expressão "homens que fazem sexo com outros homens" descreve **"um fenômeno comportamental e social em vez de um grupo específico de pessoas".** "É importante esclarecer que o critério de inaptidão temporária para doação de sangue para este

grupo está fundamentado em dados epidemiológicos presentes na literatura médica e científica nacional e internacional, e não em orientação sexual", segundo o Ministério da Saúde.

- Segundo o Ministério da Saúde, no Brasil, **1,8% da população brasileira entre 16 e 69 anos doa sangue.** Para justificar a restrição aos homossexuais, o ministério explica que dados do Departamento de DST, Aids e Hepatites Virais no ministério apontam que a epidemia de Aids está concentrada em populações de maior vulnerabilidade, tais como "homens que fazem sexo com outros homens, usuários de drogas e profissionais do sexo".
- **A Organização Mundial da Saúde compactua com as legislações do Brasil e dos EUA.** Estudos internacionais apontam que "diminuir a restrição por um período mínimo de 12 meses a homens que mantiveram relações sexuais com outros homens poderia levar a um aumento de 60% no número de doadores com o vírus HIV".
- Além do Brasil e dos Estados Unidos, **Austrália e França consideram o intervalo de restrição para doações de 12 meses para essa parcela da população.** Segundo a ONG Grupo Dignidade, que atua na causa, cerca de 17 países não apresentam restrição alguma. Dentre eles: Argentina, Chile, Colômbia, México, Peru, Espanha, Itália, Portugal e Rússia.
- A realidade no exterior não permite extrair consenso. Embora países como Alemanha, Áustria, China e Dinamarca ainda proíbam gays de doar de forma vitalícia, há uma tendência de suavizar esse veto adotado ao redor do mundo após o surgimento da epidemia de Aids nos anos 1980.
- Na Noruega, Holanda, Austrália, Nova Zelândia, Estados Unidos e França, vigora um embargo de 12 meses. Enquanto isso, na Inglaterra e na Escócia, o período de veto passará a ser de 3 meses, mudança justificada com o avanço da tecnologia da detecção do vírus. Itália, México, Espanha, Chile e Argentina foram além, e a orientação sexual do candidato não é levada em conta na triagem, apenas hábitos sexuais. A proibição era vitalícia no Brasil quando surgiu em 1993. Em 2004, foi alterada para 12 meses após a última relação sexual.
- O tema foi interrompido durante discussão em outubro de 2017 e deverá ser retomado. Em outubro, quando a discussão foi interrompida, quatro ministros haviam votado pela anulação da regra: o relator, Edson Fachin, e os ministros Luís Roberto Barroso, Rosa Weber e Luiz Fux. Já o ministro Alexandre de Moraes, abriu a divergência, defendendo maiores cuidados nos procedimentos para a doação por homossexuais.

15. ATO HISTÓRICO MARCA A RELAÇÃO DAS COREIAS

Questões relacionadas a Coreia do Norte são extremamente emblemáticas. Por isso, a tensão envolvendo Coreia do Norte e outras nações chama a atenção da comunidade internacional. A Coreia do Norte regularmente ameaçava destruir a Coreia do Sul, os Estados Unidos e o Japão, e dizia que seus programas bélicos eram necessários para conter agressão norte-americana. Os EUA possuem 28.500 soldados posicionados na Coreia do Sul, em um legado da Guerra da Coreia, que durou de 1950 a 1953.

A Coreia do Norte disse em 29 de novembro de 2017 ter testado com sucesso um novo míssil balístico intercontinental em um "avanço" que coloca solo dos EUA dentro do alcance de suas armas nucleares. Ainda que a China tenha concordado com as sanções impostas pela ONU, recentemente, o país asiático tem demonstrado preocupação com a situação, falando em sanções mais brandas. Vale destacar que a China, mantém o país vivo com o envio de combustível e comida. E é a responsável por 90% do comércio exterior da Coreia do Norte.

O regime da Coreia do Norte anunciou, em janeiro de 2018, a reabertura das linhas de comunicação com a Coreia do Sul, como parte da vontade de retomar o diálogo expressado por seu líder, Kim Jong-un, em sua mensagem de Ano Novo. O anúncio ocorreu um dia após a proposta de Seul para que houvesse uma reunião de alto nível na para tratar da possível participação de Pyongyang nos Jogos Olímpicos de Inverno de PyeongChang – ambos os fatos se concretizaram: abertura do diálogo entre as duas nações, com os líderes dos dois países se encontrando e, antes disso, a participação de atletas da Coreia do Norte nas Olimpíadas de Inverno. A Coreia do Sul sempre defendeu que a participação da Coreia do Norte nos Jogos ajudaria a aliviar a tensão entre os dois países.

Os canais de comunicação habituais entre os dois países não estavam operando desde fevereiro de 2016, quando a Coreia do Norte cancelou em protesto pela decisão de Seul de fechar o complexo industrial intercoreano de Kaesong. Na mensagem de réveillon do líder norte coreano, novas ameaças foram feitas aos EUA. Kim Jong-un afirmou que o botão nuclear está sempre sobre a mesa dele, deixando os Estados Unidos ao alcance de suas bombas, e anunciou que, em 2018, o foco seria a produção em massa de ogivas nucleares e mísseis balísticos. No início de dezembro de 2017, um Alto Comissário da ONU esteve na Coreia do Norte – fato que não acontecia desde 2011.

O secretário-geral adjunto da ONU para Assuntos Políticos, o americano Jeffrey Feltman, foi recebido no aeroporto de Pyongyang por um alto funcionário da diplomacia norte-coreana. Na época, a tensão era grande no país asiático, visto que um teste com míssil intercontinental gerou desgaste na geopolítica – o míssil teria caído no Mar do Japão. A Coreia do Norte foi incluída na lista dos EUA de países que patrocinam o terrorismo – o fato aconteceu em novembro de 2017.

Mas, o ano de 2018 trouxe boas surpresas para o contexto geopolítico que insere as Coreias. Um encontro histórico entre o presidente da Coreia do Sul, Moon Jae-in e o líder norte-coreano, Kim Jong-un, transformou-se em um dos atos de maior representatividade do ano de 2018. Pela primeira vez em 65 anos, um líder norte-coreano cruzou a fronteira com a Coreia do Sul para um encontro – o fato aconteceu no mês de abril de 2018. Em maio, um novo encontro entre os dois líderes ocorreu.

Com transmissão na TV, o encontro aconteceu em uma área desmilitarizada e foi acompanhado de perto pela comunidade internacional. Tecnicamente, as Coreias estão em guerra. Um armistício foi acordado em 1953 e, desde então, não houve um tratado de paz. A grande pauta no encontro foi a desnuclearização da península coreana – o que se demonstra como um dos principais desafios da contemporaneidade.

Entretanto, outros gestos simbólicos ganharam corpo no encontro entre os líderes. Moon e Kim plantaram um pinheiro na Zona Desmilitarizada que separa os dois países. A árvore escolhida nasceu em 1953, ano em que foi assinado o cessar-fogo entre as duas Coreias. O ato foi repleto de simbolismos. O local escolhido para o plantio é próximo de onde Chung Ju-yung, o falecido fundador do grupo Hyundai, costumava carregar seus caminhões com vacas que levava para Coreia do Norte no final da década de 1990, em um esforço de reconciliação entre os países. Solo e água usados foram compartilhados, trazidos tanto por Kim quanto por Moon. O solo foi coletado do Monte Baekdu, na Coreia do Norte, e do Monte Halla, na Coreia do Sul. E, logo após plantado, o pinheiro foi regado com água vinda dos rios Daedong, no Norte, e Han, no Sul. A árvore recebeu ainda uma pedra em sua base, com os nomes dos dois líderes escritos, ao lado da frase "plante paz e prosperidade". Em 2007, quando o então presidente sul-coreano Roh Moo-hyun foi recebido pelo pai de Kim Jong-un, Kim Jong-il, para um encontro em Pyongyang, os dois também plantaram uma árvore na capital norte-coreana.

No segundo encontro, em maio de 2018, o presidente da Coreia do Sul chegou a afirmar que o país vizinho estaria disposto a promover a desnuclearização. Em maio de 2018, com data previamente anunciada, a Coreia do Norte destruiu área de testes nucleares. Jornalistas da Coreia do Sul e dos EUA puderam acompanhar tal ação.

O encontro entre o líder norte coreano e Donald Trump, inicialmente marcado para junho, foi adiado após decisão do governo estadunidense. Em todo caso, deve acontecer em Singapura, um importante centro financeiro do sudeste asiático, espaço de neutralidade, além de ser um espaço de segurança e um com histórico como anfitrião para grandes encontros.

16. DEPRESSÃO: MAL DO SÉCULO

- Estudo que o Instituto Brasileiro de Geografia e Estatística (IBGE), divulgado em junho de 2016, indicou que, em 2013, **10,2% dos brasileiros com 18 anos ou mais que estavam fora do mercado de trabalho (um em cada dez) sofria de algum tipo de depressão**, de um total de **61,8 milhões de pessoas que não trabalhavam**, nem procuravam emprego - em um universo de 93 milhões de empregados. Os dados fazem parte da Pesquisa Nacional de Saúde 2015 - Indicadores de Saúde e Mercado de Trabalho.

- O levantamento sobre a ocorrência de depressão entre a população em idade ativa abrange o contingente de pessoas com idade acima de 18 anos e indica, ainda, que **12,6% da população fora do mercado tomavam algum tipo de remédio para dormir.**
- As **mulheres apresentaram percentual de prevalências de diagnóstico** de depressão mais elevado: 10,1%.
- No Brasil, **24 milhões de pessoas precisam de atendimento de saúde mental e cinco milhões sofrem de transtornos graves**, como depressão, bipolaridade e esquizofrenia. A esquizofrenia é uma doença que atinge cerca de 1,3 milhão de pessoas no país. A cada ano, são diagnosticados cerca de 40 mil casos. No mundo, segundo dados da Organização Mundial da Saúde (OMS), cerca de **400 milhões de pessoas sofrem com a depressão.** O ritmo de vida do século XXI, as cobranças excessivas, a instabilidade, o medo pelo desemprego, a falsa autossuficiência resultante da interação tecnológica, são alguns dos elementos que explicitam esse desgaste emocional cada vez maior na população.
- O primeiro antidepressivo data de 1956. Na época, o laboratório Geisy acreditava que a **depressão seria um problema insignificante**, o que retardou o lançamento da medicação. Hoje, com o número de até 400 milhões de pessoas no mundo vivendo com a doença, a medicalização tornou-se algo real. Segundo o IBGE, **7,6% da nossa população foi diagnosticada com depressão.** Ainda segundo estudos da Fiocruz, 1 em cada 4 mulheres sofre de depressão pós-parto, número maior do que a média global.

17. DECISÕES DO SUPREMO TRIBUNAL FEDERAL

Nos últimos anos, o STF esteve no centro de grandes decisões. Sendo uma das três esferas do poder (juntamente com o Executivo e o Legislativo), o **STF representa o ponto máximo do Judiciário.** Dentre outros aspectos específicos, o Supremo fiscaliza o cumprimento da lei. A ideia de separar os poderes já podia ser observada nos escritos de Aristóteles - um dos pilares da Filosofia - e John Locke - filósofo contratualista. Entretanto, foi na **obra "O Espírito das Leis", do francês Montesquieu, que a tripartição do poder aparece fundamentada** - no caso, para combater a centralização do absolutismo. Nos últimos anos, alguns temas chegaram ao STF:

- Em 2008, o Supremo decidiu pela liberação das pesquisas com célula-tronco. A justificativa foi que as pesquisas com células-tronco embrionárias **não violam o direito à vida, tampouco a dignidade da pessoa humana.**

- Em 2009, o **Supremo decidiu pela extradição do italiano Cesare Battisti**. Na ocasião, discutiram ainda se o presidente da época teria a obrigação de extraditá-lo (a decisão foi que não seria uma obrigação do presidente que poderia escolher).
- Em 2011, o STF estendeu às uniões homoafetivas o mesmo regime de proteção jurídica das uniões estáveis.
- Em 2012, por unanimidade, o Supremo Tribunal Federal decidiu pela constitucionalidade das cotas raciais.
- Em 2012, foi a vez de o Supremo considerar **constitucional a Lei da Ficha Limpa** – implementando o mecanismo já nas eleições municipais daquele mesmo ano.
- Em 2012, teve início no STF o julgamento da Ação Penal 470, conhecida por "mensalão".
- Em 2012, o Supremo decidiu que grávidas de fetos sem cérebro (fetos anencéfalos) podem optar por interromper a gestação com assistência médica.

▶ Nota-se que o Supremo Tribunal Federal é tido como um "guardião da Constituição". Por isso, os temas que envolvem contornos polêmicos, ao chegarem no Supremo, acabam possibilitando discursos acalorados. Atualmente, a composição do STF é a seguinte:

- Ministro Ricardo Lewandowski
- Ministra Cármen Lúcia
- Ministro Celso de Mello
- Ministro Marco Aurélio
- Ministro Gilmar Mendes
- Ministro Dias Toffoli
- Ministro Luiz Fux
- Ministra Rosa Weber
- Ministro Alexandre de Moraes
- Ministro Roberto Barroso
- Ministro Edson Fachin

▶ Em julho de 2016, o STF manteve decisão que **obriga a distribuição gratuita de fraldas para pessoas com deficiência.** Os idosos já têm direito a esse benefício.

18. NOVAS REGRAS PARA ELEIÇÕES DE 2018

Algumas alterações no processo legislativo tendem a promover resultados diferenciados nas eleições que ocorrem no dia 7 de outubro (1º turno) e 28 de outubro (2º turno).

Cargos em disputa são: Presidente da República, Governadores, Senadores (dois terços das cadeiras), deputados federais e deputados estaduais (distritais, no caso do DF).

▶ NOVAS REGRAS PARA ELEIÇÕES DE 2018		
	Como era	**Como será**
Cláusula de desempenho	Não existia	Cada partido precisará ter ao menos 1,5% dos votos válidos nacionais a deputado federal para ter acesso ao fundo partidário e a tempo gratuito no rádio e na TV
Financiamento	Empresas ficaram proibidas de doar a candidatos em 2016. Partidos dependeram de doações de pessoas físicas e de verbas do fundo partidário	Criou-se um fundo público eleitoral de cerca de R$ 2 bilhões para bancar as campanhas. Além disso, pessoas físicas poderão doar até 10% de seus rendimentos do ano anterior
Propaganda na internet	Proibida a propaganda paga na internet.	É permitido o chamado "impulsionamento de conteúdo", que é pagar para que as postagens nas redes sociais alcancem um público maior
Arrecadação de dinheiro de campanha	Só permitida após o registro da candidatura na Justiça Eleitoral, em agosto.	Arrecadação prévia pode começar em 15 de maio, na modalidade de financiamento coletivo. Recursos, porém, só serão liberados após registro da candidatura
Teto de gastos	Em 2014, campanhas definiram seu teto. A vencedora, Dilma Rousseff, declarou gasto de R$ 384 milhões, em valores atualizados para março de 2017	Para presidente: R$ 70 milhões. Governador: até R$ 21 milhões. Senador: até R$ 5,6 milhões. Deputado federal: R$ 2,5 milhões. Deputado estadual: R$ 1 milhão
Voto impresso	Não havia. O voto ficava registrado somente na urna eletrônica	Por imposição do Congresso, haverá impressão do voto. Mas apenas em algumas urnas, pois o TSE afirma não ter recursos para implantar a medida em todas as zonas eleitorais
Debates eleitorais na TV	Emissoras são obrigadas a convidar candidatos de partidos com mais de 9 deputados	Emissoras são obrigadas a convidar candidatos de partidos com no mínimo 5 parlamentares (deputados e senadores)

Uma das grandes novidades do pleito diz respeito ao **Fundo Especial para Financiamento de Campanha.** A criação deste fundo, abastecido com dinheiro público, foi aprovada pelo Congresso Nacional e sancionada pelo presidente Michel Temer em 2017. De acordo com o Orçamento da União previsto para este ano, o fundo terá R$ 1,716 bilhão para financiar as campanhas eleitorais deste ano. A resolução determina que os partidos poderão definir internamente os critérios da distribuição dos recursos correspondentes a sua cota – esses critérios devem ser aprovados pela maioria absoluta dos integrantes da Executiva Nacional da legenda.

Somente depois de fixar os critérios a verba ficará à disposição das siglas. Estes critérios devem ser apresentados à presidência do TSE, que vai analisar se os requisitos foram cumpridos ou poderá pedir esclarecimentos aos partidos. As decisões das legendas sobre a distribuição dos recursos também devem ser divulgadas em suas páginas na internet. O texto deixa claro, no entanto, o entendimento firmado pelo TSE de que, no mínimo, 30% devem ser aplicados para o custeio de campanhas eleitorais de mulheres.

Divisão dos recursos

A lei aprovada pelos parlamentares no ano passado já estabelecia percentuais para a distribuição do dinheiro:

- 2% divididos igualmente entre os partidos registrados no TSE;
- 35% entre partidos que tenham pelo menos um representante da Câmara, na proporção do percentual de votos obtidos por estas legendas na última eleição geral da Câmara.
- 48% entre os partidos, na proporção do tamanho da bancada na Câmara;
- 5% entre os partidos na proporção do tamanha da bancada no Senado.

A resolução reitera estes números e traz, em anexo, a divisão percentual dos recursos entre os partidos. Levando-se em conta os três critérios de distribuição proporcional, o MDB é o partido que terá direito ao maior percentual do fundo – cerca de 13,6%. Em seguida, na ordem, o PT terá direito a 12,3%; o PSDB, 10,8%; o PP, 7,6%; o PSB, 6,9%; o PR 6,5%.

Outro ponto de destaque é a possibilidade de doação para campanhas (exclusivamente por pessoa física) por meio das chamadas "vaquinhas virtuais". Cada eleitor só pode doar, por dia, até R$ 1.064,10. No total, pode doar até 10% da renda declarada no ano anterior. A doação vai ficar reservada numa conta.

19. O PROBLEMA DA DEEP WEB

▶ A internet propicia aos seus usuários uma **variedade de informações na busca de entretenimento, lazer e cultura** transmitidos pelos navegadores padrões

(Google, Bing e Yahoo) na rede. Porém, o que muitos não sabem é que o Google e, outros mecanismos de busca, não mostram todos os conteúdos e informações presentes nas redes mundiais de computadores.

- Com a efervescente revolução tecnológica e, por conseguinte, a **difusão dos meios de comunicação e informação aos diferentes cantos da sociedade,** a procura por novas experiências nos ambientes digitais acarretam impactos e consequências na navegação em territórios desconhecidos, resultantes de ataques de hackers e infestação vírus na rede de computadores. A segurança digital é um passo discutido de maneira intensa por grandes nações.
- **Há outros mecanismos de buscas para acesso as informações na Internet além dos navegadores padrões?** Sim, a Deep Web ("web profunda") é um deles e representa 90% da Internet. O que torna complexa a questão relaciona-se com o fato de que **a Deep Web pode ser acessada tanto para conteúdos legítimos e pessoais, como para conteúdos ilícitos** como a pirataria, venda de armas, sites de pedofilia, construção de bombas, venda de drogas e documentos falsificados, experiências com seres humanos, etc.
- A "Deep Web" tornou-se um termo geral para se referir a todo um conjunto de sites e servidores da internet que não são acessíveis por links padrões – normalmente são iniciados com www – inseridos nos navegadores. Seu funcionamento é por base de fóruns, dificultando o rastreamento de autoridades, e sua estética difere de layouts estruturados como encontramos nos sites comuns da internet.
- Originalmente, os sites que não aparecem nos mecanismos de busca, em especial o Google, e para o funcionamento **necessitam de outros mecanismos de buscas e ferramentas adicionais** para serem encontrados referem-se ao termo "Deep Web". Com a popularização do termo, sua definição tornou-se mais compacta para se referir aos sites que necessitam do uso de programas específicos (Tor, Freenet e I2P) para serem acessados.
- Em grande parte, **a Deep Web existe, assim como a própria internet, devido à força militar dos Estados Unidos.** Neste caso, o Laboratório de Pesquisas da Marinha do país, que desenvolveu o The Onion Routing (TOR) para tratar de propostas de pesquisa, design e análise de sistemas anônimos de comunicação. Com a liberação para uso não governamental, desenvolveu-se novos projetos com o TOR.

COMO FUNCIONA A DEEP WEB?

- Quando um usuário acessa um site normalmente em seu computador, tem-se uma **conexão a um tipo de servidor e sua identificação por meio do IP**

(Internet Protocol) da máquina. Com o TOR – software que **impede que suas atividades online fiquem registradas e sejam bisbilhotadas por quem quer que seja–** o processo de identificação do usuário não acontece. Entra em cena uma rede anônima de computadores que fazem pontes criptografadas até o site desejado. Entretanto, com o desenvolvimento tecnológico de ferramentas e softwares, os usuários da deep web, atualmente, não conseguem o pleno anonimato.

- Estima-se que o espaço virtual da Deep Web seja 400 vezes maior **do que a busca na internet** em navegadores com o Google. A deep web é considerada um território perigoso para navegar na internet, pelo fato que seus dados podem ser corrompidos e apropriados por hackers e vírus. Recentemente no Brasil e outros países do mundo, a deep web é alvo de investigações policiais.
- Com **programas específicos que decodificam os computadores** e, por conseguinte, os perfis dos usuários, o anonimato não tem ficado alheio às leis da sociedade, ou seja, a ideia de que o indivíduo pode ser anônimo no espaço virtual tem sido desmistificada pelo setor de segurança virtual. Usuários que usam do anonimato para acessar determinados conteúdos na rede, tais como grupos de pedofilia, vendas de armas, assassinatos de aluguel, entre outros, são sentenciados como cyber criminosos e respondem pelos seus atos na rede.
- Dados indicam que mais de **25% das buscas entre a Deep Web** e a internet padrão são com fins de exploração infantil e pornografia.
- Entre os exemplos que mais chocam, está a possibilidade de **"encomendar" um assassinato por cerca de US$ 180 mil** (cerca de R$ 700 mil).

MERCADORIAS MAIS VENDIDAS NA DEEP WEB:

- Maconha
- Ritalina e Xanax, mais conhecido como Alprazolam
- Ecstasy
- LSD, a metanfetamina, os cogumelos, a heroína, sementes e videogames

No Brasil, pela pouca quantidade de sites em português, as investigações policiais direcionam-se a grupos de pedofilia. De acordo com o relatório da Trend Micro, a **maior parte das URLs na rede está em russo (41.40%) e inglês (40.74%).** Em português há 1,25% das páginas.

20. RAPIDINHAS – PRINCIPAIS RECORTES DA ATUALIDADE

1. Considerado um dos traficantes de maior periculosidade da história, "El Chapo" (que na tradução literal significa "baixinho") será julgado em setembro de 2018. O mexicano Joaquín Guzmán Loera, será julgado por um júri "anônimo e parcialmente sequestrado". Tal decisão tomada por um juiz federal tem como objetivo proteger os familiares dos jurados envolvidos no julgamento. O uso de júris anônimos há muito é controverso, pois pode minar a presunção de inocência e tornar os jurados predispostos contra o réu antes de terem a chance de considerar qualquer evidência. O narcotraficante foi preso em 2016, após fugir duas vezes de prisões de segurança máxima do México. Em janeiro de 2017 foi extraditado para os Estados Unidos, onde será julgado. O ex-líder do Cartel de Sinaloa enfrenta uma série de acusações, entre elas a de comandar uma empresa criminosa e de tráfico internacional de cocaína. O próprio "El Chapo" chegou a afirmar que não matará os jurados envolvidos no julgamento (antes da decisão de um júri anônimo). Além do tráfico de drogas, o traficante mexicano enfrenta processos por assassinato e lavagem de dinheiro. Em virtude de um acordo entre autoridades mexicanas e americanas, El Chapo não enfrentará pena de morte, já que essa não é uma possibilidade no México.

2. Em fevereiro de 2018, o ministro do STF, Luiz Fux assumiu a presidência do Tribunal Superior Eleitoral (TSE), tendo como vice a ministra Rosa Weber. Segundo o próprio Luiz Fux, o grande desafio para as eleições de 2018 é o combate às "fake News", tão nocivas para o debate político.

   Em junho de 2018, a ministra Rosa Weber foi eleita por 6 votos a 1 como a nova presidente do Tribunal Superior Eleitoral (posto que ocupará a partir de agosto de 2018). O vice-presidente será o ministro Luís Roberto Barroso.

   O TSE é formado por, no mínimo, sete ministros:

   - Três do Supremo Tribunal Federal;
   - Dois do Superior Tribunal de Justiça;
   - Dois juristas nomeados pelo presidente da República.

3. Em março de 2018, aos 76 anos, morreu o físico britânico Stephen William Hawking. Uma das grandes mentes da área científica, contribui em pesquisas sobre a origem do universo e a questão da gravidade (além de tantos estudos correlatos). Sua vida também foi uma grande superação, já que conviveu com a esclerose lateral amiotrófica, uma doença degenerativa. O cientista e pesquisador britânico nasceu exatamente 300 anos após a morte de Galileu, e morreu na mesma data do nascimento de Albert Einstein (14 de março de 1879).

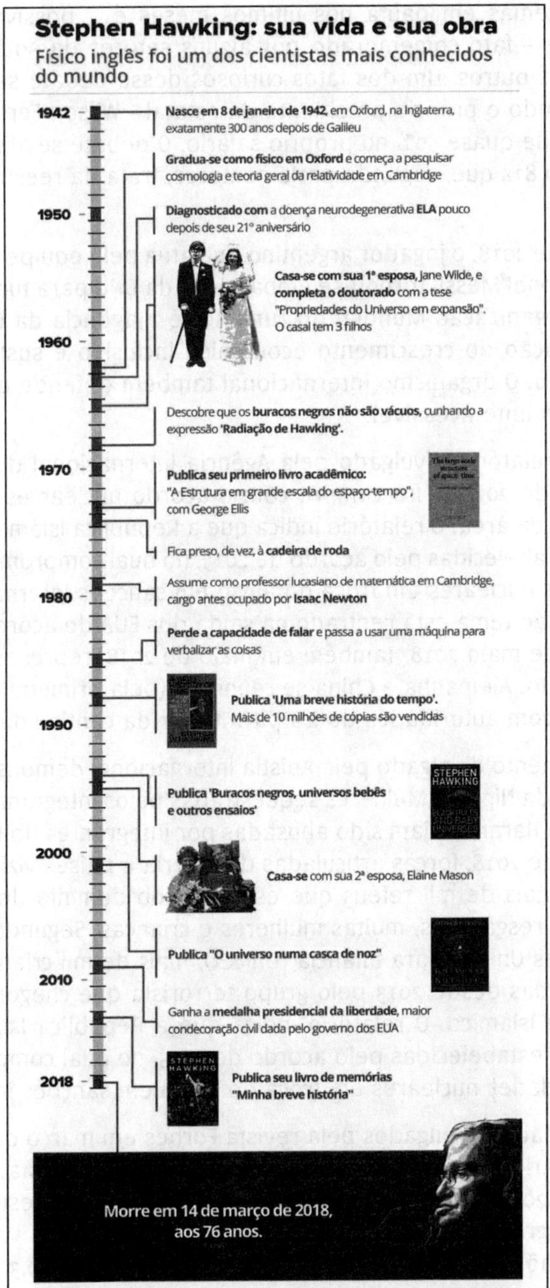

(https://glo.bo/2GsfB6q)

4. Um dos temas em pauta nos últimos meses é a possível privatização da Eletrobrás – fato comemorado por alguns setores da sociedade e criticado por tantos outros. Um dos fatos curiosos desse debate se deu em maio de 2018, quando o próprio presidente da estatal – Wilson Ferreira Jr. propôs um aumento de quase 50% no próprio salário. O debate se alinha com a Medida Provisório 814 que, segundo parlamentares, trata da reestruturação do setor elétrico.

5. Em abril de 2018, o jogador argentino que atua pela equipe espanhola do Barcelona, Lionel Messi, tornou-se embaixador da ONU para turismo responsável. A OMT (Organização Mundial do Turismo) é a agência da ONU especializada na promoção do crescimento econômico inclusivo e sustentável por meio do turismo. O organismo internacional também defende que o turismo seja universalmente acessível.

6. Segundo relatório divulgado pela Agência Internacional de Energia Atômica, em maio de 2018, o Irã cumpre com o acordo nuclear estabelecido com as potências da área. O relatório indica que a República Islâmica respeita as restrições estabelecidas pelo acordo de 2015, no qual comprometeu a limitar suas atividades nucleares em troca do alívio em sanções internacionais. O grande destaque ao tema está centrado na saída dos EUA do acordo, fato anunciado no início de maio 2018. Também em maio de 2018, representantes da França, Reino Unido, Alemanha e China se reuniram (pela primeira vez desde a saída dos EUA) com autoridades do Irã para tratar da continuidade do acordo.

7. Um documento divulgado pela Anistia Internacional demonstrou um lado preocupante da Nigéria. Mulheres sequestradas pelos integrantes do grupo terrorista Boko Haram teriam sido abusadas por integrantes do Exército nigeriano. Em maio de 2018, forças articuladas da Nigéria e países vizinhos conseguiram resgatar mais de mil reféns que estavam sob domínio do grupo terrorista. Dentre os resgatados, muitas mulheres e crianças. Segundo dados do Fundo das Nações Unidas para Infância (Unicef), mais de mil crianças já teriam sido sequestradas desde 2013 pelo grupo terrorista que chegou a jurar lealdade ao Estado Islâmico. O relatório indica que a República Islâmica respeita as restrições estabelecidas pelo acordo de 2015, no qual comprometeu a limitar suas atividades nucleares em troca do alívio em sanções internacionais.

8. Segundo dados divulgados pela revista Forbes em março de 2018, Jeff Bezos, o empresário por trás do império Amazon, encabeça a lista. Ao todo, a Forbes elencou 2.208 bilionários de 72 países diferentes, com a estreia de territórios como Hungria e Zimbábue. A elite financeira possui um valor líquido global de 9,1 trilhões de dólares (na cotação atual, cerca de 29,3 trilhões de reais), um aumento de 18% em relação ao ranking imediatamente anterior. A média de suas fortunas é de 4,1 bilhões de dólares, também um recorde. Bezos é o único da lista a ter uma fortuna de 12 dígitos, na casa da centena de bilhões. Além dele, completam o pódio dos mais ricos do mundo o empresário Bill

Gates, da gigante de tecnologia Microsoft, e o megainvestidor Warren Buffett. As posições estão trocadas em relação ao ano passado, quando Gates era o homem mais rico do mundo, Buffett era o segundo e Bezos ficou com a medalha de bronze.

9. Os escândalos sexuais se repetiram pelos últimos meses, gerando forte reação de diferentes setores ao combate de uma problemática muitas vezes obscura. O presidente da Universidade do Sul da Califórnia (USC), C.L. Max Nikias, renunciou, em maio de 2018, em meio ao escândalo por abuso sexual envolvendo um ginecologista da instituição. Os próprios professores da instituição, mais de 200, se reuniram para pressionar pela renúncia do presidente da instituição que não teria se esforçado em proteger as alunas.

10. Para algumas provas (tanto objetivas quanto de redação) conhecer a dinâmica do esporte é algo importante. Seja pela dimensão de contato entre culturas ou por acontecimentos inéditos que chamam a atenção do mundo. Já nas olimpíadas do Rio de Janeiro, em 2016, vários acontecimentos de destaque poderiam ser listados. Dentre eles, a presença de duas delegações pela primeira vez – Kosovo e Sudão do Sul. Na ocasião, a judoca Majlinda Kelmendi, de Kosovo, venceu a final do judô (categoria até 52 Kg), se tornando a primeira atleta de Kosovo a levar uma medalha olímpica. Kosovo declarou sua independência há de anos e não é reconhecido pela ONU – Organização das Nações Unidas. Outro fato importante dos jogos no Rio de Janeiro foi a presença de uma delegação de refugiados. Foi a primeira vez que um time de refugiados disputou uma edição dos Jogos Olímpicos sob a bandeira do Comitê Olímpico Internacional (COI) – na ocasião, até o papa Francisco enviou uma carta para os atletas. O time de refugiados contou com atletas da Síria, Sudão do Sul, Etiópia e República do Congo – competindo no atletismo, natação e judô.

   – Na época, a cerimônia de abertura das Olimpíadas no Rio de Janeiro foi destaque nos noticiários internacionais. Além disso, um fato que chamou a atenção foi a condução da bicicleta que abria a passagem da delegação brasileira pela modelo transexual Lea T., filha do ex-jogador de futebol Toninho Cerezo, o que ascendeu o debate sobre a ideologia de gênero e o preconceito contra a comunidade LGBT (segundo dados da ONG Transgender Europe, o **Brasil é o país que mais mata travestis e transexuais no mundo – de 2008 a 2014, foram 608 mortes**). Além disso, os jogos de 2016 marcaram uma nova decisão do COI (Comitê Olímpico Internacional) – a recomendação foi de que os atletas olímpicos transexuais pudessem competir segundo sua orientação de gênero, mesmo que não tenham passado por cirurgia de mudança de sexo – não foi considerada uma regra obrigatória, mas uma recomendação repassada para federações esportivas internacionais. Entretanto, existiu um detalhe importante para a questão da mudança de sexo. O COI destacou a atenção para o nível de testosterona das atletas que mudaram do sexo masculino para o feminino. Assim sendo, o atleta que se reconhecer no gênero feminino reconhece que não poderá alterar tal constatação para um período de quatro anos e, além disso, seu nível de testosterona no sangue deveria ser inferior a 10 nmol/l por no mínimo 12 meses antes da competição. Para os atletas que mudaram do sexo feminino para o masculino, o COI não emitiu restrições. No final de 2017 e início de 2018, uma nova polemica ganhou os diferentes espaços: a jogadora trans Tiffany, da equipe do Bauru, recebeu crítica de outras atletas pois teria "superioridade física". Algumas ex-atletas chegaram a defender a existência de uma liga "trans" ou cotas para os times femininos (fato negado por autoridades do segmento).

- Ainda sobre as olimpíadas, uma das imagens mais simbólicas trazia o jogo de vôlei de areia entre o Egito e a Alemanha. Como um grande evento de culturas diversas, a reação ao se deparar com o choque cultural possibilitado por um grande evento esportivo se tornou debate nas redes sociais.

Foto: Lucy Nicholson / Agência Reuters

- Já no caso de 2018, o destaque se dá para a Copa do Mundo de Futebol Masculino que acontece na Rússia (até o fechamento da edição, a copa não havia transcorrido). Para questões de cunho internacional, as ameaças do Estado Islâmico envolvendo jogadores como Neymar, Cristiano Ronaldo e Messi mobilizaram uma série de ações do governo russo e de países parceiros. O serviço de segurança da Alemanha chegou a destacar os riscos de atentados terroristas, visto que a Rússia luta contra o grupo terrorista na Síria e no Iraque (a Rússia chegou a afirmar a vitória contra o E.I no Iraque, no final de 2017). Na época da divulgação do relatório pelo serviço de segurança da Alemanha, o documento chegou a citar um fabricante alemão de camisetas que foi flagrado vendendo camisas com a estampa "14 de junho de 2018 - 15 de julho de 2018: Desta vez vamos chegar no verão", uma alusão à invasão pela Alemanha nazista da Rússia em 1941.

11. O tema sempre polêmico ganhou as redes sociais em abril de 2018. O Ministério do Planejamento, Desenvolvimento e Gestão publicou uma portaria normativa regulamentando o chamado "procedimento de heteroidentificação complementar à autodeclaração dos candidatos negros". Na prática, os candidatos que optarem por concorrer dentro da cota para negros em concursos públicos federais passarão por análise visual de uma comissão constituída especificamente para esse fim. Desde 2014, a lei 12.990 prevê a reserva aos candidatos negros de 20% das vagas oferecidas em concursos públicos da administração pública federal, das autarquias, das fundações públicas, das empresas públicas e das sociedades de economia mista controladas pela União. Os candidatos devem se autodeclarar pretos ou pardos no ato da inscrição do concurso, levando em conta o quesito cor ou raça utilizado pelo IBGE. Em 2017, o Supremo Tribunal Federal (STF) decidiu que a lei 12.990 era constitucional e que poderia haver a utilização de mecanismos, além da autodeclaração, para evitar fraudes pelos candidatos. Na decisão, o STF citou a heteroidentificação, com a presença perante a comissão do concurso, "desde que respeitada a dignidade da pessoa humana e garantidos o contraditório e a ampla defesa". A comissão analisará as características fenotípicas (características físicas de uma pessoa) para comprovar a condição declarada pelo candidato. Prevalecerá a decisão da maioria da comissão. Não serão considerados na avaliação registros ou documentos, inclusive imagem e certidões, nem as que foram usadas para confirmação em procedimentos de heteroidentificação realizados em outros concursos públicos federais, estaduais, distritais e municipais. O procedimento de heteroidentificação será filmado e sua gravação será utilizada na análise de eventuais recursos interpostos pelos candidatos. Vale destacar que o Instituto Brasileiro de Geografia e Estatística (IBGE) utiliza a seguinte classificação racial: preto, pardo, indígena, amarelo e branco.

12. Outra decisão de 2018, dessa vez do Conselho Nacional de Justiça, também aborda a questão das cotas. O Conselho Nacional de Justiça (CNJ) decidiu que um negro que passar num concurso para juiz a partir de sua nota na concorrência geral entre todos os candidatos libera mais uma vaga na cota mínima de 20% para candidatos negros, mesmo que ele tenha se inscrito como cotista.

13. Após resistir por décadas em adoção do sistema de cotas raciais, a USP introduziu políticas afirmativas na Fuvest 2018 e Sisu. A votação no Conselho Universitário em julho de 2017 foi histórica, em que 75 membros do Conselho Universitário da USP disseram sim ao sistema de cotas; oito disseram não e nove se abstiveram. Totalizando 92 votos. Assim, 37 por cento das vagas do

vestibular da Fuvest 2018 foram destinadas aos alunos de escolas públicas. A cada ano a reserva de cotas irá subir, até atingir a meta, em 2021, de 50 por cento das vagas destinadas ao sistema de cotas.

14. A China é o país que mais aplica a pena de morte em todo o mundo e executou, em 2017, mais condenados do que todos os outros países somados, segundo o levantamento anual da ONG Anistia Internacional (AI). Em 2016, a AI estimou que pelo menos mil pessoas devem ter sido executadas na China. O levantamento registrou 993 execuções em todo o mundo em 2017. Excluindo a China, a Anistia diz que 84% das execuções documentadas no mundo ocorreram no Irã, na Arábia Saudita, no Iraque e no Paquistão. Alguns países chegaram até mesmo a retomar a aplicação da pena de morte em 2017. Entre eles estão Bahrein, Kuwait, Emirados Árabes Unidos e Jordânia.

15. Em abril de 2018, a Índia aprovou a aplicação da pena de morte para indivíduos que estuprarem vítimas menores de 12 anos. De acordo com dados da Agência Nacional de Registro de Delitos da Índia (NCRB), o número de delitos contra crianças duplicou entre 2013 e 2016, passando de 58.224 a 106.958, e dos 38.947 estupros que se ocorreram no país em 2016, em 19.765 as vítimas foram menores. O estopim para a aprovação da legislação foi o estupro e assassinato de uma menina de 8 anos em Kathua, no estado de Jammu e Caxemira, no norte indiano. Só em 2016, cerca de 40 mil estupros foram registrados no país.

16. Mostrar arrependimento não será suficiente para escapar da pena de morte em caso de blasfêmia e apostasia (renúncia a uma religião) na Mauritânia – segundo decisão das autoridades do conservador país muçulmano da África. O projeto de lei foi adotado pelo governo mauritano, segundo informações da agência oficial de notícias AMI, em novembro de 2017. A decisão foi tomada depois que, em 9 de novembro do mesmo ano, um homem detido há quatro anos por um comentário em um blog considerado blasfemo, viu sua condenação à morte ser comutada por dois anos de prisão.

17. A Irlanda, um país com fortes traços conservadores e de peso dentro da questão católica, por meio de referendo realizado em maio de 2018, decidiu pela flexibilização das leis que proíbem o aborto. Foi em 1983, quatro anos após uma tribunal visita do então papa João Paulo 2º, que o povo irlandês votou para colocar na Constituição a chamada Oitava Emenda. Essa emenda igualava os direitos dos não nascidos aos de suas mães e, na prática, proibia o aborto em praticamente todos os casos – exceto se houvesse risco de vida para a mãe. Segundo os resultados divulgados, mais de 66% da população votou pela derrubada da chamada Oitava Emenda.

18. A Arábia Saudita tem aparecido nos noticiários por diferentes aspectos. As medidas reformistas do país têm chamado atenção da comunidade internacional. Algumas das ações chegam a chocar em pleno século XXI:

- Após decisão de 2017, a partir de junho de 2018 as mulheres do país terão o direito de dirigir – era o último país do mundo a ter uma lei tão restritiva com relação as mulheres.
- Em janeiro de 2018, pela primeira vez na história do país, as mulheres puderam acompanhar uma partida de futebol nos estádios.
- Foi também em 2018 que as mulheres ganharam o direito de abertura dos próprios negócios (pequenas empresas).
- O país liberou o cinema público – após 35 anos de proibição (um dos filmes escolhidos para ser exibido foi "Emoji").
- Apesar dos avanços recentes, algumas situações são consideradas extremamente retrógradas. No país, as mulheres precisam da autorização de um homem da família para viajar, estudar ou exercer determinadas funções.
- Arábia Saudita aprovou uma legislação que pune quem espionar o telefone do cônjuge com pena de até um ano de prisão e multa elevada (podendo chegar até R$440 mil).
- Em fevereiro de 2018, o governo saudita anunciou a execução de 4 homens que teriam invadido uma casa e estuprado um garoto e sua mãe. Os paquistaneses foram condenados e tiveram a pena de morte aplicada. Na Arábia Saudita, as pessoas declaradas culpadas de assassinato, estupro, narcotráfico, bruxaria e homossexualidade, entre outros crimes, são castigadas com a pena capital. As organizações de direitos humanos denunciaram que, desde a chegada do monarca Salman bin Abdulaziz ao trono saudita, em janeiro de 2015, o número de execuções disparou, passando de 88 em 2014 para 158 em 2015.

19. O primeiro preso transferido de Guantánamo durante o governo Trump foi um saudita. A transferência aconteceu em maio de 2018. Condenado a 13 anos de prisão em 2017 por seu envolvimento em um ataque contra o petroleiro francês "Limburg", em 2002, ao largo da costa iemenita, Ahmed Mohamed Ahmed Haza al Darbi cumprirá o restante da pena em seu país.

20. Divulgado em fevereiro de 2018 pela Transparência Internacional, o ranking da corrupção trouxe o Brasil em sua pior posição – 96º colocado. Foi uma queda de 17 posições se comparado ao ano anterior (o ranking tem um total de 180 países). O Brasil ficou atrás de nações como Arábia Saudita, Burkina Faso, Sri Lanka, Ruanda e Timor-Leste, e está empatado com Colômbia, Indonésia, Panamá, Peru, Tailândia e Zâmbia. Lideram o ranking de 2017 como os países considerados menos corruptos Nova Zelândia, Dinamarca, Finlândia e Noruega. No outro extremo, as piores colocações são de Afeganistão, Síria, Sudão do Sul e Somália.

21. Já no ranking da felicidade, o Brasil aparece em uma colocação mais confortável – a de 28º. O relatório Mundial da Felicidade, elaborado pela

Organização das Nações Unidas (ONU), classifica um total de 156 países e tem a Finlândia liderando. Atrás da Finlândia aparecem: Noruega, Dinamarca, Islândia, Suíça, Holanda, Canadá, Nova Zelândia, Suécia e Austrália. Em último lugar no ranking está o Burundi, com 2.905 pontos. Antecedem o país africano a República Centro-Africana, o Sudão do Sul, a Tanzânia, o Iêmen, Ruanda e a Síria, que ocupa o 150º lugar no ranking. O primeiro colocado na América Latina, a Costa Rica ocupa o 13º lugar, com uma nota de 7,072, à frente de países como Estados Unidos (18) e Espanha (36). Atrás da Costa Rica no continente americano aparece o México (24), o Chile (25), o Brasil (28), a Argentina (29), o Uruguai (31), a Colômbia (37), El Salvador (40), a Nicarágua (41), o Equador (48), a Bolívia (62), o Paraguai (64), o Peru (65) e Honduras (72).

22. Em maio de 2018, depois de 9 anos, a população do Líbano acompanhou uma eleição legislativa. Após o resultado, o movimento xiita Hezbollah e seus aliados, por um lado, e coalizões lideradas por cristãos, pelo outro, dividirão a maioria das 128 cadeiras no parlamento do Líbano

23. A guerra civil no Iêmen, o país mais pobre do mundo árabe, deixa 22 milhões de pessoas em situação de vulnerabilidade, segundo os dados mais recentes da Organização das Nações Unidas (ONU), que considera essa a maior crise humanitária global em curso atualmente. É uma guerra que opõe duas potências do Oriente Médio. De um lado, estão as forças do governo de Abd-Rabbu Mansour Hadi, apoiadas por uma coalizão sunita liderada pela Arábia Saudita. Do outro, está a milícia rebelde huti, de xiitas, apoiada pelo Irã, que controla a capital, Sanaa. Em meio à guerra, o país sofre com bloqueios comerciais impostos pelos sunitas, que impedem que ajuda humanitária e itens básicos, como comida, gás de cozinha e medicamentos, cheguem a 70% da população iemenita.

24. Em maio de 2018, um extremista belga que lançou ameaças em vídeos contra a Bélgica e a França foi condenado à morte por enforcamento, no Iraque, por pertencer ao grupo Estado Islâmico (EI). Tarik Jadaoun, belga de origem marroquina nascido em 1988, juntou-se ao grupo ultrarradical EI em 2014 sob o nome de guerra de Abu Hamza al-Belgiki. Quarto país no mundo em termos de execuções, segundo a Anistia Internacional, o Iraque já executou cidadãos estrangeiros, ou com dupla nacionalidade, por atos cometidos dentro de organizações com a Al-Qaeda. Mas, até à data, nenhum cidadão de um país ocidental condenado à morte por pertencer ao EI foi executado.

25. Em maio de 2018, o processo eleitoral no Iraque foi acompanhado de perto pela comunidade internacional. A aliança liderada pelo clérigo xiita Moqtada Sadr, que se juntou aos comunistas, venceu as eleições legislativas, segundo números definitivos anunciados pela comissão eleitoral. Sadr é um opositor de longa data dos Estados Unidos no país e da influência do Irã no Iraque. Ele não pode se tornar primeiro-ministro com a vitória, já que não participou diretamente das eleições, mas agora pode escolher alguém para o

cargo. Na segunda posição ficaram os candidatos dos antigos combatentes das unidades Hashd al Shaabi, que lutaram contra o grupo jihadista Estado Islâmico (EI). O primeiro-ministro em final de mandato Haider al Abadi, que contava com o apoio da comunidade internacional, ficou em terceiro lugar.

26. O ano em que Israel completa 70 anos tem sido bastante tenso na região que assiste a um conflito de raízes históricas. Em maio de 2018, os palestinos pediram que o Tribunal Penal Internacional (TPI) investigue determinadas ações de Israel. A pedido dos palestinos após a guerra na Faixa de Gaza no verão de 2014, o TPI lançou em 2015 uma investigação preliminar sobre acusações de crimes de guerra em Israel e nos Territórios palestinos. Mas ainda deve decidir se abrirá uma investigação completa sobre alegados crimes de guerra. Em 14 de maio de 2018, quando os Estados Unidos inauguraram sua embaixada em Jerusalém, 62 palestinos foram mortos durante as manifestações na Faixa de Gaza por tiros disparados por soldados israelenses na barreira que separa Israel do enclave palestino.

27. Em fevereiro de 2018, o senado holandês deu sinal verde para uma lei que automatiza a doação de órgãos, a menos que afirmem em vida e explicitamente que não desejam doar. Os cidadãos que não mostrarem rejeição em vida, e após o envio de duas cartas de aviso para que deixem clara sua posição, serão registrados no sistema como "não objeção". Se os parentes tiverem "sérias objeções" e "problemas insuperáveis" com a doação dos órgãos de seu familiar, podem se opor apesar de o morto ter dado sua permissão para ser doador. A projeção é que a lei entre em vigor a partir de julho de 2020, após amplo processo de instrução da população.

28. Um dia antes de o Congresso Nacional peruano votar um novo pedido de impeachment, o presidente da República renunciou ao cargo. Pedro Pablo Kuczynski, PPK, como é conhecido, anunciou a renúncia em rede nacional. Declarou: "diante da difícil situação que se instalou, o melhor para o país é que eu renuncie, não quero ser um estorvo para a nação". Kuczynski é acusado de receber para suas empresas, milhões de dólares da construtora Odebrecht, em troca de contratos quando era ministro no governo de Alejandro Toledo, entre 2001 e 2006. A gota d'água foi a divulgação de vídeos de uma suposta compra de votos, em dezembro de 2017, quando PPK sobreviveu ao primeiro pedido de impeachment. Quem negociou em nome de Kuczynski é Kenji Fujimori, filho do ex-ditador Alberto Fujimori, que, por coincidência, recebeu indulto, logo depois. E quem divulgou os vídeos foi Keiko Fujimori, a outra filha do ditador, derrotada por PPK, na disputa presidencial. Ex-banqueiro, de 79 anos, Kuczynski, governou o Peru por apenas um ano e sete meses.

29. O final de 2017 e início de 2018 assinalou um período de tensões no Irã. Em dezembro de 2017, a população saiu às ruas para protestas contra as condições de vida (elevado desemprego, processo inflacionário, etc.). Em

seguida, foi a vez do movimento chamado de "garotas da Rua da Revolução" ganhar o noticiário. Na ocasião, as mulheres protestavam contra a obrigatoriedade do uso do véu islâmico (desde 1979 com a Revolução Islâmica existe a obrigatoriedade do uso do véu). Quase trinta mulheres chegaram a ser presas. Como gesto simbólico para dar significado ao protesto, as mulheres tiravam o hijab nas ruas de Teerã.

30. Segundo dados divulgados em março de 2018 pelo jornal "Neue Osnabrueckner Zeitung", as autoridades alemãs registraram ao menos 950 ataques contra muçulmanos e instituições muçulmanas, como mesquitas, em 2017.

31. Em maio de 2018, uma nova lei que protege dados pessoais entrou em vigor na União Europeia. O Regulamento Geral de Proteção de Dados (GPDR, na sigla em inglês) é a mais dura reação do bloco europeu à espionagem em massa promovida pelo governo dos Estados Unidos, que compartilhava informações com outros países, como o Reino Unido. Revelado em 2013 por Edward Snowden, ex-analista da CIA, o escândalo ajudou a impulsionar a revisão da lei. Os principais pontos da lei, são:

- Usuários podem, em algumas situações, ver, corrigir ou até deletar as informações que empresas guardam sobre ele;
- Empresas devem coletar apenas dados necessários para que seus serviços funcionem;
- Coleta e uso de dados pessoais só podem ser feitas com consentimento explícito;
- Qualquer serviço conectado tem de conceder 'direito ao esquecimento';
- Informações de crianças ganham proteção especial;
- Clientes que tiverem dados hackeados devem ser avisados em até 72 horas;
- Empresas devem informar com linguagem compreensível sua política de proteção de dados;
- Infratores são punidos com multa pesada, de € 20 milhões ou 4% do volume global de negócios da empresa.
- Dados de europeus podem ser transferidos só para países com lei de proteção de dados equivalente à europeia;
- Empresas que tratem dados de europeus têm de seguir a lei europeia caso estejam em países não considerados "portos seguros".
- Grandes processadoras de informação têm de guardar registros sobre todas as vezes em que manipularam dados.

Poucas horas depois de entrar em vigor, no final de maio de 2018, a lei já era utilizada para afirmar que Google, Facebook e Whatsapp estariam cometendo violações.

32. Segundo dados divulgados em fevereiro de 2018 pelo Instituto Nacional de Estatísticas, o número de cidadãos da União Europeia (UE) que deixaram o Reino Unido aumentou em 2017, chegando a 130 mil nos 12 meses encerrados em setembro de 2017. Trata-se do número mais alto desde 2008.

33. Em maio de 2018, China e EUA anunciaram a suspensão temporárias de tarifas sobre importações aplicadas entre as nações. O anúncio foi aclamado por outras nações, já que o próprio presidente dos EUA Donald Trump chegou a afirmar que as tarifas seriam um perigo para o seu país.

34. Um antigo membro do alto comitê do Partido Comunista da China (PCC), Sun Zhengcai, que chegou a ser considerado como uma figura emergente do país, foi condenado à prisão perpétua por suborno e se tornou a vítima mais recente de uma campanha de combate à corrupção iniciada pelo presidente Xi Jinping. Sun Zhengcai foi declarado culpado de aceitar o total de 170 milhões de iuanes (US$ 26,7 milhões) em subornos, segundo o Primeiro Tribunal Popular Intermediário de Tianjin.

35. Em 2018, comemorou-se o bicentenário do nascimento de Karl Marx. Com sua teoria validade por muitos e deslegitimada por outros, o filósofo representa um ponto de destaque na história, seja pelas críticas ou pela aceitação. Durante discurso em ato solene, o presidente da China, Xi Jinping destacou que o país "continuará levantando a bandeira do marxismo". No poder desde 1949, o Partido Comunista Chinês (PCCh) continuará sendo o "guardião" do marxismo, prometeu Xi, que classificou Marx como "o maior pensador dos tempos modernos". O líder chinês impôs um retorno à ideologia marxista desde sua chegada ao poder no final de 2012.

36. Em maio de 2018, a animação britânica "Peppa pig" foi censurada em um site de vídeos da China, sob acusação de subversão. O desenho foi acusado de fomentar o processo de "comercialização" criando um vício nas crianças. Além disso, de modo mais metafórico, foi afirmado que há um humor negro e diretamente erotizado nos episódios.

37. Em abril de 2018, uma notícia com relação ao cenário chinês chamou a atenção. Um banco de espermas do país apresentou critérios políticos para os doadoras – inclusive, que sejam alinhados com o Partido Comunista Chinês. Segundo informações divulgadas, os doadores devem ter "boa mentalidade política" e "amor pelo socialismo e pela pátria-mãe". Os doadores podem receber até US$ 870 em dinheiro pelo esforço. A taxa de natalidade da China é uma das mais baixas do mundo e se tornou motivo de preocupação para o governo, que suspendeu sua política de um filho por casal, vigente há décadas, em 2015.

38. Em janeiro de 2018, o presidente americano Donald Trump se tornou o segundo presidente do país a participar do Fórum Econômico Mundial, em Davos, na Suíça. Antes dele apenas Bill Clinton havia participado. Em uma

linha protecionista, Trump tem sido um dos grandes desafios da ordem econômica global. Com relação ao Fórum, os países se comprometeram a criar um centro para combater cibercrimes (uma das grandes preocupações contemporâneas).

39. Em maio de 2018, o independentista Quim Torra se tornou presidente da Catalunha (região que luta pelo separatismo da Espanha). Por meio de um vídeo gravado na Alemanha, Carles Puigdemont, o grande líder separatista que foi proibido de assumir a presidência, indicou Torra para o posto. Puigdemont estava exilado na Bélgica e foi preso por forças alemãs que aguardam decisão da justiça sobre a extradição ou não do líder separatista. Enquanto não há decisão, o líder tem garantida a liberdade provisória. O líder catalão é acusado dos crimes de rebelião e desvio de verba pela justiça espanhola, que emitiu uma ordem europeia de prisão, no marco do processo independentista na Catalunha. Puigdemont proclamou em 27 de outubro de 2017 a independência da região da Catalunha após um referendo realizado no dia 1º de outubro, considerado ilegal por Madri. Na consulta popular, que foi violentamente reprimida, 90% dos votantes foram a favor da independência (2 milhões de pessoas, ou 43% do eleitorado catalão). Desde então, ativando pela primeira vez o artigo 155 da Constituição espanhola, o chefe do governo da Espanha, Mariano Rajoy suspendeu o governo de Puigdemont, dissolveu o Parlamento da região autônoma e convocou as eleições. A instabilidade diminuiu depois que a demissão de autoridades separatistas da região causou pouca resistência. Mas eleições gerais convocadas na região autônoma para o próximo dia 21 de dezembro de 2017 ainda causam apreensão, já que os separatistas ganharam maioria no Parlamento local. Pesquisas de opinião, entretanto, mostram que o apoio à separação tem diminuído entre a população catalã. O caso chegou a ser levado à Organização das Nações Unidas.

40. Um caso de um estupro coletivo do ano de 2016 na Espanha, voltou a ser discutido em 2018. O caso envolvendo 5 jovens entre 24 e 27 anos que estupraram uma garota de 18 anos durante uma festa, causou indignação e gerou mobilização de grupos defensores dos direitos das mulheres. Segundo a crítica, a pena foi considerada branda demais para um crime que chocou a comunidade espanhola. Os cinco agressores foram condenados a nove anos de prisão por crimes de abuso sexual e obrigados a pagar, cada um, € 50 mil à vítima por danos morais. Mas os juízes recusaram o parecer da promotoria espanhola, que pedia 22 anos de cadeia a cada um por agressão sexual, e não apenas abusos.

41. Colégios do Texas ampliaram as medidas de segurança para impedir que novos ataques aconteçam. Em maio de 2018, um estudante atirou e matou 10 pessoas, deixando outras 13 feridas. A tragédia aconteceu na Santa Fe High School. O autor foi Dimitrios Pagourtzis, um estudante do colégio de 17 anos. A estrela do futebol americano J.J. Watt, do Houston Texans, irá arcar com as despesas dos funerais dos mortos no massacre na escola de ensino médio de Santa Fe, anunciaram dirigentes da liga de futebol americano (NFL). Em 2017, o jogador de 29 anos, considerado um dos melhores defensores da liga, recebeu o prêmio da NFL de Homem do Ano após arrecadar mais de US$ 37 milhões para ajudar famílias desalojadas pelo furacão Harvey, que causou destruição no Texas.

42. Depois de aproximadamente seis décadas, um chefe de Estado turco se encontrou com o líder máximo da Igreja Católica. O encontro entre o papa Francisco e Erdogan aconteceu no Vaticano. Apesar das diferenças de pontos de vista entre eles, existe um desejo comum: que a crise no Oriente Médio seja resolvida com a criação do estado da Palestina e que Jerusalém seja capital dos dois estados e não apenas de Israel. Outro ponto importante com relação a Turquia é o desejo do país em pertencer à União Europeia. De fato, a situação da Turquia ficou desgastada desde a tentativa do golpe de Estado em 2016, já que o presidente passou a assumir visões autoritárias contra os rebeldes, fato esse criticado por mecanismos internacionais.

43. Segundo dados divulgados em novembro de 2017 pelo instituto americano de pesquisas Pwe Research Center, a população muçulmana em alguns países europeus e no continente em geral pode triplicar até 2050, representando até 14% do total. Na estimativa "mais alta", que contabilizou as taxas atuais de migração, a parcela muçulmana da população da Alemanha poderia aumentar de 6,1% em 2016 para 19,7% em 2050, enquanto na vizinha Polônia passaria de 0,1% para 0,2%.

- Entre 2010 e 2016, sete milhões de pessoas de todas as origens religiosas chegaram à Europa como migrantes regulares ou refugiados. Mais da metade (3,7 milhões) eram muçulmanos. Apenas 1,6 milhão dos sete milhões de pessoas eram refugiados, mas a grande maioria dos refugiados era muçulmana (1,3 milhão).
- No caso da Alemanha, o aumento de muçulmanos no país se deve principalmente aos refugiados, e não à migração regular. A Alemanha recebeu 670 mil refugiados entre 2010 e 2016, dos quais 86% eram muçulmanos. Durante o mesmo período, o país também recebeu 680 mil migrantes regulares, dos quais 40% eram muçulmanos.

44. Um dos tópicos de maior destaque no cenário internacional diz respeito ao desgaste diplomático entre as nações. Em maio de 2018, a Turquia solicitou ao embaixador de Israel em Ancara que deixasse o país temporariamente em protesto pela morte de dezenas de palestinos por soldados de Israel na Faixa de Gaza. Israel reagiu expulsando o cônsul-geral da Turquia em Jerusalém.

- Em abril de 2018, o presidente turco Recep Tayyip Erdogan anunciou que a Turquia terá eleições presidenciais e legislativas em 24 de junho, um ano e meio antes da data prevista (até o fechamento da edição, a eleição não havia ocorrido).
- A Turquia vive em Estado de Emergência desde o fracassado golpe de estado de julho de 2016. O Conselho de Segurança do Estado da Turquia chegou a recomendar a prorrogação de tal medida.
- Em maio de 2018, a visita do presidente turco a Londres gerou uma repercussão negativa por parte de ativistas. Defensores da liberdade de imprensa e ativistas curdos foram às ruas em Londres, em protesto contra o presidente turco, Recep Tayyip Erdogan, antes de ser recebido pela primeira-ministra britânica, Theresa May, e pela rainha Elizabeth II. O presidente turco busca fortalecer as relações com seus sócios de fora da União Europeia (UE) diante de sua cada vez mais próxima saída do bloco.
- Segundo a organização de defesa da liberdade de imprensa Repórteres sem Fronteiras, há 172 jornalistas detidos na Turquia por fazerem seu trabalho e uma "caçada" aos meios críticos desde o golpe de Estado.
- Em março de 2018, a prisão de uma cantora que teria insultado o presidente turco ganhou repercussão. Um tribunal de Istambul condenou a dez meses de prisão a cantora e atriz turca Zuhal Olcay por ter insultado o presidente, Recep Tayyip Erdogan, em uma canção durante uma apresentação em agosto de 2016. Durante o show, realizado em Istambul, a artista modificou a letra de uma conhecida música pop, intitulada "Bosvermisim Dünyayi", utilizando o nome do presidente para rimar com as palavras "Tudo vazio, tudo mentira". A promotoria considerou o ato uma ofensa e pediu entre um e quatro anos de prisão. O juiz condenou Olcay a um ano, reduzido para 10 meses por boa conduta durante o julgamento, informou o jornal turco "Evrensel". Olcay, de 60 anos e muito conhecida na Turquia pela carreira como atriz em mais de 30 filmes desde 1980, já foi condenada anteriormente a uma multa por insultos a funcionários, por isso o crime de ofensa atual conta como reincidência e a condenação não será suspensa. A cantora recorreu à sentença, mas, se confirmada, terá de ser presa. Ainda seria possível solicitar a liberdade condicional, que só seria concedida um ou dois dias depois, segundo a publicação. Nos últimos anos, vários cidadãos foram condenados por insultos ao presidente, às vezes simplesmente por terem divulgado nas redes sociais textos alheios que nem sequer mencionavam o nome de Erdogan.
- Em fevereiro de 2018, três jornalistas renomados foram condenados à prisão perpétua, após ser comprovada a ligação deles com a tentativa

de golpe de Estado, em 2016. Os irmãos Ahmet e Mehmet Altan assim como a jornalista Nazli Ilicak, que negaram durante o processo qualquer envolvimento com esse episódio, foram condenados com outras três pessoas dentro de um julgamento amplamente criticado pelos ativistas da liberdade de imprensa. Os jornalistas foram acusados de "enviar mensagens subliminares" na noite que antecedeu a tentativa fracassada de golpe. A Turquia ocupa o posto 155 de um total de 180 países na classificação sobre a situação da liberdade de imprensa elaborada pela ONG Repórteres Sem Fronteiras (RSF).

- Relembrando os episódios de 2016:
  - Em julho de 2016, a Turquia passou por uma tentativa de golpe para derrubar o presidente Recep Tayyip Erdogan. Os militares chegaram a anunciar o controle, justificando fazer aquilo pela democracia. Foram mais de 280 mortos e quase 3 mil militares presos na tentativa do golpe. Uma das motivações para o golpe diz respeito às tentativas de Erdogan em se perpetuar no poder. Ao deixar o cargo de premiê, em 2014, tornou-se presidente. Sua meta, desde então, passou a ser um referendo popular que transforme o sistema político do país, de parlamentarismo em presidencialismo – e lhe garanta poderes executivos. Embora, no papel, Erdogan, como presidente, tenha apenas funções cerimoniais de chefe de Estado, na prática, ele é quem governa o país. Desde 2013, a perseguição contra opositores do regime de Erdogan é enfática. A Turquia é um dos países com mais jornalistas presos. Além da Turquia, China, Irã e Egito concentram mais de dois terços dos jornalistas presos no mundo, destaca a RSF, que pede a criação do posto de representante especial para a segurança dos jornalistas, diretamente vinculado ao secretário-geral da ONU.
  - Outra decisão envolvendo a questão geopolítica ganhou destaque em novembro de 2016. Após o voto do Parlamento Europeu pela suspensão temporária das negociações sobre a adesão da Turquia à União Europeia (UE), o presidente turco, Recep Tayyip Erdogan, ameaçou abrir as fronteiras do país para os refugiados em direção à Europa. O processo de adesão da Turquia à UE foi iniciado em 2005.
  - Em novembro de 2016, como forma de retaliação à tentativa de golpe, a Turquia demitiu mais 15 mil servidores públicos, de soldados e policiais a fiscais da Receita e parteiras, e fechou 375 instituições e veículos de mídia, aprofundando a situação de crise e instabilidade. As dispensas mais recentes anunciadas em dois decretos elevaram para mais de 125 mil o número de pessoas demitidas ou suspensas nas Forças Armadas, no funcionalismo público, no Judiciário e em outros setores desde o golpe fracassado de julho de 2016. Cerca

de 36 mil estão presas e aguardam julgamento. A comunidade internacional tem criticado tais medidas de Erdogan. Uma autoridade de alto escalão da Organização das Nações Unidas (ONU) classificou as medidas como "draconianas" e "injustificadas". Ancara culpa o clérigo Fethullah Gulen, radicado nos Estados Unidos, e sua rede de seguidores por terem orquestrado a tentativa de deposição, durante a qual mais de 240 pessoas morreram. Gulen nega envolvimento.

- Dentro das objeções extremamente polêmicas do presidente turco, está a afirmação de que a Alemanha seria um reduto de terroristas. Berlim não respondeu a pedidos da Turquia para a extradição de suspeitos de participação na tentativa de golpe de Estado no país, segundo Erdogan. Na época, ele afirmou ter entregado à chanceler federal alemã, Angela Merkel, cerca de 4 mil dossiês sobre suspeitos na Alemanha, sem receber resposta.
- O presidente turco, Recep Tayyip Erdogan, declarou, em outubro de 2016, que a restauração da pena de morte para os participantes da tentativa de golpe de Estado em julho do mesmo ano seria submetida ao Parlamento, acrescentando que as críticas ocidentais sobre esse assunto "não contam". A pena de morte foi abolida na Turquia em 2004, no âmbito da candidatura de Ancara para entrar na UE, de modo que a sua restauração poderia acabar com as negociações de adesão ao bloco, além de agravar as preocupações relativas ao Estado de direito. Desde então, o tema não foi oxigenado no contexto turco.

45. Em janeiro de 2018, mais de 90 mil pessoas protestaram em cidade grega contra o uso do nome "Macedônia". Para a Grécia, o nome do país vizinho sugere ambições de reivindicar a província grega de mesmo nome, da qual Salonica é a capital. Os gregos argumentam que ela deveria se chamar "Skopje", e que Macedônia fosse o nome de sua capital - o contrário do que ocorre hoje.

46. Em maio de 2018, Israel anunciar desistir da candidatura para o Conselho de Segurança da ONU. O país concorreria com Alemanha e Bélgica. Israel nunca fez parte do Conselho de Segurança, onde Estados Unidos, França, Reino Unido, Rússia e China tem os cinco assentos fixos e onde outros dez países lhes acompanham como membros não-permanentes em turnos de dois anos.

47. Um grande desconforto entre o presidente das Filipinas, Rodrigo Duterte, e a Organização das Nações Unidas (ONU) ganhou corpo em 2018. Um alto comissário da ONU para Direitos Humanos chegou a afirmar que Duterte precisaria de um "exame psiquiátrico". Tudo teria origem em ofensas proferidas pelo presidente filipino contra a organização. Desde quando Rodrigo Duterte assumiu o comando do país em 2016, cerca de 4.100 suspeitos de consumo e de envolvimento com tráfico foram mortos em uma ampla operação policial contra drogas. Os defensores dos direitos humanos estimam, porém, que o número real de mortos é mais do que o triplo do número oficial e pode passar de 12 mil. Para se ter uma dimensão da abordagem violenta dos comentários de Duterte, o líder filipino chegou a destacar que a polícia irá "atirar na vagina" de mulheres terroristas.

48. A Nicarágua acompanhou intensos protestos no primeiro semestre de 2018 contra o presidente Daniel Ortega. Segundo a Associação Nicaraguense Pró-Direitos Humanos (ANPDH) até meados de maio, 81 pessoas já haviam morrido por conta dos protestos. O estopim para os conflitos entre manifestantes pró e contra Ortega foi a fracassada Reforma da Previdência. A Nicarágua chegou a constituir uma Comissão da Verdade, Justiça e Paz para averiguar as mortes resultantes dos protestos. O próprio papa Francisco anunciou estar preocupado com a situação da Nicarágua, chamando a atenção da comunidade internacional. Durante a transmissão dos protestos ao vivo, um jornalista acabou levando um tiro na cabeça e morreu. O jornalista Angel Ganoa realizava uma transmissão pelo Facebook no momento em que foi alvejado.

49. Em março de 2018, o presidente russo Vladimir Putin foi eleito para o seu 4º mandato. No poder desde 1999, Putin alcançou uma votação recorde: mais de 56 milhões de votos. Putin, de 65 anos, ganhou suas primeiras eleições em março de 2000, três meses depois de receber o poder de mãos do primeiro presidente democraticamente eleito da história da Rússia, Boris Yeltsin.

50. Em maio de 2018, um debate antigo reapareceu nos noticiários. O presidente russo Vladimir Putin inaugurou uma ponte ligando Rússia e Crimeia – anexada em 2014 pelo governo russo, o que gerou intenso debate e críticas da diplomacia internacional. Vale destacar que na eleição que concedeu a vitória ao atual presidente Vladimir Putin, o governo ucraniano impediu que russos vivendo no território participassem do pleito eleitoral.

51. Em março de 2018, a Rússia expulsou 59 diplomatas de 23 países diferentes, com forma de retaliação aos países ocidentais. Dentre os países aparecem: França, Reino Unido, Canadá e Alemanha. Como resposta, mais de 30 países, em sua maioria membros da União Europeia, mas entre os quais também figuram Estados Unidos, Canadá, Austrália e Ucrânia, haviam anunciado a expulsão de 150 diplomatas russos. Também em março, a Rússia expulsou 60 diplomatas americanos e fechou o consulado dos EUA em São Petersburgo. O estopim para o desconforto diplomático entre as nações foi o envenenamento por agente nervoso de Sergei Skripal, ex-coronel do serviço de inteligência russo, e sua filha Yulia, de 33 anos, que foram hospitalizados em estado grave. Londres acusou o governo russo de envenenar o ex-espião e sua filha. O espião vivia em uma cidade inglesa. Os agentes neurotóxicos "Novitchok" são uma especialidade russa e pouco conhecidos.

52. Uma das pautas de destaque dos últimos anos é a utilização de armas químicas – fato que viola diretrizes do Direito Internacional. Em 2018, um ataque em Douma, a leste de Damasco, capital da Síria, repercutiu negativamente no já complicado conflito Sírio – EUA e Rússia vivenciaram uma nova roupagem da "Guerra Fria". Como resposta ao ataque com armas químicas, EUA, França e Reino Unido lançaram um ataque criticado por parte da comunidade. Na ocasião, o Pentágono anunciou que três alvos foram atingidos na Síria: um centro de pesquisa e produção de armas químicas e biológicas em Damasco, um armazém de armas químicas em Homs, a leste de Damasco – em que os EUA acreditam que estavam estoques de gás sarin – e uma base na mesma cidade que também teria armas químicas. Como resposta, o presidente russo Vladimir Putin afirmou que o ataque comandado pelos EUA daria força aos grupos terroristas – vale destacar que o presidente russo apoia o regime de Bashar Al assad. Segundo o governo dos EUA, o ataque teria partido do regime sírio, deixando mais de 40 mortos. Sobre o contexto das armas químicas, vale destacar:

- A imensa maioria dos países abriu mão de utilizar esse tipo de arma por meio de um tratado multilateral assinado em 1993, em Paris, e que está em vigor desde abril de 1997. Trata-se da Convenção de Armas Químicas (CAQ), assinada por 191 países membros, que representam 98% da população mundial. Quatro países - Coreia do Norte, Angola, Egito e Sudão do Sul - não assinaram nem ratificaram a convenção, embora o último já tenha manifestado interesse em fazê-lo. Israel assinou em 1993, mas não ratificou (aprovou no parlamento). A Síria, suposta infratora agora em questão, aderiu em 2013, comprometendo-se a abrir mão de todas as suas armas químicas.
- A Opaq (Organização para Proibição de Armas Químicas) foi vencedora do prêmio Nobel da paz de 2013.
- Por matar indiscriminadamente, as armas químicas são vistas como uma perigo majoritário. Evidente durante o período da Primeira Guerra Mundial, por anos, a preocupação foi como lidar com a questão de modo a garantir a pacificação.
- Em março de 2018, o Reino Unido anunciou um amplo investimento em um centro de defesa de armas químicas (o valor chega a R$220 milhões).
- Grande crítica da oposição do Reino Unido se deu por conta da primeira-ministra britânica, Theresa May, não ter consultado o parlamento para agir junto com França e EUA bombardeando regiões da Síria (por lei, a consulta não é obrigatória, mas tem acontecido desde 2003).

53. Adiado para 2019 devido a um escândalo de abusos sexuais, o Prêmio Nobel de Literatura de 2018 pode ter sua data novamente alterada. A questão foi levantada novamente pelo diretor-executivo da Fundação Nobel, Lars

Heikensten, durante entrevista a uma rádio sueca. Segundo o diretor, a entrega do prêmio só deverá acontecer quando "a Academia Sueca recuperar a confiança" e tiver "condições suficientes" para fazê-lo. Pela primeira vez desde 1949 a premiação não ocorrerá este ano devido à ausência de votos necessários para a escolha do premiado, além do desgaste da imagem da organização sueca fundada em 1786, provocado pelo escândalo de abusos sexuais. Devido às renúncias ocorridas em abril de 2018, a composição da Academia, formada por 18 cadeiras, se reduziu a apenas dez jurados, número abaixo dos 12 exigidos como o mínimo para uma votação válida. Heikensten também sugeriu que esses dez membros ativos da Academia deveriam sair do cargo caso achassem necessário.

- Entenda o caso (Retirado do portal Folha de SP):

O prêmio deste ano foi cancelado após denúncias de assédio e abuso feitas por 18 mulheres em um jornal sueco contra Jean-Claude Arnault, alguém com 30 anos de relações afáveis com a academia. Ele é marido de Katarina Frostenson, integrante da instituição. Uma delas disse que o denunciou à instituição sueca e não deu em nada. Arnault, que nega tudo, foi acusado ainda de vazar nomes dos vencedores do Nobel de Literatura —e possivelmente ganhar dinheiro com isso. Ele e a mulher gerem um centro cultural que recebia dinheiro da Academia Sueca, sob o qual há suspeitas de corrupção. A tentativa fracassada por parte dos membros de expulsar Frostenson resultou na saída de diversos deles – entre os quais Sara Danius, primeira mulher à frente da instituição. O resultado foi que a academia ficou sem quórum para tomar decisões e não era possível, pelos seus estatutos, eleger novos membros. As regras da instituição, já alteradas, não previam a saída de acadêmicos, porque o posto é vitalício —quando um se afastava, sua cadeira ficava vaga até sua morte.

54. O Ministério Público Federal no Ceará (MPF-CE) solicitou que a Justiça determine a suspensão da disciplina "Golpe de 2016 e o futuro da democracia brasileira", que faz parte de grade optativa do curso de História da Universidade Federal do Ceará (UFC). Para isso, ingressou com uma Ação Civil Pública, com pedido de liminar, para "a imediata anulação dos atos administrativos que instituíram a disciplina, assim como a suspensão imediata das suas atividades". Universidade Federal de São Carlos (Ufscar), Universidade de Brasília (Unb), Universidade Federal de Goiás (UFG) e Universidade Federal do Rio Grande do Norte (UFRN) também passaram a oferecer a disciplina.

55. Em dezembro de 2017, a Comissão de Direitos Humanos e Legislação Participativa (CDH) do Senado manteve o título de Patrono da Educação Brasileira dado a Paulo Freire, educador, pedagogo e filósofo. A lei que conferiu o título é de 2012 e foi questionada por meio de um canal no site do Senado dedicado a receber sugestões de cidadãos. A proposta para retirar o título de Paulo Freire obteve 20 mil assinaturas e, por isso, entrou na pauta da CDH. O método Paulo Freire de alfabetização completou 50 anos em 2013. Freire desenvolveu uma estratégia baseada nas experiências de vida das pessoas. Seu livro "Pedagogia do Oprimido" é o único livro brasileiro a aparecer

na lista dos 100 títulos mais pedidos pelas universidades de língua inglesa consideradas pelo projeto Open Syllabus. Lançado em 1968, o livro aparece em 99º lugar no ranking geral, com 1.021 citações em programas. No campo de educação, a obra figura em segundo lugar como a mais pedida nas universidades desses países, perdendo para "Teaching for Quality Learning in University: What the Student Does", de John Biggs.

56. Em setembro de 2017, tornando-se a primeira mulher a ocupar o cargo de Procuradora Geral da República, Raquel Dodge assumiu o posto, substituindo Rodrigo Janot. O que chamou a atenção na escolha da nova Procuradora Geral da República, é que ela não foi a mais votada entre os procuradores. Desde 2003 o procurador-geral escolhido vinha sendo o primeiro nome da lista de três, apresentada pelos próprios procuradores. Temer não fez assim. Ela foi a segunda mais votada na lista de procuradores apresentada ao presidente Michel Temer, e teve o nome escolhido por ele 24 horas depois da votação. Raquel Dodge é a primeira mulher a ocupar o cargo de Procuradora-Geral da República e chega ao comando do Ministério Público Federal com uma trajetória marcada por atuação tanto na área de direitos humanos quanto no combate à corrupção. Raquel Dodge tem 56 anos; está há 30 no Ministério Público. É formada em direito pela Universidade de Brasília e tem mestrado pela Universidade de Harvard, nos Estados Unidos. Na carreira, na área de direitos humanos, foi a coordenadora do primeiro projeto do MPF voltado a aprimorar o combate ao trabalho escravo no Brasil. Com atuação também na área criminal, foi ela que coordenou a Operação Caixa de Pandora, que levou à prisão, pela primeira vez, um governador no exercício do mandato, o do Distrito Federal, José Roberto Arruda, em 2010, flagrado recebendo propina (Portal Globo).

57. Em fevereiro de 2018, o presidente Michel Temer publicou uma medida provisória criando o Ministério da Segurança Pública. A nova pasta integra um conjunto de ações do governo na área de combate à violência. A primeira ação foi a intervenção federal no Rio de Janeiro, determinada via decreto em 16 de fevereiro, que causou forte reação entre especialistas da área da segurança e a própria sociedade civil. O Ministério da Segurança Pública incorporou funções que antes eram do Ministério da Justiça:

- Comando da Polícia Federal
- Comando do Depen (Departamento Penitenciário Nacional)
- Comando da Secretaria de Segurança Pública
- Comando da Polícia Rodoviária Federal

O ministério da Segurança Pública tem à frente Raul Jungmann – então ministro da Defesa. Com a saída de Jungmann da Defesa, pela primeira vez desde 1999, um militar passou a ocupar a pasta. O general do Exército Joaquim Silva e Luna se tornou o primeiro militar a assumir o ministério desde sua criação, em 1999.

58. Em maio de 2018, o Banco Nacional do Desenvolvimento Econômico e Social (BNDES) aprovou um programa para segurança com recurso de R$5 bilhões. O BNDES anunciou um lucro superior a R$2 bilhões no primeiro trimestre de 2018. Em abril de 2018, o Novo Banco de Desenvolvimento dos Brics e o Banco Nacional de Desenvolvimento Econômico (BNDES) fecharam o primeiro desembolso conjunto para uma operação de financiamento no Brasil, no valor de US$ 67,3 milhões. A liberação dos recursos é a maior já realizada pelo NDB (sigla em inglês para New Development Bank) e faz parte de contrato assinado com o BNDES há 1 ano para apoiar projetos de energia renováveis. O banco do Brics é uma iniciativa do grupo que reúne cinco nações emergentes - Brasil, Rússia, Índia, China e África do Sul. Os recursos irão para seis parques de energia eólica nos Estados do Piauí e de Pernambuco. Eles integram o Complexo Eólico Araripe 3, do Grupo Casa dos Ventos, composto, no total, de 14 parques, nos municípios de Simões e Currais Novos (PI) e Araripina (PE). Ao todo, o complexo terá capacidade instalada de 358 megawatts, por meio de 156 turbinas geradoras de energia.

59. O banco do Brics anunciou que abrirá seu escritório regional das Américas no Brasil. Os países Brics são lar de 42% da população mundial e sua participação total na economia mundial aumentou de 12% para 23% na última década. Junto com o Centro Regional da África, inaugurado no ano passado em Johanesburgo (África do Sul), o novo escritório regional apoiará progressivamente "uma gama cada vez maior das operações do banco", aponta o comunicado.

60. Uma quadrilha presa em São Paulo, em maio de 2018, por fraudar perícias médicas do INSS utilizava dublês de doentes, em alguns casos, pessoas doentes de verdade, mas que se passavam falsamente pelas pessoas que receberiam os benefícios no momento da perícia. A Operação Pseuda foi realizada de forma conjunta com a inteligência previdenciária, Advocacia-Geral da União, Ministério Público Federal e INSS, e cumpriu 12 mandados de prisão e 16 de busca e apreensão. Outra decisão de relevância para vasculhar os perfis de beneficiários do INSS diz respeito ao ambiente virtual. Desde 2016, fiscais especialistas observam as redes sociais em busca de incompatibilidade.

61. Duas operações floram deflagradas pela PF em 2018 visando combater fraudes no INSS. A operação Sepulcro Caiado, realizada pela Polícia Federal, investiga quadrilhas que atuam em fraudes junto ao Instituto Nacional de Seguro Social (INSS). A operação que aconteceu no Rio de Janeiro levantou um valor de fraudes que podem superar a casa dos R$14 milhões. Já a operação Anjos, desmantelou um grupo criminoso que criava casamentos entre pessoas já falecidas, gerando beneficiários fictícios para receber pensões

do INSS – fraude pode ter superado R$12 milhões. Vale destacar que em novembro de 2017, o INSS anunciou a criação de uma gerência para lidar especificamente com fraudes/corrupção em benefícios.

- Em março de 2018, o INSS convocou 94 mil beneficiários de auxílio-doença ou aposentadoria por invalidez para realização de perícia. Segundo Ministério do Desenvolvimento Social (MDS), foram convocados beneficiários não localizados ou que não agendaram o exame de revisão no prazo determinado – o objetivo é aplicar o pente fino para barrar supostas fraudes. Em abril, outros 152 mil beneficiários foram convocados.

(https://glo.bo/2IKgXZW)

62. Desde maio de 2018, os pedidos de aposentadoria por idade e salário maternidade só podem ser feitos ao Instituto Nacional do Seguro Social (INSS) pelo telefone ou internet. A análise dos pedidos será feita automaticamente, com base nos dados disponíveis nos sistemas do INSS e do governo, e o segurado será chamado a uma agência caso precise apresentar algum documento ou complementar alguma informação. Os benefícios podem ser solicitados no site do instituto ou pelo telefone 135, por meio dos quais o segurado receberá um número de protocolo. De acordo com o INSS, a mudança deve reduzir o tempo de análise dos pedidos.

63. Francisco Lopes, então presidente do INSS, foi demitido em maio de 2018 após fechar um contrato milionário com uma empresa de fachada (da área da informática), mesmo após parecer técnico rejeitando tal ação. Segundo o

jornal "O Globo", o contrato no valor de R$ 8,8 milhões foi assinado mesmo após parecer de técnicos do INSS indicar que os programas de computador oferecidos pela RSX não teriam utilidade para o órgão. De acordo com a reportagem, depois de liberar R$ 4 milhões à empresa, sem obter nenhum serviço em troca, o presidente do INSS admitiu ter autorizado o gasto sem verificar a procedência da empresa. Em nota, o INSS disse que o contrato com a empresa RSX foi cancelado por determinação do próprio Francisco Lopes. A nota informa, ainda, que o INSS determinou abertura de diligências e procedimentos no sentido de esclarecer todos os fatos. O Tribunal de Contas da União afirmou que vai investigar contratos da RSX e que a empresa já recebeu, em 2018, quase R$ 2 milhões em contratos com outros órgãos.

64. Em abril de 2018, uma abaixo-assinado eletrônico em defesa da candidatura do ex-presidente Luiz Inácio Lula da Silva ao Prêmio Nobel da Paz conseguiu juntar cem mil assinaturas em cinco horas. A campanha foi criada por Adolfo Pérez Esquivel, o ativista argentino que ganhou o Nobel da Paz em 1980 pela defesa dos direitos humanos na América Latina. Ele se define como um ativista da não-violência ativa. O ex-presidente está preso desde o dia 7 de abril de 2018, na Superintendência da Polícia Federal em Curitiba. Ele começou a cumprir a pena de 12 anos e 1 mês de prisão, imposta pelo TRF-4 (Tribunal Regional Federal da 4ª Região). Um grupo que se autodenomina "República de Curitiba" decidiu rebater a petição pró-Lula lançando a candidatura do juiz federal Sergio Moro ao Nobel da Paz. O grupo diz que ele trouxe esperanças para os brasileiros e prendeu "o maior corrupto do Brasil", referindo-se a Lula. Outros nomes aparecem como prováveis indicações ao Nobel da Paz de 2018: presidente dos EUA, Donald Trump; presidente da Coreia do Sul, Moon Jae-in.

65. Uma lei sancionada em janeiro de 2018 no Rio de Janeiro, multa empresas que realizarem propagandas ofensivas às mulheres. A lei proíbe a veiculação de propaganda "misógina (que represente aversão à mulher), sexista ou estimuladora de agressão e violência sexual". As multas às empresas sediadas no Rio que façam esse tipo de propaganda variam de R$ 33 mil a R$ 658 mil. Empresas reincidentes pagam o dobro: cerca de R$ 1,3 milhão. O texto cita como proibição a "exposição, divulgação ou estímulo ao estupro e à violência contra as mulheres", além de "fomento à misoginia (ou seja, que represente aversão à mulher) e ao sexismo". A restrição é válida para outdoor, folheto, cartaz, rádio, televisão ou rede social.

66. Em abril de 2018, em Lima, no Peru, aconteceu a Cúpula das Américas. A 8ª edição da Cúpula finalizou-se com uma carta compromisso para o combate à corrupção nos países do continente.

- O documento afirma que a prevenção e o combate à corrupção são fundamentais para o fortalecimento da democracia e o Estado de Direito nos países americanos. Diz ainda que a "corrupção debilita a governabilidade democrática e a confiança dos cidadãos nas instituições". Ainda segundo a carta, a corrupção tem um impacto negativo "no gozo efetivo dos direitos humanos e no desenvolvimento sustentável das populações do nosso Hemisfério, da mesma forma que em outras regiões do mundo".

- A carta reafirma o compromisso do grupo com os tratados em matéria de luta contra a corrupção, como a Convenção das Nações Unidas contra a Corrupção e a Convenção Interamericana contra a Corrupção. Também foi definido o estabelecimento de um Programa Interamericano de Dados Abertos, no âmbito da Organização dos Estados Americanos (OEA), para fortalecer as políticas de abertura de informação e aumentar a capacidade dos governos e dos cidadãos na prevenção e no combate à corrupção.
- Os países também apontam a necessidade de adotarem mecanismos que promovam a transparência na prestação de contas de partidos políticos, "principalmente de suas campanhas eleitorais, garantindo a origem lícita das contribuições, bem como a punição pelo recebimento de contribuições ilícitas", diz a carta. Por fim, a carta diz ser necessário promover a equidade e a igualdade de gênero e o empoderamento das mulheres com um objetivo transversal das políticas anticorrupção, "mediante um grupo de trabalho sobre liderança e empoderamento das mulheres que promova ativamente a colaboração entre as instituições interamericanas e a sinergia com outras agências internacionais".
- A maior parte dos líderes presentes no evento manifestou a sua preocupação pelo uso de armas químicas e alertou para o risco de uma escalada no Oriente Médio, após o bombardeio na Síria. Com relação à Venezuela, os países não chegaram a um consenso.

67. Em maio de 2018, o curta brasileiro 'O órfão' ganhou a Queer Palm, prêmio para filmes com temática LGBT em Cannes. O curta da brasileira Carolina Markowicz conta a história de um adolescente adotado que é devolvido ao orfanato por ter um caráter afeminado. Baseado em fatos reais, "O órfão" narra, em 15 minutos, a história de Jonathas, um adolescente órfão que é adotado por um casal burguês. Jonathas, interpretado por Kauan Alvarenga, gosta de passar batom e usar vestidos femininos. Quando a família descobre seus hábitos, obriga-o a voltar ao orfanato.

68. Em março de 2018, o Ministério Público do Estado de Goiás (MP-GO) divulgou uma investigação de uma "frota de luxo" com 160 carros em nome da diocese de Formosa, que fica no Entorno do Distrito Federal. Segundo o órgão, o documento foi apreendido durante a Operação Caifás, que apura desvio de R$ 2 milhões da Igreja Católica e prendeu nove pessoas, entre elas, quatro padres, o bispo e o juiz eclesiástico da região.

69. Em abril de 2018, a Polícia Federal deflagrou a segunda fase da Operação Underground. Operação Underground, nome inspirado nas técnicas de investigação dentro e fora de todo um conjunto de sites e servidores de internet. A operação investiga casos de exploração sexual infantil / pornografia infantil. Os mandatos de prisão foram cumpridos em 7 estados diferentes. No interior de São Paulo, na cidade de Jaú, um homem foi preso acusado de comercializar e produzir imagens de exploração sexual infantil.

70. Em abril de 2018, Polícia Federal deflagrou a Operação Encilhamento para apurar fraudes envolvendo a aplicação de recursos de Institutos de Previdência Municipais em fundos de investimento com debêntures sem lastro emitidas por empresas de fachada que podem ultrapassar o valor de R$ 1,3 bilhão. A debênture é um título de dívida que gera um direito de crédito ao investidor.

71. A operação foi nomeada como Encilhamento e é a segunda fase da Operação Papel Fantasma. Policiais Federais e auditores-fiscais da Receita Federal cumprem 60 mandados de busca e apreensão e 20 mandados de prisão temporária expedidos pela 6ª Vara Criminal Federal de São Paulo nos estados de São Paulo, Rio de Janeiro, Minas Gerais, Paraná, Mato Grosso, Santa Catarina e Goiás.

72. Em maio de 2018, a Polícia Federal deflagrou a 51ª fase da Operação Lava Jato – denominada Operação Dejà Vu. A operação apura crimes de corrupção e lavagem de dinheiro no contrato PAC-SMS, firmado em 2010 entre a área internacional da Petrobras e a Odebrecht para prestação de serviços de segurança, meio ambiente e saúde em nove países, além do Brasil. O valor do contrato foi de mais de 825 milhões de dólares (cerca de R$ 2,7 bilhões).

73. Em maio de 2018, a Polícia Federal deflagrou a Operação Efeito Dominó, um desdobramento da Operação Spectrum, iniciada em julho de 2017, que desarticulou uma estrutura estabelecida para o tráfico internacional de drogas. Durante as investigações da Operação Spectrum, a PF desarticulou uma estrutura criminal criada visando o tráfico internacional de drogas. Esse esquema era comandado por Luiz Carlos da Rocha, mais conhecido como Cabeça Branco. Ele era tido como um dos maiores traficantes da América do Sul, tendo conexões em dezenas de outros países.

74. Em 22 de maio de 2018, após pedido de vista, a votação no Conselho Nacional de Justiça sobre a possibilidade de registro civil da poliafetividade foi suspensa (com o placar de 5 votos contrários contra 4 votos favoráveis). Em junho de 2017, a Colômbia concedeu o registro civil de um "trisal" – união formada por três homens.

75. Em maio de 2018, a cinebiografia do bispo fundador da igreja Universal, "Nada a Perder" tornou-se o filme de maior bilheteria nacional de todos os tempos, com 11.285.248 ingressos vendidos, segundo a ComScore, empresa

que monitora as bilheterias. Assim, o braço cinematográfico da Record –e consequentemente da igreja– bateu o próprio recorde. Em 2016, a versão da novela bíblica "Os Dez Mandamentos" fez história e ultrapassou o líder "Tropa de Elite 2" com 11.183.219 de ingressos vendidos.

76. "Vingadores: Guerra Infinita" mostrou que tem poder para durar nas bilheterias dos Estados Unidos e se tornou a quinta maior bilheteria da história em todo mundo, com US$ 1,6 bilhão (em maio de 2018). O grande sucesso da parceria entre Disney e Marvel arrecadou US$ 61,8 milhões em seu terceiro final de semana em cartaz. Somando esse valor aos US$ 200 milhões de seu lançamento na China, "Guerra Infinita" faturou US$ 343,1 milhões no mundo neste final de semana.

A aventura de super-heróis passou:

- "Vingadores" (U$1,519 bilhão)
- "Velozes e Furiosos 7" (U$1,516 bilhão)
- " Vingadores: Era de Ultron" (U$1,405 bilhão)
- "Pantera Negra" (U$1,229 bilhão)
- "Star Wars: Os Últimos Jedi" (U$1,332 bilhão)

O novo "Vingadores" ainda tenta superar:

- "Avatar" (U$ 2,7 bilhões)
- "Titanic" (US$ 2,1 bilhões)
- "Star Wars: O Despertar da Força" (2,06 bilhões)
- "Jurassic World: O Mundo dos Dinossauros" (US$ 1,671)

77. Em novembro de 2017, o surfista brasileiro Rodrigo Koxa surfou a maior onda já surfada em todos os tempos. O feito aconteceu no mar de Nazaré, em Portugal. O brasileiro superou o recorde anterior em 61cm, surfando uma onda de 24,38 metros. Pela quebra de recorde, Koxa faturou o equivalente a R$86,5 mil.

78. Segundo pesquisas desenvolvidas por órgãos como a Associação Brasileira de Saúde Coletiva (Abrasco) e Ministério da Saúde – Fundação Oswaldo Cruz (FIOCRUZ) os agrotóxicos podem causar diversas doenças. Entre elas, problemas neurológicos, motores e mentais, distúrbios de comportamento, problemas na produção de hormônios sexuais, infertilidade, puberdade precoce, má formação fetal, aborto, doença de Parkinson, endometriose, atrofia dos testículos e câncer de diversos tipos.

- Segundo dados divulgados recentemente, o Brasil tem a 2ª maior frota de aviação agrícola do mundo. Com 464 aeronaves, Mato Grosso é o estado com a maior frota do país. Rio Grande do Sul (427) e São Paulo (312) vêm na sequência. A maior frota do mundo pertence aos Estados Unidos (3.600 aeronaves), seguida do México, que ocupa o terceiro lugar no ranking. Aviões agrícolas foram feitos para distribuir sementes e aplicar defensivos agrícolas, inseticidas, nas lavouras. Também chamados de agrotóxicos. O Brasil consome 20% de todo agrotóxico comercializado mundialmente. E este consumo tem aumentado significativamente nos últimos anos.

- Vale ressaltar que existe em discussão no Congresso Nacional uma lei que regulamenta o uso de agrotóxicos (até o fechamento da edição, o projeto estava passando pelo 4º adiamento de debate). Para enfatizar a dimensão do tema, é preciso estabelecer uma visão sobre a chamada "banca ruralista" presente no Congresso Nacional, que acaba defendo interesses dos grandes agricultores.
- Segundo relatório da Organização das Nações Unidas (ONU), divulgado em 2017, os pesticidas mata 200 mil pessoas por intoxicação aguda, anualmente. Cerca de 90% das mortes ocorreram em países em desenvolvimento, onde as regulamentações de saúde, de segurança e de proteção ao meio ambiente são frágeis.

79. Em abril de 2018, O secretário-geral da ONU, António Guterres, nomeou a diplomata norte-americana Rosemary DiCarlo para o cargo de subsecretária-geral para Assuntos Políticos. Ela se tornou a primeira mulher a ocupar o cargo. Como subsecretária e chefe do Departamento de Assuntos Políticos, ela irá assessorar o secretário-geral da ONU sobre questões de paz e segurança globalmente; supervisionará iniciativas e missões políticas de campo para a paz e ações de diplomacia preventiva. Ela também irá supervisionar a assistência eleitoral fornecida pela ONU a dezenas de Estados-membros anualmente.

80. Outro fato a ser comemorado pelas mulheres a nível internacional foi a nomeação da primeira mulher como presidente da Bolsa de Valores de Nova Iorque. Stacey Cunningham se tornou a primeira mulher a assumir o posto em 226 anos. Criada em 1792, a Bolsa de Nova York é a maior dos Estados Unidos, ao lado da Nasdaq e da American Exchange. Como estagiária, Stacey começou a trabalhar na bolsa em 1994. Hoje, com 43 anos, ela deixa o cargo de diretora de Operações para substituir Thomas Farley no comando do Grupo NYSE. Junto com Adena Friedman, que dirige a Nasdaq desde janeiro de 2017, duas mulheres estarão no comando das principais Bolsas de Valores dos Estados Unidos. O problema é que, mesmo ocupando os cargos mais altos das corretoras, elas ainda são exceção entre os altos cargos executivos no país. Um levantamento da revista Fortune realizado em 2017 mostrou que somente 32 companhias das 500 maiores do país tinham uma mulher em cargos de presidência. O número, que foi considerado um recorde, está longe ser comemorado. Tanto no mundo empresarial quanto nos órgãos governamentais a representatividade é pequena. O Congresso americano tem somente 107 mulheres, em um total de 535 cadeiras. São 23

mulheres senadoras, representando 23% dos cargos, e 84 mulheres (ou 19%) na Câmara dos Representantes dos Estados Unidos.

81. Ainda tratando sobre a equação entre homens e mulheres na dimensão política estadunidense, o número de candidatas em 2018 para uma vaga na Câmara animou os especialistas. Na Câmara, são 474 postulantes, um aumento de quase 60% em relação ao recorde anterior, seis anos atrás. Para o posto de governadora, concorrem 47 mulheres, o maior número em 25 anos –e que inclui a primeira negra a disputar o cargo, a democrata Stacey Abrams, no estado sulista da Geórgia.

82. Uma das maiores agências de inteligência do mundo também tem uma mulher no comando. A CIA tem sob comando Gina Haspel, criticada pela maneira como conduziu alguns interrogatórios recentes. Espiã com ampla experiência em operações secretas, Haspel juntou-se à agência em 1985 e serviu em vários locais ao redor do mundo, incluindo Londres no final dos anos 2000. Apesar da alegação de utilizar métodos brutais em interrogatórios, em maio de 2018, o Senado aprovou o nome de Gina Haspel para assumir o posto.

83. Desde o dia 31 de maio de 2018, a cidade alemã de Hamburgo tornou-se a primeira cidade do país a banir parcialmente a circulação de veículos à diesel. A medida envolve todos os carros e caminhões a diesel que não cumprem a mais recente norma de emissões da União Europeia (UE), a Euro-6, afetando assim cerca de 214 mil carros, ou mais de dois terços dos veículos a diesel registrados na cidade, a segunda maior da Alemanha. A nova norma proibirá o tráfego em duas importantes vias da cidade: um trecho de 1,6 quilômetro da via Stresemannstraße ficará fechada para caminhões a diesel que não cumpram as normas, enquanto 580 metros da avenida Max-Brauer-Allee serão barrados para todos os veículos a diesel que não cumprem com a Euro-6. Hamburgo é uma das 80 cidades alemãs onde os níveis de óxido de nitrogênio ultrapassam regularmente os limites exigidos pela Comissão Europeia. O composto químico, emitido por veículos a diesel, pode provocar problemas respiratórios em humanos. O anúncio da cidade alemã vem depois de um tribunal do país ter autorizado, em fevereiro de 2018, os governos municipais a proibirem a circulação de carros a diesel nas cidades, se julgarem a medida necessária para que a poluição do ar não ultrapasse os limites impostos por lei. A medida é vista como polêmica num país onde a maior parte da frota é movida a diesel. Ao mesmo tempo, as cidades alemãs têm sido pressionados a aumentar sua qualidade do ar, e veículos a diesel têm sido um dos principais alvos das autoridades em razão da emissões de óxido de nitrogênio.

84. Desde janeiro de 2018, vigora uma lei na Alemanha que combate discursos de ódio e informações falsas por plataformas virtuais com mais de 2 milhões de usuários (é o caso de Twitter, Facebook, Youtube, por exemplo). A direita nacionalista do país – representada pelo partido que alcançou cadeiras no

Bundestag, AfD (Alternativa para Alemanha) critica a lei em vigor, argumentando que viola a liberdade de expressão. A lei prevê multa de até 50 milhões de euros caso não haja o cumprimento das ações previstas (retirada de conteúdos ofensivos e falsos após 24 horas da notificação). Os executivos de uma das plataformas atingidas diretamente – o Facebook – anunciaram preocupação com a legislação.

85. Em maio de 2018, a Polícia Federal do Brasil deflagrou a Operação Bravata, visando o combate de crimes de ódio na internet. Entre os crimes investigação pela operação estão: racismo, incitação e ameaça. A prática de terrorismo – como ameaças de soltar bombas em universidades públicas – também é investigada. Bravata significa intimidação.

86. Em maio de 2018, 4ª Câmara Criminal do Tribunal de Justiça de São Paulo (TJ-SP) negou os embargos de declaração do Ministério Público (MP) contra a decisão da segunda instância de 2016, que anulou a condenação de policiais militares pelos assassinatos de presos no massacre do Carandiru em 1992. Ao rejeitar esse recurso da Promotoria por decisão unânime, os desembargadores da 4ª Câmara do TJ mantiveram, na prática, a posição anterior deles, que anulou os cinco júris da primeira instância da Justiça quando 74 agentes da Polícia Militar (PM) haviam sido condenados pelos assassinatos de 77 detentos. Além disso, o TJ manteve decisão já conhecida anteriormente, que determinava que os policiais fossem julgados novamente pelos crimes. Para isso, um juiz da primeira instância terá de marcar a data dos júris. Isso ainda não ocorreu. Caso o Ministério Público (MP) recorra da decisão ao Superior Tribunal de Justiça (STJ), existe a possibilidade de que a terceira instância suspenda a marcação de novos julgamentos dos agentes da PM, como já aconteceu antes.

87. Em fevereiro de 2018, o então presidente da África do Sul renunciou ao cargo. Jacob Zuma está sendo processado por suspeitas envolvendo um contrato para aquisição de armas firmado nos anos 1990, quando era vice-presidente. Em 2009, o Supremo Tribunal da África do Sul chegou a derrubar 783 acusações de corrupção contra ele, o que lhe permitiu concorrer à presidência naquele ano. Mas, no final de 2017, mais alta corte sul-africana decidiu revisar as centenas de acusações que pesavam contra o então presidente. Pressionado, Zuma renunciou ao cargo e agora enfrenta pelo menos 16 processos por corrupção, extorsão, fraude e lavagem de dinheiro. Foi eleito para ocupar o posto de Zuma, Cyril Ramaphosa. O país mais industrializado da África cresce pouco e a taxa de desemprego está perto de 30%. A esperança dos sul-africanos é que Ramaphosa também consiga acabar com a tal "captura de Estado". O Parlamento confirmou que o novo presidente ficará no cargo até a eleição de 2019. Cyril Ramaphosa substituiu o segundo líder seguido que renunciou por falta de apoio.

88. Pela 1ª vez em quase 60 anos, Cuba passou a ser governada por uma pessoa de fora da família Castro. O novo presidente se comprometeu a 'dar continuidade à Revolução Cubana em um momento histórico e crucial'. A assembleia Nacional de Cuba anunciou, em abril de 2018, a aprovação do nome de Miguel Díaz-Canel como novo presidente do país, em substituição a Raúl Castro, com 99,83% dos votos dos deputados. O novo mandatário é o primeiro civil na presidência desde 1976, mas isso não significa necessariamente uma mudança política no regime. A trajetória de Díaz-Canel se deu dentro do Partido Comunista de Cuba (PCC), sob a tutela de Raúl Castro. Ao deixar a presidência, Raúl Castro aproveitou o momento do discurso de transição para atacar Donald Trump – chegou a dizer que sua política externa é "neocolonial" e que pune injustamente parceiros comerciais como China e Europa, enquanto busca isolar Cuba e seus aliados. Vale destacar que desde que Trump assumiu o comando dos EUA, a aproximação tão bem articulada entre com Cuba, ainda na Era Obama, apresentou um enorme retrocesso.

- Em 18 de maio de 2018, a queda de um avião em Cuba resultou na morte de 112 pessoas. Até o fechamento da edição, a Empresa Cubana de Aviação não havia sido notificada sobre possíveis causas do acidente. Para muitos, o modelo do avião que voava há 40 anos, já era ultrapassado e obsoleto.
- Uma queda acentuada no número de visitantes norte-americanos a Cuba causada pelas restrições de viagem impostas pelo presidente dos Estados Unidos, Donald Trump, contribuiu para um recuo de 7% no número de visitantes estrangeiros na ilha caribenha nos três primeiros meses de 2018, segundo dados oficiais de Cuba.
- Desde que assumiu seu governo, Trump emitiu um alerta de viagem para a ilha por causa de um surto misterioso de doenças entre diplomatas dos EUA radicados em Havana. Autoridades cubanas e muitos especialistas estrangeiros em turismo insistem que Cuba é um dos destinos mais seguros do mundo. Havana ainda torce para que o número de visitantes estrangeiros chegue à marca de 5 milhões neste ano, disse Bernal. A cifra cresceu 16,2 por cento e chegou a um recorde de 4,7 milhões em 2017.
- Em fevereiro de 2018, "Fidelito" – como era conhecido um dos filhos de Fidel Castro – cometeu suicídio. Vice-presidente da Academia de Ciências e de assessor científico do Conselho de Estado, ele estaria em tratamento devido a um quadro de depressão. Físico nuclear graduado pelo Instituto Superior de Ciência e Tecnologias Nucleares da antiga União Soviética, ele carregava em seu currículo uma forte atuação acadêmica. Por mais de uma década, foi enviado como representante de delegações científicas e educacionais do governo de Cuba a vários países.

89. Em abril de 2018, Brasil, Chile, Argentina, Colômbia, Peru e Paraguai anunciaram a saída da Unasul (bloco sul-americano criado há uma década para conter a influência americana na região), por considerar uma instituição sem rumo. Em abril, a presidência temporária do bloco foi assumida pela Bolívia, fato contestado pelos países pois deveria ficar a cargo da Argentina. Com sede em Quito, no Equador, a Unasul foi criada em 2008, quando o populismo de esquerda representado pelo presidente da Venezuela, Hugo Chávez, morto em 2013, estava em seu ápice. Chávez e demais líderes sul-americanos se opunham à proposta americana de criar uma área de livre comércio nas Américas e estabeleceram uma união econômica e política que fizesse contrapeso aos EUA. A iniciativa também foi uma tentativa de passar por cima da OEA (Organização dos Estados Americanos), vista pelos líderes esquerdistas como uma ferramenta para a promoção de políticas americanas na América Latina. Os membros remanescentes no bloco são Venezuela, Bolívia, Equador, Uruguai, Guiana e Suriname.

90. Uma iniciativa história em um dos maiores eventos do cinema do mundo, mulheres protestaram pela diferenciação salarial entre homens e mulheres. Foram 82 mulheres – atrizes de destaque – que se reuniram para o protesto. O número de mulheres que tomaram parte do protesto foi escolhido propositalmente, em referência a quantos filmes dirigidos por mulheres já foram indicados à premiação ao longo dos 71 anos de história do festival. Em contraste com as 82 cineastas já indicadas, no total Cannes já teve mais de 1.600 películas dirigidas por homens nas listas anuais da seleção.

91. Um fato emblemático levou a Islândia aos noticiários, em janeiro de 2018. O país se tornou o primeiro país do mundo a criar uma lei que exige a igualdade de salários entre homens e mulheres. A legislação entrou em vigor em 1° de janeiro de 2018. A nova lei islandesa torna efetivamente ilegal pagar salários mais altos a homens, entre funcionários que exerçam funções semelhantes. Pelas novas regras, todas as empresas privadas e agências governamentais que tenham mais de 25 funcionários passam a ser obrigadas a obter uma certificação oficial, junto ao governo, que comprove suas políticas de igualdade salarial entre homens e mulheres. Os empregadores que não cumprirem a legislação estarão sujeitos a multa. A meta da Islândia é eliminar a desigualdade de salários entre homens e mulheres até 2020.

92. No dia Internacional da Mulher, comemorado em 8 de março de cada ano, o momento é de reflexão sobre os avanços e desafios enfrentados pela classe feminina no mundo. Em 2018, uma série de protestos em diferentes países chamou a atenção.

- Na Espanha, uma greve geral convocada pelo movimento feminista teve ampla repercussão: a pauta, de extrema relevância, a igualdade de direitos. As espanholas ganham em média 14,9% a menos do que os homens para realizar o mesmo trabalho, segundo dados do Eurostat, instituto de estatística da Comissão Europeia. Apesar de a Espanha estar em uma posição melhor do que a média europeia (a desigualdade salarial no bloco é de 16,3%) e de ter registrado uma grande evolução nos últimos 20 anos, ainda falta muito para se chegar a uma situação de equilíbrio. O salário médio das espanholas é, de maneira geral, 23% mais baixo.

- Na Arábia Saudita, as mulheres organizaram uma corrida como forma de amplificação dos direitos.
- Na Argentina, uma grande marcha levou centenas de mulheres para as ruas. As pautas eram variadas: legalização do aborto, educação sexual e fim da violência contra mulheres.
- Na França, um episódio pedagógico chamou a atenção. O jornal francês "Libération" subiu em 50 centavos de euros o preço para leitores homens no dia 8 de março (dia internacional da mulher) com o objetivo de denunciar a diferença salarial em iniciativa proposta por causa do Dia Internacional da Mulher. Na capa, dedicada a este tema, o jornal de esquerda afirma que "apesar da lei, a diferença salarial entre homens e mulheres continua sendo de 25% na França", por isso "o jornal decidiu aplicar, por um dia, a mesma diferença em seu preço, que será 50 centavos mais caro para homens".
- Na Turquia, o protesto desafiou a ordem do país. O grupo desafiou as proibições impostas pelo estado de emergência em vigor desde 2016 e proíbe todo tipo de marchas e manifestações. O grupo denunciou que 409 mulheres foram assassinadas por homens durante 2017, enquanto que, apenas em fevereiro de 2018, já haviam sido registradas 47 mortes violentas. Já em Istambul, cerca de cinco mil mulheres foram às ruas com gorros e cachecóis roxos, bandeiras da mesma cor, guarda-chuvas de arco-íris e cartazes feitos à mão, frequentemente com um tom sarcástico ou irônico, para denunciar a igualdade de direitos e o fim da violência de gênero.

93. Em abril de 2018, o ator de 80 anos Bill Cosby foi condenado por drogas e molestar mulher (segundo denúncias, o total de mulheres violentadas pelo ator chega a 50). O julgamento foi o primeiro de uma grande celebridade desde a hashtag "Me Too", que avançou pelas redes sociais denunciando casos de violência / assédio sexual. Como consequência, o Centro Kennedy de Washington retirou do comediante os prêmios Kennedy e Mark Twain, dois dos mais prestigiados no setor cultural dos Estados Unidos. A Academia de Artes e Ciências Cinematográficas, responsável pela realização do Oscar, também expulsou o ator. Outro ator, Roman Polanski também foi excluído da Academia de Artes e Ciências Cinematográficas do Oscar. Polanski foi considerado culpado de estupro de uma garota de 13 anos nos Estados Unidos

em 1978 e fugiu do país. Ele continua fazendo filmes na Europa, e ganhou um Oscar em 2003 por "O pianista".

94. Em janeiro de 2018, o jogo entre Al Feiha e Al-Fateh pela Copa da Arábia Saudita foi interrompido durante a prorrogação devido ao Azan, que é o chamado muçulmano a oração. O árbitro inglês Mark Clattenburg, que apitou o jogo entre Portugal e França pela final da Euro de 2016, parou o jogo assim que as mesquitas ecoaram o chamado.

95. O Oscar de 2018 foi considerado de elevada representatividade no quesito diversidade. Na cerimônia de 2018, o apresentador Jimmy Kimmel convidou Hollywood a liderar um caminho de inclusão e de igualdade de gênero, e o rapper Common e a cantora Andra Day cantaram junto com militantes feministas no palco. Também houve chamados para um maior controle do porte de armas e contra a política anti-imigração do presidente Donald Trump.

- Jordan Peele foi o primeiro negro a ganhar o Oscar de melhor roteiro original, categoria na qual também competiam Del Toro e o comediante paquistanês Kumail Nanjiani.
- Nas 20 categorias, 47 mulheres eram candidatas – e apenas quatro ganharam o ambicionado prêmio. Dos 150 homens indicados, 32 levaram um Oscar, segundo um estudo do site especializado Gold Derby.
- Vencedor na categoria Melhor Filme Estrangeiro do Oscar 2018, o chileno "Uma Mulher Fantástica" entrou para a história da premiação cinematográfica de Hollywood como a primeira produção protagonizada por uma transexual a ganhar a estatueta.

96. Em março de 2018, a China aprovou uma reforma Constitucional de impacto. Apenas dois dos quase 3.000 delegados votaram contra, e três se abstiveram. Com a reforma constitucional, Xi Jinping pode ficar no poder de modo indefinido. Com a nova legislação, foi extinto o limite de dois mandatos de cinco anos para o chefe de Estado, além de por fim à era de lideranças coletivas iniciada por Deng Xiaoping em 1982 com o objetivo de evitar os excessos da era de Mao Tsé-tung. Xi, de 64 anos, teria de deixar o cargo ao final do seu segundo mandato, em 2023, como já fizeram seus antecessores imediatos, Jiang Zemin e Hu Jintao. O Governo chinês justifica a medida argumentando que a chefia do Estado é parte de uma tríade de cargos responsáveis pela gestão do país, sendo que para os outros dois – a presidência do Comitê Militar Central e a Secretaria Geral do PCC – não há limite de mandatos. O objetivo, portanto, seria harmonizar as regras de permanência nessas três funções, geralmente exercidas pela mesma pessoa.

97. Em 4 de abril de 1968, o mundo perdeu um dos grandes ativistas em defesa da comunidade negra. Nesse dia, Martin Luther King Jr., ícone da luta pacífica pelos direitos civis dos negros nos Estados Unidos, era assassinado com um disparo no balcão do quarto de um hotel em Memphis, no Tennessee. Adepto da filosofia da não-violência de Gandhi, quatro anos antes, em 1964, ele havia recebido o Nobel da Paz – o vencedor mais jovem, na época. King começou em 1955 sua mobilização para pressionar o governo americano a declarar ilegal a política de discriminação racial nos estados do sul dos EUA, à qual os racistas responderam com violência.

98. A Netflix foi banida do festival de Cannes em 2018. O fato se deu por críticas com relação às edições anteriores, pois os produtos criados pela empresa não são exibidos em salas de cinema. Dessa forma, a organização do evento optou pela exclusão da empresa do festival.

99. A 71ª edição do festival de Cannes mostrou novamente a não equiparação entre homens e mulheres na dimensão cultural. Dos 268 cineastas com filmes premiados com as principais distinções do festival (nos últimos anos, a Palma de Ouro, o Prêmio do Júri e o do Grande Júri), onze eram mulheres, isto é, 4% do total. O principal prêmio da edição, Palma de Ouro, ficou com o filme japonês "Shoplifters", que conta a história de uma família pobre em Tóquio que ensina seus filhos a roubarem produtos de supermercado – o que explica o título em inglês.

100. Em abril de 2018, o Brasil deu um grande avanço para garantia de uma de suas raízes culturais. O Complexo Cultural do Bumba-meu-boi pode se tornar Patrimônio Cultural Imaterial da Humanidade. O primeiro passo para o reconhecimento internacional concedido pela Organização das Nações Unidas para a Educação, a Ciência e a Cultura (Unesco) foi dado com a entrega do dossiê de candidatura do bem cultural ao Ministério das Relações Exteriores (MRE). O Complexo Cultural do Bumba meu boi está presente em todo o Estado do Maranhão, dividido em cinco principais estilos conhecidos como sotaques: Matraca, Orquestra, Zabumba, Baixada e Costa-de-mão. Contabiliza-se mais de 400 grupos, localizados nas zonas urbana e rural de São Luís e em, pelo menos, 75 municípios do estado.

101. Em abril de 2018, Abdel Fatah al-Sissi foi reeleito presidente do Egito com 97% dos votos. Al-Sissi teve a mesma porcentagem de votos que havia conseguido há quatro anos, embora a participação dos eleitores no pleito tenha ficado em 41%, uma taxa inferior à registrada em 2014. Uma corte criminal do Cairo sentenciou, em dezembro de 2017, o ex-presidente egípcio Mohamed Mursi (eleito democraticamente em 2011 e derrubado em meados de 2013) e 19 outras pessoas a três anos de prisão, e o multou em 2 milhões de libras egípcias (US$ 112.700) por insultos ao judiciário.

102. Em novembro de 2017, a União Europeia (UE) retirou em definitivo a Farc de sua lista de grupos terroristas. Devido ao acordo de paz alcançado com o governo colombiano em 2016, o grupo já aparecia como "suspenso" na relação do bloco. Em 2002, a UE havia decidido incluir as então chamadas Forças

Armadas Revolucionárias da Colômbia (Farc) em sua lista de organizações terroristas, a qual foi criada um ano antes, logo após os atentados do 11 de Setembro nos Estados Unidos. Sua inclusão implicava o congelamento de ativos do grupo em solo europeu. (Portal G1).

103. Em janeiro de 2018, o presidente Michel Temer sancionou o Orçamento para o ano corrente, destacando a projeção de um déficit de R$157 bilhões de reais. Em dezembro de 2017, o Congresso Nacional havia aprovado um complemento de R$ 1,5 bilhão ao fundo de educação, que foi vetado pelo presidente Michel Temer. A Presidência da República terá um corte de R$ 200 milhões em publicidade. A redução ocorre em pleno ano eleitoral. O programa Minha Casa Minha Vida teve R$ 1,2 bilhão de corte no total —a última proposta enviada pelo governo foi de R$ 5,2 bilhões. Ele também prevê redução de R$ 1,2 bilhão em ações emergenciais de defesa civil. Segundo especialistas, o governo deverá editar medidas provisórias caso ache necessário.

104. A balança comercial brasileira registrou superávit (exportações maiores que importações) de US$ 67 bilhões em todo ano de 2017, segundo o Ministério da Indústria, Comércio Exterior e Serviços (MDIC). Segundo a pasta, trata-se do melhor resultado para um ano fechado desde o início da série histórica do ministério, em 1989, ou seja, em 29 anos. No ano anterior, em 2016, a balança também registrou superávit, mas menor: US$ 47,68 bilhões. Esse valor representava o recorde histórico até então. (Portal G1). Outro ponto de destaque com relação ao aspecto econômico são as parcerias do Brasil. A China é o maior parceiro comercial do Brasil desde 2009, seguida pelos Estados Unidos da América e pela Argentina.

105. A professora da Faculdade de Direito da Universidade de Brasília Débora Diniz foi considerada pela revista norte-americana "Foreign Policy" um dos cem pensadores globais de 2016. A lista foi publicada em dezembro de 2017 e traz a pesquisadora e antropóloga na categoria "The advocates", ao lado de personalidades engajadas na defesa de temas sociais mundo afora. Em 2017, Débora lançou o livro "Zika: Do sertão nordestino à ameaça global". A publicação conta, de maneira inédita, a história da epidemia que ganhou repercussão internacional. Ela fala desde sobre as informações limitadas no momento inicial dos diagnósticos até o posterior envolvimento de pessoas na luta por direitos, construção de redes de solidariedade e superação de adversidades. (Portal G1).

106. Uma tela de Leonardo Da Vinci retratando Cristo com uma esfera de cristal na mão é a obra de arte mais cara já vendida na história —US$ 450,3 milhões, cerca de R$ 1,5 bilhão, foi o preço pago por ela num leilão, em novembro de 2017. Em menos de 20 minutos, a peça que abriu a venda da noite ofertada a US$ 70 milhões chegou a esse valor obsceno, arrancando aplausos, suspiros e murmúrios incrédulos de colecionadores espremidos na Christie's, em Manhattan. "É um momento histórico", dizia Jussi Pylkkanen, o leiloeiro, minutos antes de bater o martelo. Ele já vinha se contorcendo no púlpito, impulsionando para cima o valor dos lances, a cada telefonema ou plaquinha levantada por alguém na plateia. Seu preço final é mais do que o dobro dos US$ 179,4 milhões pago por uma tela de Picasso leiloada há dois anos, até agora a mais valiosa já arrematada em venda pública. (Adaptado). Folha de S. Paulo.

107. O prêmio Jabuti é considerado o principal da literatura do Brasil. O Prêmio Jabuti 2017 fez homenagem à escritora Ruth Rocha, que ganhou o prêmio "Personalidade Literária" pelo conjunto da obra e "contribuição à formação de gerações de leitores". O escritor Silviano Santiago foi o principal ganhador do 59º Prêmio Jabuti. Seu romance "Machado" (Companhia das Letras) foi escolhido livro do ano de ficção na disputa promovida pela Câmara Brasileira do Livro (CBL). Em 2017, houve duas novidades no Jabuti: as categorias História em Quadrinhos e Livro Brasileiro Publicado no Exterior.

108. O escritor nipo-britânico Kazuo Ishiguro foi o vencedor do Prêmio Nobel de Literatura de 2017. Dentre suas obras, destaca-se "Os vestígios do dia". Essa e outras obras dele, como "Não me abandone jamais", foram adaptadas ao cinema. Sua última obra, de ficção, é "O gigante enterrado" (Portal El País). Desde sua criação, em 1901, o Nobel de Literatura premiou 113 autores, 14 deles mulheres. Em quatro ocasiões, o prêmio foi compartilhado, a última em 1974. Em 2016, a escolha do músico Bob Dylan foi considerada polêmica. Até o último momento, havia a incerteza sobre o recebimento da homenagem e do prêmio em dinheiro do Nobel. Dylan acabou por enviar um discurso de agradecimento à Academia, o que lhe permitiu receber as 8 milhões de coroas suecas (cerca de 1 milhão de dólares, ou 3,15 milhões de reais). Segundo a Academia, a escolha de 2016 foi concedida ao músico "por ter criado uma nova expressão poética dentro da grande tradição norte-americana da canção". Vale ressaltar que na história do prêmio, a maioria foi dada a autores de fala inglesa (27), seguidos por literatos de língua francesa (14), alemã (13) e espanhola (11). O único autor lusófono premiado foi José Saramago, em 1998.

109. O ano de 2017 foi marcado por perdas irreparáveis. Em julho de 2017, o vocalista da banda Linkin Park cometeu suicídio aos 41 anos de idade, levantando mais uma vez o debate sobre doenças emocionais. No início de agosto de 2017, o cantor e compositor Luiz Melodia faleceu aos 66 anos, no Rio de Janeiro. O músico lutava contra um câncer na medula. Também em agosto de 2017, aos 78 anos, o comediante Paulo Silvino morreu depois de lutar contra um câncer no estômago. O mundo artístico teve grande baixa no mês de agosto de 2017 – considerado o "rei da comédia", Jerry Lewis faleceu nos EUA. No dia 27 de agosto, aos 81 anos, faleceu no Rio de Janeiro Wilson das Neves. Em setembro de 2017, a artista Valéria morreu aos 74 anos. Valéria se dizia o travesti da família brasileira. Também em setembro de

2017, o jornalista e apresentador Marcelo Rezende falece aos 65 anos, vítima de câncer. No final de setembro de 2017, o fundador da revista "Playboy" faleceu nos EUA. Hefner criou a Playboy Enterprises em 1953, companhia que começou com a revista "Playboy" e depois passou a produzir outros conteúdos eróticos para televisão e internet (a revista chegou a ter tiragem de 5 milhões de exemplares). Em novembro de 2017, a televisão brasileira perdeu a atriz carioca Márcia Cabrita. A atriz lutava contra um câncer no ovário. Em dezembro de 2017, a triste notícia que percorreu os noticiários foi da morte da atriz Eva Todor, vítima de pneumonia aos 98 anos. Com mais de 80 anos de carreira no teatro e na TV, Eva sofria de Mal de Parkinson, além de problemas cardíacos, e vivia reclusa em sua casa, na Zona Sul do Rio. Seu último trabalho na TV foi na novela "Salve Jorge", de 2012.

110. Em setembro de 2017, a cidade de Porto Alegre se tornou alvo de críticos da arte, especialistas no tema e da sociedade civil como um todo. A exposição "Queermuseu" foi cancelada após protestos e ataques nas redes sociais e no próprio interior do museu Santander Cultural. Algumas imagens da mostra foram consideradas ofensivas por pessoas que classificam o conteúdo como um "incentivo à pedofilia, zoofilia e contra os bons costumes". Cogitou-se a possibilidade da exposição ir para o Rio de Janeiro, fato vetado por Crivella. Ainda em setembro de 2017, foi a vez de uma performance de um homem nu, no Museu de Arte Moderna de São Paulo (MAM), gerar polêmica. A apresentação do artista Wagner Schwartz ocorreu na estreia do 35º Panorama de arte Brasileira, tradicional exposição bienal que aborda a arte no país e propõe reflexão sobre a identidade brasileira. Segundo o MAM, o evento era aberto a visitantes que estivessem no local. O museu também informou que havia sinalização sobre a nudez na sala onde a performance ocorria. A performance chamada "La Bête" foi inspirada em um trabalho de Lygia Clark. "Bichos" é considerada a obra viva da artista, pois sua intenção era de que a arte ultrapassasse os limites da superfície de um quadro. A série de esculturas com dobradiças permite que o espectador se torne figura atuante na obra, e foram construídas com formas geométricas para que não se parecessem animais, mas que permitissem uma visão livre do que a peça representava. Em "La Bête", o premiado artista Schwartz, que trabalha há quase 20 anos com coreografia, manipula uma réplica de plástico de uma das esculturas da série e se coloca nu, vulnerável e entregue à performance artística, convidando o público a fazer o mesmo com ele. De acordo com o MAM, o público presente na performance era formado essencialmente por artistas e, uma das pessoas que prestigiou a apresentação foi a performer e coreógrafa Elisabeth Finger acompanhada da filha. O vídeo que viralizou nas redes sociais mostra o momento em que Schwartz está deitado, e mãe e filha, tocam seus pés. (Portal G1).

- Em novembro de 2017, o Museu de Arte Moderna (MAM) e o Ministério Público de São Paulo (MPSP) assinaram um Termo de Ajustamento de

Conduta, pelo qual o MP arquivará o inquérito aberto após a veiculação de imagens de uma criança tocando o tornozelo do artista Wagner Schwartz, então nu, em performance realizada na abertura da mostra 35ª Panorama da Arte Brasileira, no museu. A minuta definiu que o museu deverá criar formas para restringir o uso de celulares, câmeras fotográficas e filmadoras em instalações que envolvam interação do público com seres humanos, para garantir a preservação de crianças e adolescentes. Entre as medidas que devem ser tomadas em um prazo de quatro meses, está a implementação de avisos escritos e via alto-falantes sobre a proibição de uso dos aparelhos.

112. A atriz Ashley Judd, uma das integrantes do movimento "The Silence Breakers" e embaixadora da boa vontade do Fundo de População das Nações Unidas (UNFPA), foi uma das personalidades do ano da Revista Time. O movimento utilizou a hashtag #MeToo nas redes sociais para identificar vítimas de assédio e/ou abusos sexuais. De acordo com o Fundo, a bravura, a tenacidade e a persistência de Ashley Judd "têm ajudado a encorajar mulheres e homens de todas as raças, classes sociais, ocupações e virtualmente todos os cantos do mundo a quebrar o silêncio contra o fim da impunidade". O UNFPA luta para eliminar todas as práticas nocivas contra as mulheres e meninas até 2030. Assédio sexual, assim como todas as formas de violência e abuso contra mulheres e meninas, é uma das práticas nocivas mais recorrentes e, ainda assim, não denunciadas. (Portal ONU Brasil).

113. Em janeiro de 2018, uma lei alemã gerou uma série de reações adversas. A lei obriga redes sociais a removerem conteúdos impróprios, como discurso de ódio e notícias falsas, de suas plataformas em até 24 horas após notificadas por seus usuários. As companhias que não cumprirem as novas normas poderão ser multadas em até € 50 milhões. A lei se aplica aos sites de mídia e redes sociais com mais de 2 milhões de membros. Facebook, Twitter e YouTube serão os principais afetados, mas a regra poderá ser aplicada ao Reddit, Tumblr e a rede social russa VK. Outros sites populares, como Vimeo e Flickr também poderão ser punidos, caso descumpram a norma. A lei alemã, chamada de Netzwerkdurchsetzungsgesetz (NetzDG), foi aprovada no final de junho de 2017 e passou a valer a partir de outubro. Contudo, o Ministério da Justiça alemão deu prazo até o final de 2017 para as redes sociais se prepararem para as novas regras. O Ministro da Justiça alemão disse que oferecerá formulários em seu site oficial para que os cidadãos possam denunciar quando as redes sociais não removerem o conteúdo denunciado dentro do prazo estipulado. Por enquanto, a lei alemã é o exemplo mais extremo de regulamentação das redes sociais até agora. Em 2017, as principais redes sociais, como Facebook e Twitter, foram duramente atacadas após o público tomar conhecimento da proporção de propagandas e notícias falsas que circulam por esses sites. No Reino Unido, políticos também têm criticado as redes sociais, dizendo que as empresas de tecnologia falharam em evitar a propagação de discurso de ódio e outros tipos de conteúdo ofensivo em suas plataformas. A Comissão Europeia, por sua vez, publicou diretrizes pedindo para as redes sociais sejam mais rápidas na identificação e remoção de conteúdo com discurso de ódio.

114. A Califórnia inaugurou no primeiro dia de 2018, o mais novo e potencialmente maior mercado de maconha recreativa do mundo – um negócio que, segundo estimativas, pode gerar um faturamento anual de pelo menos 7 bilhões de dólares. No chamado "Golden State", a maconha com fins medicinais já é legalizada desde 1996. Com fins recreativos, será liberada aos poucos: 60 estabelecimentos inicialmente terão licença para comercializar. Ao longo do ano, espera-se a abertura de centenas de outras lojas no estado. As vendas legais de maconha medicinal nos Estados Unidos e no Canadá alcançaram em 2016 mais de US$ 11,7 bilhões e se espera que cheguem a US$ 23 bilhões nos próximos cinco anos, segundo a empresa de consultoria ArcView.

115. QUESTÃO: Além da Califórnia, em quais localidades dos EUA a maconha para uso recreativo é legalizada? RESPOSTA: Nos EUA, além da Califórnia, a venda de maconha para uso recreativo é legal nos estados do Alasca, Colorado, Nevada, Óregon e Washington. No Maine, também é legal possuir uma dose pessoal, embora ainda não se tenha autorizado a venda, o que se espera que se inicie em meados de 2018. Em Massachusetts, será legal a partir de julho de 2018. Com a legalização na Califórnia - sexta maior economia do mundo - cerca de um quinto dos americanos vive agora num estado onde uso recreativo da droga é permitido. (Portal G1). Maconha na Califórnia: A legalização foi feita como uma estratégia para combater o narcotráfico e o mercado ilegal, que nos EUA chega a 50 bilhões de dólares, segundo a ArcView. Neste primeiro ano, o governo estadual espera arrecadar 1 bilhão de impostos. (Portal G1)

116. Para efeito de conhecimento, em dezembro de 2017, o Congresso do Paraguai aprovou um projeto de lei que cria um sistema patrocinado pelo estado para importar sementes de maconha e cultivar a planta para uso medicinal. Tal decisão segue outros países da América Latina, como é o caso do Peru, Chile, Argentina e Colômbia. O Uruguai legalizou totalmente a plantação e a venda de maconha para uso indiscriminado. Até o fechamento desta edição, restava a sanção do Executivo (fato que deve acontecer, visto que o projeto foi defendido pelo Ministério da Saúde do país).

117. No início de 2018, um dos hábitos da população de adolescentes foi considerado distúrbio mental. Do que se trata? Resposta: O vício em jogos de videogame passou a ser considerado pela primeira vez um distúrbio mental pela Organização Mundial da Saúde. A 11ª Classificação Internacional de Doenças (CID) irá incluir a condição sob o nome de "distúrbio de games". O documento descreve o problema como padrão de comportamento frequente ou persistente de vício em games, tão grave que leva "a preferir os jogos a qualquer outro interesse na vida". Alguns países já haviam identificado essa condição como um problema importante para a saúde pública. Muitos, incluindo o Reino Unido, têm clínicas autorizadas a tratar o distúrbio. O documento irá sugerir que comportamentos típicos dos viciados em games devem ser observados por um período de mais de 12 meses para que um diagnóstico seja feito. Mas a nova CID irá reforçar que esse período pode ser diminuído se os sintomas forem muito graves. Os sintomas dos distúrbios incluem: não ter controle de frequência, intensidade e duração com que joga videogame; priorizar jogar videogame a outras atividades; continuar ou aumentar ainda mais a frequência com que joga videogame, mesmo após ter tido consequências negativas desse hábito. Muitos países já adotam até mesmo medidas mais sérias para combater o problema. Na Coreia do Sul, o governo criou uma lei para proibir o uso de games por pessoas menores de 18 anos entre meia-noite e seis da manhã. No Japão, os jogadores são advertidos caso passem mais do que uma certa quantidade de horas por mês jogando videogame e, na China, a gigante de tecnologia Tencent determina um limite de quantidade de horas que uma criança pode jogar. (Portal G1).

118. Campanha Internacional para a Abolição das Armas Nucleares (Ican, sua sigla em inglês) ganhou o Prêmio Nobel da Paz 2017. A organização foi premiada por chamar a atenção para as consequências catastróficas do uso de armas nucleares e pelos seus esforços inovadores para conseguir a proibição do uso dessas armas. A Ican reúne mais de 400 entidades e ONGs com representação em mais de 100 nações. A Ican impulsionou o histórico Tratado Global para Proibir as Armas Nucleares, que foi adotado por 122 países em julho na Organização das Nações Unidas (ONU). Seu alcance é, sobretudo, simbólico, dada a ausência das nove potências nucleares entre os signatários, entre eles os cinco membros permanentes do Conselho de Segurança da ONU (Estados Unidos, Rússia, China, França e Reino Unido). O tratado proíbe o desenvolvimento, testes, produção, fabricação, aquisição, posse ou armazenamento de armas nucleares, foi aberto para assinaturas no dia 20 de setembro de 2017 (Portal G1). Em 2016, o vencedor havia sido o presidente da Colômbia, Juan Manuel Santos, por seus esforços em implementar um acordo de paz contra as guerrilhas das Farc.

▶ **QUESTÃO**

Como um Nobel é decidido?

Resposta: Candidatos podem ser sugeridos por uma série de pessoas credenciadas pelo Comitê do Nobel até 1º de fevereiro do ano do prêmio. Todo os indicados são analisados pelo comitê - cujos cinco membros são nomeados pelo Parlamento norueguês - que fecham uma lista com 20 a 30 nomes. Um grupo internacional de conselheiros escreve relatórios individuais sobre os candidatos e, usando, esses relatórios, o comitê reduz ainda mais a lista de indicados. A decisão é tomada no final de setembro. Se não for unânime, ocorre uma votação por maioria simples. Após o anúncio, a cerimônia da entrega da medalha é realizada em 10 de dezembro, data da morte do cientista Alfred Nobel, o criador do prêmio.

119. Os cientistas Jeffrey C. Hall, Michael Rosbash e Michael W. Young ganharam o Prêmio Nobel de Medicina de 2017 "por descobrirem os mecanismos moleculares que controlam o ritmo circadiano", os fenômenos biológicos que ocorrem ritmicamente por volta da mesma hora do dia, como o sono. Suas descobertas, de acordo com o júri, explicam como as plantas, os animais e as pessoas sincronizam seus ritmos biológicos com as voltas do planeta Terra.

120. Três pesquisadores dos Estados Unidos ganharam o Nobel de Física de 2017. Eles ajudaram a ciência a ouvir o universo. Eles comprovaram o que a mente genial de Albert Einstein tinha só imaginado. Dois dos ganhadores, Rainer Weiss e Kip Thorne, fizeram boa parte do trabalho teórico. O terceiro, Peter Barish, passou décadas convencendo o governo a gastar mais de US$ 1 bilhão em um projeto conhecido pela sigla LIGO (Portal G1).

121. No início de novembro de 2017, a Procuradoria acusou 32 pessoas por fraudes envolvendo a Lei Rouanet. As investigações foram frutos da Operação Boca Livre.

122. Em outubro de 2017, um incêndio em uma creche na cidade mineira de Janaúba comoveu o país todo. Até dezembro de 2017, 13 pessoas haviam morrido (entre funcionários e crianças). O incêndio foi causado pelo vigia da creche, Damião Soares dos Santos, de 50 anos (que também morreu). A professora Heley Abreu Batista, de 43 anos, morreu tentando salvar os alunos. O presidente Michel Temer concedeu à professora Heley a Ordem do Mérito Nacional. Segundo nota do Palácio do Planalto, a Ordem Nacional do Mérito é concedida a pessoas que deram exemplos de dedicação e serviço ao País e à sociedade brasileira. "Este é o caso da Professora Heley Batista, que sacrificou sua própria vida para salvar a vida de seus alunos, em um gesto de coragem e de heroísmo que emocionou a todos", conclui o comunicado.

123. Os Jogos Olímpicos de 2020 serão realizadas em Tóquio. A grande dúvida que pairava era sobre as edições seguintes. O COI (Comitê Olímpico Internacional) confirmou que Paris e Los Angeles serão as sedes dos Jogos Olímpicos de 2024 e 2028, respectivamente. Será a terceira vez que as metrópoles francesa e norte-americana receberão os Jogos Olímpicos. Paris foi sede em 1900 e 1924. A cidade vinha tentando receber o evento recentemente, sem sucesso. A última empreitada havia sido para hospedar a edição de 2012, que acabou com Londres. Los Angeles recebeu a competição em 1932 e 1984. Dessa vez, quebrará um período de 26 anos sem uma sede localizada nos Estados Unidos, maior financiador do Movimento Olímpico. A última vez em que a Olimpíada esteve na principal potência mundial foi em 2002, nos Jogos de Inverno de Salt Lake City. No caso dos Jogos de Verão, a última aparição foi Atlanta-1996.

124. Em novembro de 2017, o Supremo Tribunal Federal (STF) decidiu, por 7 votos a 2, proibir, em todo o país, a produção, a comercialização e o uso do amianto tipo crisotila, usado, principalmente, para fabricação de telhas e caixas d´água. Vários estados já proíbem a comercialização deste produto – também conhecido como "asbesto branco" – apontando riscos à saúde de operários que trabalham na produção de materiais que contêm esse tipo de amianto.

125. Em dezembro de 2017, a TV Globo e o jornalista William Waack anunciaram o encerramento do contrato de forma consensual. Coincidentemente, no dia 22 de dezembro de 2017, quando foi anunciado no Jornal da Globo o rompimento do contrato, o jornal alcançou o pico de audiência. O apresentador havia sido afastado após vazar um vídeo com comentários racistas.

126. A jovem paquistanesa Malala Yousafzai, a Nobel da Paz que sobreviveu a um atentado por defender o direito das mulheres à educação em seu país, deu início a sua graduação na Universidade britânica de Oxford. A jovem paquistanesa chegou a ser criticada por cidadãos do Paquistão após, supostamente, aparecer na universidade vestindo "jeans" e salto alto. A cantora e compositora britânica Ellie Goulding é a mais nova aliada da ONU pela proteção da natureza e da biodiversidade. A artista foi nomeada embaixadora global da boa vontade do Programa das Nações Unidas para o Meio Ambiente.

127. Em nova portaria sobre trabalho escravo publicada em 29 de dezembro de 2017, o governo tornou mais rigorosas as definições de jornada exaustiva e condição degradante do trabalhador, além de ampliar outros conceitos para configuração desse tipo de mão de obra. Também retirou a exigência da autorização do ministro do Trabalho para divulgação da lista suja das empresas autuadas por manter trabalhadores em condição de escravidão. Com as mudanças, auditores do trabalho voltam a ter mais possibilidades de enquadrar um empregador como explorador de mão de obra análoga à escravidão.

A nova regra atualizou uma portaria publicada pelo Ministério do Trabalho em outubro de 2017, que causou polêmica por ter sido considerada branda nas definições de trabalho análogo à escravidão, além de ter determinado a autorização do ministro para divulgação da lista suja.

A primeira portaria, questionada no Supremo Tribunal Federal pela Procuradoria Geral da República, foi bastante criticada por se restringir ao direito de ir e vir na caracterização da jornada exaustiva e das condições degradantes. Agora, o termo foi substituído por violações aos direitos fundamentais do trabalhador e outros exemplos de exploração indevida da mão de obra.

No texto de outubro de 2017, a jornada exaustiva era apontada como:

"a submissão do trabalhador, contra a sua vontade e com privação do direito de ir e vir, a trabalho fora dos ditames legais aplicáveis a sua categoria".

Agora, a definição de jornada exaustiva foi ampliada para:

- Toda forma de trabalho, de natureza física ou mental, que, por sua extensão ou por sua intensidade, acarrete violação de direito fundamental do trabalhador, notadamente os relacionados a segurança, saúde, descanso e convívio familiar e social.

Em outubro de 2017, condição degradante era definida como:

- "caracterizada por atos comissivos de violação dos direitos fundamentais da pessoa do trabalhador, consubstanciados no cerceamento da liberdade de ir e vir, seja por meios morais ou físicos, e que impliquem na privação da sua dignidade".

No novo texto, ficou assim:

"é qualquer forma de negação da dignidade humana pela violação de direito fundamental do trabalhador, notadamente os dispostos nas normas de proteção do trabalho e de segurança, higiene e saúde no trabalho".

Além disso, a portaria anterior determinava que, para configurar trabalho forçado, o fiscal do trabalho deveria apontar a existência da jornada exaustiva junto da condição degradante ou da condição análoga à escravidão. Agora, o texto diz que para configurar trabalho análogo à escravidão, basta estar presente um destes itens: "trabalho forçado; jornada exaustiva; condição degradante de trabalho, restrição, por qualquer meio, de locomoção em razão de dívida contraída com empregador ou preposto, no momento da contratação ou no curso do contrato de trabalho; ou retenção no local de trabalho".

(Portal G1)

128. Escândalo Panamá Papers: No mês de abril de 2016, o vazamento de **11,5 milhões de documentos da Mossack Fonseca** revelou ao mundo informações sobre 214 mil empresas offshores abertas em paraísos fiscais. As contas tinham titulares de 200 nacionalidades diferentes – inclusive chefes de estados. Entre os donos das offshores revelados pelos "Panamá Papers", **estavam 57 políticos investigados na Operação Lava Jato, na época.**

▶ **QUESTÃO SOBRE O TEMA:**

As empresas offshore são ilegais?

Não. Quando existe a declaração à Receita Federal e o atendimento específico a todo processo burocrático do país, as empresas que são abertas em outros países compactuam com a legislação. O problema, segundo especialistas, é que o **caminho para a lavagem de dinheiro se torna mais nítido com esse modelo de empresas.** As offshores são geralmente **abertas em países que cobram pouco ou nenhum imposto.** Offshores não são necessariamente ilegais, mas podem ser usadas para praticar crimes financeiros e ocultar recursos ilícitos.

A revelação do escândalo se deu graças à **articulação de jornalistas de diferentes partes do globo**, montando uma vasta colcha de retalho de dados. Ao todo, participaram do processo de apuração 376 jornalistas de 109 veículos em 76 países. O material foi analisado ao longo de 1 ano. Os dados foram obtidos pelo **jornal alemão "Süddeutsche Zeitung"** por meio de uma fonte anônima e compartilhados com o Consórcio Internacional de Jornalistas Investigativos (ICIJ, na sigla em inglês). No Brasil, participaram da investigação na época, **o UOL, o jornal "O Estado de S. Paulo" e a RedeTV!**

▶ **IMPORTANTE!**

No caso brasileiro, foram checados os seguintes grupos, entre outros:

- 551 pessoas que exerceram o cargo de deputado federal;
- 1.061 deputados estaduais eleitos;
- 1.404 juízes federais;
- 354 desembargadores;
- 30 mil servidores mais bem remunerados do Executivo federal;
- Todos os senadores e seus suplentes;
- Todos os diretores e ex-diretores da Petrobras;
- Citados e investigados nas operações Lava Jato, Zelotes e Acrônimo.

RAIO X DO ESCÂNDALO PANAMÁ PAPERS

✓ O escritório panamenho teria criado ou vendido empresas para políticos dos seguintes partidos: **PDT, PMDB, PP, PSB, PSD, PSDB e PTB. Além disso, familiares também estiveram envolvidos.** O setor com mais bilionários donos de offshores é o de alimentos e bebidas. Na lista, estão os controladores da gigante **Ambev**, o **Grupo Telles**, antigo dono da **Ypióca**, o empresário Walter Faria, do **Grupo Petrópolis,** e um dos donos da **M. Dias Branco**, produtora de massas. Também está nos arquivos um dos donos do frigorífico multinacional **JBS.**

✓ Outros nomes como do jogador de futebol **Lionel Messi, ou do ex-jogador Michel Platini** também apareceram nas reportagens sobre o escândalo. Dentre os chefes de Estado citados apareceram (direta ou indiretamente) **Vladimir Putin,** presidente da Rússia, e o atual presidente da Argentina, **Maurício Macri**. Além desses, foram citados o ex-presidente da Câmara dos Deputados **Eduardo Cunha (PMDB-RJ), Kofi Annan,** diplomata de Gana (no caso, por ser filho aparecer diretamente no escândalo). Segundo o ICIJ, "os documentos revelaram **offshores ligadas à família do líder máximo da China**, Xi Jinping, que havia prometido combater os 'exércitos da corrupção'". Outros países foram citados, como é o caso: Paquistão, Ucrânia, Arábia Saudita, Azerbaijão, Síria, Egito e Líbia, entre outros. Uma das revelações é a de que empresas e políticos conseguiam, via paraísos fiscais, burlar embargos e outras sanções internacionais impostas pelos EUA e pela ONU.

✓ Em abril de 2018, completou-se dois anos da maior investigação jornalística colaborativa internacional – o escândalo Panamá Papers. Em março de 2018, o escritório de advogados Mossack Fonseca anunciou o fim de suas operações.

129. De maneira inédita, em dezembro de 2016, a cidade do Rio de Janeiro foi declarada a 1ª paisagem cultural urbana Patrimônio Mundial da UNESCO. Reconhecimento chama atenção para as relações peculiares entre cidade e natureza que são observadas na capital fluminense. Ainda em dezembro de 2016, a Organização das Nações Unidas para Educação, Ciência e Cultura, Unesco, declarou que o ioga é Patrimônio Cultural Imaterial da Humanidade. Segundo a Unesco, a "filosofia por trás da prática secular influenciou vários aspectos da sociedade da Índia, em áreas como saúde, medicina, educação e artes". Ao tomar a decisão, a agência da ONU lembra que desde jovens até idosos podem praticar ioga, que "não discrimina gênero, classe social ou religião", tendo se tornado inclusive popular em vários países.

130. Em outubro de 2016, um decreto oficial baniu o MMA (Mixed Martial Arts - "Artes Marciais Mistas") como esporte oficial da França. Esportes que envolvem lutas só podem ser disputados em ringues — como os de boxe, com três ou quatro cordas e cantos protegidos —, ou sobre tatames (o que exclui o octógono utilizado no MMA). A França foi o terceiro país a banir o MMA do seu território. Noruega e Tailândia também impedem a disputa de lutas do esporte.

131. Em novembro de 2016, a umbanda entrou para a lista de patrimônios imateriais do Rio de Janeiro, de acordo com decreto assinado pelo prefeito Eduardo Paes, no Diário Oficial do município. A religião de matriz africana passou a ser reconhecida como patrimônio cultural. A umbanda vem se juntar a outros bens imateriais cariocas, como: Bossa Nova, escolas de samba, blocos Cordão da Bola Preta e Cacique de Ramos, obra literária de Machado de Assis, Centro Luiz Gonzaga de Tradições Nordestinas (Feira de São Cristóvão), vendedores de mate e biscoitos de polvilho das praias cariocas, festas de Iemanjá, diversos bares, procissão de São Sebastião, frescobol, entre outros. Ao todo, o Rio tem 54 bens imateriais chancelados. De acordo com a Organização das Nações Unidas para a Educação, a Ciência e a Cultura (Unesco), são considerados patrimônio imaterial práticas, representações, expressões, conhecimentos e técnicas que as comunidades, grupos e indivíduos **reconhecem como parte integrante de seu patrimônio cultural.**

132. Em maio de 2018, o conjunto histórico de Pelotas, no Sul do Rio Grande do Sul, tornou-se Patrimônio Cultural Brasileiro. A distinção foi oficializada por unanimidade durante votação do Conselho Consultivo do Instituto do Patrimônio Histórico e Artístico Nacional (Iphan), em Brasília. O conjunto é formado por quatro praças, um parque, a Chácara da Baronesa e a Charqueada São João. A última, construída entre 1807 e 1810, fica às margens do Arroio Pelotas. O local ficou conhecido nacionalmente por ser cenário da minissérie "A Casa das Sete Mulheres", exibida na Rede Globo em 2003. Além do conjunto histórico, a tradição doceira de Pelotas também foi declarada Patrimônio Cultural Imaterial Brasileiro. A decisão foi anunciada durante votação do Conselho Consultivo do Instituto do Patrimônio Histórico e Artístico Nacional (Iphan). É a primeira vez, na história do Iphan, que a certificação se dá para uma mesma cidade, em ambas categorias ao mesmo tempo - material e imaterial. O projeto foi aprovado por unanimidade. Iguarias como quindim, bem casado, camafeu, figo em calda, amanteigado, ameixa recheada, abóbora

cristalizada, entre outros, fizeram com que a região ficasse conhecida como a "terra do doce". Além de Pelotas, estão incluídos no projeto os municípios de Arroio do Padre, Capão do Leão, Morro Redondo e Turuçu – chamados de Antiga Pelotas.

133. A islamofobia é o crime de ódio que mais cresce na Europa. Comunidades de imigrantes e muçulmanos e seus descendentes relatam o aumento da violência e o medo de saírem nas ruas e serem marginalizados. Em 2014, por exemplo, a cidade de Londres registrou um aumento de 70% de ataques contra muçulmanos, em relação ao ano anterior. Em 2015, na Espanha, 40% dos delitos relacionados a crimes de ódio foram registrados como islamofobia, superando crimes como racismo e homofobia. Os atentados do dia 11 de setembro, os recentes atentados terroristas na Europa (como o da revista francesa Charlie Hebdo), os conflitos causados pelo grupo terrorista Estado Islâmico e o intenso fluxo de refugiados para a União Europeia contribuíram para reforçar esse tipo de preconceito. O clima de tensão crescente na Europa faz analistas acreditarem num possível "Choque de Civilizações". Segundo a teoria do cientista político Samuel P. Huntington, as identidades culturais e religiosas dos povos serão as principais fontes de conflito no mundo pós-Guerra Fria. O fato é que o aumento da população muçulmana na Europa já gera uma "crise" de identidade cultural. O medo de parte dos europeus é que as comunidades muçulmanas imponham seu modo de vida, costumes e crenças. Na França, onde existe cinco milhões de muçulmanos, as vestes femininas islâmicas já são proibidas em escolas públicas francesas pelo argumento de que o país é um Estado Laico. Ainda com relação ao islamismo, é preciso olhar para o contexto de expansão da religião, oferecendo uma análise mais pontual. Até o fim do século, os muçulmanos irão superar os cristãos como o maior grupo religioso do planeta. Foi o que mostrou uma pesquisa conduzida pelo Pew Research Center, centro de pesquisas norte-americano.

134. Segundo dados divulgados em maio de 2018, após 100 dias da intervenção federal na Segurança Pública do Rio de Janeiro, o Gabinete de Intervenção Federal (GIF) ainda não havia utilizado o R$ 1,2 bilhão destinado pelo governo federal para a segurança pública. A burocracia obrigou o gabinete a criar uma secretaria administrativa na estrutura da intervenção para gerenciar a verba.

- Em 100 dias, o interventor, o general Walter Braga Netto, contou com doações de armas e munição por empresários e com a estrutura das Forças Armadas para treinar policiais e recuperar viaturas da Polícia Militar.
- Outro problema é a escalada da violência mesmo após a intervenção. Onze índices de criminalidade cresceram no trimestre – fevereiro, março e abril – em comparação com o mesmo período de 2017, em 15 crimes que foram analisados pelo G1. Os dados são do Instituto de Segurança Pública (ISP) do próprio governo estadual e que direciona a política de segurança.

Fevereiro a Abril	2017	2018
Homicídio doloso	362	395
Latrocínio	31	20
Policiais mortos	9	7
Morte com intervenção policial	288	310
Encontro de cadáver	99	100
Desaparecidos	947	1.131
Roubo em ônibus	3.384	3.757
Roubo de veículos	14.719	14.807
Roubo de celulares	5.008	6.448
Roubo a pessoas	16.912	22.535
Roubo a residência	274	331
Roubo de carga	2.265	2.551
Roubos	52.135	60.709
Sequestro relâmpago	16	25
Roubo com condução para saque	14	14

Fonte: ISP. https://glo.bo/2LBLueG

- O ISP ainda registrou crescimento nos casos de sequestro-relâmpago, que passaram de 16 para 25 casos no trimestre de 2018 em comparação a 2017.
- A intervenção foi anunciada pelo presidente Michel Temer em fevereiro e foi aprovada pela Câmara dos Deputados e Senado Federal.
- Foi morto pela polícia um dos criminosos que chefiavam o tráfico do Morro da Barão (São José Operário), na Praça Seca. Sérgio Luiz da Silva, conhecido como "Da Rússia", foi baleado durante operação da polícia e das Forças Armadas, em maio de 2018. "Da Rússia" estava foragido há aproximadamente dois anos, quando foi apontado como um dos responsáveis pelo estupro coletivo de uma menor de idade, em 2016.
- A Organização das Nações Unidas juntamente com organismos que atuam na defesa dos Direitos Humanos demonstraram preocupação com a intervenção federal. Entretanto, o governo destacou ser uma medida excepcional para reestabelecer a ordem na localidade, o que garante a preservação dos direitos previstos em lei.

135. Por conta da Intervenção Federal na Segurança Pública do Rio de Janeiro, a PEC da Previdência ficou para 2019 (isso por conta do dispositivo constitucional que impede a promulgação de Propostas de Emenda à Constituição durante intervenções). Ainda assim, o tema é importante dado o envelhecimento da população brasileira. A população brasileira manteve a tendência de envelhecimento dos últimos anos e ganhou 4,8 milhões de idosos desde

2012, superando a marca dos 30,2 milhões em 2017, segundo a Pesquisa Nacional por Amostra de Domicílios Contínua – Características dos Moradores e Domicílios, divulgada em abril de 2018, pelo Instituto Brasileiro de Geografia e Estatística – IBGE. Em 2012, a população com 60 anos ou mais era de 25,4 milhões. Os 4,8 milhões de novos idosos em cinco anos correspondem a um crescimento de 18% desse grupo etário, que tem se tornado cada vez mais representativo no Brasil. As mulheres são maioria expressiva nesse grupo, com 16,9 milhões (56% dos idosos), enquanto os homens idosos são 13,3 milhões (44% do grupo). Outro fenômeno recente é o aumento na autodeclaração de pretos e pardos nos últimos anos. De 2012 a 2017, os dois grupos cresceram consistentemente: os pretos foram de 7,4% da população para 8,6%, enquanto os pardos saíram de 45,3% para 46,8%. Os que se dizem brancos, por outro lado, caíram de 46,6% para 43,6%.

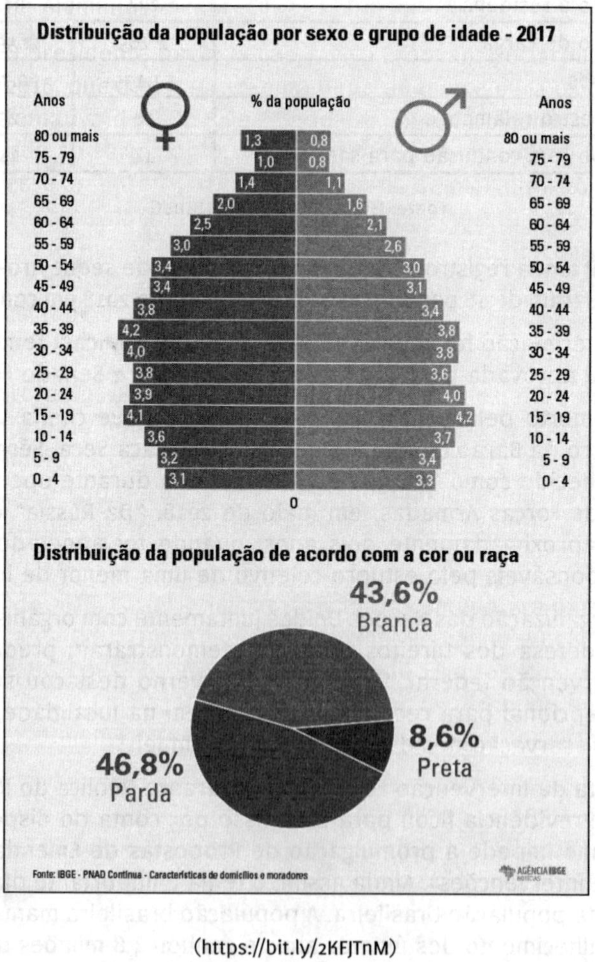

(https://bit.ly/2KFJTnM)

136. A Guerra Civil da Síria ganhou destaque nos últimos anos. A relação com o deslocamento de pessoas ou com a expansão do terrorismo difundido pelo Estado Islâmico são elementos que edificam a importância do tema. Mais recentemente, a cidade de Aleppo se tornou o centro das atenções. A cidade tem sido um dos principais campos de batalha entre forças do governo e os rebeldes que querem tirar Assad do poder. Em novembro de 2016, as tropas governamentais **lançaram um novo ataque e rapidamente retomaram o poder de quase toda a cidade.** Nas últimas semanas, elas conseguiram confinar os rebeldes em poucos bairros. Aleppo já foi a maior cidade da Síria com 2,3 milhões de habitantes, sendo polo financeiro e industrial. Em 2011, quando explodiram os protestos contra Assad, a cidade não foi palco de grandes manifestações ou da onda de violência que atingiu outras localidades. Mas no ano seguinte, ela se tornou um campo de batalhas importante após uma iniciativa dos rebeldes para expulsar as forças governamentais.

RAIO X DA GUERRA CIVIL DA SÍRIA

- ✓ Os **Estados Unidos culpam Assad** pela maior parte das atrocidades cometidas no conflito e exigem que ele deixe o poder como pré-condição para a paz.
- ✓ Já a **Rússia apoia a permanência de Assad no poder**, o que é crucial para defender os interesses de Moscou no país.
- ✓ O **Irã, de maioria xiita, é o aliado mais próximo de Bashar al-Assad.** A Síria é o principal ponto de trânsito de armamentos que Teerã envia para o movimento Hezbollah no Líbano – a milícia também enviou milhares de combatentes para apoiar as forças sírias.
- ✓ Estima-se que os **iranianos já tenham desembolsado bilhões de dólares para fortalecer as forças sírias**, provendo assessores militares, armas, crédito e petróleo.
- ✓ Contrapondo-se à influência do Irã, a **Arábia Saudita, principal rival de Teerã na região, tem enviado importante ajuda militar para os rebeldes,** inclusive para grupos radicais.
- ✓ Outro aliado importante dos rebeldes sírios, a **Turquia tem buscado limitar o apoio dos EUA às forças curdas,** que acusam de apoiar rebeldes do PKK (Partido dos Trabalhadores do Curdistão).
- ✓ Os rebeldes da oposição síria ainda têm atraído apoio em várias medidas de outras potências regionais, como **Catar e Jordânia.**
- ✓ O êxodo de refugiados, um dos maiores da história recente, colocou sob pressão os países vizinhos – **Líbano, Jordânia e Turquia.**

Fonte: BBC Brasil

137. O mês de maio de 2018 entrou para a história do Brasil. Um protesto envolvendo caminhoneiros tomou conta de diferentes localidades, gerando caos provocando a falta de combustíveis, assim como a escassez de produtos perecíveis. Em uma primeira tentativa de acordo, a resposta não foi validada pelo movimento e os protestos continuaram – na ocasião, o presidente Michel Temer autorizou o uso das forças federais para o desbloqueio de estradas. No auge dos 7 dias de paralisação, novas medidas foram anunciadas pelo presidente Michel Temer com o objetivo de garantir o fim da paralisação:

- Redução de R$ 0,46 no preço do litro do diesel por 60 dias (o que, segundo a secretaria de governo, custará R$10 bilhões aos cofres) Após os 60 dias, os reajustes no valor do combustível serão feitos a cada 30 dias, decisão que, segundo Temer, visa dar mais "previsibilidade" aos motoristas;
- Isenção da cobrança de pedágio para eixo suspenso de caminhões vazios, em rodovias federais, estaduais e municipais;
- Determinação para que 30% dos fretes da Conab sejam feitos por caminhoneiros autônimos;
- Estabelecendo de tabela mínima dos fretes (tabela que foi concretizada depois de sucessivas discussões).

138. Em maio de 2018, o presidente venezuelano foi reeleito com 5,8 milhões dos votos para novo mandato que tem início em 2019. Também em maio de 2018, o presidente venezuelano declarou como "persona non grata" o encarregado de negócios dos Estados Unidos em Caracas, Todd Robinson, e o chefe da seção política da embaixada americana, Brian Naranjo. Maduro acusou Robinson de participar de conspiração militar, econômica e política, assim como de ter "violado a lei internacional de maneira descarada", e garantiu ter provas que serão apresentadas no futuro. Robinson estava há menos de um ano em Caracas e era o principal representante dos Estados Unidos na Venezuela, uma vez que ambos países não têm embaixadores há oito anos, como consequência do conflito nas relações diplomáticas desde o início da chamada revolução bolivariana em 1999.

139. Após o resultado da eleição na Venezuela que garantiu mais um mandato para Nicolás Maduro, Trump assinou uma ordem executiva banindo o envolvimento de cidadãos norte-americanos em negociações de títulos da dívida da Venezuela e de outros ativos. A medida vale para bens relacionados ao petróleo e a outras áreas do governo da Venezuela. Desde março de 2015, os EUA veem a Venezuela como uma "ameaça à segurança nacional". Washington, que compra um terço do petróleo venezuelano, proibiu entidades americanas de negociarem dívidas públicas do país ou de sua petroleira estatal PDVSA e de comercializar com petro, a criptomoeda lançada por Caracas.

140. Em maio de 2018, O Supremo Tribunal Federal (STF) decidiu por unanimidade, reduzir o alcance do foro privilegiado de deputados e senadores somente para aqueles processos sobre crimes ocorridos durante o mandato e relacionados ao exercício do cargo parlamentar. Com a decisão, deixarão o Supremo Tribunal Federal parte dos cerca de 540 inquéritos e ações penais em tramitação, segundo a assessoria do STF. O foro por prerrogativa de função, o chamado "foro privilegiado", é o direito que têm deputados e senadores – entre outras autoridades, como presidente e ministros – de serem julgados somente pelo Supremo. Após o julgamento, a Ordem dos Advogados do Brasil (OAB) divulgou nota na qual classificou a decisão do Supremo como "uma evolução do direito nacional na busca pela eliminação dos privilégios".

141. Em fevereiro de 2018, Supremo Tribunal Federal (STF) decidiu conceder prisão domiciliar a presas sem condenação gestantes ou que forem mães de filhos com até 12 anos. A decisão beneficia ao menos 4,5 mil detentas, cerca de 10% da população carcerária feminina, segundo levantamento parcial do Instituto Brasileiro de Ciências Criminais (IBCCRIM), do Instituto Terra Trabalho e Cidadania (ITTC) e da Pastoral Carcerária Nacional. Não poderão deixar a prisão mulheres já condenadas e que cumprem pena; e também aquelas que, mesmo sem condenação, são suspeitas de crimes praticados com violência ou grave ameaça, contra os próprios filhos ou em situações "excepcionalíssimas", a serem justificadas pelo magistrado que negar o benefício.

142. Em maio de 2018, o Supremo Tribunal Federal derrubou a proibição a discursos doutrinários em rádios comunitárias, seja de conteúdo religioso, partidário ou ideológico, por exemplo. Na avaliação da maioria dos ministros, a proibição representa censura prévia e ofende o princípio da liberdade de expressão garantido na Constituição. Os ministros julgaram uma ação apresentada em 2001 pelo então Partido Liberal, hoje Partido da República, contra artigo de lei de 1998 que criou regras para a atuação das rádios comunitárias. O trecho questionado afirmava que "é vedado o proselitismo de qualquer natureza na programação das emissoras de radiodifusão comunitária". Em 2002, o plenário negou conceder liminar para derrubar esse trecho. Por lei, era proibido o proselitismo, mas algumas rádios adotavam a prática. Agora, com a decisão do Supremo, fica permitida a tentativa de convencimento com conteúdo doutrinário.

143. No início de 2018, o ex-presidente do Supremo Tribunal Federal, Joaquim Barbosa, anunciou que não concorrerá ao cargo de presidente. O anúncio movimentou as redes sociais. Isso porque o ex-magistrado, relator do processo do mensalão do PT e hoje advogado, tinha espantosos 10% das intenções de voto (segundo pesquisas da época) antes mesmo de anunciar uma candidatura oficial e correr o Brasil em campanha.

144. Em abril de 2018, o Senado aprovou o projeto de lei que amplia a licença maternidade de 120 para 180 dias. O texto, de autoria da senadora Rose de Freitas (MDB-ES), também permite ao pai acompanhar a mãe do bebê em

consultas e exames durante a gravidez. O ano de 2019 marcará o centenário internacional das normas trabalhistas sobre proteção à maternidade. Foi durante a primeira Conferência Internacional do Trabalho, em 1919, que decidiu-se adotar a primeira Convenção sobre a Proteção da Maternidade. Esta convenção foi seguida de duas outras, em 1952 e em 2000, respectivamente, as quais ampliaram os direitos relacionados à proteção da maternidade no trabalho em todo o mundo.

145. Em 2018, o Carnaval chamou atenção pelas mobilizações (questionadas em alguns instantes) de algumas escolas de samba. As duas primeiras colocadas do Rio de Janeiro, Beija- Flor e Paraíso do Tuiutí, criticaram mazelas sociais. As redes sociais se inflaram com o debate sobre o impacto de tamanha crítica social. Em São Paulo, outro episódio chamou a atenção. O Tribunal de Justiça de São Paulo proibiu a realização do bloco de carnaval "Porão do Dops 2018". O bloco enalteceria o crime de tortura, tendo em vista as homenagens a Carlos Alberto Brilhante Ustra e Sérgio Paranhos Fleury – respectivamente, comandante do Doi-Codi e delegado do DOPS durante a ditadura militar. O DOI-Codi de São Paulo fez centenas de vítimas – entre mortos ou torturados –, entre elas, o jornalista Vladimir Herzog, assassinado ali em 25 de outubro de 1975.

146. A partir de agosto de 2018, véu islâmico integral (seja a burca, seja o niqab) estará proibido na Dinamarca. Qualquer violação da lei será punida com uma multa de 1.000 coroas dinamarquesas (134 euros ou R$ 583). Se o ato se repetir, a multa pode chegar a 10.000 coroas (1.340 euros ou R$ 5.830). A legislação foi aprovada em 31 de maio de 2018, o que amplifica o debate sobre a questão dos símbolos religiosos no contexto Europeu (com destaque para a dimensão do Islamismo).

147. Em maio de 2018, uma decisão considerada polêmica trouxe novos rumos para a Holanda. Na ocasião, um tribunal do país garantiu a identificação do indivíduo como "neutro", o que seria "intersexual" – 3º gênero além do masculino e feminino possíveis no registro civil. A decisão tomada a partir do entendimento de um caso pontual abre precedentes no país.

148. Desde o dia 16 de junho de 2018, a Palestina passou a integrar a Opaq (Organização para Proibição de Armas Químicas). O território que luta por sua autonomia e legitimidade com Israel desde a década de 1940, tornou-se um Estado-membro da organização que lida com uma das temáticas mais delicadas da contemporaneidade.

149. Em junho de 2018, a Argentina cancelou um amistoso que aconteceria entre sua seleção de futebol masculino (em preparação para a Copa do Mundo de Futebol na Rússia), e a seleção de Israel. O jogo foi cancelado após protestos políticos e temor dos próprios jogadores. Os jogadores argentinos teriam se mobilizado para solicitar o cancelamento do jogo que ocorreria em Jerusalém, por conta do perigo na região próxima ao estádio.

150. Em maio de 2018, a OEA (Organização dos Estados Americanos) destacou a possibilidade de enviar um relatório junto ao TPI (Tribunal Penal Internacional) para investigar possíveis crimes contra a humanidade cometidos pelo presidente venezuelano Nicolás Maduro.

151. O ex-técnico da seleção brasileira de ginástica, Fernando de Carvalho Lopes recebeu uma série de denúncias de abuso sexual. As denúncias partiram de mais de 40 atletas que trabalharam com o ex-técnico. Fernando foi acusado ainda de filmar e fotografar os atletas nus, com justificativas abusivas. Convocado junto a CPI que investiga o caso, o ex-técnico alegou se tratar de um grande mal intendido com pessoas que objetivam sua queda junto ao contexto social.

152. Em junho de 2018, Itália e Malta barraram o desembarque de um navio de uma ONG com mais de 600 imigrantes resgatados no Mar Mediterrâneo. Diante da recusa dos dois países, a Espanha afirmou que abriria seus portos.

153. Em junho de 2018, o novo primeiro-ministro da Espanha, Pedro Sánchez, nomeou seu gabinete com mulheres assumindo a maioria dos postos no topo do governo pela 1ª vez na história do país. Ao todo, 11 mulheres e 6 homens no gabinete.

154. Em março de 2018, a banda Pearl Jam divulgou um cartaz de seu show no Rio mostrando aves com metralhadoras em favela, o que causou amplo debate pelas redes sociais. A maioria dos comentários foram positivos. Mas alguns fãs criticaram a ilustração. A banda divulgou um comunicado explicando a escolha: "Essa peça é uma homenagem ao Rio de Janeiro - particularmente às pessoas das favelas da cidade que, apesar da desigualdade obscena, encontrou uma maneira de construir cidades nas montanhas".

155. Em abril de 2018, o futebolista argentino Lionel Messi se tornou embaixador das Nações Unidas para o turismo responsável. O atleta recebeu o título da Organização Mundial do Turismo (OMT). A OMT é a agência da ONU especializada na promoção do crescimento econômico inclusivo e sustentável por meio do turismo. O organismo internacional também defende que o turismo seja universalmente acessível. O atleta disse estar feliz em apoiar a missão da instituição.

156. Em junho de 2018, o presidente Michel Temer (MDB) sancionou o projeto que criou o Susp (Sistema Único de Segurança Pública) e a Política Nacional de Segurança Pública e Defesa Social.

157. Em 2018, documentos do serviço de segurança dos EUA trouxeram relatos do período da Ditadura Militar no Brasil (1964-1985). Os documentos chegam a citar a tensão entre o governo e a Igreja durante o período. O Itamaraty chegou a afirmar que solicitaria junto as autoridades estadunidenses o acesso às informações na íntegra.

158. Organização Mundial de Saúde (OMS) retirou a transexualidade da lista de doenças mentais. O anúncio foi feito em junho de 2018, na divulgação da 11ª Classificação Internacional de Doenças (CID). De acordo com a organização, a transexualidade ainda está presente na CID, mas agora em uma nova categoria, denominada "saúde sexual". Assim, ela foi retirada da categoria de "distúrbios mentais". Isso esvazia justificativas de quem se propunha a curá-la ou a tratá-la, num desrespeito à diversidade sexual dos seres humanos. (*https://g1.globo.com/bemestar/noticia/oms-retira-a-transexualidade-da-lista-de-doencas-mentais.ghtml*)

Também em junho de 2018, a Argentina teve a primeira condenação por crime de ódio contra transexual. Um tribunal argentino condenou um homem à prisão perpétua por ter assassinado com 13 facadas uma dirigente transexual em 2015, uma sentença destacada como a primeira que reconhece nos fatos a característica de "travesticídio". (*https://glo.bo/2K3XTdz*)

CAPÍTULO XIV

Exercício inéditos

Uma das boas formas de preparação para a prova de atualidades é a realização de exercícios inéditos. Dessa forma, reuni alguns dos principais acontecimentos para que o treino seja possibilitado. No final, você encontra o gabarito.

01. **(Prof. Rodolfo Gracioli)** Observe os diferentes recortes que retratam acontecimentos recentes.

Texto I

"Miguel Mario Díaz-Canel Bermúdez, o homem escolhido pelo então chefe de Estado, tomou posse em abril de 2018, após ser confirmado em votação previsível, por 99,83% dos deputados do país. (Portal Folha de S. Paulo - abril de 2018).

Texto II

"O então presidente declarou: 'diante da difícil situação que se instalou, o melhor para o país é que eu renuncie, não quero ser um estorvo para a nação'. E assim o fez, um dia antes de o Congresso votar um segundo pedido de impeachment contra ele. O mesmo é acusado de receber para suas empresas, milhões de dólares da construtora Odebrecht, em troca de contratos quando era ministro, entre 2001 e 2006.". (Portal G1 - março de 2018).

Texto III:

"O país decidiu pelo fim da reeleição no referendo convocado pelo presidente neste domingo (4). Com 98,4% das urnas apuradas, 64,32% dos eleitores votaram pelo 'sim' na pergunta que pede o fim da reeleição indefinida, ou seja, agora o político só pode ser reeleito uma vez. A decisão deve impedir o ex-presidente Rafael Correa de voltar a concorrer nas eleições de 2021". (Fev. 2018 - Portal G1).

Os trechos em questão dizem respeito, respectivamente, a:

a) Colômbia; Peru; Venezuela.
b) Peru; Cuba; Equador.
c) Venezuela; Paraguai; Peru.
d) Cuba; Peru; Equador.
e) Argentina; Colômbia; Peru.

02. **(Prof. Rodolfo Gracioli)** Observe o trecho da reportagem veiculada pelo portal Agência Brasil, em março de 2018.

"O candidato presidencial da Força Alternativa Revolucionária do Comum, partido político que sucedeu a guerrilha de mesma sigla, Rodrigo Londoño, conhecido pelo codinome de "Timochenko" durante sua época como guerrilheiro, desistiu da disputa devido aos seus problemas de saúde".

O trecho faz referência a qual país?

a) Venezuela
b) Paraguai
c) Colômbia
d) Peru
e) Equador

03. (Prof. Rodolfo Gracioli) Observe o trecho veiculado pelo portal "Folha de S. Paulo", em maio de 2018.

"Uma taxa de juros em 40%, US$ 7,3 bilhões gastos das reservas internacionais e um anúncio de redução do déficit fiscal de 3,2% para 2,7% do PIB não foram suficientes para o país frear a desvalorização de sua moeda. Diante da turbulência financeira em que seu país entrou há menos de duas semanas, o presidente anunciou nesta terça-feira, 08, o pedido de um empréstimo ao Fundo Monetário Internacional (FMI)". (Adaptado).

O país em questão é:

a) Brasil
b) Venezuela
c) Peru
d) Paraguai
e) Argentina

04. (Prof. Rodolfo Gracioli) Observe o trecho veiculado pelo portal BBC Brasil, em fevereiro de 2018.

"No dia 27 de dezembro, Viva Movahedi, de 31 anos, foi para a Rua da Revolução, na região central da capital e retirou seu hijab, o véu usado por mulheres islâmicas sobre sua cabeça quando na presença de homens adultos que não são seus parentes, como um sinal de modéstia". (Adaptado).

O movimento narrado ganhou o nome de "As meninas da Rua da Revolução" e aconteceu:

a) Arábia Saudita
b) Iraque
c) Irã
d) Síria
e) Líbano

05. (Prof. Rodolfo Gracioli) Adiado para 2019, o Prêmio Nobel de Literatura de 2018 pode ter sua data novamente alterada. A questão foi levantada novamente pelo diretor-executivo da Fundação Nobel, Lars Heikensten, durante entrevista a uma rádio sueca. Segundo o diretor, a entrega do prêmio só deverá acontecer quando "a Academia Sueca recuperar a confiança" e tiver "condições suficientes" para fazê-lo. Pela primeira vez desde 1949 a premiação não ocorrerá este ano devido à ausência de votos necessários para a escolha do premiado, além do desgaste da imagem da organização sueca fundada em 1786.

O adiamento se deu por conta do desgaste envolvendo:

a) Escândalos de corrupção e lavagem de dinheiro envolvendo grande parte dos membros responsáveis pela escolha do prêmio.
b) Escândalos de assédio sexual por parte de um dramaturgo francês, muito vinculado à Academia através do seu clube literário.

c) Escândalos de indicação influente da premier britânica Theresa May.
d) Escândalo envolvendo suposta compra do prêmio em 2016, quando o vencedor foi Bob Dylan.
e) Escândalo envolvendo a suposta sonegação fiscal de membros responsáveis pela escolha.

06. (Prof. Rodolfo Gracioli) Observe o trecho da reportagem veiculada pelo portal G1, em abril de 2018.

"Os Estados Unidos, o Reino Unido e a França anunciaram na noite desta sexta-feira (13) que lançaram um ataque em conjunto contra estabelecimentos na Síria".

Os ataques coordenados foram uma resposta à:

a) Integração de tropas do ditador sírio Bashar Al Assad com terroristas do Estado Islâmico.
b) Ataques com mísseis contra tropas estadunidenses localizadas no Afeganistão.
c) Ataques utilizando armas químicas que teriam partido de forças de Bashar Al Assad.
d) Prisão de jornalistas estadunidenses correspondentes da BBC Internacional.
e) Aliança entre Rússia e Síria para combater as tropas iranianas na fronteira do país.

07. (Prof. Rodolfo Gracioli) Observe o trecho da reportagem veiculada pelo portal G1, em março de 2018.

"A Rússia expulsou nesta sexta-feira (30) 59 diplomatas de 23 países, um dia após expulsar diplomatas americanos, e convocou embaixadores ocidentais para comunicá-los sobre a expulsão. A Rússia age em represália por uma decisão similar adotada nesta semana por uma série de países em solidariedade com o Reino Unido".

O fato gerador da crise diplomática foi:

a) Oposição da Rússia ao Brexit – saída do Reino Unido da União Europeia, por conta de entraves de ordem comercial.
b) Ataques da Rússia contra forças britânicas no território sírio, já que o regime de Assad é apoiado por Vladimir Putin.
c) Postura comercial do Reino Unido em aplicar tarifas extras para produtos russos, especialmente o alumínio e o aço.
d) Ataque com agente nervoso contra ex-espião russo e sua filha que vivem no Reino Unido, que teria partido do governo russo.
e) Retaliação da Rússia pela indicação do Reino Unido como chefe da missão de paz no Haiti, por conta de questões históricas.

08. (Prof. Rodolfo Gracioli) A Nicarágua acompanha intensos protestos desde o início de 2018, contra o presidente Daniel Ortega. Segundo a Associação Nicaraguense Pró-Direitos Humanos (ANPDH) até meados de maio, mais de 100 pessoas já haviam morrido por conta dos protestos. O país chegou a constituir uma Comissão da Verdade, Justiça e Paz para averiguar as mortes resultantes dos protestos. O próprio papa Francisco anunciou estar preocupado com a situação da Nicarágua, chamando a atenção da comunidade internacional. Durante a transmissão dos protestos ao vivo, um jornalista acabou levando um tiro na cabeça e morreu. O jornalista Angel Ganoa realizava uma transmissão pelo Facebook no momento em que foi alvejado.

O estopim para os conflitos entre manifestantes pró e contra Ortega foi:

a) A aprovação de um novo Código Penal.
b) A fracassada Reforma da Previdência.
c) Aprovação da pena de morte para crimes hediondos.

d) A criminalização da relação entre pessoas do mesmo sexo.
e) A extinção da pena para políticos envolvidos em escândalos de corrupção.

09. (Prof. Rodolfo Gracioli) O país em questão vive em Estado de Emergência desde 2016 quando houve a tentativa de um golpe de Estado. Na ocasião, o governo reagiu com forte repressão e violência a tentativa e chegou a condenar vários manifestantes. Em abril de 2018, o presidente do país anunciou a antecipação a eleição, que acontecerá 1 ano e meio antes da data prevista. Em março de 2018, o país novamente foi destaque quando uma cantora renomada do país foi condenada a 10 meses de prisão por "insultos ao presidente" questão.

O trecho faz referência:

a) Egito
b) Síria
c) Venezuela
d) Turquia
e) Irã

10. (Prof. Rodolfo Gracioli) Observe o trecho da reportagem veiculada pelo portal G1, em abril de 2018.

"O grupo pediu perdão às vítimas pelos "graves danos" provocados por sua luta armada pela independência. O comunicado é um último gesto antes do aguardado anúncio de dissolução do grupo, quase 60 anos após sua criação. "Pedimos desculpas de verdade", afirma a organização, que executou atentados com bomba e assassinatos que deixaram 829 mortos. Associações de vítimas do terrorismo, que exigiam há vários anos um pedido de desculpas do grupo, criticaram o comunicado, que consideraram insuficiente".

Assinale a alternativa que refere-se ao grupo em questão, assim como o país de atuação direta:

a) Estado Islâmico; Iraque.
b) Boko Haram; Nigéria.
c) IRA; Irlanda do Norte.
d) ETA; Espanha.
e) Hamas; Palestina.

11. (Prof. Rodolfo Gracioli) Observe os diferentes recortes que retratam acontecimentos recentes.

Texto I:

"O ex-diretor-presidente global da BRF Brasil Foods Pedro de Andrade Faria foi preso na manhã desta segunda-feira (5), em São Paulo, na 3ª fase da Operação Carne Fraca. Segundo a PF e o Ministério da Agricultura, Pecuária e Abastecimento (Mapa), essas fábricas fraudavam laudos relacionados à presença de salmonela em alimentos para exportação a 12 países que exigem requisitos sanitários específicos de controle da bactéria do tipo salmonela spp. O grupo inclui China, África do Sul e países da União Europeia. Nesses países, a porcentagem de salmonella spp tolerada é menor que a tolerada no Brasil. De acordo com o ministério, estão suspensas as exportações dessas fábricas da BRF para esses 12 destinos". (Março de 2018 – Portal G1) – Adaptado.

Texto II:

"O governo federal realizou nesta quinta-feira (17) a maior operação de combate à pornografia infantil na história do País. A Operação coordenada pelo Ministério Extraordinário da

Segurança Pública, ocorreu em 24 estados e no Distrito Federal. No RJ, foram 26 presos na capital, na Baixada e no interior. Um deles foi pego no Maracanã, na Zona Norte do Rio, onde agentes encontraram imagens de crianças no computador do suspeito. Entre os materiais apreendidos, havia bonecos infantis. Ao todo, são 65 mandados a cumprir no estado". (Maio de 2018 – Portal G1) – Adaptado.

Texto III:

"A Operação deflagrada nesta quinta-feira (29) pela Polícia Federal, faz parte das medidas solicitadas pela procuradora-geral da República, Raquel Dodge – e autorizada pelo ministro Luís Roberto Barroso, do Supremo Tribunal Federal (STF) – com o objetivo de coletar provas para o inquérito que investiga se o presidente Michel Temer editou um decreto a fim de favorecer empresas portuárias em troca de propina. (Fev. 2018 – Portal G1).

Os trechos em questão dizem respeito, respectivamente, a:

a) Carne Fraca; Encilhamento; Skala.
b) Comida Podre; Aquilles; Anzol sem Ponta.
c) Pão Nosso; Luz na Infância 2; Anzol sem Ponta.
d) Trapaça; Underground; Skala.
e) Trapaça; Luz na Infância 2; Skala.

12. **(Prof. Rodolfo Gracioli)** Uma das maiores problemáticas para o estado de Roraima e consequentemente para o contexto nacional é o grande contingente de venezuelanos que deixam seu país natal em busca de melhores condições de vida no Brasil.

Sobre a crise de refugiados venezuelanos, assinale a alternativa incorreta:

a) Venezuelanos passaram a ser distribuídos para outras localidades do Brasil.
b) Roraima entrou com ação junto ao STF pedindo o fechamento da fronteira com a Venezuela.
c) A prefeitura de Boa Vista chegou a decretar estado de emergência social, em fevereiro de 2018.
d) Roraima solicitou para ressarcimento de R$ 184 milhões em gastos que o Estado afirma ter tido com a crise de refugiados venezuelanos.
e) Veto migratório emergencial da prefeitura de Boa Vista passou a permitir a entrada apenas de crianças e idosos vindos da Venezuela.

13. **(Prof. Rodolfo Gracioli)** Um escândalo sexual abalou o mundo do esporte. Observe o trecho do portal "O Globo", de maio de 2018.

"Cinco atletas procuraram a polícia civil de São Bernardo do Campo, cidade da região metropolitana de São Paulo, para prestar depoimento contra o ex-técnico da seleção brasileira, Fernando de Carvalho Lopes, por abuso sexual. Os relatos das vítimas reforçam a acusação de assédio. Outros quatro serão interrogados nos próximos dias. Investigadores apontam dificuldade para ouvir todas as vítimas do escândalo".

Fernando de Carvalho Lopes atuava como técnico em qual modalidade esportiva?

a) Vôlei
b) Natação
c) Ginástica
d) Salto com varas
e) Atletismo

14. **(Prof. Rodolfo Gracioli)** Observe o trecho veiculado pelo portal BBC Brasil, em fevereiro de 2018.

"A decisão beneficia ao menos 4,5 mil detentas, cerca de 10% da população carcerária feminina, segundo levantamento parcial do Instituto Brasileiro de Ciências Criminais (IBCCRIM), do

Instituto Terra Trabalho e Cidadania (ITTC) e da Pastoral Carcerária Nacional. Não poderão deixar a prisão mulheres já condenadas e que cumprem pena; e também aquelas que, mesmo sem condenação, são suspeitas de crimes praticados com violência ou grave ameaça, contra os próprios filhos ou em situações "excepcionalíssimas", a serem justificadas pelo magistrado que negar o benefício".

No caso, a decisão do STF concede prisão domiciliar para mulheres:

a) Encarceradas em presídios com excedente de detentas, que consigam comprovar péssimas condições de salubridade.
b) Encarceradas e viciadas em drogas. Elas serão liberadas para tratamento em clínicas custeadas pelo Estado.
c) Encarceradas que tenham registro em carteira de trabalho no mês anterior à condenação.
d) Encarceradas que comprovem doenças de alta periculosidade como por exemplo diabetes, aids ou câncer.
e) Encarceradas sem condenação gestantes ou que forem mães de filhos com até 12 anos de idade.

15. (Prof. Rodolfo Gracioli) Em fevereiro de 2018, o presidente Michel Temer anunciou a criação do Ministério da Segurança Pública. Sobre o Ministério, assinale a alternativa incorreta:

a) Quem assumiu a pasta foi o então ministro da Defesa, Raul Jungmann.
b) A criação do Ministério da Segurança Pública se deu por meio de Medida Provisória.
c) O Ministério da Segurança Pública passou a ser responsável, por exemplo, pela Polícia Federal e pela Polícia Rodoviária Federal.
d) O Ministério da Segurança Pública substitui o Ministério da Justiça, remanejando Torquato Jardim para a Defesa.
e) Além da PF e PRF, o novo ministério assumiu o comando do Departamento Penitenciário Nacional (Depen).

16. (Prof. Rodolfo Gracioli) Em maio de 2018, o Ministério Público do Trabalho do Rio de Janeiro (MPT-RJ) notificou a Rede Globo após repercussões negativas sobre a novela "Segundo Sol". No caso, a notificação se deu:

a) Por conta da classificação indicativa ser considerada inadequada ao horário, devido as cenas de nudez e violência, o que afeta a condição dos espectadores.
b) Por conta das denúncias de assédio sexual recebidas pelo MPT, oriundas de um grupo de atrizes contra diretores e produtores da novela global.
c) Por conta da trama apresentar poucos atores negros, ainda que ambientada em Salvador, município onde cerca de 80% da população é de negros e pardos, segundo o IBGE.
d) Por conta da erotização infantil de personagens mirins se envolvendo com casos de adultério, banalização de violência constante e intensa associação ao tráfico de drogas.
e) Por conta da exploração de trabalhadores responsáveis pela produção dos cenários que não tiveram os direitos trabalhistas respeitados, durante gravações em locais insalubres.

17. (Prof. Rodolfo Gracioli) Observe o trecho veiculado pelo portal Valor Econômico, em março de 2018.

O Supremo Tribunal Federal (STF) derrubou, nesta quinta-feira (15), a regra que estabelecia um limite mínimo de 5% e máximo de 15% do montante do Fundo Partidário para o financiamento de campanhas eleitorais de mulheres. Por maioria de votos, os ministros fixaram uma nova regra pela qual os partidos deverão:

a) Garantir a eleição de uma mulher para cada candidato homem eleito, respeitando a regra de proporcionalidade.
b) Destinar no mínimo 30% dos recursos do fundo destinados às campanhas à candidatura de mulheres, sem percentual máximo.
c) Garantir o repasse de 50% dos recursos para propagandas, exclusivamente, na internet, por meio de impulsionamento.
d) Destinar pelo menos 40% do Fundo Especial para Financiamento de Campanha para a candidatura de mulheres, excluindo o Fundo Partidário.
e) Garantir o mesmo número de mulheres e homens no parlamento, ficando condicionada a participação dos homens ao montante feminino.

18. (Prof. Rodolfo Gracioli) O Ministério do Planejamento, Desenvolvimento e Gestão publicou uma portaria normativa regulamentando o chamado "procedimento de heteroidentificação complementar à autodeclaração dos candidatos negros". Sobre a nova portaria, assinale a alternativa incorreta:

a) Os candidatos que optarem por concorrer dentro da cota para negros em concursos públicos federais passarão por análise visual de uma comissão constituída especificamente para esse fim.
b) A comissão analisará as características fenotípicas (características físicas de uma pessoa) para comprovar a condição declarada pelo candidato. Prevalecerá a decisão da maioria da comissão.
c) Segundo entidades que atuam na causa, a subjetividade da portaria se dá na inexistência da possibilidade de o candidato recorrer de tal decisão tomada pela comissão, o que dará margem para arbitrariedades.
d) Não serão considerados na avaliação registros ou documentos, inclusive imagem e certidões, nem as que foram usadas para confirmação em procedimentos de heteroidentificação realizados em outros concursos públicos federais, estaduais, distritais e municipais.
e) A autodeclaração é de responsabilidade do candidato no processo de inscrição. Segundo o Instituto Brasileiro de Geografia e Estatística (IBGE) a classificação racial pode ser: preto, pardo, indígena, amarelo e branco.

19. (Prof. Rodolfo Gracioli) Observe os recortes para assinalar a alternativa correta.

Texto I:

"Homens atiraram contra o prédio da Secretaria da Justiça na madrugada deste sábado, sendo que três deles morreram em confronto com a polícia. Um deles ia lançar uma granada contra o prédio, disse o secretário da Segurança. Em janeiro, uma chacina na capital deixou 14 mortos. Em março, o governador anunciou a compra de 13 mil armas, no total de R$ 18,5 milhões, para o reforço da segurança pública no estado".

Texto II:

"O ex-senador e ex-governador Eduardo Azeredo(PSDB) se entregou às 14h45 desta quarta-feira (23) em uma delegacia. Ele foi o primeiro político a ser detido no mensalão tucano. Os cinco desembargadores da 5ª Câmara Criminal rejeitaram, nesta terça-feira (22), o recurso da defesa do ex-senador e ex-governador de no processo do mensalão tucano e determinaram a execução imediata da prisão". (Maio de 2018 – Portal G1).

Texto III:

"O Tribunal Superior Eleitoral (TSE) cassou na manhã desta quinta-feira (22) os diplomas do governador Marcelo Miranda (MDB) e da vice-governadora Cláudia Lelis (PV). O processo, que analisa caixa dois durante a campanha de 2014, começou em 2015 após uma aeronave ser apreendida com R$ 500 mil em Goiás".

Os trechos fazem referência respectivamente:

a) Rio Grande do Norte; Espírito Santo e Tocantins.
b) Paraíba; Minas Gerais e Amazonas.
c) Bahia; São Paulo e Santa Catarina.
d) Ceará; Minas Gerais e Tocantins.
e) Goiás; Espírito Santo e Tocantins.

20. **(Prof. Rodolfo Gracioli)** Em janeiro de 2018, a agência de classificação de risco, Standard & Poor's, rebaixou a nota do Brasil de "BB" para "BB-". Ao anunciar tal medida, a agência de classificação de risco chegou a destacar de modo positivo algumas ações do governo Temer. Entretanto, destacou que o ritmo com que as reformas aconteceram não foi suficiente, inclusive o grande problema seria:

a) Aprovação da Reforma Trabalhista.
b) Estagnação da Reforma Previdenciária.
c) Aprovação da Reforma Tributária.
d) Alta consecutiva da taxa Selic – (12 vezes)
e) Alta do real frente ao dólar.

21. **(Prof. Rodolfo Gracioli)**

Texto I:

O ano de 2018 começou com episódios similares ao ano de 2017 com relação ao sistema penitenciário brasileiro. Após rebelião que deixou 9 mortos, o governador do estado solicitou uma reunião "imediata" com a ministra do STF, Cármen Lúcia. A rebelião destacou o confronto de facções: PCC – Primeiro Comando da Capital e o CV – Comando Vermelho.

Texto II:

"O ministro da Segurança Pública, Raul Jungmann, anunciou nesta sexta-feira (13) que o estado terá a nova sede do Centro Integrado de Inteligência de Segurança Pública da região Norte. A medida foi uma resposta do ministro à recusa do governador do Estado, a oferta do envio da Força Nacional ao estado após onda de violência ocorrida esta semana: uma série de assassinatos fez 12 vítimas; 22 pessoas morreram em tentativa de fuga em massa do presídio de Santa Izabel; e bandidos armados atacaram um trailer da Polícia Militar, atingindo uma agente". (Abril de 2018 – Portal G1)

Os trechos dizem respeito, respectivamente:

a) Rio de Janeiro e Amazonas.
b) Amazonas e Boa Vista.
c) Rio Grande do Norte e Tocantins.
d) Goiás e Pará.
e) Minas Gerais e Porto Velho.

22. **(Prof. Rodolfo Gracioli)** Em abril de 2018, a Comissão Para Assuntos Sociais (CAS) do Senado Federal aprovou uma proposta que modifica o auxílio-maternidade. A proposta aprovada pela Comissão:

a) Reduz a licença maternidade de 180 dias para 90 dias, ficando a cardo do empregador a disponibilização de prazo extra.
b) Amplia a licença maternidade de 120 para 180 dias, fato já garantido para empresas do Programa Empresa Cidadã.
c) Transfere o direito da licença maternidade para o pai da criança, quando a mulher a abdicar por causa justificada.
d) Permite que a licença maternidade tenha o seu tempo dividido entre pai e mãe, desde que a divisão seja igualitária.
e) Amplia a licença maternidade para o prazo de 365 dias, o que é recomendando por organismos internacionais.

23. (Prof. Rodolfo Gracioli) Observe o trecho da reportagem veiculada pelo portal G1, em abril de 2018.

"Dez membros de uma célula jihadista ligada ao grupo Estado Islâmico foram condenados pela Justiça do país em questão a até 12 anos de prisão nesta terça-feira (10). Dentre os condenados está o goiano Kayke Luan Ribeiro Guimarães. Três dos réus receberam penas de 12 anos de prisão pelo crime de formar uma organização terrorista na condição de dirigentes, enquanto os outros sete, entre eles o brasileiro, têm pena de 8 anos, por serem considerados apenas participantes".

A condenação do brasileiro além dos outros indivíduos aconteceu pela Justiça de qual país?

a) França
b) Rússia
c) Ucrânia
d) Espanha
e) Itália

24. (Prof. Rodolfo Gracioli) Em resposta a um suposto ataque químico comandado por forças de Bashar Al Assad, três países assumiram a responsabilidade de uma ofensiva via terra e mar contra o regime sírio, com o objetivo de destruir pontos ligados à produção de armamento químico. A ação repercutiu internacionalmente e agravou a já tensa situação do país.

No caso, se juntaram aos EUA para os ataques:

a) Rússia e Japão.
b) China e Coreia do Norte.
c) Alemanha e Reino Unido.
d) França e Alemanha.
e) França e Reino Unido.

25. (Prof. Rodolfo Gracioli) Observe o trecho veiculado pelo portal G1, em fevereiro de 2018.

"O governo do país afirma ser uma de suas mais poderosas armas. E a qualifica como "invencível", "indetectável" e "sem limitação de alcance", capaz de cruzar os polos e de provocar o mesmo impacto em diferentes partes do globo. A confirmação de que eles estavam construindo um supermíssil veio no ano passado, mas foi somente no início deste mês que o presidente garantiu que os testes desse novo sistema haviam "entrado em uma fase ativa". O Ministério da Defesa anunciou na sexta-feira (30) que aprovou com êxito seu novo míssil balístico intercontinental, o RS-28 Sarmat, que a Otan (Organização do Tratado do Atlântico Norte) chama de "Satan 2".

O trecho faz referência ao míssil produzido por qual país?

a) EUA
b) Coreia do Norte
c) Irã
d) Rússia
e) China

26. **(Prof. Rodolfo Gracioli)** Em março de 2018, seguindo sua linha protecionista, o presidente dos EUA, Donald Trump, estremeceu as relações comerciais com outras nações após uma anuncia inesperado. Após costurar acordos, alguns países acabaram menos afetados. Entretanto, a decisão mostrou mais uma vez a ideia de fomentar a indústria estadunidense.

No caso, a ação implementada pelo governo de Donald Trump foi:

a) Sobretaxa aplicada para importação de aço (25%) e alumínio (10%).
b) Sobretaxa aplicada para importação de soja (25%) e derivados do leite (10%).
c) Sobretaxa aplicada para importação de petróleo (35%).
d) Sobretaxa aplicada para importação de milho (25%) e trigo (10%).
e) Sobretaxa aplicada para importação de carne bovina (45%).

27. **(Prof. Rodolfo Gracioli)** Em maio de 2018, alterando a conjuntura geopolítica, o presidente dos EUA inaugurou a embaixada de Israel em Jerusalém. Sobre tal decisão do governo Trump, assinale a alternativa incorreta:

a) Paraguai e Guatemala foram países que seguiram o governo estadunidense anunciando a embaixada em Jerusalém.
b) A decisão do governo Trump foi condenada pelos palestinos, que desejam que Jerusalém Oriental se transforme na capital do Estado que aspiram.
c) A Organização das Nações Unidas (ONU) chegou a condenar por ampla maioria a decisão do governo estadunidense.
d) Como resposta a decisão de Trump, o Hamas, movimento islâmico com atuação política e um braço armado, convocou uma nova intifada.
e) Por conta da relação comercial próxima com os EUA, o governo brasileiro enalteceu a decisão de Trump e deve alterar sua embaixada em 2019.

28. **(Prof. Rodolfo Gracioli)** Um das grandes problemáticas contemporâneas a nível global diz respeito ao contexto do trabalho análogo à escravidão. O Brasil conta com um mecanismo denominado de "lista suja", enaltecido por organismos internacionais como uma das ferramentas para combater o trabalho escravo. Sobre a "lista suja", assinale a alternativa correta:

a) A divulgação da lista suja está barrada por ação na Justiça, desde o ano de 2014, aguardando análise do Supremo Tribunal Federal que deve se posicionar apenas em 2019.
b) Apesar de considerada um bom mecanismo, a lista suja não cria obstáculos para empresas listadas, que conseguem dar continuidade à empréstimos e financiamentos.
c) Empregadores listados no mecanismo são obrigados a cumprir pena de prisão (de 3 até 12 anos) e encerrar as atividades da empresa ou reabri-la com nova razão social.
d) A grande crítica com relação à lista suja é que essa não contempla empresas prestadoras de serviço para o governo (municipal, estadual ou federal).
e) Entre as empresas estão a ALL América Latina Logística (atual Rumo Malha Paulista), a Cone Brasil, que comercializou alimentos no Rock in Rio e duas construtoras responsáveis por obras no Programa Minha Casa Minha Vida.

29. **(Prof. Rodolfo Gracioli)** Observe os fragmentos de reportagens para fazer a associação correta.

Texto I:

"O presidente do país anunciou, em janeiro de 2018, uma redução de 25% dos cargos políticos do Executivo e o congelamento dos salários de altos funcionários, que não receberão aumento este ano. Ele afirmou ainda que proibirá que qualquer familiar dos ministros possa fazer parte do governo. O país tem buscado a redução de gastos (em 2017, foi aprovada a Reforma da Previdência)". (Portal G1 – Adaptado).

Texto II:

"Em fevereiro, o Senado do país deu sinal verde a uma polêmica lei que transforma automaticamente todos os cidadãos em doadores de órgãos, a menos que afirmem em vida e explicitamente que não desejam doar". (Portal G1 – Adaptado).

Texto III:

"Ao final de um mês de ameaças, as autoridades do país bloquearam o popular serviço de mensagem Telegram, que se juntou agora à lista de redes sociais proibidas no país por serem consideradas "perigosas", assim como Facebook e Twitter. O Telegram, um app de mensagens instantâneas para competir com o WhatsApp, tem cerca de 40 milhões de usuários no país, quase a metade da população. Há menos de duas semanas era utilizado também pelo governo como canal de comunicação com os cidadãos". (Veja Abril – maio de 2018).

Texto IV:

"Devido à suspensão ditada pelo Comitê Olímpico do país pela corrupção do sistema de doping, nestes Jogos só podem participar, sob bandeira neutra, uma seleção de esportistas do país convidados pelo COI. A proibição da bandeira e do hino em PyeongChang por acusações de doping de Estado pegou muito mal, uma superpotência em esportes de inverno e que qualificou a decisão de "humilhação" e uma sanção "sem precedentes" na história dos Jogos Olímpicos" (Exame Abril – fevereiro de 20180.

Os trechos fazem referência, respectivamente, a:

a) Venezuela, Argentina, Irã e Coreia do Norte.
b) EUA, Brasil, Rússia e Iraque.
c) Uruguai, EUA, Rússia e Síria.
d) Argentina, Holanda, Irã e Rússia.
e) Paraguai, Uruguai, Síria e Venezuela.

30. **(Prof. Rodolfo Gracioli)** A execução da vereadora do Rio de Janeiro, Marielle Franco (PSOL-RJ), repercutiu no cenário internacional. Um fato tomou conta das redes sociais e chamou a atenção. Em texto publicado no Facebook, Marília Castro Neves afirmou que a vereadora Marielle Franco (PSOL-RJ), era "engajada com bandidos" e "um cadáver tão comum quanto qualquer outro". Marília chegou a destacar a divulgação antecipada quando questionada pelo Jornal Nacional.

O Conselho Nacional de Justiça determinou procedimento para apurar a fala de Marília Neves, pelo fato de ela ocupar:

a) Posto de ministra do Superior Tribunal de Justiça
b) Posto de vereadora (oposição)
c) Posto de advogada de milicianos do Rio de Janeiro.
d) Posto de desembargadora do Tribunal de Justiça do Rio de Janeiro.
e) Posto de ministra do Superior Tribunal Eleitoral.

31. (Prof. Rodolfo Gracioli)

Texto I:

"O candidato direitista Mario Abdo Benítez venceu a eleição presidencial neste domingo (22). Com 96% das urnas apuradas, ele recebeu 46,49% dos votos, informou o presidente do Tribunal Eleitoral do país, Jaime Bestard. Seu principal oponente, o liberal Efrain Alegre, de uma coalizão de centro-esquerda, recebeu 42,72% da preferência dos eleitores". (Abril de 2018 – Portal G1).

Texto II:

"Sebastián Piñera tomou posse da presidência neste domingo (11), em cerimônia realizada em Valparaíso. Ex-presidente conservador e representante da coalização de centro-direita, ele venceu o segundo turno das eleições, contra o adversário de centro-esquerda Alejandro Guillier.". (Março de 2018 – Portal G1)

Texto III:

"Martín Vizcarra assumiu na tarde desta sexta-feira (23) como o novo presidente do país ao ser juramentado pelo Congresso, pouco depois que o Legislativo formalizou a renúncia de Pedro Pablo Kuczynski. Vizcarra, um engenheiro civil de 55 anos, jurou diante do Congresso após às 13h locais (15h, pelo horário de Brasília), em uma cerimônia na qual o chefe do legislativo, o opositor Luis Galarreta, colocou a faixa presidencial". (Março de 2018 – Portal G1)

Os trechos dizem respeito, respectivamente:

a) Cuba, Peru e Chile.
b) Uruguai, Colômbia e Paraguai.
c) Paraguai, Cuba e Peru.
d) Chile, Paraguai e Colômbia.
e) Paraguai, Chile e Peru.

32. (Prof. Rodolfo Gracioli) Observe o trecho da reportagem veiculada pelo portal G1, em março de 2018.

"O presidente Michel Temer homenageou nesta quarta-feira (7), em solenidade no Palácio do Planalto, a professora Helley de Abreu Silva Batista. A Ordem Nacional do Mérito, em memória, no grau cavaleiro, foi entregue por Temer ao viúvo e ao irmão da professora. Durante a entrega, Helley foi chamada pelo mestre de cerimônias de "a heroína de Janaúba". Segundo o Ministério da Educação, a insígnia é uma condecoração que homenageia cidadãos que prestaram "serviços relevantes à nação brasileira".

A professora recebeu a homenagem por:

a) Por ter morrido em um incêndio em 2017 ao tentar salvar crianças de um incêndio em uma creche em Janaúba (MG).
b) Por ter morrido em um acidente de trânsito em 2017 ao tentar salvar crianças que faziam uma excursão para a cidade de Janaúba (MG).
c) Por ter morrido afogada ao salvar alunos, após acidente com o ônibus escolar que fazia uma travessia de um rio na cidade de Janaúba (MG).
d) Por ter morrido após a malsucedida doação de um pulmão para uma aluna de Janaúba – caso de repercussão internacional.
e) Por ter morrido após sequestro realizado em escola de Janaúba, na tentativa de salvar crianças presas no fundo da escola.

33. (Prof. Rodolfo Gracioli) Observe o trecho da reportagem veiculada pelo portal G1, em abril de 2018.

"A Justiça Federal em Minas Gerais prorrogou para 25 de junho de 2018 o prazo para que o Ministério Público Federal (MPF) e a mineradora Samarco, além de suas controladoras Vale e BHP Billiton, firmem acordo sobre um plano que define ações de reparação após o desastre de Mariana. Esta é a quarta vez que a entrega é adiada".

O acidente que deixou 19 pessoas mortas em 2015, aconteceu na cidade mineira de:

a) Belo Horizonte
b) Janaúba
c) Mariana
d) Ouro Preto
e) Betim

34. (Prof. Rodolfo Gracioli)

Texto I:
Recriada em fevereiro de 2017, a pasta foi assumida pela ministra Luislinda Vallois. A então ministra chegou a se envolver em polêmicas, ao afirmar em discurso ser "pobre e da periferia" e cogitar o acúmulo da aposentadoria e salário de então ministra. Em 2018, Luislinda Vallois deixou a pasta.

Texto II:
Em abril de 2018, o então ministro Henrique Meirelles deixou a pasta por conta da corrida para o pleito presidencial de 2018.

Os trechos fazem referência a quais Ministérios, respectivamente?

a) Igualdade Racial e Fazenda.
b) Segurança Pública e Direitos Humanos.
c) Direitos Humanos e Fazenda.
d) Planejamento e Agricultura.
e) Direitos Humanos e Finança.

35. (Prof. Rodolfo Gracioli) Em abril de 2018, o presidente-executivo do Facebook, Mark Zuckerberg, esteve na Câmara dos EUA para responder alguns questionamentos. Em maio, foi a vez do presidente-executivo comparecer ao Parlamento Europeu para explicações.

A alternativa que assinala uma das motivações iniciais para a ida do presidente-executivo à Câmara dos EUA e o Conselho Europeu, é:

a) Sonegação de impostos da empresa que chegaria a 1 trilhão de dólares, com a utilização de contas em paraísos fiscais a fim de dificultar o monitoramento.
b) Fusão do Facebook com o Whatsapp que não respeitou as regras fiscais locais, gerando um abatimento de 59 bilhões de dólares em impostos.
c) A não entrega de dados do Whatsapp para a Justiça (europeia e americana), para resolução de casos envolvendo crimes virtuais.
d) Envolvimento em escândalo sexual envolvendo funcionários da empresa nos EUA e Europa, que seria acobertado pela diretoria a fim de não abalar a imagem da empresa.
e) "Vazamento" de dados de 87 milhões de pessoas pela consultoria política Cambridge Analytica e a questão da privacidade dos usuários.

36. (Prof. Rodolfo Gracioli) Observe o trecho da reportagem veiculada pelo portal Veja Abril, em março de 2018.

"Uma coleção de óculos escuros que estampam marcas como Ray-Ban, Prada e Dior. Um helicóptero de brinquedo guiado por controle remoto. Uma SUV Sportage avaliada em 140.000 reais. Roupas. Anéis. Uma caixa de iPhone. Uma moto. Os bens acima estão entre os itens apreendidos pela Polícia Civil de Santa Catarina na manhã desta quinta-feira (1º), em Joinville, na residência do casal Renato e Aline Openkoski, pais do bebê Jonatas Henrique".

Segundo as investigações, o casal estaria vivendo com luxo e ostentação:

a) Por conta da herança designada para Aline, após tramarem de modo conjunto o assassinato de seus pais – empresários do setor de automóveis e eletroeletrônicos.
b) Por usarem indevidamente parte do dinheiro de doações para o filho, que sofre de uma síndrome rara. Após o diagnóstico, eles conseguiram arrecadar ao menos 4 milhões de reais em campanha ao redor do país.
c) Devido a um golpe virtual utilizando a imagem do filho, onde os dados bancários de usuários eram roubados e os sistemas de proteção em softwares bancários corrompidos.
d) Devido a chefiarem uma quadrilha responsável por explodir caixas eletrônicos, que atua em diferentes estados do Brasil e teria arrecadado perto de 500 milhões de reais em 2017.
e) Por utilizarem o filho como propaganda em uma empresa de modelos, a fim de recrutarem crianças e adolescentes que eram utilizados na exploração sexual / tráfico internacional de pessoas.

37. **(Prof. Rodolfo Gracioli)** Observe o trecho da reportagem veiculada pelo portal G1, em abril de 2018.

"Relatório do Conselho Nacional de Justiça (CNJ) feito em fevereiro deste ano alertou para o risco de "resgate realizado com apoio externo" no Centro de Recuperação Penitenciária III (CRPP III) --onde, nesta terça (10), ao menos 21 pessoas morreram justamente numa tentativa de fuga em massa, depois de um grupo armado tentar invadir o local para dar cobertura à ação. Os mortos são um agente penitenciário, cinco presos e 15 suspeitos de tentar invadir o presídio para apoiar a fuga, segundo a Secretaria de Segurança Pública e Defesa Social (Segup). Em fevereiro, a unidade tinha 52% mais presos do que a capacidade: havia 660 detentos para 432 vagas, afirma o CNJ. As condições da prisão são "péssimas" e "inaceitáveis" para um presídio de segurança máxima". (Adaptado).

A tragédia aconteceu:

a) Rio Grande do Norte
b) Pará
c) Roraima
d) Goiás
e) Amazonas

38. **(Prof. Rodolfo Gracioli)** No início de maio de 2018, a Organização Mundial da Saúde (OMS) confirmou casos da doença e voltou a chamar a atenção para a problemática na área da saúde pública, principalmente na República Democrática do Congo. A Organização Mundial da Saúde chegou a obter autorização para usar uma vacina experimental contra a doença.

A doença em questão é:

a) Dengue
b) Aids
c) Ebola
d) Febre amarela
e) Zika vírus

39. **(Prof. Rodolfo Gracioli)** Um dos feitos de maior destaque dos noticiários foi o encontro entre os líderes das Coreias. O feito histórico ocorreu em abril de 2018 e foi celebrado por grande parte da comunidade internacional. Sobre a questão das Coreias, assinale a alternativa incorreta:

a) Os líderes dos dois países prometeram assinar um acordo de paz para acabar com a guerra entre os países.

b) Os líderes concordaram em Participar juntos de eventos esportivos, como os Jogos Asiáticos de 2018.

c) Os líderes se comprometeram a transformar a área desmilitarizada em zona de paz, eliminando ações como a distribuição de propaganda;

d) Os líderes se comprometeram a realizar uma reunião, em agosto de 2018, entre as famílias separadas pela guerra.

e) O único ponto divergente e que ficou de fora do encontro foi a desnuclearização da região – ponto que a Coreia do Norte se aponta resistente.

40. **(Prof. Rodolfo Gracioli)** Observe os trechos de reportagens.

Texto I:

"O país vai punir quem espionar o telefone do cônjuge com pena de até um ano de prisão e multa elevada, anunciou nesta segunda-feira (2) o Ministério da Informação. De acordo com a rede de TV, a pena máxima de um ano de prisão e a multa será aplicada se o marido ou a mulher enviar informações obtidas na invasão. Mas se o celular for acessado sem que as informações sejam usadas ou compartilhadas, a penalidade pode ser uma advertência de um juiz". (Abril de 2018 – Portal G1). Adaptado.

Texto II:

"As palavras de ordem "trabalho, liberdade e dignidade", usadas na Revolução de Jasmim de 2011, voltaram ao protagonismo em protestos que há uma semana ocupam as ruas de mais de 20 cidades do país. O país, reconhecido como propulsor da Primavera Árabe e considerado exemplo de transição democrática, comemorou neste domingo (14) com milhares nas ruas o sétimo aniversário da revolta que derrubou o ditador da época". (Janeiro de 2018 – Folha de S.Paulo). Adaptado.

Texto III:

"A brigada antifraude da polícia local acusou formalmente de corrupção o primeiro-ministro Benjamin Netanyahu, de 68 anos, nesta terça-feira. Os policiais — que investigaram o chefe de Governo e pessoas próximas a ele durante cerca de dois anos e o interrogaram em seis ocasiões — recomendaram ao Ministério Público acusá-lo por suborno por ter embolsado um milhão de shekels (cerca de 1,018 milhão de reais) em presentes de luxo, e por conflitos de interesses por suas relações com o proprietário de um grupo de comunicação" (Fevereiro de 2018 – El Pais). Adaptado.

Os trechos fazem referência, respectivamente, a:

a) Índia, Síria e Israel.

b) Síria, Israel e Iraque.

c) Tunísia, Turquia e Síria.

d) Turquia, Arábia Saudita e Palestina.

e) Arábia Saudita, Tunísia e Israel.

41. **(Prof. Rodolfo Gracioli)**

Texto I:

Em abril de 2018, completou-se 50 anos da morte de um dos grandes personagens históricos. Pastor evangélico da Igreja Batista, ele foi conhecido principalmente por ser um dos maiores líderes do movimento por direitos civis e direitos dos negros nos Estados Unidos, durante os anos 1950 e 1960. Foi uma das principais vozes do movimento pela igualdade de direitos entre negros e brancos, que ganhou mais força a partir da década de 1950.

Texto II:

"Alemanha começou a celebrar neste sábado (5) o bicentenário do nascimento de um dos grandes pensadores, em uma atmosfera de controvérsia, com vários protestos programados para apontar a herança política do filósofo e a "ditadura do proletariado". Uma exposição permanente foi inaugurada pela manhã na casa onde nasceu o autor de "O Capital", em Tréveris. No total, cerca de 600 eventos estão programados, incluindo exposições, concertos, peças teatrais e palestras nos próximos meses na cidade natal do filósofo, para comemorar o pensador inspirador do comunismo"

Os trechos dizem respeito, respectivamente:

a) Malcom-X e Émile Durkheim.
b) Jesse Jackson e Max Weber.
c) Martín Luther King e Karl Marx.
d) Mahatma Gandhi e Auguste Comte.
e) Nelson Mandela e Barão de Montesquieu.

42. (Prof. Rodolfo Gracioli) Observe o trecho da reportagem veiculada pelo portal "O Globo", em fevereiro de 2018.

"Para a americana medalhista olímpica e quatro vezes campeã mundial na modalidade Angela Ruggiero, membro do Comitê Olímpico Internacional, o feito histórico merece indicação ao Prêmio Nobel da Paz".

A fala de ex-atleta da modalidade diz respeito a um feito aplaudido pela comunidade internacional, que ocorrera durante os jogos Olímpicos de Inverno. Sobre tal fato, assinale a alternativa correta:

a) A equipe coreana de patinação de velocidade composta por atletas das duas Coreias.
b) A equipe coreana de curling composta por atletas das duas Coreias.
c) A equipe coreana de saltos com esqui composta por atletas das duas Coreias.
d) A equipe coreana de snowboard composta por atletas das duas Coreias.
e) A equipe coreana de hóquei no gelo composta por atletas das duas Coreias.

43. (Prof. Rodolfo Gracioli) Observe o trecho da reportagem veiculada pelo portal "O Globo", em abril de 2018.

"O país aprovou nesta segunda-feira uma lei contra as chamadas "fake news" que pode resultar em penas de prisão de até 6 anos para os infratores, apesar de críticos que dizem que o país pretende conter a dissidência e a liberdade de expressão antes de uma eleição geral".

A lei, pode ser aplicada para estrangeiros que compartilhe esse tipo de conteúdo. O país em questão que aprovou tal lei é:

a) Brasil
b) Alemanha
c) França
d) EUA
e) Malásia

44. **(Prof. Rodolfo Gracioli)** Observe o trecho veiculado pelo portal G1, em abril de 2018.

"O primeiro filme do universo Marvel com um super-herói negro, superou "Titanic" na bilheteria americana, após encerrar sua oitava semana em cartaz com quase US$ 666 milhões de dólares (cerca de R$ 2,25 bilhões).

Qual o filme em questão?

a) Lanterna Verde
b) Super Choque
c) Blade
d) Cyborg
e) Pantera Negra

45. **(Prof. Rodolfo Gracioli)** Um dos temas mais polêmicos do início de 2018 alcançou o poder judiciário. Observe o trecho da reportagem do portal Conjur, de março de 2018.

"Nesta quarta-feira (21/3), ele atendeu a pedido da Associação dos Magistrados Brasileiros (AMB) para discutir a questão numa câmara de conciliação a ser instalada pela Advocacia-Geral da União, que também concordou com a proposta".

A questão a ser discutida (com prazo delimitado para junho) e de elevador teor polêmico diz respeito:

a) À equiparação salarial entre juízes de primeira instância e juízes da Suprema Corte.
b) Ao projeto de lei que extingue 3 postos de ministros do Supremo Tribunal Federal.
c) Ao projeto de lei que estabelece mecanismo de concurso público para ministros do STF.
d) Ao pagamento do auxílio-moradia para magistrados, que varia entre 4 e 5 mil reais/mês.
e) Ao processo administrativo movido contra o juiz Sérgio Moro com o aval da ONU.

46. **(Prof. Rodolfo Gracioli)** Observe o trecho veiculado pelo portal G1, em fevereiro de 2018.

"O responsável pela entidade, Filippo Grandi, afirmou nesta segunda-feira (19) em visita a Brasília que se comprometeu com o presidente Michel Temer a procurar apoio internacional para ajudar o Brasil a lidar com a imigração em massa de venezuelanos. Em uma coletiva ao lado do chanceler Aloysio Nunes, Grandi avaliou o "esforço" que o Brasil faz para acolher dezenas de milhares de venezuelanos que chegaram ao estado de Roraima fugindo da crise econômica, política e social em seu país".

A entidade da ONU que lida com a questão dos refugiados e tem no comando o italiano Grandi, é:

a) OMS
b) Unesco
c) Unicef
d) OMC
e) Acnur

47. **(Prof. Rodolfo Gracioli)** Observe o trecho veiculado pelo portal ONU Brasil, em abril de 2018.

"O atleta é o mais novo embaixador das Nações Unidas para o turismo responsável. O atleta recebeu o título da Organização Mundial do Turismo (OMT) no último sábado (7). A OMT é a agência da ONU especializada na promoção do crescimento econômico inclusivo e sustentável por meio do turismo. O organismo internacional também defende que o turismo seja universalmente acessível. O atleta disse estar feliz em apoiar a missão da instituição".

O atleta em questão é:

a) Jogador de futebol do Brasil, Neymar Jr.
b) Jogador de basquete dos EUA, Lebron James.
c) Jogador de futebol da Argentina, Lionel Messi.
d) Recordista mundial do atletismo, Usain Bolt.
e) O jogador de tênis suíço, Roger Federer.

48. (Prof. Rodolfo Gracioli) Observe o trecho da reportagem veiculada pelo portal G1, em abril de 2018.

"Cientistas brasileiros descobriram que o vírus da zika que assustou tanto o Brasil pode se tornar um aliado importante no tratamento de determinadas doenças. Foi depois de estudar os danos causados pelo vírus da zika nos cérebros de bebês que nasceram com microcefalia que os cientistas tiveram a inspiração para a nova pesquisa".

Segundo estudo brasileiro publicado na revista Cancer Research, importante publicação científica da área oncológica, o zika vírus pode ser usado para combater:

a) Diabetes no seu estágio inicial.
b) Tumores agressivos no sistema nervoso.
c) Vírus da Aids.
d) Avanço do Alzheimer.
e) Mal de Parkinson.

49. 49- **(Prof. Rodolfo** Gracioli) Em março de 2018, uma reforma constitucional no país em questão garantiu possibilidades de que o presidente do país fique no poder por tempo indeterminado. Em um país onde o presidente controla a mídia, a internet e persegue opositores, a reforma constitucional amplifica a ambição de tornar a nação uma das mais poderosas do mundo.

O país descrito que passou por reforma constitucional é:

a) Coreia do Norte
b) Irã
c) Cuba
d) China
e) Síria

50. (Prof. Rodolfo Gracioli) Observe os fragmentos de reportagens para fazer a associação correta.

Texto I:

"Entre julho de 2017 e 8 de maio de 2018, o Brasil registrou 409 mortes pela doença, segundo o último boletim epidemiológico divulgado pelo Ministério da Saúde. No boletim anterior, que contabilizou dados até o 2 de maio, o país registrava 394 mortes. Em todo o período, a pasta confirmou 1261 infecções. São Paulo e Minas Gerais concentram 82% das mortes pela doença. (Portal G1 – Maio de 2018). Adaptado.

Texto II:

"A Organização Mundial da Saúde (OMS) emitiu um comunicado nesta terça-feira alertando para o aumento no número de casos da doença no Brasil, em especial nos estados de Roraima e Amazonas, que fazem fronteira com a Venezuela, país que ocupa o primeiro lugar na lista de casos confirmados. Segundo a entidade, o Brasil é o segundo na lista por causa do fluxo de imigrantes venezuelanos atravessando as fronteiras brasileiras". (Portal G1 – Adaptado).

Os trechos fazem referência, respectivamente, a:

a) Dengue e Zika Vírus.
b) Febre amarela e Chikungunya
c) Febre amarela e Sarampo
d) Dengue e Febre amarela
e) Sarampo e Zika Vírus.

51. **(Prof. Rodolfo Gracioli)** Observe o trecho veiculado pelo portal G1, em abril de 2018.

Texto I:

"A fundação do país completou 70 anos nesta segunda-feira (14). Foi o diplomata brasileiro Oswaldo Aranha quem presidiu a sessão, em 1947, e a ONU aprovou naquele dia uma resolução sobre as terras do Oriente Médio que estavam sob o comando dos ingleses". (Abril de 2018 – G1).

Texto II:

"O território que se tornou Estado-Observador da ONU em 2012, passará a integrar a Opaq (Organização para Proibição de Armas Químicas) como Estado-Membro. O território em questão luta pelo reconhecimento junto à comunidade internacional". (Maio de 2018 – Agência Brasil)

Texto III

"Donald Trump aprovou uma lei reforçando os laços de seu país com a ilha que as autoridades chinesas consideram uma de suas províncias. A nova lei americana descreve a localidade como "um farol da democracia" na Ásia e afirma que "as conquistas democráticas da localidade inspiram muitos países e pessoas da região". (Março de 2018 – Portal G1)

Os trechos dizem respeito, respectivamente:

a) Palestina, Israel e Nepal.
b) Síria, Palestina e Butão.
c) Israel, Arábia Saudita e Coreia do Norte.
d) Israel, Palestina e Taiwan.
e) Palestina, Israel e Singapura.

52. **(Prof. Rodolfo Gracioli)** Observe o trecho da reportagem veiculada pelo portal Uol, em abril de 2018.

Texto I:

"O filme brasileiro "O Processo" consagrou-se como o grande vencedor no Festival Visions Du Reel, importante premiação de documentários realizada na cidade de Nyon, na Suíça" (Uol, abril de 2018).

Texto II:

A série "O mecanismo", a série criada por José Padilha ("Tropa de elite") e Elena Soares inspirada na Lava Jato, vai ter uma segunda temporada em 2019, informou nesta segunda-feira (28) a Netflix. A temporada inicial de "O mecanismo" foi lançada pelo serviço de streaming em 23 de março deste ano. O protagonista da série é Selton Mello.

Assinale a alternativa que apresenta os contextos referentes ao filme "O processo" e a série "O mecanismo", respectivamente:

a) Texto I faz referência ao processo que acabou culminando na prisão do ex-presidente Lula. Texto II faz referência a uma série inspirada na Operação Lava Jato.

b) Texto I faz referência ao processo conhecido como mensalão. Texto II destaca o mecanismo criado dentro do INSS para a realização de fraudes.

c) Texto I faz referência ao rito do impeachment da ex-presidente Dilma Rousseff. Texto II faz referência a uma série inspirada na Operação Lava Jato.

d) Texto I faz referência ao processo que desmantelou a maior quadrilha de explosão de caixas eletrônicos. Texto II destaca o rito do impeachment da ex-presidente Dilma Rousseff.

e) Texto I destaca detalhes do período ditatorial no Brasil, com informações do serviço secreto dos EUA. Texto II faz referência a uma série inspirada na Operação Lava Jato.

53. **(Prof. Rodolfo Gracioli)** Observe o trecho da reportagem veiculada pelo portal G1, em maio de 2018.

"A Polícia Federal (PF) deflagrou, na manhã desta quinta-feira (10), operação contra crimes praticados na internet. Uma pessoa foi presa, em Curitiba. Outros oito mandados de busca e apreensão foram cumpridos em outras cidades fora do Paraná. Entre os crimes investigados pela Operação, estão racismo, ameaça e incitação. A prática de terrorismo – como ameaças de soltar bombas em universidades públicas – também é investigada". (Adaptado).

A Operação citada no trecho foi denominada de:

a) Operação Encilhamento
b) Operação Terrorismo
c) Operação Bravata
d) Operação Cibercrimes
e) Operação Gabarito.

54. **(Prof. Rodolfo Gracioli)** Um dos grandes termômetros para a economia de um país é o PIB – Produto Interno Bruto. Divulgado em março de 2018, os dados referentes ao ano de 2017 chamaram a atenção em alguns aspectos. Sobre o PIB brasileiro, assinale a alternativa correta:

a) Depois de dois anos com altas acima dos 3%, o resultado de 2017 foi de 1¨%.
b) Para fins de comparação, o PIB brasileiro se igualou ao resultado chinês (1%).
c) O grande impulsionador do PIB de 2017 foi o agronegócio, que avançou 13% em 2017.
d) A indústria brasileira apresentou nova queda de 12%, recuo inferior aos anos anteriores.
e) Apesar do resultado positivo, as projeções para 2018 apresentam recuo superior a 5%.

55. **(Prof. Rodolfo Gracioli)** Observe os trechos.

Texto I:

"O presidente do país apresentou sua renúncia, nesta segunda-feira, para ser senador e abriu o caminho para que a vice-presidente Alicia Pucheta assuma temporariamente até 15 de agosto, o que a torna a primeira mulher a presidir o país". (Portal Agência Brasil – maio de 2018). (Adaptado)

Texto II:

"Trinta e quatro bispos do país colocaram seus cargos à disposição do Papa Francisco após os escândalos de abusos sexuais cometidos por religiosos, segundo porta-voz da Conferência Episcopal. Em um comunicado lido pelo porta-voz de imprensa, os 34 bispos convocados pelo Papa no Vaticano para dar esclarecimento sobre os escândalos anunciaram que "todos" colocaram seus postos "nas mãos do Santo Padre", que é livre para decidir o futuro de cada um. Os religiosos participaram de reuniões com o Papa para esclarecer o acobertamento de crimes de pedofilia cometidos no país. A credibilidade da Igreja despencou no país por causa dos escândalos". (Portal G1 – maio de 2018).

Texto III:

"O presidente da Associação de Futebol Argentino (AFA), Claudio Tapia, confirmou nesta quarta-feira (6) o cancelamento do amistoso entre as seleções, que seria no próximo sábado (16). O jogo gerou polêmica internacional, envolvendo inclusive líderes políticos das nações. O jogo seria contra a seleção de __________".

Os trechos fazem referência, respectivamente, a:

a) Peru, Chile e Palestina.
b) Chile, Peru e Israel.
c) Paraguai, Bolívia e Palestina.
d) Uruguai, Chile e Israel.
e) Paraguai, Chile e Israel.

56. **(Prof. Rodolfo Gracioli)** Observe o trecho veiculado por portal Agência Brasil, em abril de 2018.

"O ministro das Relações Exteriores do Brasil, Aloysio Nunes Ferreira, e os chanceleres da Argentina, do Paraguai, da Colômbia, do Chile e do Peru enviaram carta à Presidência Pró-Tempore do grupo de países. No documento encaminhado ao chanceler da Bolívia, Fernando Huanacumi, que está no comando da organização, eles informam sobre a decisão de suspender, por tempo indeterminado, a participação nas reuniões do bloco". Criado em 2008, o bloco foi uma iniciativa do ex-presidente Luiz Inácio Lula da Silva e dos ex-presidentes da Venezuela Hugo Chávez (já morto) e da Argentina Néstor Kirchner. O objetivo era incentivar a integração regional". (Adaptado).

O trecho faz referência:

a) Mercosul
b) Unasul
c) Brics
d) Acordo Transpacífico
e) Alca

57. **(Prof. Rodolfo Gracioli)** Observe o trecho retirado do portal G1, em março de 2018.

"Stephen William Hawking, físico e pesquisador, morreu aos 76 anos nesta quarta-feira (14) em sua casa. Hawking se tornou um dos cientistas mais conhecidos do mundo ao abordar temas como a natureza da gravidade e a origem do universo. Também foi um exemplo de determinação por resistir muitos anos à esclerose lateral amiotrófica, uma doença degenerativa". (Adaptado).

Stephen Hawking, umas das mentes mais brilhantes de toda a história, nasceu em 1942, exatamente 300 anos depois de Galileu. Qual a nacionalidade do físico?

a) Americano
b) Suíço
c) Finlandês
d) Britânico
e) Alemão

58. **(Prof. Rodolfo Gracioli)** Observe o trecho da reportagem veiculada pelo portal G1 e, maio de 2018.

"Entre julho de 2017 e 8 de maio de 2018, o Brasil registrou 409 mortes por febre amarela, informa o último boletim epidemiológico divulgado pelo Ministério da Saúde. No boletim anterior, que contabilizou dados até o 2 de maio, o país registrava 394 mortes. Em todo o período, a pasta confirmou 1261 infecções".

O estado que lidera o ranking de mortes é:

a) Rio de Janeiro
b) São Paulo
c) Minas Gerais
d) Pernambuco
e) Bahia

59. (Prof. Rodolfo Gracioli) Observe os fragmentos.

Texto I:

Foi reeleita por 364 contra 315 votos, com nove abstenções, em um início modesto, uma vez que a coalizão dos conservadores com o Partido Social-Democrata (SPD), de centro-esquerda, detém 399 votos na câmara baixa do Parlamento. Será o 4º mandato e, certamente, o mais desafiador deles. No poder desde 2005, tem dominado o cenário político do país e conduzido a União Europeia através de crises econômicas. Entretanto, sua autoridade foi abalada por sua decisão, em 2015, de comprometer o país a uma política de portas abertas para a imigração, que resultou na entrada de mais de 1 milhão de pessoas". (Veja Abril – março de 2018).

Texto II:

"Dois brasileiros com cidadania do país foram eleitos para a Câmara dos Deputados do país em questão: o arquiteto Fausto Guilherme Longo, que mora em Piracicaba (SP) e é do Partido Democrático, e Luis Roberto Lorenzato, de Ribeirão Preto (SP) e candidato pela Liga do Norte. O país em questão permite que cidadãos que moram no exterior possam se candidatar ao Parlamento. Ao todo, são 12 cadeiras para deputados e seis para senadores. Aos candidatos na América do Sul são reservadas, especificamente, quatro vagas na Câmara e duas no Senado". (Adaptado).

Os trechos dizem respeito, respectivamente:

a) Itália e Holanda
b) Alemanha e EUA
c) EUA e Suíça
d) Alemanha e Itália
e) Alemanha e Espanha

60. (Prof. Rodolfo Gracioli) Observe o trecho da reportagem veiculada pelo portal G1, em junho de 2018.

"Um projeto de lei aprovado pela Assembleia Legislativa em 29 de maio vai diminuir a pena de presidiários que lerem livros da Bíblia. O projeto foi apresentado por quatro deputados estaduais do PRB, partido ligado à Igreja Universal. A remição de pena, ou seja, o direito do condenado de abreviar o tempo imposto em sua sentença penal, pode ocorrer mediante trabalho, estudo e, de forma mais recente, pela leitura, conforme recomendação do Conselho Nacional de Justiça (CNJ). Neste último caso, a leitura de cada livro possibilita a remição de quatro dias de pena, limitado a 12 livros por ano. O projeto foi aprovado em dezembro de 2017 e vetado pelo governador, na época. Na terça (29), os deputados derrubaram o veto". (Adaptado).

O trecho faz referência a um projeto da Assembleia Legislativa de qual estado?

a) Minas Gerais
b) Espírito Santo
c) São Paulo
d) Rio de Janeiro
e) Bahia

61. (Prof. Rodolfo Gracioli)

Texto I:

"O líder norte-coreano, Kim Jon-un, e seu pai, o falecido Kim Jong-il, usaram passaportes de outra nacionalidade obtidos de forma fraudulenta para solicitar vistos para visitar países ocidentais nos anos 1990, disseram cinco fontes europeias de segurança à agência de notícias Reuters." (Adaptado)
(Fevereiro de 2018 – Uol).

Texto II:

"Nas Olimpíadas de Inverno 2018, considerada como os "Jogos da Paz", participaram dez atletas do Brasil: Isabel Clark no snowboard; Isadora Williams na patinação artística; Jaqueline Mourão e Victor Santos no esqui cross-country; Edson Bindilatti, Odirlei Pessoni, Rafael Souza, Edson Martins e Erick Vianna (reserva) no bobsled; e Michel Macedo no esqui alpino." (Fevereiro de 2018 – Portal G1)

Texto III:

"Andrzej Duda, ratificou a polêmica lei sobre o Holocausto, aprovada pelo Senado na semana passada. A norma criminaliza qualquer indivíduo que atribua ao país ou a seu povo culpa por crimes de guerra cometidos pelos nazistas no território." (Março de 2018 – Portal G1)
Os trechos dizem respeito, respectivamente:

a) Chile, Canadá e EUA.
b) México, China e Israel.
c) Brasil, Coreia e Polônia
d) Nova Zelândia, Rússia e Bélgica.
e) Canadá, Eua e França.

62. (Prof. Rodolfo Gracioli) Observe o trecho da reportagem veiculada pelo portal G1, em Janeiro de 2018.

"A balança comercial brasileira registrou superávit (exportações maiores que importações) de US$ 67 bilhões em todo ano de 2017, informou o Ministério da Indústria, Comércio Exterior e Serviços (MDIC). No ano anterior, em 2016, a balança também registrou superávit, mas menor: US$ 47,68 bilhões ".

Sobre os índices alcançados com as exportações e importações da balança comercial brasileira, é correto afirmar que:

a) Registrou um pequeno aumento comercial em mais de nove anos em janeiro, uma vez que suas exportações se enfraqueceram em anos anteriores.
b) Cresceu 5% em relação ao mês anterior, para o valor sazonalmente ajustado de US$ 56,6 bilhões em janeiro, atingindo o maior patamar desde outubro de 2008, segundo o Departamento de Comércio.

c) Registrou o maior valor em quatro anos. Ainda segundo números oficiais, a melhora da balança comercial também foi influenciada pela queda do preço do petróleo.

d) Segundo a pasta, trata-se do melhor resultado para um ano fechado desde o início da série histórica do ministério, em 1989, ou seja, em 29 anos.

e) Superaram as importações de produtos americanos em 24,6 bilhões de dólares em Janeiro de 2017.

63. **(Prof. Rodolfo Gracioli)** Observe o trecho da reportagem veiculada pelo portal G1, em maio de 2018.

"O produtor de cinema Harvey Weinstein vai se entregar à polícia de Nova York. De acordo com a emissora de TV, a polícia de Nova York tem pedido a prisão de Weinstein há meses, alegando que já possui provas suficientes para acusá-lo".

De acordo com as provas acatadas pela polícia de Nova York, o produtor é acusado de:

a) Corrupção passiva

b) Assédio sexual

c) Favorecer a entrada de atores no elenco

d) Receber dinheiro de atores e atrizes

e) Armazenar vídeos de Pedofilia em casa

64. **(Prof. Rodolfo Gracioli)**

Texto I:

"Uma van atropelou várias pessoas em calçadão turístico conhecido como La Rambla. Segundo vários depoimentos, confirmados pela Polícia, um motorista subiu pela via, fechada apenas para pedestre, atropelando as pessoas que estavam no local. Ao menos 13 pessoas morreram e mais de 80 ficaram feridas, segundo confirmaram as autoridades, mas as informações ainda estão sendo atualizadas conforme novas notícias surgem sobre o caso." (Agosto de 2017 – El Paris)

Texto II:

"O prefeito Sadiq Khan, pediu que a primeira-ministra, suspenda qualquer convite de visita de estado feito ao presidente dos EUA, Donald Trump". (Adaptado) (Novembro de 2017 – Portal G1)

Os trechos fazem referência a quais cidades, respectivamente?

a) Barcelona e Londres

b) Liverpool e Paris.

c) Nova York e Marselha.

d) Las Vegas e Nice.

e) São Francisco e Lyon.

65. **(Prof. Rodolfo Gracioli)** "O Ministério da Justiça apresentou os números do Refúgio em Números, com os dados sobre pessoas nestas condições no Brasil. Atualmente, existem 10.145 refugiados com registro ativo na Polícia Federal (PF). Apenas no ano passado, foram feitas 33.866 solicitações de reconhecimento de refúgio no Brasil, com 587 pedidos deferidos pelo

Comitê Nacional para os refugiados, o Conare. Ao todo, existem cerca de 86 mil solicitações sob análise" (Abril de 2018 - Portal G1).

A alternativa que assinala o estado campeão em recebimento de refugiados, é:

a) Rondônia
b) São Paulo
c) Minas Gerais
d) Bahia
e) Roraima

66. (Prof. Rodolfo Gracioli) Observe o trecho da reportagem veiculada pelo portal G1, em novembro de 2017.

"Os Estados Unidos classificaram a operação militar de Mianmar contra a população rohingya como _____________ e afirmaram que vão considerar sanções específicas contra os responsáveis. Mais de 600 mil muçulmanos rohingya fugiram do país de maioria budista principalmente para o vizinho Bangladesh, desde a repressão, que seguiu os ataques insurgentes de 25 de agosto".

Assinale a alternativa que corresponde a lacuna da reportagem acima:

a) Intolerância religiosa.
b) Crime militar
c) Limpeza étnica.
d) Queima de arquivo
e) Terrorismo

67. (Prof. Rodolfo Gracioli) Observe o trecho da reportagem veiculada pelo portal El Paris, em abril de 2018.

"Miguel Mario Diaz-Canel Bermúdez, 57 anos, até agora primeiro vice-presidente do governo, foi eleito, presidente pela Assembleia Nacional para substituir o general que se aposenta após 12 anos no poder. Após a posse, uma nova geração chega ao topo do Estado" (Adaptado).

O país referente a reportagem com seu novo presidente é:

a) Chile
b) Uruguai
c) Argentina
d) Cuba
e) Zimbábue

68. (Prof. Rodolfo Gracioli) "O filho mais velho de Fidel Castro, Fidel Ángel Castro Díaz-Balart, de 68 anos, cometeu suicídio em Havana (Cuba). Castro Díaz-Balart (nascido em 1º de setembro de 1949, em Havana) era o único filho de Fidel Castro com sua primeira esposa, Mirta Díaz-Balart, uma jovem de uma destacada família havaneira, de quem se divorciou em 1955". (Fevereiro de 2018 – Portal G1).

Segundo a imprensa oficial cubana, Fidelito, como era conhecido:

a) Sofria com uma doença infecciosa grave, causada pelo vírus da febre amarela.
b) Recebia tratamento para uma depressão havia meses.
c) Era perseguido nas ruas por populares devido a rejeição do governo Castro.
d) Sofria com um tumor maligno na garganta.
e) Foi torturado pelo novo presidente e regime militar de cuba.

69. **(Prof. Rodolfo Gracioli)** Observe o trecho da reportagem, em maio de 2018, do Portal - o globo.

"Depois das denúncias iniciais e as repercussões, o Fantástico revelou novos casos de abuso que envolvem o ex-treinador da seleção brasileira masculina de ginástica artística Fernando Lopes de Carvalho. Um ex-atleta, que hoje é maior de idade, prestou depoimento à Delegacia da Mulher, da Criança e do Adolescente (DDM) de São Bernardo do Campo".

Sobre as acusações do ex-treinador da seleção braseira de ginástica artística, assinale a alternativa incorreta:

a) Na época em que sofreu assédio de Lopes, o ex-atleta tinha 10 anos. Ele também afirmou que o acusado gravava jovens nus em pleno banho.
b) Ex-atleta, que já foi da seleção brasileira e não quis se identificar, também afirmou que Fernando de Carvalho Lopes tentou passar pomada em seu pênis após lesão.
c) Após as denúncias contra o técnico Fernando de Carvalho Lopes, o clube Mesc anunciou que não afastará o acusado devido à falta de provas concretas.
d) Desde 2016, 22 pessoas já deram depoimento para policiais e promotores que investigam as acusações contra Lopes.
e) Um outro ginasta, maior de idade, prestou depoimento e relatou que Lopes o tocava em partes íntimas durante treinos e lembrou de mais um abuso.

70. **(Prof. Rodolfo Gracioli)** Observe o trecho da reportagem. (Fevereiro de 2018 – Portal G1) (Adaptado).

"O parlamento elegeu Cyril Ramaphosa como o novo presidente do país. Ramaphosa era vice-presidente até a renúncia de Zuma. Líder sindical e advogado, Ramaphosa é também líder do partido Congresso Nacional".

O trecho faz referência a:

a) Índia
b) Camarões.
c) Tunísia.
d) Argélia
e) África do Sul.

▸ GABARITO													
01	D	11	E	21	D	31	E	41	C	51	D	61	C
02	C	12	E	22	B	32	A	42	E	52	C	62	D
03	E	13	C	23	D	33	C	43	E	53	C	63	B
04	C	14	E	24	E	34	C	44	E	54	C	64	A
05	B	15	D	25	D	35	E	45	D	55	E	65	E
06	C	16	C	26	A	36	B	46	E	56	B	66	C
07	D	17	B	27	E	37	B	47	C	57	D	67	D
08	B	18	C	28	E	38	C	48	B	58	C	68	B
09	D	19	D	29	D	39	E	49	D	59	D	69	C
10	D	20	B	30	D	40	E	50	C	60	C	70	E

CAPÍTULO XV

Redação e os Recortes da Atualidade

SUGESTÕES DE TEMAS PARA APLICAR OS CONHECIMENTOS ABORDADOS

Para quem se prepara para as provas de redação, grande parte dos conteúdos tratados ao longo do livro podem ser aproveitados como forma de fundamentação crítica / expositiva em diferentes temáticas de redação. Dessa forma, deixo algumas sugestões:

Temas polêmicos

- Auxílio moradia para magistrados: entre a questão legal e a dimensão moral
- Intervenção federal em pauta no Rio de Janeiro: solução real para a crise?
- Armar a população: saída para a violência ou agravamento de tal condição?
- Casamento civil gay e o desafio de legitimação social
- Vagões rosa: estratégia de combate da violência contra a mulher?
- Child free: crianças em pauta nos diferentes espaços
- Exposições artísticas polêmicas e os limites da arte
- Debate sobre gênero na dimensão escolar
- PEC 181 em pauta e a criminalização do aborto em todos os casos
- Obrigatoriedade do voto em pauta no Brasil
- Uso do turbante e o debate sobre apropriação cultural
- Redução da maioridade penal em pauta no Brasil
- Inesgotável embate sobre as cotas raciais
- "Cura trans" vetada pelo Conselho Federal de Psicologia
- Análise do fenótipo para legitimação do sistema de cotas

Temas gerais

- Violência urbana no contexto brasileiro
- Competições esportivas como forma de pacificação
- Crise do sistema prisional e a dificuldade de ressocialização
- Era das "Fake News": consequências da propagação de notícias falsas
- Desafios do envelhecimento da população no Brasil
- Inclusão em pauta no contexto brasileiro
- Necessidade de desburocratizar o processo de adoção no Brasil
- Corrupção do cotidiano: naturalização de ações transgressoras
- Violência cíclica com os casos de justiça com as próprias mãos
- Descrença na política brasileira e a necessidade de oxigenação democrática
- Democracia digital: internet como forma de politização
- Humor no contexto da liberdade de expressão
- Geração smartphone: impactos da intoxicação digital
- Desafios da mulher no século XXI
- Padrões de beleza da sociedade contemporânea
- Gordofobia em pauta na sociedade dos estereótipos
- Viver em rede no século XXI
- Problemática do bullying na sociedade contemporânea
- Desafios ambientais na era do esgotamento dos recursos naturais
- Xenofobia em pauta no contexto do extremismo em alta
- Problemática do lixo eletrônico

Temas subjetivos / abstratos / filosóficos

- Escassez do diálogo no âmbito da Modernidade Líquida
- Espetacularização da sociedade com a dimensão midiática
- Fragilização emocional da sociedade contemporânea
- Vício tecnológico e nomofobia: patologias do século XXI
- Paradoxos do mundo do trabalho
- Robotização das relações sociais
- Limites da liberdade de expressão no contexto democrático
- Midiatização das tragédias e a indignação seletiva
- Desafio da preservação dos patrimônios culturais imateriais
- Solidariedade em pauta no século XXI
- Ódio disseminado pelas redes sociais
- Superexposição da privacidade no contexto do narcisismo exacerbado
- A construção da felicidade na sociedade do consumo
- Mercantilização do humor no contexto contemporâneo

- Sociedade do medo: medo como forma de controle social
- Ditadura da beleza e assimilação dos estereótipos
- Banalização da expressão artística na lógica mercadológica
- Mosaico da brasilidade: diversidade cultural em pauta
- Hipervalorização da honestidade no contexto da inversão de valores
- Ineditismo e empreendedorismo: a busca pela criatividade
- Desafios de preservar o patrimônio cultural imaterial
- Invisibilidade social no contexto da exclusão e da marginalização
- Alteridade e empatia no contexto contemporâneo
- Gordofobia em pauta na sociedade dos estereótipos
- Intolerância em alta na era da diversidade

Temas relacionados ao mundo do trabalho

- Ócio criativo: utopia ou possibilidade?
- Síndrome do esgotamento profissional e os desafios laborais
- Trabalho na dimensão tecnológica: revolução pela Inteligência Artificial
- Problemática do trabalho análogo à escravidão
- Desemprego como marca da sociedade moderna
- Busca pelo ineditismo e empreendedorismo na sociedade contemporânea
- Robotização e automação do trabalho

Outro ponto importante que tende a auxiliar a preparação diz respeito aos conceitos, expressões e terminologias específicas (de diferentes áreas do conhecimento) que, quando encadeados com os fatos da atualidade, geram uma produção de destaque. Abaixo, alguns desses conceitos:

- Espetacularização
- Homogeneização
- Estereótipos
- Gentrificação
- Gourmetização
- Condominização
- Segregação
- Hierarquização
- Alteridade
- Etnocentrismo
- Relativismo
- Midiatização
- Camarotização
- Elitização

- Estratificação
- Banalização
- Massificação
- Intolerância
- Aculturação
- Apropriação
- Status
- Axiomas
- Dialética
- Dialogicidade
- Empoderamento
- Youthquake
- Pós-verdade
- Mercantilização
- Retórica
- Demagogia
- Alienação
- Pasteurização
- Estetização
- Utopia
- Retrotopia
- Distopia
- Efemeridade
- Narcisismo
- Socialização
- Dogmático
- Medicalização
- Obsolescência
- Medicalização
- Minimalista
- Superexposição
- Empatia
- Indústria Cultural
- Internalização
- Interiorização
- Democracia Digital
- Cyberdemocracia
- Cidadania Digital

- Pseudoativismo
- Pluralidade
- Multiculturalismo
- Identidade
- Irracionalidade
- Demonização
- Polarização
- Dicotomização
- Inteligência artificial
- Inclusão
- Humanização
- Manipulação
- Vacuidade
- Perpetuação
- Liberdade
- Teatralização

CONSIDERAÇÕES FINAIS

Ao longo de todo o material é nítida a percepção sobre a **interação entre as diferentes formas de conhecimento.** A preparação para qualquer prova, independentemente do nível de dificuldade, passa pela utilização de exemplos próximos aos indivíduos, situações cotidianas que muitas vezes tornam-se "obscuras" pela não possibilidade de um olhar mais apurado. A **compreensão dos fatos, a partir de um olhar neutro e racional**, conduz o indivíduo a sua formulação crítica, **sem um viés previamente definido ou uma notória distorção das simbologias representadas.**

No contexto de trânsito constante das informações, **saber filtrar o aparato informacional coerente e fidedigno é uma dificuldade ampla.** Os discursos sem propriedade e a elucubração de "achismos", tornam-se elementos difundidos nos espaços coletivos que confrontam ideias. As constantes polarizações se voltam para a persuasão sem fundamentação. A efemeridade dos acontecimentos pode ser amenizada se for criado um **gancho de dialogicidade entre os fatos.** Política, economia, sociedade, cultura, meio ambiente, ciência, e todas as outras áreas, de certa forma, se constroem a partir de contextos interacionistas, que explicam de maneira nítida essas formas de relacionamento entre as partes.

Tudo isso não quer dizer que o conhecimento deva ser reduzido a dados coletados e complicados. Ou então, que as visões de mundo são, única e exclusivamente, polarizadas e verticalizadas. O estudo da disciplina de "atualidades" demanda um **debruçar desafiador sobre assuntos** que, muitas vezes, **coloca o indivíduo no patamar do questionamento pessoal.** Valores e princípios morais e éticos são carros chefe do entendimento. O que não se pode negar é a crescente utilização de situações atuais para diferentes provas - desde uma proposta de redação, até uma questão interpretativa de língua portuguesa, ou uma reflexão sobre um procedimento jurídico.

Estar atualizado já não é mais o suficiente. Querer a informação por querer, não se faz prático. A responsabilidade com o que se diz, nasce no **trajeto dos conteúdos**. Fez-se necessário dominar o assunto, conhecer as causas, efeitos e consequências, formular um posicionamento crítico e operacionalizar toda essa gama de possibilidades com alicerce coeso. Por isso, aquela visão restritiva e limitada de que assistir um jornal televisivo, ler uma fonte escrita ou consultar um portal de notícias diariamente era o suficiente, se perdeu nessa nova configuração altamente exigente da informação.

Continua sendo importante variar as fontes de informação e recorrer a diferentes veículos. Entretanto, o caminho para a obtenção de conhecimentos práticos está no **grau de amadurecimento do indivíduo frente aos mecanismos de estudo**. Por isso, estudar uma área do conhecimento que envolve tantos aspectos, proposições, dogmas, conceitos, teorias, opiniões e dados é, acima de tudo, um desafio pessoal.

Quando menos perceber, você estará regrado(a) na lógica de compreender fatos realmente relevantes para sua formação e, automaticamente, para uma prova, assim como terá condições de excluir tipificações informacionais sem sentido. O esforço diário coloca o ser humano em constante movimento. Pontos **estáticos, axiomáticos e simplórios, geram a frustração.** A ideia de movimento é, portanto, uma das melhores metáforas para que você compreenda a dimensão dos acontecimentos recentes na vida de cada ser humano.

É normal que surjam dúvidas e/ou a necessidade de aprofundamento sobre algumas das temáticas abordadas. Para isso, convido a conhecerem meus projetos voltados para a área de atualidades e temas de redação, acessando meu site: *www.rodolfogracioli.com.br.* Lá é possível conhecer um pouco mais dessa ampla área de atuação, bastante desafiadora, diga-se de passagem.

Que a força e o movimento nunca faltem na sua caminhada. Planejamento é um dos ingredientes de uma receita de sucesso. Doses de paciência devem ser incrementadas, assim como dedicação, perseverança e resiliência. Mas, acima de tudo, alimente-se de pensamento positivo e conviva com aqueles que acreditam no seu potencial. Toda possibilidade de sucção de energia tende a criar a desmotivação, frustração, sensação de derrota e o cansaço emocional. Seja maior do que tudo isso e continue remando. Estou aqui para o que precisar! Conte comigo, sempre e nunca deixe de acreditar em seus sonhos!

Bons estudos!

Prof. Rodolfo Gracioli

REFERÊNCIAS BIBLIOGRÁFICAS

O material produzido faz referência a reunião de temas comentados pelos principais noticiários, informativos e portais do país e do mundo. Alguns trechos recortam o fato em si, outros acompanham aprofundamento teórico e conceitual.

- ‹www.uol.com.br› Acesso em: junho de 2018.
- ‹www.g1.globo.com› Acesso em: junho de 2018.
- ‹www.nexojornal.com.br› Acesso em: junho de 2018.
- ‹www.nacoesunidas.org/› Acesso em: junho de 2018.
- ‹www.ebc.com.br› Acesso em: junho de 2018.
- ‹www.globo.com› Acesso em: junho de 2018.
- ‹www.folha.com.br› Acesso em: junho de 2018.
- ‹www.terra.com.br› Acesso em: junho de 2018.
- ‹www.adorocinema.com› Acesso em: junho de 2018.
- ‹www.estadao.com.br› Acesso em: junho de 2018.
- ‹www.r7.com› Acesso em: junho de 2018.
- ‹www.brasil.elpais.com› Acesso em: junho de 2018.
- ‹www.unodc.org/› Acesso em: junho de 2018.
- ‹www.onu.org.br/› Acesso em: junho de 2018.
- ‹www.epoca.globo.com/› Acesso em: junho de 2018.
- ‹www.veja.abril.com.br/› Acesso em: junho de 2018.
- ‹www.extra.globo.com/› Acesso em: junho de 2018.
- ‹www.bol.uol.com.br/› Acesso em: junho de 2018.
- ‹www.stf.gov.br/› Acesso em: junho de 2018.
- ‹www.tse.jus.br/› Acesso em: junho de 2018.
- ‹www.forbes.com.br/› Acesso em: junho de 2018.
- ‹www.bbc.com/portuguese/› Acesso em: junho de 2018.
- ‹www.migalhas.com.br/› Acesso em: junho de 2018.

EDITORA
*Jus*PODIVM
www.editorajuspodivm.com.br